Theo Schäfer

Frankfurter Dichterbuch

Literaricon

Theo Schäfer

Frankfurter Dichterbuch

ISBN/EAN: 9783956979798

Auflage: 1

Erscheinungsjahr: 2016

Erscheinungsort: Treuchtlingen, Deutschland

Literaricon Verlag UG (haftungsgeschränkt), Uhlbergstr. 18, 91757 Treuchtlingen. Geschäftsführer: Günther Reiter-Werdin, www.literaricon.de. Dieser Titel ist ein Nachdruck eines historischen Buches. Es musste auf alte Vorlagen zurückgegriffen werden; hieraus zwangsläufig resultierende Qualitätsverluste bitten wir zu entschuldigen.

Printed in Germany

Cover: Die Holzhauser Öde bei Frankfurt a. Main, Hans Thoma, 1880

Frankfurter Dichterbuch.

Herausgegeben

von

Theo Schäfer.

Umschlagzeichnung von Prof. W. Steinhausen.

Weihnachten
1905.

„Es darf uns nicht niederschlagen, wenn sich uns die Bemerkung aufdrängt, das Große sei vergänglich; vielmehr, wenn wir finden, das Vergangene sei groß gewesen, muß es uns aufmuntern, selbst etwas von Bedeutung zu leisten, das fortan unsere Nachfolger — und wäre es auch schon in Trümmer zerfallen — zu edler Tätigkeit anrege, woran es unsere Vorvordern niemals haben ermangeln lassen."

(Goethe, „Wilhelm Meister.")

Wo sich an grüner Höh' die letzten Häuser sammeln,
Stand ich am frühen Abend still allein;
Ein ros'ges Sonnenlicht lag über Frankfurts Türmen,
Ein Funkeln wie von goldnem Götterwein.

Hellblinkend schwand der Mainfluß fern im tiefen Tale,
Der Stadt Patrizierhäuser grüßten traut;
Im Lenzduft lagen rings die Höhen, Gärten, Felder,
Und durch die Abendstille drang kein Laut.

Da, plötzlich, glüht' ein Glanz von hellen Sonnenstrahlen
Groß, prächtig auf durch grauer Wolken Meer;
Die Siegerin des Lichtes grüßte uns noch einmal,
Und wie im Mittag strahlt' der Sonnenspeer.

Glückgläubig stand ich dort in sonnentrunknen Träumen
Und sah der Kaiserstadt vertrautes Bild,
Das so viel Kraft und Größe prangend schon umschlossen,
Ererbter Zeiten sieggewohnter Schild.

Ein ernst Gelöbnis klang mit Macht durch meine Seele
Und sang in mir so hold und sehnsuchtweit
Ein Lied von Frankfurts friedlich-freiem Dichterschaffen,
Ein stolzes Lied aus unsrer neuen Zeit.

Und das Gelöbnis ward in sonn'gen Sommertagen
Zu diesem Buch, das heute vor euch liegt;
Nehmt's freundlich hin, und mög' es immer in sich tragen
Den Sonnensegen, der die Zeit besiegt!

Im Sommer 1905.   Theo Schäfer.

Vorwort.

Was die leitende Idee zur Herausgabe eines „Frankfurter Dichterbuchs" gewesen ist, haben die vorstehenden Verse wohl erläutert. Es soll heimatlich zusammenscharen, was unsere Vaterstadt in unsrer neuen Zeit vereinigt, die so reich an alter Tradition, an altem Ruhme ist.

Wie in den alten, sehr selten gewordenen Wilmans'schen „Frankfurter Taschenbüchern" sind auch hier Frankfurter und nur in Frankfurt lebende Autoren vertreten. Wer will es uns verargen, wenn wir auch den letzteren, wenn wir auch solchen, die noch nicht lange in der alten Mainstadt ansässig sind, die Aufnahme in unser Sammelbuch nicht verweigert haben, da sie doch zum Frankfurter Litteraturkreis gehören? War doch seinerzeit in dem Wilmans'schen Buche auch der Württemberger Hölderlin aufgenommen, der nur von 1796—98 in einer reichgebildeten Frankfurter Patrizierfamilie als Hauslehrer weilte!

Wir wollen uns der leisen Hoffnung nicht verschließen, daß unter den jungen, aufstrebenden Talenten, die unser j u n g e s Buch in reicher Anzahl und zum Teil zum ersten Male vor das Urteil der Oeffentlichkeit bringt, wenigstens e i n zweiter Hölderlin erstehe . . .

Wenn wir nun dargelegt haben, warum sich viele Nichtfrankfurter in unserem Buche befinden — auch längst anerkannte Dichter, die stets zu den Frankfurtern gezählt werden, sind nicht von hier gebürtig — so bedarf es doch kaum der Begründung, warum kein anderer Dialekt als nur der Frankfurter hier erklingen durfte. Das war wohl selbstverständlich. Aus diesem sozusagen prinzipiellen Grunde wird man hier Autoren, die in Frankfurt leben und n u r in beispielsweise schwäbischer oder bayrischer Mundart schreiben, nicht begegnen. Diese Beschränkung auf hochdeutsche und Beiträge in Frankfurter Mundart mußte gemacht werden im Sinne eines Heimatbuches, das nur vereinen soll, was eben das Frankfurt unserer Tage vereint. Aus diesem Grunde fand auch in der Auswahl vieles Berücksichtigung, was heimatlich klang, was aus der nächsten Nähe sang und sich nicht in zu weite Ferne schwang . . . Der Zufall hat es gefügt, daß das alphabetisch angeordnete Buch in Frankfurter Dialekt beginnt und schließt! —

Vorwort

Daß aber in Frankfurt so viel gedichtet wird — wir haben es ja hier auf über 70 Namen gebracht — dafür ist der Herausgeber wohl nicht verantwortlich zu machen! ... Wenn immerhin versehentlich eine oder die andere Persönlichkeit vergessen sein sollte, so darf dies nicht zum Vorwurf gemacht werden in Anbetracht des Reichtums, der uns in Form von Büchern, Manuskripten und zugerufenen Namen überströmte ... Da die moderne Bewegung in der deutschen Litteratur ungefähr 1890 einsetzt, so durften wir auch in der Auswahl der bereits verstorbenen Autoren, die das Buch beginnen, nur bis auf dies Jahr zurückgreifen.

Die Auswahl geschah natürlich nach verschiedenen Gesichtspunkten. Wenn die Lyrik am stärksten bedacht ist, so hat das eben darin seinen Grund, daß ein Dichterbuch in erster Linie dieser subjektivsten, innerlichsten und meistgepflegten Kunst zu dienen hat. Es sind jedoch auch über 30 Beiträge nicht lyrischer, sondern novellistischer, dramatischer und aphoristischer Natur aufgenommen, so daß das Buch sich recht abwechselungsreich gestaltet hat. Daß die Auswahl oft nicht leicht zu treffen war, läßt sich wohl denken. Oft hätte ich gern mehr zur Durchsicht vor mir gehabt, oft auch gern — weniger! Doch gebe ich die feierliche Versicherung ab, daß ich nach aller Möglichkeit das ideale Prinzip vertrat und meinen Mitarbeitern so viel Platz einräumte, als nur irgend möglich war. Möge man daher auch die Auswahl nicht nach der Anzahl der Beiträge, sondern nach dem Umfang prüfen und bewerten, den sie beanspruchen.

Leider mußte in letzter Stunde noch viel gekürzt werden, weil der Stoff zu stark angewachsen war. Darunter litten denn auch die sonst sehr wichtigen biographischen Notizen. Sollten sie in ihrem Inhalt hier und da als zu knapp erscheinen, so ist dagegen geltend zu machen, daß von manchen Autoren nicht mehr Angaben zu erlangen waren.

Im allgemeinen ist ja auch das Buch weniger ein litterarisches, als vielmehr ein Unterhaltungsbuch geworden. Das brachte der mannigfaltige Stoff so mit sich, der sich nur zu einem bunten Kleide in der Art der früher erschienenen „Modernen Musenalmanache" verwenden ließ.

Und so möge denn das Frankfurter Dichterbuch viel Freunde suchen und finden; selbst auf die Gefahr hin, daß unser Motto dahin mißdeutet wird: das Vergangene sei größer gewesen als das, was unsre neue, noch vielfach ringende, bunte Zeit zu bieten hat.

Frankfurt a. M., Anfang August 1905.

Der Herausgeber.

Johann Jacobus (Fries)
(† 1901.)

Des geſtrenzte Genſi.

Der Schweinemexter Fritz Preßkopp hat ſich um Martini erum e Gans kaaft gehat — e gar e ſchee fett Genſi, von e Punder acht. — Es war em net ze verdenke, dann ſo e Schweinemexter krieht des doch a ach Ores, wann's alle Dag hääßt: „Gu Morje Worſcht" — „Gun Dach Ammeſtickelche" — „Gu Nacht Kiebacke" — un ſo wollt ſich der Fritz Preßkopp, wie ſchonnt eftterſch, ſo e recht Bene aadhu mit dere Gans. —

Un da gung grad ſei Freund, der Ochſemexter Franz Rippedeckel an ſeiner Scherrn vorbei, un da hat er'm zugerufe: „Franz, geh emal ebei! — So was mußt de ſeh — e Wunner Gottes!" — Un der Rippedeckel kimmt, un guckt wie der Brillemann, un ſeegt: „Hol mich der Deiwel — e ſchee Genſi!" — „Gelle" — prahlt der Fritz Preßkopp — „des hääßt „„Heern Se?"" — Un wannſt de derr bebei noch vorſtellſt ſo e Laſt Käſte, un Roſine, un brav Broteträutche — Hm—h! — wie werd der'ſch dann do?" — Un der Franz, langmäulig, wie er is, kreiſcht: „Halt ei! — Heer uf! — Du mechſt merr ja ornbelich Luſte, un es treegt merr ja doch nix!" — „Do haſt de awwer Recht!" — platzt der Preßkopp eraus — „aach noch Gäſt? — Naa mir net ſo! — Gäſt kann ich daderzu net brauche! — Sich, die Gans werd ezt dort im erſchte Stock vor'ſch Kiche-Fenſter gehenkt, daß ſe Nachts recht ausfriern bhut, un immermorje, bis Sonndag, werd ſe geachelt." — Un der Franz Rippedeckel ſeegt: „No, geſegne Mohlzeit!" — un lääft geſchwind bleede. —

Awwer unnerwegs wollt em des Genſi doch gar net aus dem Kopp eraus — er hats em net recht gegunnt — un er ſimmelirt, wie er dem Fritz doch wenigſtens en klaane Tort aadhu, un e biſſi en Schrecke eijage kennt. — Un wie er nu in de „Storch" kimmt, um en Schoppe Aeppelwei ze trinke, da trifft er ſei zwaa gute Freund, de Kalbsmexter Philipp Zugab, un de Hammelmexter Hennerich Milze. —

Johann Jacobus (Fries)

Er fitzt sich derzu, un verzehlt von dere Gans, un uf aamal seegt er haamlich: „Seid err derbei, wann merr den Fritz Preßkopp e bissi uhze?" — Die Annern meene: „Bei eme Uhz sinn merr immer derbei. — Was willst de dann pexiern?" — Un der Franz pischpelt: „Baßt uf! — Heint Nacht, zwische Elf un Zwelf, da mißt err am Preßkopp seim Haus sei — ich breng e Laater mit, die halt err merr, daß ich net fall — und ich stimmitz die Gans vom Fenster eweck. — Es soll ja blos e klaaner Hannuh sei — versteht err? — merr gewwe'm sei Eigedumm widder — es is nor von wege dem Fritz seim Boonem de annern Morjent — des aazegucke is warrlich e Carlien werth." — Un die Annern häwwele schabbefroh, un sage: „Der Franz is e Dos mit sei'm Eifall — es gilt — merr finne uns ei." —

Un um die ausgemacht Zeit erscheine aach die Drei uf ihrm Poste. — Es war mäusistill dorch die ganz Langscherrn, nor de Katze hat merr als emal maunze heern — un der Rippedeckel fihrt richtig die Sach, aus. — Wie er awwer widder der Laater erunner will, un is schonnt beinah uf der Erd — wupp dich! — da glitscht er aus, dann die Laater war e bissi fett, — un borzelt e paar Sprosse erunner — un grad uf sei Hobbch-Nas, so daß em die blut, wie aus eme Kennel! — Die Annern hewe'n uf, un frage engstlich: „Du hast derr doch net weh gebhaa? — Schwätz!" — Der Franz awwer flucht fuchsdeiwelswild: „E heilig Gewitter muß ja die verdammt Laater verschmeiße! — Da hätt ich mich schee bezahle kenne — awwer außer an meiner Nas is merr nix annerschter bassiert" — woruff die Zwaa meene: „No, Gott sei Dank — froh kannst de sei, daß de mit eme Blomeel derbo kimmst!" — Wie se awwer nu die schee Gans so betrachte, iwwer die der Franz Rippedeckel beinah sei Halsgnick brach, da steiht dene zwaa Deiwelsplanze uf aamal e miseraweler Gedanke in ihrm Herrnkaste uf, un der Philipp Zugab seegt: „Ebbes muß der Franz dann doch, zum Deiwel zu, profendiern for sei Unglick. — Ich will euch, was sage. — Etzt hawwe merr emal die Gans, un etzt behalte merr sche aach." — Un der Hennerich Milze stimmt zu: „Du hast, waß Gott, net Unrecht! — Widder eraus ze gewwe, was merr mit Doodesverachtung errunge — des weer doch gar ze aafällig!" — Un er gibt noch den Drick druff: „Sich, Frenzi, so bleibt derr doch noch a a Trost in deim Schicksal: die Gans, die im Spaß gestrenzt war, die werd im Ernst

Johann Jacobus (Fries)

gefresse! — Was hältst de dadervo?" — Un der Franz
rieft entschlosse: "Meiner Seel, ihr habt's getroffe! — Sich
umsonst die Nas ze verschinne, kann aam doch Niemand
net zumuthe. — Ich bin debei — un horcht! Morje is
Samstag, do wern ich des Gensi brate lasse bei der Fraa
Behm, uf dem Kornmark — un de Awend werd die Proste-
mahlzeit geachelt!" — Un die Zwaa fange an, braatmäulig
ze grinse, un sie gewwe dem Franz de Ufdrag, die Sach ze
besorje, uf Awens em Acht Uhr. — Un die sauwere Cum-
bane schleiche sich bedugt haame, als wann gar nix bassiert weer.

Wie nu der Fritz Preßkopp de annern Morjent sei
Juweelche net mehr fand, da ward er so withend wie e
Drache, un kreischt: "Wann ich den Kerl verwische, der merr
die schee Gans gestohle hat, da geht's Dem e paar Minute
schlecht! — Ich schweer em zu, er kriegt e halb Dutzend
Flappche, daß sei Nas uf drei Woche blitzebloh sei
soll! — So e Schuft! — So e Räuwer!"

Un zur selwige Stunn is aach schonnt der Franz Rippedeckel mit seim Raab uf dem Kornmark aagelangt, un seegt:
"Gu Morje, Fraa Behm!" — Un die Fraa Behm erwiddert:
"Ei, gute Morge, Herr Rippedeckel! — So frih schonnt
wolle Se mich beim Schoppe beehrn?" — Der Franz awwer
schmunzelt: "Um de Schoppe hannelt sich's ewe noch net
— des wern ich de Awend besorje. — Awwer, gelle, Fraa
Behm, Sie wern so gietig sei, un brate merr des Gensi do,
mit brav Käste un Rosine drinn, for heint Awend em Acht.
— Ich wern mit zwaa Freund komme, die ich eigelade hab,
mit de zwaa Mextermaaster "Zugab" un "Milze", die Se
ja kenne dhun. — For de Braterloh un die Zudhate bin ich
Ihne nadierlich gut — verstehn Se — es werd Alles bezahlt — des is so klar wie Kleesbrieh." — Un die
Fraa Behm versetzt, mit grazieeser Verbeigung: "Ganz wie
Sie befehle, Herr Rippedeckel! — Eme Stammgast wie
Ihne dhut merr sehr gern so en Gefalle. Schonnt um
Siewe soll Alles baraat sei, wann die Herrn verleicht
ehnder ze esse beliewe." — Un wie der Franz noch sehr
ardig seegt: "Also merr verlosse uns drauf", — da fällt em
die Fraa Behm in die Redd: "Awwer was hawwe Se dann
da for e garschtig blau Nas? — nix for ungut — Sie
hawwe sich scheint's an Etwas gestoße — gelten Sie?" —
Der Rippedeckel brummelt awwer ganz verdutzt: "Wisse Se,

ich wollt so e oosig Katz aus meiner Scherrn jage, die merr schonnt so manche Brocke Flaasch gestohle hat — un da bin ich immer en Reiserbesem gestolpert, und verschinn Ihne aach grad an der Wand die Nas, daß se geblut hat." — Un die Fraa Behm mecht sehr mitlaabig: „Oo—h! — Des is awwer auch e Malleer! — No, es werd nichts ze sage hawwe — Sie kriehe widder so e schee weiß Nas wie vorher." — „Des wolle merr hoffe" — erwiddert der Franz — „also Gu Morje eweil" — un fort war er. — Un wie er an die Scherrn kimmt, da rieft er seine zwaa Freund im Vorbeigeh ganz fidel zu: „Es is Alles in der Reih! — Die Sach is sogar schonnt em S i w w e fertig — awwer merr lasse's bei A ch t Uhr." — Un er eilt sich, an sein Scherrn ze komme, dann er sicht schonnt e paar Kunne uf en waarte. —

Awwer wie's dann uf dem Parrthorn Zwelf Uhr läut, da trafe sich, wie gewehnlich, der Philipp Zugab un der Hennerich Milze bei'm Schoppe Aeppelwei in der Bennergaß. — Un wie se da hocke, un schwätze nix, da mecht der Philipp uf aamal e mordspiffig Gesicht un seegt: „Waaßt de w a s , Hennerich? — Es kimmt merr do e oosig Idee." — Der Hennerich freegt verwunnert: „E Idee kimmt derr? — No eraus mit de Wicke!" — Un da mormelt der Philipp: „Geb Owacht! — Wann der Franz Rippedeckel den Fritz Preßkopp uhze dhat — warum selle m i r dann etzt den Franz net a a ch w i d d e r uhze? — Merr gehn schonnt em S i w w e bei die Fraa Behm, un machen err weis, der Franz kennt net komme, er hätt gesacht, es hielt en die Geschäfte dringend ab, er hätt uns awwer etzt emal eigelade, un merr sellte uns die Gans nor a l l a a schmecke lasse. Un aach de W e i dheet er bezahle. — Un is emal die Gans erscht in unserne Kluppe — Gott verdeppel! — da is se aach v e r = l e s e ! — Net e Krimmelche lasse merr immerig — un merr bricke uns bei Zeit widder, ehnder des Frenzi aagehaspelt kimmt!" — Da brach der Hennerich Milze in e sabbanisch Gelächter aus un rieft: „Des hast de gut gemacht, Philipp, — des weer ja rein zum Verplatze! — Des Gensi wiegt zwar sei geheerige a ch t P u n d , — awwer wann merr des Ingewatt, Kopp un Platsche, un volligster die Knoche ab= rechent, da bleiwe hechstens v i e r Pindercher immerig, un des is net ze viel for zwaa Mexterma after von unserer Stabbuhr, mit eme Abbedit wie die Leewe." — „Meen ich dann!" — fällt em der Philipp in die Redd — „mer esse

emal nix ze Vieruhr, un merr hawwe schonnt ganz annern
Leistunge verfihrt." — Un die zwaa Cannuff trolle sich haame.

Un de Awend em Siwwe sinn se aach pinktlich an Ort
un Stell, un berichte der Fraa Behm, wie verabredd, un sie
sellt die Gans nor ereibrenge. — Un die Fraa Gasthaltern
seegt: „Sehr wohl — wie die Herrn befehle, un wie der
Herr Rippedeckel angeordent hat." — Un die Gans kam uf
de Tisch, un die zwaa Wahrwelf hawwe gekaut un genagt
un geschmazt, daß es net mehr schee ze nenne — un in ere
klaane halwe Stunn war nix mehr ze seh, als die Knoche!
— Un zwaa Bodelle vom feinste Riedesheimer,
im Werth von beinah vier Gulde, hawwe die unverscheemte
Eeser dezu gepezt! — Un sie stunde dann ohne lange Fisse=
madente uf, un flaanzele iwwer die Fraa Werrthin: „Es is
werklich e rein Kosperigkeit gewest, des Nachtesse! — Awwer
daß nix umkimmt von dere scheene Gans, die Se so belegat
zuberaat hawwe — sehn Se, Fraa Behm, — da wollte merr
Jhne Ehr mache, un hawwe aach kaa Misselche net iwwrig
gelasse. — Aach iwwer den Staat all von seine Riedesheimer
zolle merr Jhne unser vollste Hochachtung!" — Un die Fraa
Gastgewwern erwiddert, ebbes erstaunt iwwer den forchtbare
Abbeditt: „Jch dank Jhne for des Complement — wann's
dene Herrn nor geschmeckt hat." — Un die Banditte bezahle
aach die zwaa Bodelle seine Wei net, un rufe: „Gu Nacht,
Fraa Behm — lasse Se sich was Sießes traame" — woruff
die Fraa Werrthin entgegent: „Gute Nacht, meine Herrn,
komme Se wohl nach Haus. — Es is nor Jammerschadd,
daß der Herr Rippedeckel nicht auch derbei war." — „Ja"
— seize die zwaa Heichler — „es hat uns in der dieffste
Seel laad gedhaa! — Noch emal gu Nacht, Fraa Behm!"—

Un so war die Geschicht vor der Hand gut. — Wie's
awwer uf dem Cathrinethorn Acht schleegt — da dhut sich
die Thir uf — un wer kimmt erei? — Der Herr Franz
Rippedeckel, un seegt gemiethlich: „Gu Awend, Fraa
Behm — da bin ich." — Un er guckt sich ringsdicherum
um, un sehrt verwunnert fort: „Awwer ich sehn die zwaa
annern Herrn noch net — die kennte doch aach pinkt=
licher sei bei so ere wichdige Aagelegenheit." — Die Fraa
Werrthin awwer krag en Schrecke, daß se schlooseweiß ward,
un stottert: — „Die zwei Herrn? — Ei, die zwei Herrn
war'n sehr pinktlich, Herr Rippedeckel! — Sie war'n
schonnt em Siewe da — un bheilte merr mit, der Herr

Johann Jacobus (fries)

Rippedeckel kennt nicht komme, wege bringende Geschäfte. — Er hätt gesagt, sie sellte nor **ohne ihn** esse, er hätt se ewens emal eigelade, **un baberbei bliebs**, **aach for de Wei**. — Un — nix for ungut — die Herrn hatte scheint's en sehr gute Abbeditt — un aaße die **ganz Gans** Rump un Stump auf!" — Wie e Block, un keesweiß, stund der Franz da! — Etzt awwer kraag er en Zorn wie e Gickel — sei Kopp ward so roth wie e Himbihr, un sei bloß Nas so vigelett wie e Maulbihr — un er kreischt wie e Neubheter: „Was? — Geloge hawwe se Ihne, ich kennt net komme? — Usgefresse hawwe se **allaa mei Gans, in meiner Abwesenheit**? — Die elendige Schuwiacke! — die Räuwer! — die Gäscht! — Awwer wart' — des sollt err merr ekelig bieße, ihr ungehenkte Dieb! — Ich waaß, was ich bhu — mich uhzt err net! — Wart' nor, **morje sollt err'sch erfahrn**!" — Un er sterzt fort — un die Fraa Behm konnt nor noch geschwind lispele: „Gute Nacht, Herr Rippedeckel!" — Un der Franz legt sich vor Wuth in's Bett, schonnt em neun Uhr, un kaut e Stick Lewwerworscht, anstatts seiner Gans — un trinkt e Glas Brunnewasser, statts ere Bodell Wei — un grunzt zwische dere Worscht dorch: „**Wart' nor, ihr Hallunke, morje werdt err was erlewe**!" — Un endlich is er eigeschlafe. —

De annern Morjent, am heilige Sonndag, wie der Rippedeckel kaum sein Kaffee un Breedche enunner gewergt hat, da lääft er aach schonnt wie e Blutvergießer bei den Preßkopp, un seegt: „No, Fritz, bei schee, kosber Gensi is derr gestrenzt warn, wie ich heer! — Waaßt be dann awwer aach, wer'sch **gefresse hat**?" — „Naa", — seifzt der Preßkopp, „ich hab, laader Gottes, kaa Ahnung net derbo!" — „Awwer ich waaß es!" — kreischt der Franz. „Sich — ich will derr Alles gesteh. — Ich wollt so en klaane Hannuh mit derr mache, un dich e bissi in Schrecke jage — awwer Alles in Lieb un Freundschaft, verstehst de? — Drum sag ich derr jetzt ganz ufrichtig **grab eraus**: Ich war'sch, der die Nacht die Gans erunner hat geholt — un — guckst de" — „Du warschts?" — mecht der Fritz, wie verstaanert. — „**Scht**!" — beschwichtigt der Franz — „**laß mich ausredde**! — Sich, Fritz, ich wollt derr sche de Morjent ehrlich widder brenge — da hawwe merr awwer die zwaa schlechte Eeser, der Philipp Zugab un der Hennerich Milze — unser Herrgott soll se verdamme! — die Gans haamlich widder gegamst, un hawwe se bei der Fraa Behm brate lasse, un rabbekal ufgefresse! — Etzt waast de, an wen de dich halte mußt, von wege der Bezahlung! — Schenke derfst de dene den Raab net — so Gaudieb un Raatzevolk!" — Der Fritz Preßkopp hat ruhig zugehorcht — wie awwer die Littenei fertig is, da erwiddert er ganz kaltblitig: "Also du hast die Gans von mei'm Fenster erunner geholt? — Mehr brauch ich net ze wisse. — Du hast des Thier ze erscht gestohle — un du bezehlst's etzt aach, obber du bist morje uf dem Amt verklagt. — Verstehst de mich?" — Dem Franz werd's himmelangst, un er lammendiert: "Fritz, mach doch die Sache net! — Ich kraag ja von dem Genji gar kaan Muffel net. — Sei gescheidt — die Annern warn's doch, die sich an bei'm Eigedumm so e schendlich Beene aabhate!" — Awwer der Fritz Preßkopp kappt en ab: "Wer die Gans gefresse hat, is merr allaans — du bezehlst se — un damit ab!"

Un wie der Unglickliche endlich, mit schwerem Herze, de Beutel uf mecht, un bezehlt, da meent noch der Fritz Preß= kopp, während er des Geld eisteckt: "Guck, Franz, du kimmst noch zimmlich gut eweck, bei dere Geschicht. Ich hatt dem Kerl, der merr mei Gans gestohle, haamlich geschworn, e halb Dutzend Flappche ze verabfolge, bis sei Nas blitzebloh weer. — Awwer ich seh, du hast derr schonnt die bloh Nas wo annerschter geholt, un drum halt ich mich von mei'm Schwur entbunne!"

Un wie dann der Franz Rippedeckel haam geschliche is, wie e gebissener Hund, da stund aach schonnt der klaa Kell= nerschbub von der Fraa Behm da, mit der Rechnung iwwer Fimf Gulde for Käste un Braterloh un Wei, die der ge= schlagene Mensch aach noch bleche mußt, so daß en der Uhz in Allem grad Siwwe Gulde verzig gekost hat. — Un so blieb dem aarme Frenzi for all sei Müh un sei Lewens= gefahr un sei schwer Geld nix weiter, als e wunner= schee blitzebloh Nas! —

———❦———

Wilhelm Jordan
(† 1904)

Sei mitleidsvoll.

Sei mitleidsvoll, o Mensch! Zerbrücke
Dem Käfer nicht die goldne Brust
Und gönne selbst der kleinen Mücke
Den Sonnentanz, die kurze Lust.

Ein langes mütterliches Bilden
Hat rührend in der Larve Nacht
Geriest an diesen Flügelschilden
Den Schmelz von grün metallner Pracht.

Er muß nach einem Sommer sterben
Wo du dich siebzig Jahre sonn'st;
O laß ihn laufen, fliegen, werben,
Er sei so prachtvoll nicht umsonst.

Ein Wasserwürmchen lag im Moore,
Vom Himmel träumend, fußlos, blind.
Da wächst ihm Fuß und Aug'; am Rohre
Ersteigt es Lüfte warm und lind.

Von Sommerglut getrocknet springen
Die Gliederschalen; blaue Höhn
Erstrebt's auf zart gewobnen Schwingen
Und summt: Wie schön, wie wunderschön!

Nun ist's in seinen Himmelreichen;
Sein höchstes Glück — ein Tag umspannt's.
So gönn' ihm nun mit seinesgleichen
Den Elfenchor im Abendglanz.

Sei mitleidsvoll! Was wir erfuhren,
Das schläft im Stein, das webt im Baum,
Das zuckt in allen Kreaturen
Als Dämmerlicht, als Fragetraum.

Sei mitleidsvoll! Du bist gewesen
Was todesbang vor dir entrinnt.
Sei mitleidsvoll! Du wirst verwesen
Und wieder werden was sie sind.

Sei mitleidsvoll, o Mensch! Zerdrücke
Dem Käfer nicht die goldne Brust
Und gönne selbst der kleinen Mücke
Den Sonnentanz, die kurze Lust.

Mittsommerabendlied.

Wie sich Lust mit leiser Klage
Wunderbar im Herzen mischt
Wann der längsten Sommertage
Spätes Abendrot erlischt!

Goldne Dämmerstreifen säumen
Nordwärts nur den Erdenrand;
Lichtvoll über dunkeln Bäumen
Ist der Himmel ausgespannt.

Seltne Sterne nur durchstrahlen
Bleich die glanzgetränkte Luft;
Aus weit offnen Rosenschalen
Steigt der Erde Opferduft.

Doch die Blüten sind gefallen,
Früchte schwellt die Juniglut;
Die verstummten Nachtigallen
Sorgen schon für junge Brut.

Ob der längste Tag vergangen,
Ob das Jahr sich wieder neigt,
Ob verwelkt des Frühlings Prangen,
Ob des Vogels Brautlied schweigt:

Wilhelm Jordan

An dem Werk der ew'gen Dauer
Webt in Lüften, Wald und Flur
Selbstvergessen ohne Trauer
Weiter alle Kreatur.

Nur des Menschen Herz verzichtet
Niemals ohne Widerstreit,
Nur die Menschenseele dichtet
Eine Lenzesewigkeit.

Denn dies Herz vermag zu blühen
Wann sich längst das Leben neigt,
Diese Seele jung zu glühen
Wann der Herbst die Locken bleicht.

Herzensblüten, Seelengluten,
Hinter Nordens goldnem Rand,
Jenseits ferner Meeresfluten
Such' ich euch ein Märchenland.

Trüben dürft ihr euch entfalten,
Trüben in der Sehnsucht Reich
Lass' ich euch gewährend walten,
Selbst verjüngt und göttergleich.

Wirklich nun dahin zu schweben
Lockt der Himmel wunderklar
Und ich muß die Arme heben —
Ach, sie sind kein Flügelpaar.

Und der Lust ist leise Klage
Tief im Herzen beigemischt
Wann der längsten Sommertage
Spätes Abendrot erlischt.

◦─◦─◦ **Wilhelm Jordan** ◦─◦─◦

An König Wilhelm.

(Aus den Tagen zwischen Wörth und Gravelotte.)

Ein Morgen voll Betrübnis war's nach einer Nacht voll Bangen
An dem wir Dich zum ersten mal als König hier empfangen;
Denn Dach und Turm des Kaiserdoms verzehrten wilde Flammen;
Wir fürchteten, es stürze bald der ganze Bau zusammen.

Du eiltest hin und schautest noch mit ernstumwölkter Miene
Von Flämmchen hier und da durchzuckt die rauchende Ruine.
Was Du geredet hört' ich nicht, doch sah ich was du dachtest,
Indem Du wie aus schwerem Traum zu heiterm Blick erwachtest:

„Wohl fest genug erweisen sich die alten deutschen Mauern
Um neu gedeckt auch fernerhin Jahrhunderte zu dauern.
Sie werden bald umrüstet stehn vom Fuß zum höchsten Rande;
Vollendung soll des Meisters Plan verdanken diesem Brande.

„Zerstört ist nur das alte Dach, zermürbt vom Glutensturme
Die Kappe, welche Hast und Not einst aufgestülpt dem Turme.
Sie soll des Bau's Krystallgesetz nicht länger plump verhöhnen;
In Zukunft wird ihn licht und schlank die Pyramide krönen."

So dachtest Du. Doch als den Turm umstarrte das Gerüste —
Da schleudert' uns der Erbfeind zu in frechem Raubgelüste
Den Kriegesbrand. Du rufst, und rasch zum schwer bedrohten Strome
In Waffen wogt das deutsche Volk, umrüstet gleich dem Dome.

Schon merkt der dünkelvolle Feind den aufgewachten Riesen,
Schon zweimal wurden derb und weit die Räuber heimgewiesen.
Zu Boden wirf nun ganz, o Herr, mit ungeheuerm Streiche
Dies Neidhartsvolk das uns gewehrt den Bau am eignen Reiche.

Wie eitel sich's auch schminkt und bläht, es fühlt: nur zwischen Kleinen
Gelingt ihm die Komödie, Sich und andern groß zu scheinen.
So hat's geschürt den Zwietrachtsbrand mit Lug und Trug und Tücke
Der unsern alten Kaiserbau zerfallen ließ in Stücke.

Allein die wälsche Niedertracht war doch nur halb gelungen.
Wie tief uns auch die Not gebeugt, Eins wurde nie bezwungen:
Unsterblich lebt und schafft in uns als göttliches Vermächtnis
Was nie verzichtet, nie verzagt, des deutschen Volks Gedächtnis.

Vom Vater mehr denn einmal schon bis hin zum Enkelsohne
War wirrwarrvolles Zwischenreich, verwaist die Kaiserkrone.
Vergessen aber war sie nie, die Hoffnung nie geschwunden,
Einst werde wieder auch für sie das rechte Haupt gefunden.

Durch deutschen Fleiß und deutsche Kraft erhob sich aus den Trümmern
Der Bau des Reichs. Ein Wetterdach der Hälfte aufzuzimmern
War Dir, o Herr, gelungen schon — da riß mit giftgem Neide
Das lange schon geschliffne Schwert der Nachbar aus der Scheide.

So hab' er nun was ihm gebührt, dem frechen Länderdiebe!
Zur Heilung seines Größenwahns empfang' er deutsche Hiebe.
Doch Eines möge das Geschick ihm wirklich ganz erhören:
Der Brand, den er geschleudert, mag das Wetterdach zerstören.

Auch wenn er manchen Stein zermürbt und manche Nebenspitze
Die nur als eitle Zier bisher herangelockt die Blitze,
Auch ihn bestehen stark genug die alten deutschen Mauern,
Aufs neue prachtvoll überwölbt Jahrhunderte zu dauern.

Was vorgezeichnet unserm Volk des Weltenmeisters Plane
Verdanke die Vollendung dann dem letzten Glutorkane.
Du, Heldenkönig, sorge nun, daß bald ein Ruhmesfriede
Dem Turm die schlanke Krönung gibt, die Kaiserpyramide.

Aus „Erfüllung des Christentums".

Anstatt die Herzen zu vergiften
Mit Hader, was nach alten Schriften
Des Glaubens rechte Lehre sei,
Erkennet an lebend'gen Zeichen
Was heut in dieses Glaubens Reichen
Sein Ruhm und ihre Ehre sei.

Merkt, auch die Gottessage dichte
Der Menschheit vor, was die Geschichte
Mit Kampf und Arbeit spät vollzieht.
So wird's euch endlich offenbar sein
Es könne Das nur ewigwahr sein,
Was immerdar und nie geschieht.

Wilhelm Jordan

Champagnerlied.

Was steht hier wölbig rund und schlank,
Geschmückt mit Schild und buntem Wappen,
Das Haupt behelmt, den Nacken blank
Umharnischt gleich 'nem Edelknappen?

Die Prosa, die nichts recht versteht,
Behauptet keck: das ist 'ne Flasche.
Die Wahrheit zieht euch der Poet
Hervor aus seiner Zaubertasche.

Befreit euch denn in seiner Schule
Die Augen von der Ueberschuppung:
Des feinsten Liebchens lust'ger Buhle
Schläft hier im Zustand der Verpuppung.

Begehrlich aus dem Kerker schaut
Er jetzt umher nach durstgen Kehlen,
Voll Ungeduld, sich seiner Braut,
Der Menschenseele, zu vermählen.

Wohlan, wir wollen ihn befrein,
Denn wir sind aufgeklärte Leute;
Wir hören andachtsvoll beim Wein
Im Gläserklang ein Festgeläute.

Nun ein Druck mit dem Daumen, und lustig pufft
Sein Freiheits-Victoria-Schießen.
Die Kerkertür fliegt hoch in die Luft,
Und schäumend beginnt er zu fließen.
Doch er mäßigt im Glase den Uebermut,
Zum Gewisper dämpft sich das Rauschen.
Dann mußt du die süße Flammenflut
Vor das Licht gehalten belauschen.

Wilhelm Jordan

Wie sich die flimmernden
Luftkreatürchen
Reizend zu schimmernden
Kettchen und Schnürchen
Von Perlen verweben,
In tollem Gedränge
Und zahlloser Menge
Immer nach oben
Geduldlos schweben
Um aufzutauchen,
Doch dann zerstoben
Ihr kurzes Leben
Sogleich verhauchen!

Doch der gebärenden
Tiefe entsteigen
Zahllos die Reigen
Der Dasein begehrenden,
Kaum es erwerbenden
Auch schon sterbenden
Neuen Gebilde
Der luftigen Gilde.

Ich lese das Zeugnis
In euern Augen:
Ihr merkt schon das Gleichnis,
Zu welchem sie taugen.

Um das ewige Rätsel doch zu ergründen
Und glaublich in Vers und Reim zu verkünden,
Haben die Dichter sich müde gesonnen,
Blumen und Sterne zum Liede gesponnen,
Als ob es in ihnen zu lesen sei,
Was des Menschen innerstes Wesen sei.
Aber das beste Sinnbild von allen
Für unser so flüchtiges Erdenwallen
Fiel noch Keinem bisher im Traum ein.
Ich — ich erblick' es in diesem Schaumwein;
Denn wir selbst sind den Perlen im Kelch zu vergleichen,
Die eben nur leben, solange sie steigen.

Wilhelm Jordan

Wie wir so streben,
Immer nach oben,
Wirken und weben,
Was wir gewoben,
Was wir errungen,
Schelten und tadeln;
Was unerschwungen
Preisen und loben,
Heiligen, adeln,
Himmelhoch heben!
Sind wir dann oben
Endlich am Ziel —:
Aus ist das Spiel!
Weiter nach oben
Möchten wir schweben,
Aber das Leben
Ist schon zerstoben.

Freilich, die Reihe
Nimmer endet;
Immer neue
Und neue sendet
Empor zum grünenden Erdenrund
Der zeugungskräftige,
Rastlos geschäftige
Elementarische Muttergrund.

Nichts als Träume sind wir alle,
Geträumt vom lebendigen Erdenballe.
Einst hat auch er sich ausgeträumt,
Der Geisterkelch sich matt geschäumt...

Doch fort mit den nächtlichen Zukunftsgedanken!
Noch rollt ja der Erdstern ohne zu wanken.
Uns erlaubt er, zu wandeln im Glanze der Sonne,
Zu schauen die schöne, die farbige Welt
Und unserem Auge zu leuchten von Wonne,
Wann's lohnende Blicke von andern erhält.

Wilhelm Jordan

Es gelingt uns ja noch, den Ernst und die Schmerzen
Des menschlichen Loses von hinnen zu scherzen
Und zu lächeln, indem wir von unsern Geschicken
Im Schaumwein das treffende Gleichnis erblicken
    Wann sich die flimmernden
    Luftkreatürchen
    Reizend zu schimmernden
    Kettchen und Schnürchen
    Von Perlen verweben,
    In tollem Gedränge
    Unendlicher Menge
    Immer nach oben
    Geduldlos schweben,
    Um aufzutauchen,
    Doch dann zerstoben
    Ihr flüchtiges Leben
    Sogleich verhauchen. —

    Doch nein! Wir stillen
    Dem kleinen Gesindel
    Den Hochmutschwindel
    Und tun ihm den Willen:
    Es nehme zur Leiter,
    Indem wir es nippen,
    Unsere Lippen
    Und steige da weiter,
    Um hochzeitheiter
    Unseren Seelen
    Sich zu vermählen.

So lernen wir dankbar, solange wir dürfen,
Des Daseins würzigen Freudenpokal
Mit der dichterisch sinnigen Andacht schlürfen
Die das Irdische krönt mit dem Glorienstrahl,
Und erlangen die Kunst, schon selig zu werden
Im Wechsel von Licht und Schatten auf Erden.

Wilhelm Jordan

Bescheide dich.

Bescheide dich. Laß unbemurrt
Der Andern Reichtum, Hochgeburt.
Wofern du Alles recht erwögst,
Nicht schimmerblind dich selbst betrögst,
Du fändest falsch dein Klagelied
Und überall den Unterschied
Der Summen von Genuß und Pein
Verschwindend klein.
Verdirb dir nur dein Mittelmaß
Mit keinem Paradiesestraum
Und wie der Gärtner seinen Baum
Verteidigt gegen Raupenfraß,
Behüte vor dem Neide dich.
Dein Amt versieh. Bescheide dich.

Bescheide dich fast immerdar
Besorgt zu sein und in Gefahr.
Mit raschem Witz und Stärke seit
Nur wackrer Streit mit Not und Neid.
Mit hellen Augen sieh umher:
Wer nicht in tapf'rer Gegenwehr
Bestanden hartes Ungemach,
Bleibt willensschwach.
Wenn steil und hoch zum Sieg den Pfad
Ein Hinderwall zu sperren droht,
Dann wisse, daß mit Bestgebot
Die Göttin deines Glücks genaht;
Dann wähne nicht, sie meide dich;
Ersteige — dann bescheide dich.

Bescheide dich. Der Kindheit Spiel,
Der Liebe Sehnsucht nach dem Ziel;
Der heil'ge Bund, im Kampf zu zweit
Getreu zu teilen Freud und Leid;
Was wert von dir des Lebens war
An Kinder, an die Enkelschaar

Vererbt zu sehn zu höherm Heil:
Das ist dein Teil.
Beglückender als Glanz und Rang
Ist das Bewußtsein, Liebe, Fleiß
Dem eng umgrenzten Pflichtenkreis
Geweiht zu haben lebenslang.
Das tröstet auch im Leide dich.
Sei dankbar und bescheide dich.

Bescheide dich. Den höchsten Lohn
Für wackres Werk empfängst du schon
Indem du schuffst: die Schaffenslust,
Das Gottgefühl der Menschenbrust.
Die Besten alle leben fort
In Dir durch Zucht, durch Schrift und Wort;
Soweit du schuffst und warst wie Die
Vergehst du nie.
Doch ewig bleibst du festgedehnt
An Mutter Erde, Erdensohn;
Drum träume nicht von Zukunftslohn
Noch andrer Art; denn sonst beschämt
Ja Seneca der Heide dich.
Sei tapfer und bescheide dich.

Bescheide dich. Im schmalen Spalt,
Den du gewahrst vom Weltenwald,
Ist unsrer Sonne ganzes Reich
Nur eines Astes Nebenzweig
Und an dem Zweig ein Knöspchen Moos
Die Erde, deren Mutterschoß
Für zwei Minuten Uns gebar
Vom Weltenjahr.
Aeonen hatte sie gezählt
Bevor sie endlich Menschen trug;
Aeonen währt ihr Aetherflug
Noch menschenlos, bis einst verschwält
Der Sonnenball. Entleibe dich
Des Hochmuts Mensch! Bescheide dich.

Wilhelm Jordan

Bescheide dich. Dem Ocean
Entkrochen ist dein Stammesahn
Nach ewig langem Chaossturm
Als tauber, blinder Wasserwurm.
Wohin gedieh sein später Sproß?
Er wägt den Siriuskoloß,
Nimmt Welten, längst schon unsichtbar,
Berechnend wahr.
Du, dieses Zwergsterns schwacher Wicht,
Indem du Run' an Rune reihst
Entzifferst, als ein Teil vom Geist
Des All, sein ewig Gottgedicht.
An diesem Hochamt weide dich,
Doch demutvoll. Bescheide dich.

Jakob Krebs
(† 1902.)

Der Apfelbaum.

Es war in meines Gärtchens Raum
Beim Hause still der Apfelbaum
In Knospen aufgegangen;
Mit rosenfarb'ner Blütenzier,
Wie Morgenröte leuchtend mir,
Stand er in holdem Prangen.
Und Schmetterlinge gold und blau
Berauschten sich am klaren Tau,
Der über ihn gebreitet;
Und Bienlein summten hin und her
Und zogen von ihm honigschwer,
Von seinem Duft begleitet.
Es war ein irb'sches Wonnebild,
Und meine Seele ward gestillt,
Wenn sie dies Wunder schaute.
Oft ging ich draußen ganz allein
Und wollte um den Baum nur sein,
Bis daß die Nacht ergraute.
Doch in der Nacht ein Blitz herfuhr,
Bezeichnend seine Todesspur
Mit grellem Feuerschlage; —
Dahin war meine Blütenwelt,
Ich sah die Krone ganz zerspellt
Beim Morgenrot am Tage.
Noch glühte zwar die Himmelsglut
Doch färbte welkes Rosenblut
Die dunkle Gartenerde.
Und mir, sprach ich, ja mir zumeist
Seufzt künftig nur ein Trauergeist,
Bis daß ich Asche werde!
Kein Freudenton, kein Spiel, noch Lust
Zieh' mehr durch die gekränkte Brust,

Jakob Krebs

Und jeder Stern erbleiche;
Denn seht, in dieses Furchengrab
Riß jäher Sturm mir sie hinab
Die ros'ge Blütenleiche!
Doch als ich so im Schmerze schwur,
Weil mir dies Wunder der Natur
War wie in Nichts zerflossen,
Da tönte eine andre Stimm',
Die hat mir in den herben Grimm
Gar sanftes Oel ergossen;
Ich schenke Haus und Garten dir
Und deines Baumes Rosenzier
Hoch über Morgenröten.
Dort wankt nichts mehr, noch fällt es gar,
Was blüht, es blüht auf immerdar;
Dort gilt kein Feuertöten.
Dort ist ein Totenauferstehn,
Ein all Verlornes Wiedersehn,
Ein ew'ges Liebewallen.
Tritt her, in leuchtender Gestalt
Als sel'ger Geist dich auch umwallt
Die Blüte, die gefallen! —

Gondellied.

Sargähnliches Schifflein, du gleitest inmitten
Von Lichtern der Höhe und Schrecken im Grund!
Wohin? o wohin mit den rudernden Schritten
Beim wechselnden Lied aus Pilotenmund?

Ist alles doch Rätsel im Kommen, im Gehen,
Im Kreislauf, worin sich das Leben verschlingt;
Da immer das Alte, was vorher geschehen,
Ist e i n in die Kette der Zukunft geringt
Und immer, was kommt, zum Vergang'nen entweicht;
Gleich tanzendem Wurf, über Wasser geschnellt,
Bald alles die Klippen des Todes erreicht, daran es zerschellt!

Wimmelnde Stadt mit der Seufzerbrücke,
Zahllosen Weh's, wie die Wellenblicke
Zahllos schwanken gondelumher,
Ist ein Ruhfels nirgends auf pfadlosem Meer? —
„Zur Ruhe gelanget nur, wer mich erkor,
Ich führe zum Porte des Friedens empor,
Der ich wandle hoch über Wogen und Schaum.
Sieh', bald ist zerronnen des Lebens Traum
Mit seinen Schauern, du weißt es kaum! — Du weißt es kaum!" —

Die Pflanze.

Die Sonne liebt die arme Erde
Und schickt den Strahl zu ihr herab,
Auf daß die dunkle sonnig werde,
Ein Blütenbeet ihr Schollengrab.
Mit erdentbranntem Liebesglühen
Zieht sie die niedre Magd sich groß;
Die läßt sich liebend zu ihr ziehen
Und öffnet leis den Mutterschoß.
Und aus dem einsgewordnen Streben
Hebt ringend nun die Pflanze sich
Und führt ein Erd- und Sonnenleben,
Wie je das Kind den Eltern glich.
Der lichtergoss'nen Sonne Zeichen,
Strahlt sie in Farben himmlisch mild;
Die Wurzel muß der Erde gleichen, —
O, Sonn' und Erd'! — Vermählungsbild!
Streb' zum Erzeuger nur nach oben,
Hab' bei der Mutter den Verbleib'
Und zwischen beiden schwank' erhoben
Dein erdgeborner Sonnenleib!

Johann Jakob Mohr
(† 1890.)

Drei Madonnenbilder.
(Nach den Aufzeichnungen eines spanischen Malers.)

Ich stand in einer Kirche in Salamanca vor einem Bilde, das meine ganze Aufmerksamkeit in Anspruch nahm. Es stellte die Himmelskönigin vor, schwebend auf Wolken; aber das schöne, sanfte Antlitz war gesenkt und der Blick ruhte voll inniger Teilnahme auf einem jungen Manne, der in dem Bilde ihr zu Füßen knieend mit dem Ausdruck unendlicher Liebe zu ihr aufsah. — Keiner aber von denen, die ab- und zutraten, und die gleichfalls ihr Lob und ihre Bewunderung aussprachen, konnte mir den Namen des Meisters angeben, bis endlich der Sakristan der Kirche herbeikam, und, da er hörte, von was die Rede war, die Vermutung äußerte, jener Maler lebe noch und sei unter den Mönchen des Klosters Sancta Maria in der Stadt selbst zu suchen; auch gehe die Rede, daß sich noch andere Bilder von ihm in eben jenem Kloster befänden. Den Namen des Malers jedoch wisse auch er nicht zu nennen. — Auf mein Befragen, ob wohl der Zutritt dort möglich sei, meinte er: bei der Strenge der Ordensregel sei das gewiß mit großen Schwierigkeiten verbunden; und gerade was den Maler und seine Bilder angehe, so tue man, er wisse nicht aus was für Gründen, ganz besonders geheim; indessen sei heute, wie ihm eben einfalle, der Jahrestag der Schutzheiligen; die Klosterkirche daher den Andächtigen geöffnet; das Weitere müsse ich dann dem Zufall und meinem Glücke überlassen. Ich dankte ihm für seine Auskunft, und nachdem ich das Gemälde noch eine Weile betrachtet, machte ich mich auf den Weg nach jenem Kloster, das, wie ich schon früher gehört, ganz am Ende der Stadt lag, nahe an einem Tore, das in eine abgelegene, wenig betretene Gegend führte. Nach einer ziemlich langen Wanderung stand ich vor einer alten, hohen, völlig schmucklosen Mauer; von der Kirche und den übrigen Klostergebäuden konnte ich außer einer gleichfalls altertümlichen Turmspitze von der engen hier sich talwärts senkenden Straße aus nichts weiter wahrnehmen. Die Pforte stand offen und ein schmaler, von etwas niedrigeren

Mauern eingeschlossener Gang führte unmittelbar an die Türe der Kirche. Der eigentliche Gottesdienst mußte schon zu Ende sein; nur hier und da erblickte ich noch einzelne Andächtige im Gebete knieend.

Das Innere der alten Kirche selbst zeigte, wie ich umhersah, nichts besonders Merkwürdiges, weder an Bauart noch in der sehr einfachen Ausschmückung. Ich setzte mich in einen der Stühle, voll Erwartung, was mir begegnen werde, und mir den Eindruck jenes wundersamen Bildes immer wieder von neuem vergegenwärtigend.

Nach und nach entfernten sich die wenigen Besucher, und ich hatte eine zeitlang allein gesessen, als einer der Klostergeistlichen, die hin und wieder durch ein Pförtchen zur Seite des Altars eingetreten waren, auf mich zukam und mich mit einem fragenden Blick ansah. Ich faßte mir ein Herz, trat ihm entgegen und brachte, nachdem ich ihn begrüßt, mein Anliegen vor. Er hörte mich, mit dem Ausdruck der Verwunderung aber nicht unfreundlich an. „Die Türen unserer Kirche," sagte er, „werden jetzt geschlossen; aber verweilet hier einige Augenblicke, ich will sehen, ob Euerm Wunsche willfahrt werden kann."

Es dauerte auch nicht lange, so kehrte er zurück, begleitet von einem alten, ehrwürdig aussehenden Mönche, den ich für den Prior oder Abt oder sonst einen der Vorgesetzten des Klosters halten mußte. „Bruder Marcus," hub dieser, nachdem er mich zuvor aufmerksam betrachtet, mit einer sanften, fast traurig klingenden Stimme an, „hat mir Euern Wunsch mitgeteilt; wir haben ein solches Begehren bisher einem jeden abgeschlagen, und auch Euch würden wir wohl schwerlich zu willen sein, wenn nicht besondere Umstände uns veranlaßten, dieses Mal von unserem Vorsatze abzugehen. So folget mir denn und mißbrauchet nicht das Vertrauen, das wir Euch schenken."

Er führte mich hierauf durch jenes kleine Pförtchen und wir traten in eine Art Kreuzgang, der auf dieser Seite an einem Hofe hinlief, den die Klostergebäude umgaben.

Am Ende desselben stiegen wir einige Stufen hinauf und zuerst in der nämlichen Richtung fortschreitend, sodann uns rechts wendend, wobei wir wieder ein paar Treppen hinaufgingen, gelangten wir zu mannigfach ineinander laufenden Gängen, an die sich die Zellen der Mönche anschlossen.

Vor einer der engen Türen blieb mein Führer endlich stehen, öffnete leise und ließ mich vor sich eintreten. Aber schon auf der Schwelle stand ich wie festgebannt. Vor mir in dem schmalen

Raume erblickte ich knieend die Gestalt eines uralten Mönchs; er war so tief in Andacht versenkt, daß er unseren Eintritt nicht bemerkt hatte. Obgleich er uns nur die Seite des Gesichts, und auch diese nicht völlig zukehrte, und ihm ein langer, weißer Bart von dem Kinn herabfloß, so fiel es mir doch nicht schwer, die Züge des jungen Mannes wieder zu erkennen, den ich dort auf dem Bilde in der Kirche knieend erblickt hatte. Die Bewegung des Kopfes und der Hände war in diesem Augenblick fast ganz dieselbe. Ich folgte seinem aufwärts gerichteten Blick und nun gewahrte ich auch, mir gerade gegenüber in der Ecke der Zelle das Bild der nämlichen Madonna. Miene, Ausdruck, Neigung des Hauptes, alles war das Gleiche. Aber sie war nicht allein: auf dem Arme, sich fest an sie anschmiegend, trug sie ein Kind von unsagbarer Schönheit; mit einem holden, aber dabei seltsam schmerzlichen Ausdruck lächelnd, hob es die Hand zum Segen auf. Ich weiß nicht, wie lange ich so gestanden, bald das Bild, bald den Alten betrachtend, als mich mein Begleiter hinwegzog.

Schweigend gingen wir nebeneinander, den nämlichen Weg zurück, den wir gekommen waren, und hatten schon beinahe den Kreuzgang wieder erreicht, als ich an meinen Begleiter die Frage richtete, ob denn vielleicht nicht noch ein anderes Gemälde von demselben Maler in dem Kloster aufbewahrt werde. Er antwortete nicht sogleich, und es kam mir vor, als ob er im Zweifel sei, ob er mir noch etwas Weiteres entdecken oder zeigen sollte. — Eben kam uns Bruder Marcus wieder entgegen; er winkte ihm, flüsterte ihm einige Worte zu und dieser entfernte sich eilig. Wir selbst aber schlugen einen Seitengang ein und waren, denselben langsam hinabgehend, eben an seinem Ende vor einer Türe angelangt, als Bruder Marcus wieder herbeikam und dem Abt ein paar Schlüssel überreichte. Dieser schloß auf und unmittelbar vor uns erschien eine schmale, niedrig überwölbte Treppe, die steil in einer einmaligen Windung wieder zu einer Türe führte, die mein Begleiter gleichfalls, aber nur mit einiger Anstrengung aufschloß. Dem Bruder Marcus hatte er geboten, oben an der Treppe zurückzubleiben.

Wir traten jetzt in ein nicht gar hohes, flach gewölbtes Gemach. Die Fenster waren von unten her etwa bis zur Hälfte zugemauert, und durch die etwas trüben Scheiben fiel nur ein spärliches Licht. Ich mußte mein Auge anfangs etwas anstrengen, dann entdeckte ich an der einen schmalen Wand in dem sonst kahlen Raume einen Vorhang von dunklem, grobem Stoffe.

Nur langsam trat der Prior heran, dann ergriff er zögernd die Schnur; zog aber, wie er sie ergriffen, den in der Mitte sich teilenden Vorhang mit einiger Hast zurück. Und nun erblickte mein Auge etwas, wie ich vorher nicht gedacht hätte, daß man je etwas Derartiges hervorbringen könne. Wieder war es eine Madonna, sie trug das nämliche Kind auf dem Arm, nur war sein Ausdruck ein ernsterer; sie selbst aber war eine ganz andere als jene in Kirche und Zelle.

Dunkle Haare umgaben ein bleiches Gesicht von einer, ich kann nicht sagen überirdischen, aber anderen als menschlichen Schönheit. Die schwarzen Augen waren wie verschleiert, aber nichtsdestoweniger blickte aus ihnen eine tiefe, durchbringende Gewalt; um den Mund, der wie zu locken schien, schwebte dabei etwas wie verachtender Stolz; auf dem ganzen Gesichte aber lag ein mir unerklärlicher Ausdruck, der bald anzog, bald wieder in rätselhafter Weise abstieß: es war, als ob dort das Widersprechendste — Kälte und Glut — sich vereinigt hätte.

Aus dunkelen Wolken, die ihr die Füße bis fast zum Knie umhüllten, hob sich die Gestalt hervor. Mit dem Kinde war sie in eine sonderbare Verbindung gebracht; sie trug es nur so vor sich hin, gleichgültig, als ob es sie nichts weiter angehe, und nur die Willkür des Malers es sei, die es dort hingesetzt habe. An dem Arme des Kindes, da wo es die Brust der Mutter berührte, fiel mir eine Verletzung auf, die, von einem Schnitt oder Stoß herrührend, nicht wieder ausgebessert war.

Ich konnte mich von dem Bilde nicht losreißen, je länger ich es betrachtete, desto lebendiger wurde es; alle Züge kamen in eine wunderbare Bewegung, ich fühlte mich von einer Gewalt erfaßt, wie ich sie vordem bei Betrachtung eines Kunstwerkes niemals verspürt hatte.

Da — mit einem Male — brach ich in die Worte aus: „Was war das!" Ich sah mich nach meinem Begleiter um; er war bleich geworden, er mußte das nämliche gesehen haben: über das Gesicht der Madonna war ein Zucken gegangen und das Kind hatte den Mund wie zu einem Lächeln verzogen. — „Ich fürchte, wir haben schon zu viel gesehen", sagte mein Begleiter mit unsicherer Stimme; dann zog er rasch den Vorhang vor das Gemälde und drängte mich mit einiger Gewalt nach der Türe. Oben erwartete uns der Bruder Marcus. Ein Wink entfernte ihn. Wir hatten wieder einige Gänge durchschritten und waren in ein kleines Gärtchen getreten, als der Abt das

Schweigen brach. Er hieß mich sitzen und nahm dann auf der steinernen Bank neben mir Platz.

„Nach dem, was Ihr gesehen habt", hub er nach einer Pause an, „darf ich Euch die wunderbare Geschichte nicht vorenthalten. — Was für ein Künstler unser Bruder Anastasius war — denn diesen Namen führt er bei uns, sein anderer soll nach seinem Willen nicht mehr genannt werden, und ist auch durch eine seltsame Verkettung der Umstände, wohl nach Gottes Ratschluß, in der Welt vergessen — was für ein Künstler er war, werdet Ihr, die Ihr, wie mir Bruder Marcus sagte, selbst ein Maler seid, aus den Bildern, die Ihr gesehen, selbst ermessen. Schon winkte ihm unsterblicher Ruhm, da gewann er die Liebe eines holdseligen Mädchens. Ihr habt sie im Bilde gesehen, die Madonnen, jene dort in der Kirche und die in seiner Zelle tragen ihre Züge. Sie ward die Seine; aber vielleicht weil er sie zu abgöttisch liebte, starb sie, nachdem sie ihm einen Knaben geboren. Sinnlos vor Schmerz, in rasender Verzweiflung, verfluchte er sich, den Himmel, seine Kunst. Aber das Kind wuchs ihm heran in erfreuender Schönheit; er suchte und fand in ihm die Züge der Mutter; die Zeit milderte seinen Schmerz; und er gewann auch seine Kunst wieder lieb.

Da griff er eines Tages zu dem Stift; aber wie er ihn an die Leinwand ansetzte, um seine Linien zu ziehen, da fühlte er sich plötzlich am Handgelenke wie von einer Faust gepackt und festgehalten. Er glaubte erst, es sei eine zufällige Empfindung; alles konnte er sonst mit dieser Hand vornehmen, aber jedesmal, so oft er sich zu seiner Arbeit anschickte, fühlte er die furchtbare Fessel.

Nun verfiel er in eine tiefe Schwermut. Er suchte Hilfe, aber nicht da, wo er sie hätte suchen sollen. Sein Unstern führte ihn zu einem Mönche, einem Bruder unseres Ordens, unseres Klosters. Ich erinnere mich seiner nur ganz dunkel; ich war eben erst, fast noch ein Knabe, ins Kloster eingetreten.

Er hatte früher ein wüstes, unstätes Leben geführt und sich weit in der Welt umhergetrieben. Was ihm auf der Seele lastete, hat er nie bekannt. Scheinbar von Reue gepeinigt, war er zu uns gekommen, und, da er alle Anforderungen auf das Strengste und Genaueste erfüllte, nach der üblichen Probezeit in den Orden aufgenommen worden. Aber wie ängstlich und peinlich er auch fernerhin den übernommenen Verpflichtungen nachkam, wie zerknirscht er sich bei den Bußübungen zeigte, wie unterwürfig er die Befehle der Oberen ausrichtete: düster

Johann Jakob Mohr

und scheu ging er immer umher, jedem, wenn es nicht der Dienst anders erforderte, ausweichend, und doch wieder auf alles lauernd, alles beobachtend. Oft will man ihn des Nachts gesehen haben, wie er leise durch die Gänge wanderte und es blieb ungewiß, ob er dann etwas ausspüren wollte oder von einer inneren Unruhe umhergetrieben wurde. Er liebte Keinen und wurde von Keinem geliebt. Nur erst später schloß er sich an einige Wenige an. Leider war damals von manchen unserer Brüder der Geist der Frömmigkeit und des Gehorsams gewichen; und es ging die Rede, daß er bei solchen dann und wann ein höhnendes Wort über jene Verpflichtungen und Gelübde fallen ließ, die er selbst so sorgsam und peinlich erfüllte und deren geringste Versäumnis er an andern mit hochmütiger Strenge verdammte.

Ihr wißt, daß unser Gelübde uns auflegt, den Lebensunterhalt von der Mildtätigkeit der Menschen zu erbitten. Es liegt darum jedem Bruder die Verpflichtung ob, von Zeit zu Zeit die Mauern des Klosters zu jenem Zwecke zu verlassen. Wo und in welcher Weise er nun auf einer solchen Wanderung mit dem Maler zuerst zusammentraf, wie er ihn in seine Netze zog, ist mir unbekannt geblieben; jener hat es einem meiner Vorgänger gebeichtet. Genug, der Unglückliche ließ sich betören, da ihm der Mönch unter solcher Bedingung Hilfe zusagte, daß er gelobte, das nächste Bild, das er malen werde, jenen furchtbaren, den Menschen feindseligen Mächten zu weihen.

Jetzt versuchte er sich wieder in seiner Kunst. Und in der Tat, die hemmende Fessel war verschwunden; die Kreide, die er zur Hand genommen, lief rasch an der Leinwand hin, so daß er selbst nicht zu unterscheiden vermochte, ob eine Kraft in ihm oder außer ihm es sei, die ihm die Hand regiere. So enstanden die Umrisse jenes Bildes, das ihr dort unten gesehen habt. — Aber die Linien, die er auf die Tafel gezogen, gruben sich ihm auch in das Herz ein. Eine verzehrende Glut ergriff ihn. Unablässig lag er dem Versucher an, ihm das Urbild, das dieser kennen müsse, zu zeigen. Zuletzt vertraute ihm der Mönch, was er gezeichnet, sei seine eigene Tochter. Nun drang er mit noch heftigerem Ungestüm in ihn: „Was hilft mir," rief er aus, da jener noch immer sich arglistig weigerte, „deine Hilfe? Ich verwünsche sie, wenn sie nur gedient hat, mich noch elender zu machen! Führe mich zu ihr, und ich verspreche, dir in allem zu Willen zu sein, was du begehren kannst." — Endlich ward dem Betörten sein Wunsch erfüllt: Er sah das

Weib, und seine Leidenschaft schlug in wilde Flammen aus. Er warb um ihre Liebe, er trug ihr seine Hand an; er wollte zu ihren Füßen sich den Tod geben. — Da ließ ihn der Vater einen schrecklichen Eid schwören, daß er niemals, mit keinem Worte, aus dem, was er gesehen und erfahren, und wie sie die Seine geworden, ihr einen Vorwurf machen wolle. Sie ward ihm angetraut, und der Unselige führte sein Verderben in sein Haus ein — doch nein — es gereichte ihm vielleicht zum Heile! Damals, im Entzücken ihres Besitzes, malte er das Bild aus und gab seinen Knaben der neuen Mutter in den Arm.

Aber wie schnell entschwindet der Taumel der Leidenschaft, wo nicht die wahre und reine Liebe waltet! Höhnisch, kalt, herzlos begegnete sie seinen wärmsten Empfindungen; er mußte die holde, erste Geliebte verlästern hören und es schweigend dulden, wie ein grimmiger Haß sich gegen deren Kind kehrte. — Er beobachtete sie genauer; schändlich erschien sie ihm in Worten und Taten; er ahnte selbst in den Besuchen des Vaters das Entsetzlichste!

So, nach vielen Tagen unerträglicher Qualen, in denen er die ihm angeborene Heftigkeit gewaltsam niederhielt, brach er einmal, da sie wieder, die vielleicht wußte, daß ihr die Hoffnung auf ein eigenes Kind für immer versagt war, ihrem giftigen Hasse gegen den Knaben den Lauf ließ, in die Worte aus: „Hinweg! verruchte Höllenbrut!" Sie schlug eine wilde Lache auf. Er stürmte hinaus aus dem Gemache, dem Hause. Den Tag über trieb er sich im Felde und zwischen den Felsen des nahen Gebirges herum. Es fing schon an zu dämmern, da überkam ihn mit einem Male eine entsetzliche Angst. Er eilte nach Hause: Das Weib war verschwunden; er suchte nach dem Kinde; er stürzte in das Gemach, wo er zu malen gewohnt war, und wo es manchmal um ihn gespielt hatte — da lag es erwürgt am Boden. In dem ungeheuersten Schmerz faßte er es in den Arm, dann ergriff er ein Messer und stieß es in wilder Wut gegen das Bild der Mörderin! Aber sogleich auch stieß er einen Schrei aus und sank ohnmächtig nieder. Er hatte den Arm des Kindes getroffen und dieses das Gesicht in schmerzvollem Weinen verzogen. Nur spät erst kam er wieder zu sich; er war dem Wahnsinn nahe. Lange lag er in schwerer Krankheit. Dann, als er wieder genesen, begehrte er bei uns Einlaß. Er ward ihm nicht verweigert. Jener Schändliche war an dem gleichen Tage wie seine Tochter entflohen.

Demütig unterzog sich unser Bruder allen Beschwerden, Entbehrungen, Erniedrigungen unseres Standes. Seine Sanftmut und Güte gewannen ihm alle Herzen. Oft munterten ihn die Brüder auf, er möge sich wieder einmal seiner schönen Kunst erfreuen: er schien ihr für immer entsagt zu haben. Jahre waren vergangen, da verlangte er eines Tages sein Malgeräte; das wir seither im Kloster aufbewahrt hatten. Die Heilige war ihm des Nachts in Gestalt des geliebten Weibes erschienen und hatte ihn aufgefordert, sie noch einmal, wie er sie schaue mit dem Kinde zu malen. — Ihr wißt, wo ihr das Bild gefunden habt. —

Von dem heutigen Tage aber hat er verkündet, daß an ihm sein Geschick eine Wendung erfahren werde. Darum haben wir auch beschlossen, alles was auf ihn Bezug habe, heute geschehen zu lassen; und darum auch Euch den Zutritt zu ihm und seinen Bildern gestattet. — Aber — kommt, — steht auf — laßt uns gehen, eine seltsame Ahnung befällt mich — eilen wir nach seiner Zelle!" —

Wir traten ein. Er lag niedergesunken an dem Fuße des Bildes. Eilig trat der Abt hin zu dem Entseelten; ich aber hob den Blick aufwärts zu dem Bilde: Das Gesicht der Heiligen schien sanfter noch und teilnehmender wie zuvor, freundlicher das Lächeln des Kindes, ausdrucksvoller die Bewegung der Hand, die es zum Segen erhob.

Meinem Sohne.

Wohin eilst Du, Geliebter?
Eben noch hielt sie gefaßt
Fest Dich, die sichere Hand;
Welchen Fernen entschwebst Du?

Sonst, wenn erwartungsvoll
Dir entgegen es schlug,
Und den Tritt ich vernahm,
Hörte der Stimme Laut,
Wie da klopfte das Herz mir,
Wie dem Liebenden es
Bei dem Nah'n der Geliebten schlägt.

Johann Jakob Mohr

War es umsonst nur, und gilt
Nichts mehr die Liebe dir?
Sorge der Schwester nicht, die,
Mut einflößend und Trost,
Feindliche Bilder des Wahns
Mutvoll bekämpfte, und der
Nicht mehr der hoffende Blick
Ueber dem Bette des Kranken sich schloß?

Fülle der reichen Natur,
Eisige Bergeshöh'n,
Lockend den wagenden Fuß.
Zaubergebilde der Kunst,
Himmlischer Töne Gewalt,
Denen die Seele sich ganz
Heiß und innig ergab,
Hoher Gestalten und du,
Rastloser Phantasie
Tausendjährig Gedräng:
Gilt es Dir alles nichts mehr,
Herrlichen Wissens so stolze Kraft?

Freunde, die willig und gern
Deinem Geist sich gebeugt,
Ihr aufmunterndes Wort;
Daß schon des Leidenden Blick,
Schnell von Vertrauen erfaßt,
Hilfe begehrend auf dir geruht?

Aber wie mächtigen Flugs
Vorwärts bringend Dein Geist,
Achtend Entschwindendes nicht,
Unaufhaltsam entfliegt,
Auch die Liebe entfaltet
Ihre Schwingen und folgt
Dir auf unendlicher Bahn:
Schon erreichet sie Dich,
Wie Du enteilest, Du spürst
Hemmende Fesseln der Liebe doch

Ach, daß einmal der Blick
Noch Dich dürfte erschau'n,
Den hier jedes Gebüsch,
Jegliche Wolke beschränkt,
Ach das so treue, das liebe Gesicht.

Herrliche Glaubenskraft,
Nimmer ermattende, die
Den aufblühenden Knaben,
Den erstarkenden, einst
Freudig und sicher geführt,
O entweiche du nicht,
Gieße Vertrauen und Mut
Du in die Seele dem wankenden Greis!

Aphorismen.

Die Weisheit ist eine vornehme Göttin; erst wenn alle anderen Götter den Abschied genommen, dann kehrt sie ein.

*

Den Meisten kann nur etwas passieren; erleben können sie nichts.

*

Das meiste Philosophieren ist nur ein Stolpern über die Wahrheit.

*

Was Flügel hat, das fliegt, und wäre es in einer Maulwurfshöhle zur Welt gekommen.

*

Unbewußtes Schaffen des Genies — Ein Wort, für das sich der Unverstand bei dem Erfinder bedanken mag.

*

Im Denken verläßt sich gern Einer auf den Andern.

*

Johann Jakob Mohr

Völker sind wie Kinder, man darf sie nicht nach ihren Unarten beurteilen.

*

Wie zwei Liebende eilen bei dem echten Dichter Gedanke und Ausdruck einander entgegen: wer will sagen, welches das andere zuerst ergriffen hat, wer wagen, beide zu trennen?

*

Worüber die Menschen am sorgfältigsten wachen, und was sie am eifersüchtigsten hüten, das sind ihre Narrheiten.

*

Frauen lernen nur von denen, die sie lieben.

*

Nicht Jeder, der in seinem Vaterlande nichts gilt, ist darum ein Prophet.

*

Anders will die Natur, anders wollen Menschen uns glücklich machen.

*

Gedanken müssen wir in der Welt sammeln; aber erst die Einsamkeit gibt uns den Maßstab für ihren Gehalt und ihre Größe.

*

Vier Dinge sind es, die eine Art von Verklärung verleihen: Die Liebe, die Kunst, der Ruhm und der Tod.

Ludwig Ferdinand Neubürger
(† 1895.)

Drei Szenen aus dem Trauerspiel „Laroche".
Dreizehnter Auftritt.
(Sophie von Sternau, Laroche.)

Sophie. Nie warst du mir willkommener, mein Geliebter! Ich hätte die Wonne dieses Augenblickes allein nicht tragen können. Doch Theodor hat Recht. Hat denn bei dir die Freude keine Worte?

Laroche. Sie kommt so unerwartet! Meine Sinne sind befangen!

Sophie. Uns Mädchen liegt das Herz gleich auf der Lippe, — ich weiß, daß deine Freude b'rum nicht minder groß.

Laroche. Du sprachst mit deinem Vater, — er willigt ein, — ach warum tatest du's!

Sophie. Ich hätte es gewiß nicht ohne deinen Wunsch getan, — lies diesen Brief! (Sie geht zu ihrem Schreibtisch, sucht einen Brief, findet einen, den sie liebevoll betrachtet, rasch durchfliegt, bis sie den gesuchten findet).

Laroche (während ihres Suchens für sich). Er willigt ein; — (bitter) ich hätte es denken sollen! — Vor ihrer rührenden Bitte schwindet der starre Trotz des stolzen Adels, die unübersteigbare Schranke fällt, die mich vom Ziele meiner höchsten Wünsche trennt, sie fällt, — und grinsend steht mein böser Dämon, der alte treue Begleiter, mir zur Seite!

Sophie. Lies diesen Brief, er hätte heute noch dich innig bitten sollen, meinem Vater unser Geschick anheimzustellen. — Er kam mir zuvor. — (Zögernd) Rheineck, glaube ich, dem der Austausch unserer Briefe nicht entgangen, sprach mit ihm, (bewegt) und mein Vater stellte mich zur Rede.

Laroche (innig) Du hast um mich gelitten!

Sophie. Er kennt nun meine Liebe — und meine Wünsche, — er meint es gut mit mir, — und ich? Will ich denn Böses? Er zeige mir den Ersten dieses Landes, geschmückt mit allen Vorzügen des Mannes, umstrahlt von dem Glanze stolzer Ahnen, der würdiger wäre, sich uns zu verbinden, als du, Geliebter!

Laroche. So spricht meine stolze Sophie?

Sophie. So darf, so muß sie sprechen. Die starke Schwinge deines Geistes trug mich oft hinüber in dein Reich, das Reich der

Ideale, — doch mein Freund, wir dürfen nicht nur nach des Herzens Stimme wählen. Die Stellung, die die Vorsehung uns zuerteilt, legt uns Verpflichtungen auf, ich könnte sie nie vergessen!

Laroche. Und wenn, nachdem dein Herz den Freund mit aller Glut umfaßte, du dennoch fändest, daß er der stolzen Reihe deiner Ahnen nicht würdig sei?

Sophie. Warum so häßliche Träume denken! Laß uns allein in unserm Glücke leben! Du bist des höchsten Adels wert, — in deinem Wappen glänzt die Träne der Menschenliebe.

Laroche. Es können ungeahnte Wolken, — Stürme kommen, die unsern heitern Himmel trüben wollen!

Sophie. Was bist du heute so trüb gestimmt! — Laß sie nur kommen, — der Sieg giebt Mut und Kraft zu neuem Siege.

Laroche. Rufe sie nicht herbei! — Leben will ich nur in diesem einzigen, seligen Augenblick, die Freuden der Ewigkeit in ihm hinwegnehmen!

Sophie. Was auch kommen mag, es findet uns vereinigt!

Laroche. Sophie, wirst du mich ewig lieben?

Sophie. Ewig, bis in den Tod! — Aber du bist nicht so wie sonst, Geliebter, — teilst du nicht, was ich fühle?

Laroche. Sophie! (sie überläßt ihm ihre Hand, die er, nachdem er ihr lange in das Auge gesehen, gedankenvoll schwermütig küßt). Sophie! Du bist mein Alles, du bist der Frieden mir und die Versöhnung! Mir ist, als ob der tausendjährige Haß geschwunden, und in diese trübe, finstere Welt die Liebe einziehe.

Sophie. Das klingt so fremd, — es fällt auf meine Freude ein Schatten — (sinnend) ich blicke um mich, — sehe nicht, woher er kommt!

Laroche. Es gibt wesenlose Schatten, die über das Paradies der Liebe hinziehen — und es zerstören.

Sophie. Ach! Ich versteh' dich nicht! Ist's meine Freude, die den Sinn verwirrt, — bist du verändert? Ich weiß nur, daß ich dich liebe, dich lieben muß — in Ewigkeit!

Laroche. Das fühl' ich — auch wenn wir uns entsagen müßten.

Sophie. Entsagen! (ihm fest in's Auge sehend) Ferdinand, du birgst etwas vor mir, — sag' mir, was dich bewegt, — es wird dir leichter werden. Dein treues Mädchen muß auch deinen Kummer teilen.

Laroche (kämpfend). Nichts — laß mich — ich kann nicht.

Sophie. Du mußt — ich will es — ich habe ein Recht auf dich.

Laroche. Ich hatte einen Freund, sein trauriges Geschick ist's, was mich so tief bewegt.

Sophie. Heute? Heute solltest du nur Frohes denken. Du Guter! Laß mich deine Trauer um ihn teilen!

Laroche. Mit ahnungsvoller Erinnerung drängt sich sein Geschick in meine Freude.

Sophie. Was traf ihn?

Laroche. Er trat, ein Deutscher, in die Heere der jungen französischen Republik, über deren Fahnen die Morgenröte der Freiheit zu erglänzen schien. Er wurde der Freund und Waffengefährte Moreaus. Als Napoleon, zum Kaiser gekrönt, den Eid der Treue verlangte, stand er an der Spitze von Jünglingen, die ihn verweigerten. Zur Wut gereizt, forderte der Kaiser die Namen der Republikaner, um sie aus der Liste seiner Armee zu streichen. Als er den Namen meines Freundes erblickte, rief er heftig: „Wenn es ein Anderer wäre, so sollte er die Schwere meines Zornes empfinden." Doch seines edlen Ursprungs eingedenk, verzieh der abtrünnige Sohn der Freiheit meinem Freunde, und so diente dieser auch unter dem Kaiser dem Wohle der Menschheit. Aber traurig war sein Herz, denn seine Ideale, von der kalten Hand des Cäsars niedergehalten, sie würden, das fühlte er, wohl bereinst wieder aufblühen, aber erst auf seinem Grabe.

Vierzehnter Auftritt.

(Die Vorigen. Graf von Sternau, Marie von Rheineck, Theodor von Sternau.)

Sophie (steht auf und geht ihrem Vater entgegen).

Marie. So — ich bin fix und fertig — und du — du lächelst? Das ist gut! (Laroche begrüßend zu Theodor) Weißt du, ich glaube, wenn man Herrn Laroche auch eingeladen hätte, Sophie wäre noch viel lieber mitgegangen.

Sternau (zu Laroche verbindlich.) Wir stören Sie in der Unterhaltung?

Sophie. O nein, mein Vater. Herr Laroche erzählte eben die Geschichte eines Freundes, der begeistert erst der Freiheit, dann widerwillig dem Eroberer diente.

Sternau. Wenn sie gestatten, höre ich gerne zu. — Ich möchte Sie alsdann um eine Unterredung bitten. (Tritt zu Theodor).

Sophie (freudig zu Laroche). Siehst du, wie gut er ist! — Sagte ich dir's nicht? Er wird uns erhören! (Zum Grafen.) Mein guter Vater!

Laroche (für sich). Was tun? Soll ich die i h r bestimmte Wahrheit vor den Anderen offenbaren? Soll ich mit ihm jetzt reden, ehe ich ihrer Standhaftigkeit versichert bin? O Schicksal, in welche Lage drängst du mich, — gieb mir ein Zeichen!

Sophie (zu Laroche) Nun? Ich höre gern von Großgesinnten, in welchen Liebe Aehnlichkeiten findet.

Laroche (für sich) Das Schicksal spricht durch der Geliebten Stimme; — ich gehorche.

Sternau. Wir hören, Herr Laroche. (Man setzt sich.)

Laroche. Mein Freud verachtete die Menschen und diente der Menschheit. In den Kolonien sollten die Träume des Obersten zur Wirklichkeit werden. (Bewegung Sophiens.) Da sah er ein Mädchen, schön, großgesinnt und voller Liebe — das fromme Bild einer Heiligen. Daß er ihr einen Dienst leisten konnte, der ihr edles Herz vor schwerstem Leid bewahrte, gewann ihm ihre Liebe. Ihre Seelen flogen zum Himmel auf, um sich dann segnend der Menschheit zuzuwenden. Eines fehlte ihrem Glück, die Einwilligung des geliebten Vaters — allein auch dieser verweigerte nicht länger der Liebe seinen Segen, und froh versammelte Gäste feierten das schöne Fest. — Es war ein milder Herbstabend, das fallende Laub bedeckte den Boden, aber den Liebenden blühte die Natur in wonnevollem ewigem Frühling. Fernab in tiefen Gedanken saßen sie, geschieden von der lauten, fröhlich lärmenden Gesellschaft — da unterbrachen lachende Stimmen ihre Einsamkeit, wie weltliche Freude die Wonnen des Himmels. Von dem Schwarm der Gäste geleitet, schwankt dem Obersten ein altes Mütterchen entgegen, reich aber wunderlich gekleidet und geschmückt, die Haare unter einem schwarzen Stirnbande verborgen, vorgebeugt, auf einen Stab gestützt. Der Oberst fliegt in ihre Arme.

Sophie (macht eine Bewegung, wie um ihn vom Weitererzählen zurückzuhalten).

Laroche. Es klingt wie ein Roman, und doch ist die Geschichte wahr und häßlich wie das Leben. Die alte Jüdin lag in dem Arm des Obersten. Da trafen Worte an sein Ohr, wenige, leicht hingeworfene Worte, aber sie enthielten den Haß, die Verachtung von Jahrtausenden.

Sophie (steht auf, wendet in atemloser Spannung den flehenden Blick auf Laroche).

Laroche. Der Oberst schaute auf, er sah die höhnischen Blicke auf sich gerichtet, sah in die lächelnde Miene des Spötters, sah in in das angstvolle Auge des alten Mütterchens, das sich furchtsam an seine Brust schmiegte. Sein Auge flammte, drohend rief er dem Spötter zu: (aufstehend) Wer wagt es, meine Mutter zu verhöhnen!

Sophie (ist etwas zurückgetreten, um sich der Aufmerksamkeit der Anderen zu entziehen, nur Laroche behält sie im Auge).

Marie. Ach — wie traurig — der Liebhaber ein Jude, — das arme Mädchen!

Laroche (den Blick auf Sophie gerichtet, zu Marie). Sie würden in diesem Falle Ihren Geliebten verstoßen?

Marie. Aber was denn? — Ich könnte ihn ja doch nicht heiraten, der sich gewiß nicht bei mir um meiner selbst willen eingeschmeichelt hätte. — Nicht wahr, Sophie? (zu ihr eilend.) Himmel, was hast du — hilf Theodor — sie sinkt!

Theodor (tritt zur Sophie).

Sophie. Es ist Nichts! — Mein Bruder (ihn angstvoll ansehend) nicht wahr — es ist nicht so — sprich — ich vergehe. — —

Theodor (zu Laroche, der hinzugetreten). Sie töten sie — sprechen Sie das erlösende Wort! —

Laroche. Ich kann es nicht, — Sophie muß es sprechen. (Sophie an ihr Herz greifend, stößt einen Schrei aus und sinkt, von Marie und Theodor gestützt.)

Sternau (dem erst, nachdem er seinen Blick bald auf den stolz aufgerichteten Laroche, bald auf seine halb gesunkene Tochter gerichtet, die Sachlage furchtbar klar wird, mit wildem Lachen). Ich hätte es mir denken können. Unter der Maske eines Freundes wagt es der Feigling, uns mit der Geschichte seiner Ahnen vertraut zu machen. (Auf Laroche zugehend). Jude!

Sophie (rafft sich auf und tritt zwischen Beide, stehend) Mein Vater — — (Laroche sieht sie fragend an).

Sternau. Theodor, begleite deine Schwester! Vor Schmerz konnte ich mein Kind nicht bewahren, aber seine Ehre werde ich schützen. (Da Sophie zögert zu gehen.) Verlaß uns, meine Tochter! (Sophie geht mit Marie ab, Theodor geleitet sie bis zur Türe und bleibt dann, die drohende Haltung seines Vaters bemerkend, stehen).

Fünfzehnter Auftritt.

(Laroche, Sternau, Theodor.)

Sternau. So hätten Sie mich mit des Kindes Herzblut zahlen lassen, was Sie für mich getan! Sie haben mein Vertrauen mißbraucht, das Herz meiner Tochter vergiftet, Sie haben, dem Geiste Ihres Stammes treu, mit Wucherzinsen das eingesetzte Kapital verdoppeln wollen. — Aber gehen Sie! Sie sind vor meiner Rache sicher.

Laroche. Womit könnten Sie mich noch schwerer treffen, als indem Sie mit meinem Herzen zugleich das eines Wesens brechen, wie es herrlicher der Himmel nie geschaffen!

Sternau. Ich übe das heilige Recht des Vaters, der sein Kind vor Schmach und Verderben schützt.

Laroche. Mein Recht ist heilig wie das Ihre. Es beginnt, wo das des Vaters endet, — wenn das Herz des Kindes, das bis dahin schlummernd seiner Leitung bedurfte, von Gott geweckt wird, selbst zu fühlen, selbst zu entscheiden. Aus Ihrer Hand möchte ich die Geliebte empfangen, aber Niemand auf dieser Erde darf uns trennen. Wir gehören einander durch eine höhere Gewalt als durch die Satzung und den Willen der Menschen.

Sternau. Sie haben sich verrechnet, wenn Sie schwiegen, bis Sie mich völlig in Ihrer Gewalt glaubten! Und wenn Sie mein Glück und das meines Kindes vernichteten, — die Ehre des Edelmanns zerreißt das Netz Ihrer Schlauheit.

Laroche. Sollen ihr Menschenopfer fallen, wie den blutigen Götzen des Altertums? Ihr blinder Haß, Ihr Vorurteil wird Sie elend machen — sie — mich —, und wenn die mörderischen Leidenschaften, die sie jetzt bewegen, verstummen, und wenn des Blutes Stimme, die Sie übertäuben, nicht ich, dann in ihrer ganzen Stärke spricht, dann werden Sie selbst weinend an der Bahre des Glückes stehen, das Sie geopfert.

Sternau. Sie irren. Meine Tochter wird niemals vergessen, daß Schmach und Entehrung Sie bedrohten. Sie wird den Menschen hassen — nein, verachten, der feige unter einer fremden Maske das Teuerste ihr rauben wollte, den Glauben und das eigne Volk.

Laroche. Wehe dem Kurzsichtigen, der das Morgenrot erschaute und an eine ewige Nacht glaubt! — Mit Ihnen ist die Macht, die Ihre Ahnen mit blutiger Hand erbeuteten, mit Ihnen ist das Gold, das Ihren Vätern der Bauern Sklavenarbeit trug. Mit mir ist Nichts als der Fluch tausendjähriger Unterdrückung, Nichts als die Gerechtigkeit des Weltgerichts. — Von den Qualen irdischen Todes durchzuckt, verkündete der Erlöser den Frieden. Nur wer des Hasses Größe ganz empfunden, der kennt ein Größeres, die Sühne, die Vergebung, die Liebe. Ich befreite Ihre Tochter von jenen Ketten, die wir hienieden brechen oder, ein erdrückendes Gewicht, hinüber schleppen zu dem Throne des Ewigen. Die Liebe gab ich ihr, — nicht jene Liebe, die vergänglich an Sterbliches sich klammert, die Liebe, die unendlich ist, weil sie die Grenzen niederwirft, die ewig ist, weil ihr allein das Ewige gehört.

Sternau. Gehen Sie, mein Herr! Das Schwert der Kreuzfahrer wird sich niemals mit der Elle der Krämer verbinden — nie, und wenn sie tausendmal von Golde wäre. (Geht ab.)

Ludwig Ferdinand Neuburger

Erinnerungen an Schopenhauer.

Schopenhauers letzte Wohnung habe ich leider nicht gesehen. Seiner alten erinnere ich mich sehr deutlich. Wenn man eintrat, bemerkte man auf der gegenüberstehenden Wand eine Reihe von Kupferstichen, welche Hunde darstellten. Es mögen im Ganzen wohl dreißig Portraits von Newfoundländern, Windspielen und Doggen gewesen sein. Ueber dem Kanape, welches an eben jener Hinterwand aufgestellt war, hing ein Bild Goethe's in blauem Frack, welches er Schopenhauer geschenkt hatte. Ueber diesem Bilde war ein sonderbarer Kopf befestigt. Was er darstellen sollte, weiß ich nicht. Er hatte graue stehende Eulenaugen, eine spitze, wie der Schnabel eines Raubvogels gekrümmte Nase, hervorstehende Ohren und grinste einen eigentümlich hämisch an. An dem Eckfenster, welches auf den Main ging, stand das Schreibtischchen, an welchem ich das Epigramm Bürger's auf Goethe kopiert habe. In der andern Zimmerecke stand eine kleine vergoldete Figur, welche die Beine wie ein Schneider kreuzte; es war das Götzenbild Buddha's, welches Schopenhauer aus Tibet kommen ließ, wovon er für seine Wiedergeburt viel erwartete. Diesem kleinen, häßlichen, komisch ernsten Götzen gegenüber stand auf einem weißen Porzellanofen die wundervolle Statue der Venus von Melos und schien doppelt lieblich und schön. Links über der Türe war an der Wand der Gypsabdruck eines großen Hundes mit langen herabhängenden Ohren; er stellte den toten Pudel Schopenhauers dar. Der tote Pudel machte einen recht traurigen Eindruck, wenn man dabei bedachte, daß ein so ausgezeichneter Mensch ein langes, weites Leben hindurch keinen anderen treuen Freund als eben jenen toten Hund gefunden habe. Die Schuld lag sicherlich an Schopenhauer's Individualität, an seinem Stolz und seiner Menschenverachtung; nichts bestoweniger macht sein Leben einen äußerst trüben Eindruck. In seinen Werken findet man viele Stellen, die auf ein weiches, tieffühlendes Herz deuten, aber sein Mitleid ist meistenteils auf die Tiere gerichtet. So in seinem Hauptwerke Seite 517, wo er von der Mutterliebe der Tiere spricht, so besonders Seite 355 in der Charakteristik des Willens zum Leben. Ich erinnere mich einer Stelle: „Man betrachte z. B. den Maulwurf, diesen unermüdlichen Arbeiter. Mit seinen übermäßigen Schaufelpfoten angestrengt zu graben ist die Beschäftigung seines ganzen Lebens; bleibende Nacht umgiebt ihn; seine embryonischen Augen hat er bloß, um das Licht zu fliehen. Er allein ist ein wahres animal nocturnum; nicht Katzen, Eulen und Fledermäuse, die bei Nacht sehen. Was aber nun erlangt er durch diesen mühevollen und freudeleeren Lebenslauf? Futter und Begattung: also nur die Mittel, dieselbe traurige Bahn fortzusetzen und wieder anzufangen im neuen Individuum. Dem Leben der sehenden Tiere gibt das Bewußtsein der anschaulichen Welt doch einen Schein von objektivem Wert des Daseins. Aber der blinde Maulwurf, mit seiner so vollkommenen Organisation und seiner ratlosen Tätigkeit auf den Wechsel von Insektenlarven und Hungern beschränkt, macht die Unangemessenheit der Mittel zum Zweck augenscheinlich." Sollte man nicht glauben, daß ein Mensch, der so empfindet, für das Leiden und Weh jedes Unglücklichen das tiefste Mitleid fühlen werde, daß ihm jede heiße Träne, jeder tiefe Seufzer an das Herz greifen werde? Aber im Gegenteil; so oft er von den Leiden der Menschheit spricht, tut er es mit einem gewissen Hohne, der oft unangenehm wirkt. Es ist dies ein seltsamer Widerspruch in dieser an Widersprüchen so reichen Natur. Er war gewiß ein unendlich tiefer Geist, dabei finden wir aber überall Extravaganzen, die uns oft töricht und unbedeutend erscheinen. Genial und närrisch, hämisch und tief empfindend, Asket und Zyniker war er gewiß eine der eigentümlichsten Naturen, die je gelebt haben. Ich gedenke nächstens einige Gespräche mit dem eben Verstorbenen mitzuteilen und bin überzeugt, daß sie interessieren werden, da Schopenhauer eminent witzig und boshaft war. Freilich geht bei der Wiedererzählung viel verloren, indem seine wirklich Erstaunen erregende Lebendigkeit in Gestikulation und Sprache seinen Worten etwas ganz Eigentümliches verlieh. Sein Auge war ungemein lebendig, seine Stirne hoch und gewölbt, um seinen Mund schlängelten sich zwei böse Falten, sein weißes Haar stand steilrecht in die Höhe. Wie sein Zimmer, so war auch er höchst eigentümlich; sein Gang war schleichend, katzenartig. Ich lasse hier eine indische Sage folgen, die er mir erzählte. —

Der junge Königsohn lebte einsam und abgeschlossen bei seiner Mutter, die ihn nicht von sich ließ. Er sollte den Schmerz nicht kennen lernen, ihr Kind sollte niemals weinen. Das Leben lag geheimnisvoll vor ihm ausgebreitet, wie das unendliche Meer vor dem staunenden Landbewohner, den es mit Furcht und Sehnsucht erfüllt in die blaue, ewig bewegte Ferne zu gelangen. Wie die Welt, war die Sorge ihm noch unbekannt. Das Geklirr der Waffen scheucht sie nicht; das süße Flüstern der Musik lullt sie nicht ein; du findest sie in der unbewegten Einsamkeit des Waldes, im tosenden Treiben der Städte, und gespenstisch heftet sie sich an deine Ferse, wohin du immer eilest, nur einen Ort betritt die Sorge nie. Wo die Mutter ihr Kind in den Armen hält und es anlächelt und es liebkost, da halten Engel Wache und lassen sie nicht zu. Lange birgt dich ihre treue Liebe vor den bösen Geistern, die Macht über dich gewinnen bei deiner Geburt; sie kann ihr Kind nicht immer wahren. Du verfällst ihnen, sobald du das erstemal geweint hast, und du weinst, sobald du die Tore dieser Welt betrittst. —

Die Mutter des jungen Prinzen widerstand seinen Bitten nicht länger, sie erlaubte ihm den Palast zu verlassen, um die noch unbekannte Welt und das geheimnisvolle Treiben der Menschen kennen zu lernen. Sein Erzieher begleitete ihn bei seinem ersten Ausgange. Sie betraten die volkreichen Straßen, und der Prinz freute sich an den bunten Trachten und dem geschäftigen Eifer der hin und wider eilenden Menschen. Er bewunderte die Tempel der Götter und die Paläste der Mächtigen und Reichen, der gewaltigen Götter dieser Welt. Während er die wunderbaren Säulengänge eines derselben betrachtete, trat eine in Lumpen gehüllte, bleiche, abgehärmte Bettlerin zu ihm und streckte flehend die Hände nach ihm aus.

„Was ist dies?" frug der Prinz seinen Erzieher, indem ein banges Gefühl des Mitleids seine Brust einschnürte.

„Die Armut," erwiederte sein Begleiter.

„Die Armut? Kann auch ich arm werden?" Der Erzieher zuckte mit den Schultern.

„Der Sterbliche steht in der Hand des Schicksals, es ist mächtig über die Könige und spielt mit ihren Kronen. Selten naht die Armut dem Herrscher, aber Könige haben umsonst ein Almosen erfleht von denen, die einst vor ihnen knieten."

Der Prinz seufzte. — „So bin ich König in dieser Welt, in der die Armut herrscht." Nachdenklich ging er weiter; das Jubeln des Volkes, das seinen einstigen Herrscher freudig begrüßte, scheuchte seine Träume nicht. Er zog seinen Begleiter in einsamere Straßen, in jene Stadtteile, die das Laster in geheimen Stunden aufsucht.

Eine jugendliche, reizendschöne Cymbalschlägerin stand vor der Tür eines Hauses und winkte lächelnd dem Prinzen.

„Eilt euch, Prinz! Wendet die Augen weg, eilt euch, Prinz!" rief der Erzieher.

Der Prinz sah sinnend auf die Buhlerin, und als sein

großes, schwermütiges Auge und sein Antlitz, auf dem die Unschuld und die Hoheit thronte, wie das eines Seraphs auf sie gerichtet war, so fühlte sie, daß sie auf ewig von der Reinheit und dem Glück geschieden sei, und barg ihr schönes Antlitz in ihre Hände und weinte.

„Was ist dies?" frug der Prinz seinen Erzieher.

„Es ist die Sünde."

„Hat die Sünde nur diese in ihrer Gewalt? Hat sie auch Gewalt über mich?"

Der Erzieher schwieg. Der Prinz frug nochmals.

„Viele Herrscher entgingen der Armut, aber noch keiner entging der Sünde. Das Netz der Spinne verstrickt nur das schwache Insekt, und der Starke zerreißt es, aber das Netz der Sünde verstrickt den Adler wie die Taube."

Der Königsohn schaute nochmals auf die weinende Bajadere.

„Wehe mir! ich bin König, und Armut und Sünde herrschen auf dieser Erde." Er seufzte und ging weiter.

Bald gelangten sie wieder in belebte Gegenden. Sie kamen zum Bazar, wo die Kaufleute die Erzeugnisse des Erdkreises ausstellten. Bunte Vögel, deren wunderbares Gefieder mit den prächtigen Farben des Regenbogens wetteiferte, strahlende Juwelen, glitzernde Geschmeide, Indiens Shawle, Arabiens Wohlgerüche, Kaukasiens Sklavinnen; — es war ein wunderbarer Anblick. Die Massen drängten sich kauflustig heran, der Reiche kaufte, der Arme betrachtete Alles mit bewundernder Sehnsucht. Auf einmal tönte ein furchtbar gellender Schrei aus der dichten Gruppe; das Volk stob ängstlich zur Seite, und der Prinz sah einen Menschen auf der Erde ausgestreckt, die Hände krampfhaft zusammengezogen, das Gesicht von wilden Schmerzen zerrissen. Er war bleich und verstörten Blickes, und seine Lippen waren blau. „Flieht! flieht!" tönte es von allen Seiten. „Flieht! flieht! die Pest ist ausgebrochen."

Der Erzieher riß den Prinzen mit sich, obschon dieser zu dem Kranken eilen wollte. In atemloser Hast zog er ihn fort, und erst auf einer fernen Straße hielt er ein.

„Was habe ich gesehen?" frug der Prinz den verstörten Erzieher.

„Die Krankheit, Prinz!"

„Kann die Krankheit auch mich treffen?"

„Euch und uns alle. Wehe uns! die Pest!"

„Sünde und Armut und Krankheit herrscht in dieser Welt, und ich bin König."

„Laßt uns eilen," rief der Erzieher. „Gehen wir zum Palaste, dort sind wir am sichersten."

Aber schon am nächsten Tore stießen sie auf eine Bahre, der Todesengel schlug seine rauschenden Fittige um die Stadt, und die Menschen starben.

„Was ist dies? was ist dies?" frug der Prinz, indem er auf die bleiche, regungslose Gestalt sah, die an ihm vorüber getragen wurde. „Weshalb schreien diese Frauen? weshalb stöhnen sie und raufen ihr Haar aus und weinen?"

„Das ist der Tod, Prinz."

„Wird der Tod auch mich greifen?"

„Der Tod ist der König der Könige. Alles ist ihm untertan; der Purpur des Herrschers und die Lumpen des Bettlers werden auf gleiche Weise mit dem Leichentuche vertauscht. Flieht, Prinz! zum Palaste! zum Palaste!"

„Tod und Krankheit und Armut und Sünde herrschen über diese Welt, und ich will König sein? Wehe mir und meiner Krone! Was ist der Herrscherschmuck, als das bunte Kleid, in das man einen Bettler hüllte um ihn zu verspotten? Bewahrt er mich vor der lockenden Sünde und dem furchtbaren Tode?"

Der Prinz kehrte zu seinem Palaste und verschloß sich in das einsamste Zimmer. Tief und lange dachte er dort und ließ niemanden zu sich. Als es aber Nacht geworden, trat er an das Schlafzimmer seiner Mutter und lauschte, ob ihr Atmen ruhig sei, und ob sie sanft schlafe. Darauf rief er seinen treuesten Diener und ließ sein Pferd satteln. Er bestieg es und jagte zur Einöde; seine Kleidung tauschte er gegen die eines Bettlers, dem er auf seinem Ritt begegnete. Als er zur Wüste gekommen war, entließ er sein Pferd und gab ihm die Freiheit. Er selbst aber, ein Königssohn in Bettlertracht, lebte in der Wüste und betete für die Erlösung der Menschheit.

Paul Quilling
(† 1904.)

Wie mer zu Ebbes komme kann.

Da schband emal an eme scheene Morjend e Werth in der Fahrgaß an seiner Hausbhier, um e Bissi di frisch Luft zu genieße. Da kimmt e Kolborbeer vorivwer un seegt zu em:

"Gude Morje, Herr Gasthalder, winsche Ihne wohl geruht ze hawwe. Sehn se emal, da hätt ich ebbes Scheenes fir Ihne. Guckese emal, was e schee Almanach fir Dame. Es kost't nor e Mark, deß is ja allans der scheene Eiband werth."

Obder der Herr Gasthalder warn noch nicht lang aus de Feddern geschlubbt un hawwe ärjerlich gesagt:

"A losse se mer ma Ruh mit ihrm Zeug, deß leit mer uff, ich hab heut Morgend noch ka Mark eigenomme."

Da hot odder der Kolborbeer gesagt: "Herr Gasthalder, Sie wern's bereue, es gibt e wunderschee Christkindche for Ihne ihr Frau Gemahlin."

"Noch emal, ich kaaf nix!" hot der Herr Gasthalder gekrische un hot sei allerwerdeste Buckel dem Kolborbeer zugedreht, un hot gedha, als wär der gar net uff der Welt.

"Waart nor, du Grobian!" hat der Kolborbeer gebrummelt, un is ins Haus enei, nach der Werthschdubb zu gange, um dort sei Glick zu browiern.

Um odder in die Werthsstub zu gelange, mußt er an der Kich vorbei, un sieht er da die Werthin drin beschäftigt. "Du willst emal bei bere afange", denkt er un seegt:

"Gude Morje, Frau Gasthaldern, hier haww ich was Scheenes fir Ihne; den neuste Almanach fir Dame. Dem Herrn Gemahl hats auch sehr gefalle un hat er gesagt, wenns Ihne gefalle dhet, sellde se's kaafe."

Die Fraa Gasthaldern, die e sehr belese Fraa is, hot des Bichelche mit großem Interesse betracht't un es hotter aach gefalle; schont wege dem Tiddel:

"Almanach für die gebildete Hausfrau."

Des mißt sich sehr schee in der gude Schdubb uffem Disch ausnemme, un hot se gefrogt, was es koste sellt.

„Nor e Mark, Fraa Gasthaldern, des is ja allans der Eiband werth."

Die Fraa Gasthaldern hot erscht hannelle wolle, obber der Kolborbeer hot gesagt: „Des is der Preis, Frau Gasthaldern, hier schbehts ja gedruckt."

„No da legese mersch da owe uffs Deller=Bänkel, beß nix bra kimmt; da hawwese e Mark."

„Ich danke Ihne schee", hot der Kolborbeer gesagt un is enaus un in die Werthschbubb gange.

Während dere Zeit, wo er mit der Werthin in der Kich gehannelt hat, war obber aach der Werth mit eme Schbammgast in die Werthschbubb gange, un weil er mit dem Gast gebabbelt hot, hotter, wie er an der Kich vorbei is, von dem Hannel nix gemerkt.

Wie der Kolborbeer in die Werthsschbubb komme is, warn nor wenig Gäst da, un hot er aach gleich geseh, beß mit dene kaa Geschäft ze mache war. Er ging dessentwege noch emal zu dem Werth ans Biffee un hot gesagt:

„Herr Gasthalder, Ihne ihrer Frau Gemahlin hat des Bichelche sehr gefalle."

Un do hot der Schbammgast, der vorhint mit dem Werth erei komme is un jetzt newer dem Biffee gesotze hot, gesagt:

„Ei kaaf doch beim Fraache beß Bichelche, es is obber aach werklich gar so schee."

Der Herr Gasthalder, der mit dem Schbammgast, der e guder Freund vonem war, grad ausgemacht hatt, daß se den Middag e klää Bummelche, des häßt e Schbaziergängelche mache wollde, un dessentwege sei Fraa gern bei guder Laune erhalte hätt, hat endlich nachgewwe.

„No da geb aans her!" hotter gesagt un hot dem Kolborbeer sei Mark gewwe. Der hot sich schee bedankt un hot sich aus de Labbe gemacht.

Kaum warer draus, da kimmt aach schont die Werthin erei un bringt ihr Bichelche.

„Guck emal Männche, was ich mer kaaft hawwe!"

„Deß Dunnerwedder, ich hab ja aach ans kaaft!" kreischt der Werth, „den Kerl soll ja der Deiwel hole! Ruf emal schnell den Fritz erei!"

Der Fritz, beß war der Zabbjung, hot grad die Gläser draus geschwenkt, is schnell erei komme un hot sei nasse Händ an den Scherz gebutzt.

„Laaf emal schnell uff die Gaß un guck, ob de den Kolborbeer noch siehst, er hat en graue Hut uff un en Pack Bicher unnerm Arm. Sag em, er sellt emal en Aageblick herkomme, es wär noch e Geschäftche firen ze mache."

Der Fritz is enaus geloffe un hot aach richtig den Kolborbeer ganz unne an der Schnurgaß eigeholt un hot sei Kommission ausgericht. Der Kolborbeer hot obber gesagt:

„Ja ich hab ewe gar kei Zeit mehr, ich weiß obber, was bei Herr will, er will so e scheene Almanach fir Dame. Da, nemm sem mit, du kannst's ja auslege, es kost't nor e Mark."

Der Fritz hot die Sach ganz in Ordnung gefunne, hot dem Kolborbeer e Mark gewwe und hot dem Herr Gasthalter des scheene Almanachche heimgebracht.

Was war des End vom Lied?

Der Fritz is en Olwel gescholle wor'n und hot e forchtbor Ohrfeig kriebt. Der Herr Gasthalder hot gesucht, die drei Bichelcher hatter obber gehatt und zum Schadde aach noch den Schbott von de Gäst derzu. Der Kolborbeer obber hot gesagt: „Des haste für bei Grobheit!"

Wie Einer sei Fraa uze wollt.

E jedem brave Berjerschmann,
Dem isses doch zu genne, wann
Er nach des Dages Mieh und Last
Noch ersendwo sein Schoppe faßt.
Un jeb vernimsbig Berjerschfrau,
Die iß von selwer schont so schlau
Un läßt bobrei ihr'n Mann gewähr'n,
Sie waaß, er dhut ja doch net her'n.
Nor aans, deß leidt se net barbu:
Em Berjerschmann gehert sei Ruh,
Nach Midbernacht, des baßt sich net,
Deß mer so schbeth erscht gieht ins Bett.
Un s'war e Mann und dem sei Frau,
Die merkt des immer ganz genau,
Wanner wie des so manchmol geht
Sich hat am Schbammdisch was verschbät'.

Paul Quilling

Dann gung der Euch die Predigt los
Un dauert oft zwaa Schbunne blos,
Es war waaß Gott e Schannbarkeit
Un hat em 's Lewe fast verleit't:
"Gunawend Männche! Awwer nei!
's is ja schont wibber halwer zwei!
Ich will ja gar nix sage, wann
Ich aach net ehnder schlafe kann,
Als bis de da bist, obber sich,
Du rungenirst dich sicherlich.
Wann deß so fortgeht noch e Zeit,
Biste dem Unnergang geweiht.
Dann sitz ich da un sehn nachher,
Wie ich mei Kinnercher ernähr!
Ach Gott, ich arm geschlage Frau!"
So ging deß fort, bessem oft blau
Un schwarz un schwinnelich bhat wer'n,
Bis se nur enblich uff bhat hern.

Emol kam er widder schbeth nach Haus.
Da zieht er erscht sei Schbiwwel aus,
Un schleicht sich leis die Trepp enuff,
Mächt vorsichbig die Schlafschbubb uff,
Schleicht an sei Bett un wollt gelenk
Enei schont schlubbe — krieh die Krenk!
Da wacht se uff, doch wie der Wind,
Schnell schbringt er an die Wieg vom Kind
Un schaukelt' die als hii un her,
Als ob er aus dem Bett erscht wär.
"Ei," seegt sei Fraa, "woß mächste dann?"
"Ach," seegt' er, "unser Mäusi kann
Net schlafe, s'hot so arg geschriehe,
Da dhun ichs grad e bissi wiehe."
"Waß!" schreit' die Fraa da ganz entrist't.
"Infamer Lichenner, der de bist!
Leg Dich! Hör uff un schaukel net,
Des Kind leit hie bei mir im Bett!"

E Wett.

Da hawwe letzthi zwaa Herrn, nenne merr se der Herr Mackes un de Herr Dorscht, in der Werthschaft „Zum blaue Aff" gesotze un hawwe sich sehr lebhaft unnerhalde.

Der Werth war neuschierig was die zwaa mitenanner hawwe, hat sich an den Disch bei se gesetzt un gefragt: „No meine Herrn, was is dann los, wann merr frage derf?"

„Ach," sägt der Herr Mackes, „ich hab mit meim Freund Jean hi gewett un wer die Wett verliert, der soll e Flasch Schambanjer bezahle. Die wolle merr awer gleich trinke, merr wern nor net aanig, wer des Geld derrfor vorlege soll."

„No, wann's weider nix is," sägt der Werth, „wann's weider nix is, die Herrn sin merr gut for e Flasch Schambanjer, for zehe, wann se wolle. Trinke Se nor ruhig un lasse Se sich's schmecke, wer die Wett verliert, der zahlt die Flasch Schambanjer."

„Ach na, deß kenne merr doch net verlange," hat der Herr Dorscht gesagt.

„Ach was, mache Se merr die Sache net," hat der Werth gesagt un hat dem Zabberich zugerufe: „Bring emal e Flasch Schambanjer for die Herrn un zwaa Gläser!"

„Naa, drei Gläser!" hat der Herr Mackes gerufe, „der Herr Gasthalder trinkt e Gläsi mit."

Die Flasch Schambanjer is komme, die drei Herrn hawwe zesamme gesesse un Schnooke gemacht un schließlich hawwe die Zwaa uff dem Werth sei Zuredde die Wett verschärft un hawwe noch e zwett Flasch bestellt.

Wie die aach getrunke war, sin der Herr Mackes un der Herr Dorscht uffgebroche, dann es war Zeit zum haamgeh.

„No gu Nacht, Liewer!" hat der Herr Dorscht zum Werth gesagt.

„Aagenehme Ruh!" hat der Herr Mackes gesagt.

„Gu Nacht, meine Herrn! — Jaso, wege was hawwe Se dann eigentlich gewett?"

„Ach so, deß wisse Se noch net?" hat der Herr Dorscht erstaunt gefragt. „Ei, der Mackes hat behaapt, wann der Parrthorn umfalle dhet, dhet er in die Borngass falle, un ich behaapt, er fällt in die Schlachthausgass, un da hawwe merr dann gewett, wer verliert bezählt. Gu Nacht, Liewer!"

Offenbacher Musik.

Sellmols, wie die Ober „Orpheus in der Unnerwelt" ufkomme iß, kimmt die Bambelschnub bein Ebbelwei un kramt wie gewehnlich sei Weisheit aus:

„Met unserm Theater scheints obber bies auszusehe, jetzt hawwe se schont kaa aage Musik mehr un misse aa von auswerts komme lasse."

„Gieh fort, dou Olwel," segt beß Kieh=Aag, „wer hot dich dann beß weißgemocht?"

„Weiß gemocht?" segt die Bambelschnub un rieft dem Werth zu: „Christion, geb emol die Noochricht her! Da, les selwer, hii schbiehts: Frankforter Schbabttheater, Orfe=us in der Underwelt, Musik von Offebach!"

E dumm Schinnoos.

Bin ich do an eme scheene Maidog im Sachsehäuser Beerg schbaziern gange un hob mich an bere Blieth von be Obstbääm gefreut.

Uff amol komm ich an en halbwichsige Aebbelbaam, der hot in der Blieth geschbanne wie e scheener Brautstrauß un hot alle annern Bääm ausgeschboche.

Ich bin in schbiller Verwunnerung schbehe gebliwwe un konnt mich net trenne von bere Scheenheit.

„Gell do gucke Se?" sägt do uff amol Jemand newer mer. „Gell deß iß e Schboot, su e Bäämche?"

„Werklich unvergleichlich schee!" haw ich geantwort. Der Froger war e Sachsehäuser Gärtner.

„Ja un wann Se erscht wißte, woß an dem Bäämche vor e paar Doog bassiert iß, do bete Se erscht gucke!"

„No, woß iß dann braa bassiert?"

„A do hot sich die vorig Woch Aaner braa uffgehängt."

„Ach deß iß obber traurig! Wer warsch dann?"

„A e Gärtner, e Sachsehäuser Kind!"

„Hm—hm!"

„Ja un denke Se emol oo, su e dumm Schinnoos, hängt sich uff un hot noch zwaa Schbick Aebbelwei behaam im Keller leie!"

Paul Quilling

Heimweh nach den Sachsenhäuser Alpen.

Hoch vom Mühlberg aa, wo der Abbel blieht,
Bis hinab ins Dhal durchströmt vom Maa,
Wo der Gärtner stolz Kraut un Riewe zieht,
Wo mer brinkt ben goldne Aebbelwei.
   :,: Dieses scheene Land, iß mei Heimathland,
   Iß mei Sachsehause weltbekannt! :,:

Wo der Schubkern knarrt, wo die Gießkann klingt,
Wo die sehnig Faust die Schipp' umkrallt,
Wo die „Lorelei" froh des Mäbel singt,
Peift der Bub im Baam ben „Grunewald".
   :,: Dieses scheene Land, iß mei Heimathland,
   Iß mei Sachsehause weltbekannt! :,:

Wo die Höflichkeit holde Bliethe treibt,
„Krieh die Kränk, du Dos!" noch lieblich klingt,
Wo der Babber Owends nie behaame bleibt
Un der Jäger kihn des Jagdrohr schwingt.
   :,: Dieses scheene Land, iß mei Heimathland,
   Iß mei Sachsehause weltbekannt! :,:

Johann Jakob Siebert
(† 1902.)

Es gibt wohl einen rätselhaften Stein,
Der saugt das Licht der Sonne ein;
Bescheint sie ihn auch noch so lang und warm,
Es bleibt bei Tag sein Anblick glanzlos arm.

Doch wenn die Sonne ging zur Abendrast
Und tiefe Dunkelheit die Welt umfaßt,
Dann strahlt der Stein, von lichtem Glanz erhellt,
Gleichwie das Wunder einer Märchenwelt.

Denn er empfing nur, er verzehrt es nicht,
Was ihm ins Innere drang: der Sonne Licht;
Und wenn er auch vorher wie träumend lag,
Nun, da es Nacht, macht er die Nacht zum Tag.

So leuchtet auch aufs neu in meiner Brust
Erinn'rung längst vergangner, reiner Lust;
Ein Sonnenstrahl des Glücks aus alter Zeit
Glüht auf als Lied in meiner Einsamkeit!

Die schönste Hoffnung stieß ich von mir fort;
Das Leben ist ein Kampf mir ohne Schlichtung,
Der Tod die Stunde ewiger Vernichtung,
Unsterblichkeit ein unverstandnes Wort.

Doch ist in meinem Innern noch ein Ort,
In dunkler Wildnis eine helle Lichtung,
Und wär's ein Traum nur, eine schöne Dichtung,
Ist dies Gefühl doch noch mein einz'ger Hort.

Darf ich der Seele höchsten Adel schauen,
Dann wogt's in mir wie eine ernste Mahnung,
Als dürf' auch ich der Ewigkeit vertrauen.

So weckst auch du in mir die gläub'ge Ahnung,
Dich müsse einst, das Bild des ewig Schönen,
Das Diadem des ew'gen Lebens krönen.

Johann Jakob Siebert

Die du den Brand ins Herz mir warfst,
Vernimm nun mein Begehr:
Lieb' mich, wie du mich lieben darfst, —
Und noch ein bischen mehr!

Und wie's mein sehnend Herz gebeut,
Streck' Waffen ich und Wehr!
Wie gestern, lieb' ich dich auch heut',
Und noch ein bischen mehr!

O Flammenkuß! O Zauberland!
O goldne Wundermär!
Ja, ernste Freundschaft ist dies Band, —
Und noch ein bischen mehr!

Es ist nicht nötig, daß ich glücklich bin;
So viele sind's auf Erden nie gewesen.
Ich weiß es, denn ich hab' mit ernstem Sinn
Im Buch des Lebens manches Blatt gelesen.

Doch nötig ist es, daß ich tapfer sei,
Zur Richtstatt geh' mit unverzagten Schritten.
Ersticken will ich drum den Schmerzensschrei,
Ich leide nur, was Andre schon gelitten.

Mein Dasein ist im großen Ozean
Nichts weiter als die aufgescheuchte Welle. —
Und sie verrauscht! — Was liegt denn auch daran,
Ob einen Augenblick der Kampf sie schwelle!

Wer großen Sinnes auf die Meerflut schaut,
Wie sie vom Sturm durchwühlt wird und erschüttert,
Dem schwindet vor dem mächt'gen Donnerlaut
Der Einzelklang, mit dem der Tropfen zittert.

Friedrich Stoltze

(† 1891.)

Der Stoppezieher.

Was ääch 'dem Lersner sei Chronik von alle dene große Hääpt- un Ritterschieße vermelde dhut, die schont in be graue Zeite vom Mittelalter in der weltberihmte Wahl- un Krönungsstadt Frankfort mit em e große Uffwand von Pracht un Herrlichkeit, Uffzieg un Festgelag stattgefunne hawwe; so kann sich doch kääns von all dene damalige Hääpt- un Ritterschieße mit derjenige Festlichkeit vergleiche, die anno 1849 von seite der Frankforter Urschitze-Gesellschaft zu Ehrn vom Deutsche Reichsverweser uff dem Frankforter Owerforschthaus is veraastalt warn. Deß heeßt in Aabetracht von bene viele regierende Häupter, die beß Fest uff dem Owerforschthaus dorch ihre allerhöchste un hohe Gegewart verherrlicht hawwe. Net weniger als drei relierende Häupter warn zegege; nicht alläänß regierende, sonnern sogar wohlregierende. Dann außer Seiner Kaiserliche Hoheit, dem Erzherzog Reichsverweser, hawwe ääch noch die bääde Wohlregierende Borjemääster der Freie Stadt Frankfort dem Fest aagewohnt. —

E eige Depetatzjon von de aagesehenste Urschitze hatte sowohl den Reichsverweser extra zu bere Festlichkeit eigelade, als ääch etwesso die zwää owerschte Staatsgewalte von Frankfort. Un als Seine Kaiserliche Hoheit in de huldvollste Ausbrick die Eilabung aazenemme geruhte, da war die Frääd unner be Urschitze allgemää. —

Hinnerm Forschthaus, nach Nibberad zu, warn zwää von de beste Frankforter Stadtkanone uffgeblanzt; zwää Hauwitze, die sich schont an wie manchem achtzehte Oktower driwwe vor'm Schaumäädhor dorch besonnerscht laute Knall ausgezeichnet hatte, un die jetz dorch ihrn medallene Mund die Aakunft von Seiner Kaiserliche Hoheit vermelde sollte. — Unner Gottes freiem Himmel awwer, deß heeßt im Schatte kihler Linde un Tanne, war uffem Owerforschthaus e mächdig groß un lang Tafel gedeckt, reich geschmickt mit prächdige Uffsätz. Da hat merr de deutsche Reichsabler geseh, ganz frisch vom Conditter un so groß als wie e Gans; err war von pure Schokelab un hat de Leut sei groß, roth Zung von lauter Mannelskriste aus seim weit

friedrich Stoltze

offene Schnawel erausgestreckt. Dem Reichsabbler sei Fieß mit=
sammt de Kralle warn ganz vergoldt, un in der rechte Krall hat
err en große Zuckerstengel als Zepter getrage un in der linke
Krall de Reichsappel, ganz von Zitternab. — Un der Frank=
forter Abbler war ääch, da; aus lauter weiße Zucker un mit ere
Mauerkron von eigemachte Frichte! Un die Urschitze hatte all
grine Fräck un weiße Halsbinne aa, un aller Aeäge hawwe uff
den Herrn Reichsverweser gewaart. Alles hat der Mörfeller
Landstraß enunnergeguckt, nach dem Riedhof zu, ob der Erz=
herzog=Reichsverweser noch immer nicht komme dhet. Un uff
äämal awwer hat sich e Stääbwolk erhowe, die ganz rosa war,
wie e Lämmerwölkche am Awendhimmel. Awwer es is derr
leider nicht vom Reichsverweser herkomme, sonnern war e
milder Abglanz von de Borjemäästersch=Kutscher un Bedienter,
die uff de Böck von de zwää Borjemääjterschkutsche gesotze hawwe,
die eraagerappelt komme sin. Awwer kää Reichsverweser vorne
un kää Reichsverweser hinne. — Un es is zwää Uhr warn,
un is drei Uhr warn un wer net kam, war der Herr Reichs=
verweser. — Un alle Urschitze hatte Hunger, wie die Löwe, un
Dorscht, wie die Fisch, un hawwe die Köpp zesamme gesteckt un
hawwe sehr verlege uff die zwää eigeladene Wohlregierende
Borjemääster geguckt, die newer enanner uff un abgange sin
un ääch kää Gesichter gemacht hawwe, als hätte se sich de Mage
iwwerlade. Un wie's dann zeletzt stark uff Bier gange is, da hat
merr, aus Ricksichte gege die zwää halbverhungerte städtische
Owerhäupter, das Esse aarichte lasse misse. Des ehrscht Ge=
richt war, sinnigerweis, e deutsch Krebssupp. Awwer kaum hatt'
der Aeltere Herr Urschitzemääster en Leffel voll von dere Krebs=
supp drunne, so hat err zu dem Jingere Herr Urschitzemääster
gesacht, der newerm gesotze hat: „Wann nor mit dene zwää
Kanone hinner dem Forschthaus kää Unglick nicht bassiert, un
daß kää Kind draa komme dhut!" Un da hat der Jingere Herr
Urschitzemääster gesacht: „Da hawen Sie ganz recht, Herr Kolleg;
ich will gleich emal nachgucke." Un da is err von der Tafel
uffgestiche un is hinner des Forschthaus zu bene zwää Kanone
gange. Die hawwe awwer ganz ruhig dagestanne, dann se wußte
ja, se warn gelade, un es konnt en Niemand ebbes dhu. Un
eweso hat ääch der Kanonier gedacht, der die Uffsicht iwwer
se hatt un war dessentwege e Bissi in's Forschthaus eneigange,
um en Schoppe ze trinke. — Der Jingere Herr Urschitzemääster
awwer hat gedacht: „Gut is gut, un besser is besser," — un
hat die zwää Kanone abgefeuert. —

◦—◦ friedrich Stoltze ◦—◦

„Err kimmt! Err kimmt!" — hat die ganze Tischgesellschaft gerufe un is von der Tafel uffgesprunge. Un die silwerne Leffel noch in de Händ un die Salvete noch vorgebunne, is alles nach dem Eigang vom Park zugesterzt, der Aeltere Herr Urschitzmääster, der die Aaredd halte sollt, mit em große, golderne Urschitzepokal voraa. Err war awwer korz zevor von em e heftige Huste befalle warn, dann es war em e Krebsschwanz in die unrecht Kehl komme. Zum Glick warn die zwää Wohlregierende Herrn Borjemääster ganz dicht hinner dem Aeltere Herr Urschitzemääster, wie err so im volle Huste fortgesterzt is un haww' em abwechselnd uff de Buckel gekloppt, daß err widder Luft krieht hat.

Es war e groß un bunt Gewühl, was sich nach dem Eigang gedrängt hat, un mitte drei staak, von enanner getrennt, bald hie, bald da, e Mann von der Musik, die schont vorher de Ufftrag hatt, wann der Reichsverweser komme dhet, die östreicher Nationalhymne ze spiele. In dem Gedrick war deß awwer nor dem Posaunist meglich, der sei Posaun aus der Menschemeng enaus gestreckt hat un aus Leiweskräfte stoßweis blies: „Gott erhalte Franz den Kaiser!"

Awwer von em e Reichsverweser war nix ze seh un ze hörn. Un wie merr sich dann iwwerzeigt hatt, daß es e blinder Lärm war, is Alles widder zerick an die Tafel geloffe un hat sich mit em e wahre Hääßhunger an die kalt Krebssupp gemacht. — Kaum awwer hatte se die Leffel an de Mund gebracht, so kam e Staffett in kaiserlicher Liweree in de Hof vom Forschthaus gesprengt un hat die Meldung gemacht, Seine kaiserliche Hoheit, der Herr Reichsverweser käme gleich nach. —

Un da is dann Alles widder von der Tafel uffgesprunge, awwer nicht mehr in so em e Dorchenanner als wie vorhint, sonnern es hat sich e großer Zug gebildt, die Musik voraa, un dann der Aeltere Herr Urschitzmääster mit seim große, golderne Pokal un dann die zwää Wohlregierende Herrn Borjemääster. Kaum awwer hatt sich der Zug in Bewegung gesetzt, so war ääch schont der Herr Reichsverweser da. Un da is dann der Aeltere Herr Urschitzemääster mit seim große, golderne Pokal hoch in der Hand vor de Herr Reichsverweser higetrete, hat dreimal e dief Verbeigung gemacht un hat dann werklich e sehr rihrend Aared gehalte, was die deutsch Centralgewalt so prächdig wär, un der Herr Reichsverweser so mächdig wär. — Un dann hat err dem Herr Reichsverweser den große, golderne Pokal zum Willkommtrunk kredenzt. —

Friedrich Stoltze

Un wie der Herr Reichsverweser den Deckel von dem Pokal abgehowe hatt un bracht den Pokal an allerheechst Ihre Lippe un hat en Zug gebhaa, so hat err de Pokal widder abgesetzt un hat en Blick in de Pokal geworfe un hat geseh, daß nix drin war. — Un der Herr Reichsverweser hat den Aeltere Herr Urschitzemääster ebbes verwunnert aageseh un hat daderrbei ebbes schmal gelächelt un hat de Aeltere Herr Urschitzemääster in de leere Pokal gucke lasse. — Un wie der Aeltere Herr Urschitzemääster in den leere Pokal geguckt hat, da hat err ganz perplex bagestanne un hat dann gesacht: „Gott verdamm mich, wollt ich sage, bitt Ihne viel dausend mal um Entschulbigung, Kaiserlich Hoheit, awwer die zwää oosige Bobelle, wollt ich sage, die 46er Hochemer Ausles aus de Weinbeerg von der Freie Stadt Frankfort is noch im Chaisekaste."
„Lääf doch ääner geschwind emal hi un hol die zwää Bodelle!"

Un da is die halb Urschitzegesellschaft wie ää Mann nach dem Hof im Forschthaus geloffe, wo die Kutsch mit dene Bodelle Wein gestanne hat. — Un bald druff sin zwää Mann von de Urschitze widder zerickkomme und jeder hat e versichelt Bodell in der Hand gehat. — Un der Aeltere Herr Urschitzemääster hat zu dene zwää Mann gesacht, wie s'em die Bobelle eihändige wollte: „Waart emal e Bissi!" — Un baderrbei is err mit der linke Hand in sein linke Westesack gefahrn un hat da ebbes gesucht. Un wie err desjenige, was err da gesucht hat, nicht finne dhat, so is err mit seiner rechte Hand in sein rechte Westesack gefahrn. Un wie err desjenige, was err suche dhat, ääch da nicht finne konnt, da sinn em die dicke Schwääßtroppe uf die Stern getrete, un err hat en ganz jammervolle Blick dem Herr Reichsverweser zugeworfe un hat gesacht: „Gleich! Kaiserlich Hoheit, gleich!" — Un dann is err mit seiner linke Hand in sei recht Brustdasch gefahrn, un dann widder mit seiner rechte Hand in sei link Brustdasch. — „Ach Gott, Kaiserlich Hoheit, gleich! Ganz gewiß: Gleich!" — Un dann hat err sein linke Hosesack erumgedreht und dann sein rechte. In dem rechte Hosesack war sei Sackbuch. Mit dem hat err sich de Schwääß uff seiner Stern abgetrocent, un dann hat err hinne in sei zwää Rockschoßbasche griffe. Ääch nix drin! — Un da hat err sich nach dem Aeltere Wohlregierende Herr Borjemääster gewendt un hat em zugeflistert: „Hochzuverehrender Herr Borjemääster, hawwe Sie velleicht en Stoppezieher bei sich?"

„Bedaure recht sehr."

Un dann hat err sich an de Jingere Wohlregierende Herr Borjemääster gewendt: „Hochzuverehrender Herr Borjemääster, hawwe Sie velleicht en Stoppezieher bei sich?"

„Bedaure recht sehr."

„Nor en äänzige! — Aäch net? Ach, Gottche! Ach, Gottche!"

Un bald is dorch die ganz Urschitzegesellschaft e Geflister gange un Ääner hat immer de annern gefragt: „Hawwe Sie velleicht en Stoppezieher bei sich?" — Sogar kääner von de Musikante hat en Stoppezieher bei sich gehat. Un es hat sich e groß un allgemää häämlich Wehklage nach em e Stoppezieher erhowe.

Un der Herr Reichsverweser hawwe allerhechst dagestanne mit dem leere Pokal in ihrer allergnebigste Rechte.

Der Aeltere Herr Urschitzemääster awwer wußt sich in seiner Seeleangst net mehr ze helfe un ze rathe. Err nahm die zwää Bodelle Hochemer 46er Ausles in sei Hand un is dann zu dem Herr Reichsverweser higetrete un hat gesacht:

„Sie wern giebigst entschulbige, Kaiserlich Hoheit, hawwe Sie velleicht en Stoppezieher bei sich?"

„Ich hab halt auch keinen."

Da hat der Aeltere Herr Urschitzemääster en männliche Entschluß gefaßt un hat an em Bäämstamm de Hals von der ääne Bodell abgeschlage. Leider awwer is baderrbei ääch der Bauch von der Bodell in Mitleidschaft gerathe; se hat sich gespalte von owe bis enunner un der ganze edele Rewesaft hat sich iwwer dem Aeltere Herr Urschitzemääster sei recht Hand un sein rechte Ermeluffschlag enab uff de schnede Erdboddem ergosse. — Awwer der Aeltere Herr Urschitzemääster war e resolvirter Mann un hat gleich ääch der annere Bodell an demselwige Bäämstamm un mit dem nemliche glickliche Erfolg de Hals abgeschlage.

Der Herr Reichsverweser aber hat zu dem große Unglick sehr gnädig gelächelt un hat gesacht: „Bemühen Sie sich nicht weiter, meine Herren, ich nehme es als empfangen an. Mögen so, wie diese beiden Flaschen, die Feinde Deutschlands zersplittern."

Un da hat alles gerufe: „Vivat hoch! Noch emal hoch! Un awermals hoch! Der Herr Reichsverweser soll lewe!"

◦–◦–◦ **Friedrich Stoltze** ◦–◦–◦

Zu Schiller's hundertjährigem Geburtstag.
(1859.)

Du haft derr dribb, in de drei Rinner,*)
Wohl in de achtz'ger Jahrn logirt,
Doch von der Sprach der Landeskinner,
Da haft de gar nix profedirt;
Dann's is in alle deine Werke,
So schee se sin, so hoch un hehr,
Dorchaus aach gar nix ze bemerke,
Was erjend Sachsehäus'risch wär.

No, 's war die Zeit ze korz gewese,
Un so was will verstanne sei
Un is ze schreiwe un ze lese
So schwer wie Griechisch un Labei!
Doch Stoffche**) dhatst de sicher roppe!
Wie hat's geschmeckt? gelle, aagenehm?
Ja, 's is e wahrer Götterdroppe
So Reweblut von Aeppelbääm!

Es war derr aach der Wei zu bheier,
Dei ganz Vermöge war bei Lied;
Doch häst de for bei golbern Leier
Im Paubhaus noch kaan Batze krieht;
Dann iwwerflissige Monete,
Die haft de grad net mitgebracht;
Die Kinnerkrankheit der Poete
Hat aach der Schiller dorchgemacht.

Un als be derr haft misse flichte
Von Stugart bis in unser Stadt,
Da haft de sicher mehr Gedichte
Im Koffer als baar Geld gehat.
Haft gar von Darmstadt lääfe misse
Per pedes borch die Sonneglut.
Ach, beht ich nor des Plätzi wisse,
Wo de in unserm Wald geruht!

---

*) Rinder.
**) Aepfelwein.

Friedrich Stoltze

Des Plätzi, wo be haft bei matte,
Dei miebe Glibber ausgestreckt;
De heil'ge Baam, der mit seim Schatte
Hat unsern Schiller zugebeckt!
Da beht merr mich im Zuck, im große,
Wohl net bei beiner Feier seh,
Doch mit em Körbche junger Rose
Deht ich in Walb im Stille geh.

Unb beht mei Feier da verbringe, —
Doch halte beht ich derr läa Rebb,
Doch was ich benke beht unb singe,
Käm in die „Krebbelzeidung" net.
Ich kann merr fast des Plätzi benke,
Der Walb hat selbst geschmickt be Ort:
Es is am Weg un Sommer'sch henke
So viele wilbe Rose bort.

Un als be bist von Darmstabt komme,
Zogst klanglos be borchs Affebohr,
Unb's hat von bir Notiz genomme
Alläans des Frembeblättche nor.
Un als be tratst, e aarmer Dichter,
In's Werthshaus, grab net sehr beherzt,
Da sein wohl aach mit hunnert Lichter
Die Hausknecht net erausgesterzt.

Doch's hawe sich gewendt die Zeite,
Unb's Werthshaus, wo be haft logirt,
Des werrb derr jetz von alle Seite
Mit bausenb Lichter illmenirt.
Un ber be bamals bist so trocke
Dorchs Affebohr ereigerickt,
Dir läut' merr jetz mit alle Glocke,
Un festlich is bie Stabt geschmickt.

Un Frankfort bes begeht bei Feier
Mit Uffzick un Begeisterung;
Mir liewe schon bie a l t e Leier,
Warum net bei, bie ewig jung?

Friedrich Stolze

Un uff dem Römerberjer Brunne
Kriehst de e Monement geweiht;
Hoch stehst de, un in's Kästche brunne
Kimmt derr die lahm „Gerechtigkeit".*)

Un was es sonst noch gibbt ze gucke,
Zu esse, trinke un ze hern
Un was se male, was se drucke,
Geschieht allääns nor d i r zu Ehrn.
Un alle Deutsche sein heut Brieder
Un sein heut stolz druff, deutsch ze sei,
Un feiern dich un all bei Lieder
Selbst dief noch in Brasillje drei.

No, du werrscht's gucke mit Behage,
Hoch vom Olymp uff jeden Fall, —
Jedoch verderb derr net de Mage
An dene lange Rebbe all!
Und du mit bääde Backe blase,
Wann Festgedichte wern verbufft,
Dann, wääßt de, for v e r w e h n t e Nase
Is des kaa süßer Opferduft!

Nacht und Sonnenaufgang.

Tief in Schatten eingewoben,
Stille, stille Land und Meer!
Nur ein Schauer weht von oben,
Von den goldnen Sternen her.
Flur und Wald sind eingeschlafen,
Alle Berge bis zum Saum,
Und das Schifflein ruht im Hafen,
Und das Herz beglückt ein Traum.
Friede webet, süßer Friede,
Und geheiligt ist die Nacht,
Denn vor jedem Augenlide
Hält ein Engel Gottes Wacht.

---

*) Bei der Schillerfeier 1859 wurde der Springbrunnen auf dem Römerberg in ein Schillerdenkmal umgewandelt, wobei die Figur der Gerechtigkeit in den Sockel des Denkmals kam.

Friedrich Stoltze

Doch über eine kleine Weile
Wird eine Wandlung sein im Raum,
Die Schatten werden flieh'n in Eile
Und in das Leben tritt der Traum.
Es wird da sein ein groß' Erstehen,
Ein Beten und ein Jauchzen drauf;
Die Sterne werden untergehen
Und Millionen Augen auf.
Der Erde ragende Altäre,
Die Berge werden rauchen all',
Und von dem Lande und vom Meere
Wird schallen ein Posaunenschall.
Der ganze Himmel wird erglühen,
Die ganze Wölbung ob der Welt,
Und unten wird die Erde blühen,
Ein Frühling unter'm Purpurzelt.

Horch! Horch!
Schon hebt es an im Wald umher
Gelinde zu sausen;
Ein leichter Windstoß bringt vom Meer
Ein dumpfes Brausen;
Es zieht Gewölk dem Ost entlang
Mit hellen Säumen;
Die Stirne flirren bleich und bang
In ihren Räumen.
Der Morgen graut. Die Nacht entflieht.
Der Osten glimmt! Der Osten glüht!
Und strahlend steigt die Sonne!
Sie nahet! Sie nahet in strahlender Glühe!
Die Sonne, die Sonne, die Himmlische naht!
Die lächelnden Horen der güldenen Frühe
Bestreu'n der Erhab'nen mit Rosen den Pfad.
Ihr dampfen die Berge den Weihrauch und düften,
Und Wälder und Meere aufrauschen von fern;
Die Lerche begrüßt sie und steigt nach den Lüften,
Vom Frührot vergüldet ein singender Stern.
Ihr jauchzen die Völker der Erde Lobpreisung

Und hoffen vom Lichte das kommende Glück!
O Sonne! Erfülle den Tag der Verheißung
Und bringe den Menschen den Frieden zurück!
Dann werden dir danken die spätesten Väter
So lang' die Geschlechter noch kommen und geh'n;
Dann sollst du noch lichter als droben im Aether,
Im Herzen der Menschheit das Heiligste steh'n.

Weihnachtslied

(1836).

Und zögst du tausend Meilen weit
In alle Welt hinaus,
Und kommt die liebe Weihnachtszeit,
Du wollt'st, du wärst zu Haus!
Die Nachtigall, so süß sie singt,
Weckt Sehnsucht nicht so sehr,
Als wenn das Weihnachtsglöckchen klingt
Von deiner Heimat her.

Da fällt dir mit dem Tannenbaum
Und mit dem Lichterschein
Der ganze schöne, goldne Traum
Von deiner Kindheit ein.
Es wird dir so erinnerungsmild,
Die Tränen kommen schier,
Und manches liebe Menschenbild
Tritt vor die Seele dir.

Und Mancher, der bir teuer war
Und Gutes dir erzeigt,
Der schläft nun auch schon manches Jahr,
Die Erde sei ihm leicht!
Und wem du in der Heimat bist
In Liebe zugetan,
Dem stecktest du zum heil'gen Christ
Gern auch ein Lämpchen an.

Und bist geschieden du in Groll,
Heut' tut dir's doppelt leid,
Und denkst nach Haus wohl wehmutsvoll,
Das macht die Weihnachtszeit!
Denn bitt'rer ist die Fremde nicht
Als in der Weihnachtslust,
Wo du, ein unbekannt Gesicht,
Bei Seite treten mußt.

Drum, zögst du tausend Meilen weit
In alle Welt hinaus,
Und kommt die liebe Weihnachtszeit,
Du wollt'st, du wärst zu Haus!
Die Nachtigall, so süß sie singt,
Weckt Sehnsucht nicht so sehr,
Als wenn das Weihnachtsglöckchen klingt
Von deiner Heimat her.

Frankfurt.

Es is kää Stadt uff der weite Welt,
Die so merr wie mei Frankfort gefällt,
Un es will merr net in mein Kopp enei:
Wie kann nor e Mensch net von Frankfort sei!

Un wär'sch e Engel un Sonnekalb,
E Fremder is immer von außerhalb!
Der beste Mensch is e Aerjerniß,
Wann err net ääch von Frankfort is.

Was is des Offebach for e Stadt!
Die hawwe's ganz in der Näh gehat
Un hawwe's verbaßt von Aabeginn,
Daß se net ääch von Frankfort sin.

Die Bockemer hawwe weiter geblickt,
Die hawwe mit uns zusammegerickt;
Die Bernemer awwer warn ääch net dumm,
Die gawe sogar e Milljon badrum!

Friedrich Stoltze

E Mädche von Hie, deß en Fremde nimmt,
Deß hat en vor was Höher'sch bestimmt;
Es mecht en von H i e un err wääß net wie;
E Eigeplackter ist immer von hie.

E Mädche von draus, wann noch so sei,
Dhut immer doch net von Frankfort sei!
Doch nimmt se en hiesige Berjerschsoh,
So hat se dääch noch die Ehr derrvo.

Das Berjerrecht in de letzte Jahrn
Is freilich ebbes billiger warn;
Der Wohlstand awwer erhält sich doch,
Dann alles anner is bheuer noch.

So steuern merr frehlich uff's Tornerfest!
Bald komme se aa von Ost un West,
Von Nord un Süd un iwwer die Meern,
Gut Heil! Als ob se von Frankfort wärn.

Un wann se bei uns sich amesirn,
Dann werrd se der Abschied doppelt rihrn
Un gewe merr recht un stimme mit ei:
Wie kann nor e Mensch net von Frankfort sei!

Heinrich Weismann
(† 1890.)

Liebesfriede.

Ein heil'ger Liebesfriede
Grüßt segnend die verstummte Flur.
Alle des Tages heiße Pulse
In sel'ger Ruh'!
Nur vom fernen Thal
Abendglockenschall
Tönt heilig, wie vom Himmel Geisterlaut,
Und still der Mond der Liebe Feier schaut.
Mir ist's im Herzen heilig-stille,
Nur Liebe betet fromm, kein Mensch entweiht die Ruh'!
Dein Auge, o Geliebte,
Strahlt mir der Liebe Frieden zu.

Himmel und Erde.

Ich kenne einen stillen Ort,
Da läßt sich's lieblich wohnen,
Dort kann die Freude fort und fort
Bei lieben Menschen thronen.

Es steht eine Linde dicht vorm Haus;
Seit manchen hundert Jahren
Streckt sie die Arme liebend aus
Nach frohen Menschenscharen.

In ihre Zweige steigen sie
Und tanzen auf und nieder,
Und über ihnen ruhen nie
Der Vöglein helle Lieder.

Doch gegenüber ragt hervor
Vom Laubbach frisch bekränzet
Das Gotteshaus, draus steigt empor
Gesang, wenn Frührot glänzet.

Nicht stört der Linde Lustgezelt
Des Tempels Feierklänge,
Es ist, als ob die grüne Welt
Sich mit zur Feier dränge.

Sie rauscht mit Macht beim Orgelbraus,
Sie säuselt, wenn sie beten,
Und läd't sie, aus dem Gotteshaus
In ihren Duft zu treten.

Kennst du auch nicht den stillen Ort,
Den dieses Lied gemeinet —
Verstehst du nur das hohe Wort,
Das Erd' und Himmel einet:

Dann bist du schon am sichern Port,
Wo froh das Leben schwindet;
Die Freude blühet hier und dort,
Wenn sie nur Herzen findet.

Das Ewig-Eine.

Die Erde ist ein reicher Blütengarten,
Doch welken mit und vor dir viele Blüten;
Die Sonne selber, die so Licht wie Farben
Und frische Kraft gespendet, lebt sie gleich
Nach dir und reifet andern andre Blüten,
Doch stirbt auch sie und all ihr Glanz erblaßt.
Was aber durch sie Licht und Leben gab
Den Blüten und dir selbst und deinen Brüdern,
Das dauert fort! Das ist das Ewig-Eine!
Und du, du selbst, was in dir jauchzt und stürmt
Und sich emporsehnt aus den eignen Schranken,
Das ist auch ewig, ist ein Teil vom Einen.
Drum freue dich in innigem Genusse
Der Blüten all des schönen Erdenlebens,
Doch traure nicht unwürdig, wenn sie welken.
Die Kraft, die sie erschuf, wird andre treiben,
Und welkst du selbst, du schöne Erdenblüte,
Dann wartet dein in immer höhern Stufen
Vereinigung mit dem Unendlich-Einen.

Hans Amorbach

Juniwandern.

Blumige Wiesen, Erlen so schlank,
Quellengeriesel, Sonne so blank.

Dann durch Felder, ährenstolz,
Schauendes Rasten am einsamen Holz.

Kornblumen blicken, Raben voll Ruh,
Mohne flammen feurig mir zu.

Falter fliegen selig im Glanz,
Pfauenauge, Schwalbenschwanz.

Weiter! Ein Flattern: trr-rietsch, trr-rietsch!
Hahn und Henne — welch Gequietsch!

Endlich der Reben duftendes Blühn,
Sinnendes Träumen beim Abendglühn.

Einsamkeit.

Fernab vom Menschengelichter,
Haßlos träume der Dichter!

∽∾∽ Hans Amorbach ∽∾∽

Burg Königstein.

Um verwitterndes Gestein
Wehn Holunderdüfte,
Wandrers Schritte hallen dumpf
Durch die Mauergrüfte.

Rings ein grüner Mattenkranz
Um zerrissne Trümmer,
Silbern, wie der Sage Schein,
Glitzerndes Geflimmer.

Schweigend ragt der alte Turm,
Träumt von grauen Zeiten;
Neben mir mein blondes Lieb
Blickt in blaue Weiten.

Was der Wein singt.
Lied an die lesende Winzerin

Grüß Gott, du schlanke Winzerin
Im roten Herbstgewand!
Schau' gern dir tief ins Aug' hinein,
Drück' gern die liebe Hand.

In Gluten schäumt der grüne Wein,
Summt seinen ersten Sang;
Er singt von seinem Sonnenschatz,
Der liebend ihn umschlang.

Vernimmst auch du sein Minnelied?
Komm nur ganz nah zu mir!
Und wenn du's nicht verstehen kannst,
So will ich's deuten dir:

„O Sonne, liebste Buhle,
Muß scheiden heut von dir;
Schon öffnet mir der Winzer
Die grüne Grabestür.

Hans Amorbach

Wie hast du mich umspielet
Mit deinem Himmelshauch,
Mir Kuß um Kuß gegeben,
Vollselige Minne auch.

Du hast du mich durchgossen
Mit deines Feuers Glut,
Wir haben uns süß genossen
Und lange beisammen geruht.

O Sonne, goldne Buhle,
Daß ich dich lassen muß!
Noch einen letzten, letzten,
Den süßesten Sonnenkuß! —

Nun will ich von dir träumen
Im kühlen Kellergrund,
Will meine Liebe singen
Mit leisem, seligem Mund.

Und naht meine letzte Stunde,
Da werd' ich nicht vergehn,
Dann will ich in jungen Herzen
Als Liebesfeuer erstehn!"

Was blickst du, schöne Winzerin,
So zweifelnd, so verwirrt?
Du denkst doch nicht, daß sich der Bursch
Im Prophezeien geirrt?!

Wer von der Sonne kommt und singt,
Dem muß sein Heil geschehn;
Reich' mir das Glas, wir feiern gleich
Des Weines Auferstehn!

Hans Amorbach

Vierhändig.

Die Händchen her, die weichen!
Die mag so gern ich streichen,
Da freu' ich mich unbändig,
Ich spiel' so gern — vierhändig!

Jahrhundertwende.

Jahrhundertwende!
Sanfter Abendschein
Senkt linde sich auf meine müde Stirn.
So mild verklärt schaut altes Weh mich an
Und sinkt in Dämmerung und Nacht. —

Es naht der Tag,
Der Tag, da meine Berge steigen
Empor aus Nebelschleier blau und stolz.
Jahrhundertwende!
Morgenpurpurstrahl
Gießt Siegesrausch in mein erschauernd' Herz.

Aphorismen.

Silber, Kupfer und Gold sind bekanntlich die besten Wärmeleiter. Daher auch die vielen Geldheiraten!

*

Ich liebe nicht die Gegenwart von Damen, die mich in ihre Zukunft flechten möchten, in deren Augen aber zuviel Vergangenheit liegt.

*

Hans Amorbach

Treue ist oft nur Phlegma, Untreue oft Temperament.

*

Programm mancher Ehen: Flitterwochen, Bitterwochen, Zitterwochen.

*

Ideales Faustrecht: das Recht auf ein Gretchen!

*

Als Mensch bin ich alles, als Philosoph Skeptiker, als Poet gläubig im Sinne Theodor Storms: „Ein rechtes Herz ist gar nicht umzubringen."

Friedrich Wilhelm Battenberg

Frankfort hoch!

Mei Frankfort soll lewe, mei Frankfort am Mai,
Da geht in der Welt doch nix driwer.
Des ist so gemieblich, so nowel un fei,
Un hat e gewaltig Gebiwwer.
„Es will mer halt net in mein Kopp enei,
Wie kann nor e Mensch net von Frankfort sei!"

In Frankfort, do redt mer so deutlich un kloar,
So kräftig un echt un verstendlich,
Des klingt so nabierlich un lebenswoahr
Un mächt aam ennanner so kenntlich.
Wer der Sproach ihrn Zauwer recht nachfihle kann,
Des allans is e woahrer un richtiger Mann.

Zwar wohne aach Hergeloffene drin,
Aus Preuße un Schwawe un Sachse,
Doch hawe die net den urwichsige Sinn
Un mache Geschmus gern un Faxe.
Mir Frankforter dulde se tolerant,
Was kann dann e Mensch vor sei Vatterland?

Un geht mer nach Siebe bis iwer be Mai,
Da kimmt mer nach Sachsehause,
Da trinke die Borjer ihrn Eppelwei
Un buhn derzu Haspelcher schmause.
Da driwwe da herrscht gar e noweler Ton,
Der vererbt sich halt immer vom Vatter zum Sohn.

Die Frankfurter Weiber- un Jungfernschaft
Is im Allgemeine sehr lieblich,
Dazu meist fleißig un tugendhaft,
Wie's beim Borjerstand is so ieblich.
So nach Däubcher-, nach Biencher-, nach Schäfchersart
Sin die Frankforter Mädcher so hold un so zart.

Un erschb bie Buwe, — no schwei' mer still! —
Was woarn des vor grimmige Krieger!
Sie machte sich nix aus dem preußische Drill,
Doch sie kämpfte wie Lewe un Tiger.
Net so glorreich gesiegt hätt des deutsche Heer,
Wenn die Frankforter Mannschaft net babeigewese wär.

Drum steht mit mer uf un stoßt mit mer aa
Un ruft mit mer: „Frankfort soll lewe!
Un all die Hefter drum un draa,
Un erst recht Sachsehause danewe!"
„Es will mer halt net in mein Kopp enei,
Wie kann nor e Mensch net von Frankfort sei!"

Der Weihnachtsbaum.

Sei mir gegrüßt, du trautes Zeichen,
Des Christfests sinniges Symbol!
Wie flüstert es aus deinen Zweigen
So wonne-, so geheimnisvoll!
Du offenbarst, was uns beweget,
Was, wie ein sehnsuchtsvoller Traum,
Sich uns im tiefsten Herzen reget,
Du lieber, lichter Weihnachtsbaum.

Du warst bei Gott! In leisem Lauschen
Vernahmest du in Waldesnacht
Ihn aus der hohen Wipfel Rauschen,
Sahst seiner Sterne stille Pracht:
Du spürtest seines Odems Wehen,
Bis dich bedeckt des Schnees Flaum,
Das Wachsen, Welken und Vergehen,
Du junger, grüner Weihnachtsbaum.

Friedrich Wilhelm Battenberg

Nun predigst du den Menschenkindern
Im Lichterglanz von Gottes Gnad,
Die große Freud den armen Sündern,
Den Engelsgruß von Bethlems Statt.
Und Kinderaugen schauen fröhlich
Zu dir empor; den ärmsten Raum
Weih'st du zur Kirche. O wie selig
Machst du uns, frommer Weihnachtsbaum!

In deinem milden, hellen Scheine,
Da wird das Herze wieder jung,
Es flieht das Niedre und Gemeine.
Im Zauber der Erinnerung
Fühl' ich ein Kind mich wieder werden,
Der Sorgen Last, ich spür' sie kaum!
Du kündest Frieden uns auf Erden,
Du hehrer, heil'ger Weihnachtsbaum.

Ich hört' in ferner Kathedrale
Die welsche Christfestlitanei,
Und auch dem reichen Weihnachtsmahle
Der Fremde wohnt' ich fröhlich bei.
Ich sah die Palmen, die Cypressen
Des Südens, an der Wüste Saum, —
Doch deiner konnt' ich nie vergessen,
Mein treuer, deutscher Weihnachtsbaum.

So lange wir in Schwachheit wallen
Hienieden in der Welt des Scheins,
So können wir nur kindlich lallen
Vom Sinn, vom Wesen höh'ren Seins.
Nun wohl: Wenn hier ich muß vergehen,
So gönnet mir den süßen Traum
Von einem sel'gen Wiedersehen
Dort unterm Himmelsweihnachtsbaum.

Max Bayrhammer

Die Greisin im Frühlingsgarten.

Ein brauner Bursch mit rüstigem Gehaben
Hat fleißig sich sein Gärtlein umgegraben.
Die Schaufel klirret. Würzekraft der Erde
Verkündet ihm den Frühlingsgruß: Es werde! —

Da tut die Tür sich auf der niedern Hütte,
Und eine Greisin kommt mit müdem Schritte
Und tastet an der Krücke nach den Wegen....
Ein lindes Lüftchen schüttet einen Regen
Von weißen Blüten auf die Silberhaare
Der alten Frau im Schmucke ihrer Jahre.
Es staunt der Bursch' und kann es fast nicht glauben:
Im Garten sie, die ihm der Tod wollt' rauben!
Und als sie glücklich hinter sich die Schwelle,
Die Schaufel wirft er weg und jubelt helle:
„Ei, Mütterchen hat sich vom Bett erhoben?
Den großen Gott im Himmel will ich loben!"
Und sorglich stützt er sie, die halb erblindet,
Doch doppelt selig jeden Klang empfindet
Und allen Duft der neuerblüten Auen,
Die ihre alten Augen nimmer schauen.
Auf eine Gartenbank setzt er sie nieder,
Und küßt sie, scherzt und lacht und plaudert wieder:
„Der Flieder, Mutter, spendet seine Düfte!
Und Himmelslieder singen dir die Lüfte!
Horch! Hörst du droben nicht die Lerchen schwirren?" —
„„„Wohl!... Doch die Schaufel hör' ich nimmer klirren.""""

Mit mildem Tadel schier beklagt's die Alte.
„So lang ich dich in meinen Armen halte,
Nicht graben kann ich!", lacht er. „Mußt vergeben!" —
„„„Die Schollen künden Todes-Mär, nicht Leben..."""

Die Alte murmelt. „Mutter, nichts soll stören
Die Freude, daß dir Blüt' und Lenz gehören!"
Sie wehrt ihm ab und schüttelt ihre Strähnen:
„„„Das ist ein eitel, selbstbelügend Wähnen!
Was soll mir Flieder, Lerch' und Lenz behagen?
Die Schaufel dorten hat mir mehr zu sagen!
Nein, Junge, nein! Sei's morgen, sei's in Jahren:
Das Letzte will ich noch als Glück erfahren.
Kein ander Freuen ist für mich auf Erden
Als an den Scheide-Klang gewöhnt zu werden!
Mich lockt nicht Blüte, frohes Frühlings-Wallen,
Nein — wie die Schollen auf einander fallen!"""
Er geht, und wiederum erklirrt der Spaten,
Ihm schnürt's das Herz. Es will ihm nicht geraten.
. . . „„„Komm, schaufle, Junge, komm! Und laß mich sinnen!
Ich will mein Grab doch endlich lieb gewinnen . . ."""

Schulkameraden.

Wir saßen drei auf einer Bank
Zu München im Pennale.*)
Des e i n e n Weg empor sich rang,
Der andern ab zu Tale.

Der junge Reichsgraf rechts von mir,
Der hatt' im Schlaf gewonnen!
Was schadet ihm die Note Vier
Jetzt in des Hofes Sonnen?

Ob auch sein Herz verrostet ist,
Das Formen ihm ersetzen,
Im Winter Hof, im Sommer Mist
Genügt ihm zum Ergötzen.

Und mitten ich, der Komödiant,
Hab' Note Zwei errungen,
So leidlich be- und unbekannt
Mir ist es halb gelungen.

---

*) Burschikoser Ausdruck für Schule.

Denn bin ich auch zur Not gescheit — —
Wär' nicht so oft gescheitert,
Hätt' sich mir in der Knabenzeit
Das Portemonnaie erweitert!

Und links, der armen Witwe Sohn,
Mit seiner scharfen Brille,
Trug siegend stets die Eins davon;
Denn eisern war sein Wille.

Doch seine Brust war eingedrückt
Und hager seine Glieder,
Und als ihm die Matur' geglückt,
Fuhr er zur Grube nieder.

Was nützt uns nun Eins, Vier und Zwei
Bei der Geburts-Misere?
Mit allen dreien ist's vorbei
Trotz der humanen Lehre!

Wir saßen drei auf einer Bank
Zu München im Pennale.
Des e i n e n Weg empor sich rang,
Der andern ab zu Tale . . . .

Der Variété-Mimiker.*)

Es leert sich der Saal. Der Vorhang fiel.
Doch nah den bemalten Fetzen,
Da hörte man lange in dumpfem Gewühl
Weinheiseres Kichern und Schwätzen. . . .
Dazwischen ein gellendes Lachen, ein Witz,
Ein brüstendes Prahlen und Wetten. . . .
Dort hat die Verkommenheit ihren Sitz
Am Tische der Chansonetten! —

---

*) Recitationsberechtigung ist vom Verfasser persönlich einzuholen.

Max Bayrhammer

Nur einsam im Winkel saß ein Mann
Mit bleichen, verdüsterten Mienen,
Den schäbigen Sammtrock hatte er an,
In dem er als „Künstler" erschienen. —
Sobald die letzte Dirne verschwand,
Den gekürten Galan an der Seite,
Da lehnte er müde sich an die Wand
Und starrte träumend in's Weite.
Dann schien er zu lächeln und heimlich auch
Eine Träne sich zu verwinden,
Doch ließ der Qualm und Zigarrenrauch
Nicht Luft noch Ruhe ihn finden.
Ich trat heran und frug: wie es geh?
(Ich wollte Lustigkeit lügen
Vor ihm, dem ein unendlich' Weh
Sich stahl aus vergrämten Zügen.)

„Ich danke," sprach er, „mir geht es gut.
Bin nächste Saison wohl geborgen!
Denn wenn man in kühler Erde ruht,
Dann hat man nichts mehr zu sorgen . . ."

Doch scherzend mahnt' ich zur Fröhlichkeit,
Sich nicht den Tag zu verbittern,
Es blühe noch manche herrliche Zeit
Nach Stürmen und Schicksalsgewittern.

„Für mich kommt sie nimmer," seufzte er schwer.
„. . . Es hat wohl eine gegeben! . . .
Und, wenn's Euch nicht langweilt, setzt Euch her!
Erzähl' Euch ein Stücklein Leben. — —

Die Neigung hat mich zur Bühne bestimmt.
Ich strebte in freudigem Schaffen:
Ich habe Romeo, Hamlet gemimt,
Als — Carla und ich uns trafen.
Ihre blauen Augen, ihr goldenes Haar,
Der Lippen blühendes Prangen . . .!
Ihr Leib von so wonnigem Wuchse war! —

Max Bayrhammer

Dem Mädel ist nicht es entgangen,
Daß jedes Ziel und alles Streben
In mir verzehrte die Glut,
Und eines Tages — O Jubelleben! —
Sie sagte, sie sei mir gut.
Nun floß eine köstliche Zeit dahin
Voll Küssen und Lachen und Scherzen!
Ihre Unschuld bannte, ihr kindlicher Sinn
Den wilden Wunsch mir im Herzen.
„„Ich w e r d e dein Weib ja, zweifelnder Held,""
So sprach sie mit drolligem Schwur,
„„Du bist mir das Liebste auf der Welt,
Das Liebste, du Guter! Nur
Die — Kunst, die magst du etwa beneiden:
Eh' i h r du entrissen mich hast,
Da ließ ich mich von dir scheiden!""
Und lachend die holdeste Last
Auf dem Schoße mir saß und hielt mir den Mund
Mit heißen Küssen verschlossen. —

Drei Monde später kam die Stund',
Die mich aus dem Leben gestoßen! . . .
Am Schluß der Saison — man weiß, wie es geht! —
Wenn nichts mehr den Leuten will frommen,
Da läßt der Direktor, der es versteht,
Als „Gast" einen „Star" sich kommen.
Der kam bei uns auch und spielte, gefiel,
Und Carla war seine Geliebte,
Den Abend natürlich, den Abend im Spiel,
Dieweil es dem Zufall beliebte.
Der Fremde brüllte, daß Gott erbarm',
Und mimte die „schönen Männer."
Da lag im Staube vor ihm der Schwarm,
Die Backfische waren die Kenner!

Und nach dem „Erfolg" mit Gewogenheit
Lud Alles der „Gast" in's Hotel
Zum Weihe-Opfer der Eitelkeit. . . . .
Und Carla — war auch zur Stell'.

Max Bayrhammer

Ich saß dem Mädchen vis-à-vis,
Das vor Lebenslust überschäumte,
Indeß voll Bangen wie noch nie
Mein Innerstes sich bäumte. —

Der „Gast" erhob sich. Sie stieß mit ihm an.
Er sprach: „Auf frohes Gelingen!"
Er wolle sie leiten zur Ruhmesbahn,
An große Bühnen sie bringen.
Ich hoffte noch immer, sie traue ihm nicht. . . .
Dann ward getanzt und gesungen,
Und plötzlich — verlor ich sie aus dem Gesicht,
Als hätt' sie der Boden verschlungen.

Ich sah sie nie wieder. . . Doch was geschah,
Das könnt Ihr selber wohl denken:
Sie tat sich dem „Gönner", dann dort und da,
Der — Kunst zu liebe verschenken!

Das machte aus mir den verlornen Gauch,
Drum bin ich in's Elend gefahren.
Hier such' ich den Tod und find ihn auch
Und sterb' ihn seit qualvollen Jahren."

Robert Bodmer

Der Maëstro.
Lustspiel in vier Akten.

Szenen aus dem zweiten Akt.

Personen:

Geheimrat Schröder.
Frau Geheimrat Schröder.
Oberst a. D. Lucke.
Frau Assessor Troblowitz.
Dr. Hauff, Rechtsanwalt.
Libby, Tochter des Geheimrats.
Frenzlo Ferénecz, Kammervirtuose.
Damen und Herren als Gäste des Geheimrats. Diener.

Salon bei Schröder.

(Im Hintergrund eine breite offene Flügeltüre, welche sich nach einem zweiten Salon öffnet. Rechts hinten in der abgestutzten Ecke Türe nach dem Spielzimmer; rechts vorne die Türe nach den übrigen Wohnräumen. Rechts vorne ein Tisch mit Sessel und Fauteuil's, in der Mitte ein großer Flügel, geöffnet.

Es ist Abend, die Lichter am Lüster brennen. Ein Diener in Halblivree reicht Erfrischungen herum.

Am Flügel sitzt Libby und präludiert einige Akkorde. Das Ehepaar Schröder unterhält sich mit den Gästen. Ab und zu sieht einer der Gäste nach der Eingangstüre.)

Der Geheimrat (zu seiner Frau) Ob er uns wieder sitzen läßt?

Frau Geheimrat (lächelnd) Nein, das tut Frenzlo nicht.

Der Geheimrat. Geh, solche Maëstro, solche ... Alles was sie tun, betrachten sie als Kapitalanlage.

Frau Geheimrat. Na, haben die da Unrecht? Machen es die Andern anders? (sieht ihm über die Schulter) Machen wir es etwa anders, he?

Der Geheimrat. Wir ... Du willst sagen ich ...

Frau Geheimrat. Ja, du.

Der Geheimrat. Das sind Unterschiede, siehst Du. Aber ein Künstler ... Der Künstler soll Idealist sein.

Frau Geheimrat (ärgerlich) Soll das Geld verachten.

Der Geheimrat. Rege dich nur nicht auf, um Gotteswillen.

Frau Assessor (steht hinter Frau Schröder) Was giebt's denn? Ihr zankt Euch doch nicht? Wovon ist denn die Rede? Frenzko natürlich? Was?

Der Geheimrat (sarkastisch) Ja, Frau Assessor. Ganz recht geraten. Wer anders natürlich. Er ... der Pol in der Erscheinungen Flucht. Libby hör doch auf ... das macht einem nervös. Wenn Frenzko ausbleibt, giebts eben keine Musik. Entweder Frenzko mit Schumann oder gar nichts.

Dr. Hauff (hört lächelnd zu) Draußen ist er schon ... (Man hört Frenzkos Stimme draußen, gleich darauf erscheint er durch die Mitteltüre).

Die Damen (eilen auf ihn zu) Endlich, daß Sie da sind.

Die Herren (ebenso) Daß Sie nur kamen!

Frenzko (verbindlich und verwöhnt) Meine Damen ... und Herren.

Die Frau Assessor. Glauben Sie, daß man Angst hatte, teurer Meister?

Frenzko. Angst — wovon denn?

Frau Geheimrat. Wovon denn!

Libby. Das fragen Sie noch!

Die Frau Assessor. Wie kann man da fragen! Daß Sie ausbleiben würden, natürlich. D a s war die Angst. Aber nun sind Sie da und loskommen werden Sie sobald nicht wieder. Nicht wahr, wir werden Schumann hören?

Frenzko. Aber meine Damen, ich bitte ... mäßigen Sie Ihre Freude ...

Alle (bestürzt) Nun?

Frenzko. Es tut mir leid ... es tut mir unendlich leid — aber ...

Frau Geheimrat Nun, so sprechen Sie doch, werter Meister. Aber schonend, schonend bitte ...

Frenzko. Es tut mir wirklich unendlich leid ... aber ... ich kann Ihre Erwartungen leider nicht erfüllen.

Alle (enttäuscht) Wie ...!

Frenzko. Ja, leider ... muß Sie enttäuschen ... kam vorgestern nämlich, wie Sie wissen, von meiner Konzertreise von London zurück ... und in Köln wie es der Zufall haben will ... ich wünschte am Bahnhof eine kleine Erfrischung ... öffne die Kupeetüre ... will dem Kellner rufen ... da schlägt der Schaffner die Türe zu ... mein Daumen kommt dazwischen ...

Alle. O! Ein Unglück ...?

Frenzko. Fast, sage ich . . . glücklicherweise, nicht ganz . . . aber immerhin . . . für die nächsten vier Wochen bin ich meinem Beruf entzogen . . . Ja.

Liddy. O Sie Grausamer! Das fehlte noch. Diese Enttäuschung!

Frenzko. Verzeihen Sie, aber . . .

Frau Geheimrat. Nun wie wär's, wenn Sie trotzdem ein Stündlein bei uns blieben, ja? . . .

Frenzko. Zur Unterhaltung?

Der Geheimrat (flüsternd) Wir werden ein bischen pokern . . . wissen Sie . . . (er nimmt ihn beiseite und spricht auf ihn ein).

Frenzko (sieht ihn an) Pokern? sagen Sie?

Der Geheimrat (leise) Pst! Jawohl, ganz entre nous.

Frenzko. Also man pokert bei Ihnen?

Der Geheimrat (nicht lächelnd) Ja doch sage ich . . .

Frenzko. Man darf in Ihrem Hause pokern?

Der Geheimrat (nicht wieder, nimmt Frenzko am Arm und zieht ihn nach rechts) Im Spielzimmer ist schon alles parat.

Frenzko (folgt ihm halb freudig, halb scheinbares Widerstreben heuchelnd). Meine Damen und Herren . . .

Der Geheimrat. Ja, ja, es ist schon gut, kommen Sie nur.

Frenzko (schon halb unter der Tür rechts) Meine Damen und Herren . . . ich werde mich schon — revanchiren (ab mit dem Geheimrat. Die Uebrigen bleiben gelangweilt zurück.)

Die Frau Assessor. Das Vergnügen wäre wieder einmal verpfuscht.

Frau Geheimrat. Uns so zu enttäuschen! Das ist . . . das ist . . .

Liddy (schwärmend) Ein verlorener Abend . . . Wieder ein verlorener Abend! O meine Illusionen. Meine Illusionen!

Dr. Hauff. Mut, Fräulein, Mut! Das ganze Leben — das ganze Leben wollt ich sagen, ist ja nur eine Kette von Illusionen — eine einzige große Illusion . . . ja.

Liddy. Und das sagen Sie?

Dr. Hauff. Ja, ich sage das. Warum nicht?

Liddy. Ein erfolgreicher Mann, ein Jurist von Rang und Einfluß! Wissen Sie was, für einen Juristen giebt es einfach keine Illusionen.

Die Damen (einstimmig) Sehr gut. Sehr gut. Und wahr . . . und wahr!

Der Oberst (brummend für sich) Ach was ... schwätzt was ihr wollt. Ich wünschte, ich wäre zu Hause geblieben. Schumann wollte ich hören, und statt dessen hört man das Geschnatter der Hüterinnen des Kapitols. O diese Gesellschaften! Als Schmeichler tritt man ein, als Gelangweilter bleibt man, und als Spötter verläßt man sie. Ja, es ist eine wunderliche Sache. Und doch liebt man die Geselligkeit, um sich für ein paar Stunden seines eigenen Selbst's zu entledigen.

Dr. Hauff. Was beliebt, Herr Oberst?

Der Oberst. Nichts, nichts.

Dr. Hauff. Ich hörte das Wort Langeweile?

Der Oberst. Ich habe nur laut gedacht. Wissen sie, seit ich in Pension bin, bin ich ein rechter Faulenzer geworden. Da kommt man zu allerlei stillen Betrachtungen. Das ist meine ganze Beschäftigung.

Dr. Hauff (gähnt) Ja, die Langeweile, die Langeweile.

Der Oberst. Glauben Sie mir, ein Gelangweilter müht sich an einem Tage mehr ab, als der Tätige in einem ganzen Jahr.

Dr. Hauff. Das kann wahr sein.

Der Oberst. Und diese Langeweile kann zum Verzweifeln sein. Und das schlimmste ist — wenn man in dieser Verzweiflung um sich sieht, sieht man nichts als Verzweifelte. Das ist das Verzweifelte.

Dr. Hauff. Ich bin sehr erstaunt, Herr Oberst.

Der Oberst. Worüber?

Dr. Hauff. Ich hatte sie für einen Optimisten gehalten.

Der Oberst. Ja, bin ich etwa ein Pessimist?

Dr. Hauff. Nun, ich denke ...

Der Oberst. Gehen Sie fort, das Wort Pessimist hat für meine Empfindung etwas Beleidigendes. Ich bin nahe an siebzig, und wenn ich mein Leben überblicke, so muß ich sagen, es ist Mühe und Arbeit gewesen, aber es ist dennoch köstlich gewesen — ich habe gerne gelebt! Für den Pessimisten aber — sagen Sie selbst, giebt es doch nichts Wertloseres, als das Leben —

Dr. Hauff (einfallend) Ausgenommen sein eigenes.

Der Oberst (steht auf) Ausgenommen sein eigenes! Sehr gut, sehr gut — und wie wahr, wie wahr!

Der Geheimrat (eintretend) Na, da hört sich aber alles auf ... bei der ersten Ronde ...

Alle. Was denn?

Der Geheimrat. Ja, was denn. Die Weltgeschichte hört sich auf, sage ich. Dieser Frenzko ... der Tausendsassa ...

Alle. Nun?

Der Geheimrat. Sie haben doch gehört ... er könnte nicht's vertragen ...

Die Frau Assessor. Ja ja, seine kranke Hand ...

Der Geheimrat. Nun, seine kranke Hand hat ihn nicht gehindert, uns alle beim Potern so „abzukochen", daß wir sämtliche Kartengenossen Haare lassen mußten. (Er sieht Frenzko eben zur Türe hereinkommen, eilt auf ihn zu, legt beide Hände auf seine Schultern). Maëstro ... verehrtester Maëstro, tun Sie mir nur einen Gefallen!

Frenzko (naiv) Nun? Aber ja, sehr gerne ... sehr gerne ...

Der Geheimrat. Bringen Sie Ihren Daumen nicht wieder zwischen die Kupeetüre! ... Sie werden mir glauben, daß es mir lieber sein muß, wenn Sie Schumann spielen, als wenn Sie potern und uns alle ausplündern!

Frenzko (heiter, lachend) Aber mir nicht!

Der Geheimrat (ärgerlich) Was?

Frenzko (unbändig lachend) Aber mir nicht ... aber mir nicht! (er hält die Linke tief in seiner Tasche vergraben und klimpert mit Geldstücken. Alle lachen, Dr. Hauff setzt sich an den Flügel und spielt leicht und flüchtig einige Takte der Stefanie-Gavotte.)

Marie Böhler

Im Vorfrühling.

Skizze.

Es ist in den ersten Tagen des März. Linde, laue Luft, der Himmel in leuchtendem Blau voll goldenen Sonnenscheins, so recht ein Tag des Frühlingsahnens, des wunschlosen Genießens.

"Frühling, Sonne, Lebenslust und Kraft!"....

Jubelnd erfüllt der Akkord meine Seele.

Mein Blick schweift über den alten Sachsenhäuser Friedhof vor unserem Hause. Noch sind kaum Knospen an seinen Bäumen und Sträuchen zu erkennen; aber die treibenden Kräfte fühlt man, die der Vollendung entgegendrängen: aus Nacht zum Licht!

Man hat diesen alten Friedhof, auf dem seit Jahren nicht mehr begraben wird, vor einiger Zeit in Gartenanlagen umgewandelt. Viele winzige Menschenblüten lockte die warme Frühlingssonne hervor aus den Schatten der grauen Häuser ringsum. Diese Kleinsten und Kleinen denken gewiß nicht daran, daß an dem Orte, wo sie sich jetzt vergnügen, Gräberreihen gewesen sind und daß die Wege, auf denen ihre flinken Füßchen dahineilen, die irdischen Reste so manchen müden Wanderers umschließen. Nein, sie schwelgen da unten in Jugendlust und Uebermut, heiter wie die strahlende Frühlingssonne. Leben atmen sie, Leben!

Doch ich reiße mich los, fast gewaltsam, von dem Anblick der fröhlichen Schar und setze mich am Fenster zum Schreiben nieder. Ich schreibe ein Gedicht ab, ein Gebet, das beginnt:

"Gieb mir Kraft, mich loszulösen
Von der Erde Sorg' und Qual."

Es paßt eigentlich gar nicht in die Frühlingsstimmung, aber ich schreibe weiter....

Da, ein Schuß! Ich schrecke zusammen. Törichte Ideen. Weshalb gleich so Schlimmes denken? Unnütze Buben werden es sein.

Ich schreibe weiter:

„Gieb mir Frieden und Genügen,
Lehre stille sein mein Herz.
Gieb mir Frieden! — Amen."

Aber es stört etwas meine Ruhe, ein Zwang lastet auf mir. Ich muß aufstehen und hinausblicken. Aber, was heißt das? Eine Menschenmenge hat sich am Gitter versammelt, in großer Erregung. Neugierige, Männer, Frauen und Kinder laufen durcheinander, Fuhrwerke halten an; der Verkehr stockt. Helme von Schutzleuten tauchen auf. Was ist geschehen?

Dort, die Menge setzt sich in Bewegung, man sieht, jemand wird getragen; eine Gasse öffnet sich zum Friedhofstor. Vor einem kleinen Holzschuppen legen sie eine unbewegliche Gestalt auf die Erde nieder. Man verhüllt sie mit einem groben Sack.

Ein Toter am Wege.

Schellen und schneller Trab klingt von der Straße herauf und löst die schaurige Stille, die mich in ihrem Banne hält.

Der Rettungswagen nähert sich der Unglücksstelle. Durch die harrenden Menschen drängt sich ein Arzt mit zwei Gehülfen. Der rauhe Sack wird weggenommen und ein bartloses Gesicht wird erkennbar. Der Arzt kniet an dem stillen Mann nieder und fühlt den Puls. Man sieht einen der Gehülfen nach dem Wagen zurückgehen, mit einem Tuche wiederkehrend, mit dem er dem Regungslosen die Schläfe abwischt. Es wird rot von Blut. Aber er bewegt sich nicht. Der Arzt steht auf und wendet sich zum Gehen; die Anderen folgen. Der Rettungswagen fährt mit seiner Mannschaft unverrichteter Dinge ab.

Die Schutzleute versuchen, das Publikum zu zerstreuen. Viele gehen, neue kommen hinzu. Sie deuten nach der Stelle am Gitter, wo der Schuß gefallen ist, zucken die Achseln und flüstern.

Ich blicke auf den Spielplatz. Als wenn eine gewaltige Hand darüber hingestrichen wäre: alles leer, verödet. Die Macht des Todes hat diese Frühlingsblüten hinweggerafft. Kein Kinderlachen, kein Tollen und Springen mehr. Es ist wieder der ernste Totenacker geworden. Die vereinzelten, noch erhaltenen Gräber sagen es und der tote Mann auf dem Wege bestätigt es durch seine letzte Tat. In das scheue Atmen des werdenden Lebens ringsum hat sich der letzte Seufzer dieses Menschen gemischt. Zum strahlenblauen Frühlingshimmel starrt ein Totenantlitz.

Neue Bewegung kommt in die Reihe der Wartenden. Ein Totenwagen mit zwei Rappen bespannt ist vorgefahren. Zwei Männer springen vom Kutschersitz und tragen aus dem Wagen einen einfachen schwarzen Sarg zu dem Einsamen in den Garten hinein. Schutzleute folgen. Sie leeren ihm die Taschen aus. Einer der Schutzleute sammelt alles und steckt es ein. Dann heben sie die starre Gestalt empor und legen sie in den bereitgestellten Sarg. Der Deckel wird darauf geschraubt, der Sarg fortgetragen und in den schwarzen Wagen geschoben. Die Träger setzen sich wieder auf den Kutschersitz, die Pferde ziehen an und das Gefährt rollt davon. —

Langsam zerstreuen sich die Zuschauer, noch in einzelne Gruppen zusammentretend, Vermutungen über das Geschehene austauschend.

Die Kinder mit dem aufgeregten, neugierigen Blick laufen nach Hause, es ihren Eltern zu erzählen, das von dem toten Mann.

Die Männer wollen es ihren Frauen berichten. Die schwatzenden Weiber bauschen das Geschehene in Gedanken auf und freuen sich, der Nachbarin diese Schauermär bringen zu können.

Die Frühlingssonne schleicht müde und traurig an den Häusern hin. Sie hat den Glanz und die Wärme verloren.

Am nächsten Tage lese ich die kurze Notiz in der Zeitung, die mir sagt, wie der fünfundzwanzigjährige Mann hieß, daß er Schreiner war und wo er wohnte, aber nur „ein Selbstmord aus unbekannten Gründen" feststellte. —

Den andern Nachmittag gehe ich durch die Altstadt und werde mir bewußt, in der Nähe jener Gasse zu sein, in der dieser junge Selbstmörder daheim war. Es drängt mich, vorbeizugehen, einen Blick auf das Haus zu werfen. Als ich in der Hälfte der Gasse angelangt bin, tönen aus dem geöffneten Fenster einer Parterrewohnung verworrene Laute, von Schluchzen unterbrochen, an mein Ohr. Ich bleibe stehen, beuge mich etwas vor und sehe drinnen eine tiefgebeugte Frau auf dem zerschlissenen Sofa sitzen und vor ihr auf den Knieen liegt ein junges Weib von etwa zwanzig Jahren mit wirren Haaren und Verzweiflung im Gesicht.

„O, seid nicht so hart! — Verzeiht mir, Mutter," flehen ihre Lippen, ihre rotgeweinten Augen. „Ich bin so unglücklich und verlassen! Sagt nur ein Wort, daß ihr barmherzig seid und stoßt mich nicht von euch!" ruft sie in großer Erregung.

„Steh auf, Dirne, Du! — Mein Sohn, mein Einziger! Er war viel zu gut für Dich, Du haft ihn gemordet! Geh' mir aus den Augen, sonst..."

Die alte Frau steht vor ihr mit flammenden Augen und weist drohend nach der Türe.

Da richtet sich das geängstigte Geschöpf auf, läßt die gefalteten Hände sinken vor dem vernichtenden Blick der Verachtung, des Hasses, und ein Zittern geht durch ihre Gestalt. Langsam wendet sie sich, verläßt das Zimmer, geht wie geistesabwesend mit gesenktem Kopf an mir vorüber und verschwindet im Nachbarhause. Dann ist alles still.

Die beiden alten Häuser mit den vorgebauten Stockwerken scheinen sich zuzuneigen, sich aneinander lehnen zu wollen, Stütze suchend.

Nur ein kleines Stückchen blauer Frühlingshimmel ist zwischen den Giebeln sichtbar. Wenig Himmel, und keine Sonne.....

Margot Brach

Zigeunerblut.

Da jauchzt es dahin im wehenden Rock,
Entlang die blühende Haide,
Goldringe im Ohr, im wirren Gelock,
Flatternde Bänder von Seide.

Die glühende Wange vom Sturme gebräunt,
Von Sonne verbrannt die Brüste,
Und im trotzigen Herzen den wilden Freund,
Der heute zur Nacht sie küßte! —

Dem Frühling entgegen.

Der Frühling ist da, der Lenz erwacht,
Seit du mir am Herzen gelegen;
Die Erde schmückt sich, die Sonne lacht,
O komm', dem Frühling entgegen!

Der Lenz klopft leis' an dein Fensterlein
Und es ruft und lockt vor der Tür:
Komm' mit hinaus zum Ringelreihn,
Du Braune, du, — tanze mit mir!

Im seligen Taumel jauchzen wir hin,
Trunken vom Küssen und Kosen, —
Komm', laß uns dem Frühling entgegenziehn,
Bekränzt mit glühenden Rosen! —

Emil Claar

Aprilfrost.

Als lieblich wehte aus den Himmeln
Ein Lenzeshauch, da blühten auf
In meinem Garten schon die Primeln;
Nun fiel ein Todesreif darauf!

Ich denk' in Weh an Weltgeschicke,
Ich denk' an Kindheit, die gesproßt
Mit heit'rem, ahnungslosem Blicke,
Und dann verkam in Not und Frost.

Freiheit.

Die Freiheit hab' ich erst verstanden,
Als sie mich floh mit scheuem Kuß,
Doch nicht allein, weil ich in Banden,
Nein, weil ich Andre binden muß.

Das wird ein Aufersteh'n der Seele,
Ein Fest, von Morgenlicht umspielt,
Sobald ich Keinem mehr befehle
Und Keiner lebt, der mir befiehlt!

Trau' keinem Auge.

Trau' keinem Auge, auch wenn es klar,
Vielleicht über's Jahr schon wird es dich trügen,
Trau' keinem Munde, auch wenn er wahr,
Vielleicht schon morgen wird er dir lügen!

Traue dem Baume, der flüsternd neigt
Die Krone, ohne ein Wort zu sagen,
Er wird dir, obwohl er beharrlich schweigt,
Auch nächsten Herbst seine Früchte tragen.

Dem Erbgrund traue, der treulich liebt,
Wenn deine Hand ihm Sorge erweiset,
Aus schwellenden Tiefen verschwenderisch giebt,
Und, ewig ein Rätsel, die Menschheit speiset.

An Jung-Else.

Laß die Locken fliegend wallen
Um dein Haupt im Morgenwind,
Der Natur zum Wohlgefallen,
Freies, frohes Erdenkind!

Schwelgen laß' die Lerchenkehle
In der Lieder munt'rem Quell,
Glücklich jubeln laß' die Seele,
Die so frisch, so wahr, so hell!

Glücklich nur, wenn du geflügelt
Aussprichst was du Rechtes denkst,
Und befeuert, ungezügelt
Mauern mit dem Köpfchen sprengst!

Laß die alten Tanten ächzen,
Eingewebt in frommen Lug,
Und genieße deine Sechzehn,
Fräulein wirst du früh genug!

Trage mutig alle Namen,
Die dir naserümpfend leih'n
Deiner Sippschaft stolze Damen
Ihren Abscheu dir zu weih'n!

Ausbund, Jagdhund, Nixe, Hexe,
Sind die Zartesten dabei,
And're fallen so wie Klecke
Auf dein lichtes Konterfei!

Werden dir schon abgewöhnen,
Was da echt, und sich bemüh'n
Baldigst gründlich abzutönen
Deines Wesens trunknes Glüh'n.

Die du jeder lustig frechen
Kindertollheit, lachend keck
Zuriefst: „biegen oder brechen,"
Sie zu wagen auf dem Fleck,

Nicht mit Hexen, nicht mit Nixen
Wirst du mehr verglichen sein,
Wirst bedacht und vornehm knixen,
Und so falsch sein, wie du fein!

Nicht gebrochen, nur gebogen,
Aber protzig auch und steif,
Und im Innersten verlogen,
Ganz für die Gesellschaft reif!

Mäuse-Legende.

Sommer kam dem Herbste näher,
Mäherinnen, so wie Mäher,
Alle Greteln samt den Hänsen
Dengelten getrost die Sensen
Einzuheimsen bald die Ernte —
Als Gewitter, lang entfernte,
Jäh und schwarz heran sich zogen,
Zu entladen wüste Wogen.
In der Fruchtlast Wohlgerüche
Rauschten nieder Wolkenbrüche,
Daß in ungezähmtem Gusse
Schwoll der Bach zum wilden Flusse,
Und der Fluß zum See sich reckte,
Der bis in die Gärten leckte.

Bitter ging's den armen Mäusen,
Die in ihren Erdgehäusen,
Tief im Grunde sich verkrochen,
Als die Flut hereingebrochen,
Aber flüchten mußten gräßlich,
Als die Wasser unermeßlich
Feld und Wiesen überspülten

Und jedweden Bau zerwühlten.
Zitternd flohen die Entsetzten,
Von den Wellen fortgehetzten;
Neben Flinken, Jungen, wälzten
Sich die Fettesten und Aelt'sten,
Ratlos, sinnlos, immer weiter,
Hinter ihnen, breit und breiter,
Lüstern wachsendes Verderben
Und das sichre nasse Sterben.

Plötzlich aber leuchtet ihnen,
Wie von höherm Glanz beschienen,
Kostbar ein smaragdner Hügel,
Und auf dem, wie Engelsflügel,
Ob dem Abgrund schwebt und blinkt es,
Grüßt und nickt und weist und winkt es.

Auf dem Hügel hatte nämlich
Jüngst ein tück'scher Bauer, grämlich
Ob der Vögel Diebesbräuche,
Aufgerichtet eine Scheuche;
Zwischen hohen Birkenstangen
Hat er bräuend aufgehangen
Eine durch und durch verschliff'ne,
Vorn und rückwärts ganz zerriff'ne
Bunt geflickte, abgeschabte,
Zum Verscheuchen höchst begabte
Alte Hose. — Fink und Meise
Wichen aus in weitem Kreise,
Wenn die langen hohlen Beine
Schimmerten im Mondenscheine,
Sich gespensterhaft bewegend,
Und verpönt in ganzer Gegend
Ward bei allen Vogelhecken
Dieser schnöde Flurenschrecken.
„Dort hinauf, dort ist es trocken!"
Schrie's mit jauchzendem Frohlocken
Durch die flieh'nden Mäusescharen,
Und in tödlichen Gefahren

Emil Claar

Nun begann ein heißes Ringen,
Und ein Schieben und ein Springen
Und ein Klimmen und ein Klettern,
Zu befrein sich aus den Wettern,
Zu gelangen zu der Spitze,
Zu des Lebens teurem Sitze!
Manche von der Höhe sanken
Rutschend nieder und ertranken,
Während andre, gar die Keckern,
Sich mit Schlürfen und mit Schlecken
Aus der Flut, dem Sand, dem Schlamme,
Durchgeschleift zum Hügelkamme.

Als sich droben wimmelnd häuften
Jetzt die Rotten, die noch träuften,
Und die Sprossen edler, echter,
Ururalter Mausgeschlechter,
Wenig nur vom Tod gelichtet,
Dicht gedrängt und aufgeschichtet,
Lagerten auf hohen Gipfeln,
Sah'n sie auf zu heil'gen Wipfeln,
Und sie riefen: „Höh'res Wesen,
Uns zum Heile auserlesen,
Das du schwebst ob unsern Köpfen,
Laß uns gnädig Atem schöpfen,
Und nach Angst und Todesschauern
Dankbar dir zu Füßen kauern.
Deine heil'gen Grüße riefen
Uns empor aus Unheiltiefen,
Rett' uns, schütz' uns, laß uns leben,
Und wir wollen dir ergeben
Unser ganzes Dasein weihen,
Jubelnd dich gebenedeien!"

Also war es. Keine Wellen
Konnten bis zur Höhe schwellen,
Wo erlöset und gerettet,
Wie gebannet und gekettet,
Frohe Mausfamilien ruhten,

Und die ringsempörten Fluten
Konnten spritzend mit dem Schaume
Rühren nicht am letzten Saume
Der erhabnen Hose, welche,
Thronend ob dem Todeskelche,
Trotzte dem erbosten Feinde,
Als ein Hort der Mausgemeinde. —

Als die Wasser nun begannen
Abzusickern und verrannen,
Und im angeschwemmten Schilfe
Schwieg der bange Schrei um Hilfe,
Sammelten auf ihrem Walle
Sich die Mäuse alle, alle
Und verkündeten begeistert,
Was ihr Fühlen hat bemeistert,
Daß die fernste Feldmaus höre
Ihres Glaubens laute Chöre:
„Die du droben göttlich waltest
Und der Mäuse Los gestaltest,
Die den Tod von uns gewiesen,
Sei geheiligt, sei gepriesen,
Wie in Not zu dir wir flehten,
Wollen wir zu dir nur beten
Auch in künft'gen Erdenzeiten,
Bis in alle Ewigkeiten,
So im Glück wie Sturmgetose
Unsre Gottheit sei die Hose!"

* * *

Wann sich dies hat zugetragen,
Möcht' ich nicht zu singen wagen,
Nur bekräftigen in Klarheit,
Daß in Wirklichkeit und Wahrheit
Schon seit Mausgedenken, eifernd
Alle Mäuse, und auch geifernd,
Diesem Bunde angehören,
Und zur heil'gen Hose schwören.

◦◦◦◦ Emil Claar ◦◦◦◦

Und ich warte dein!*)

Die Dämmerung braußen spinnt und spinnt
Und hüllet die Fluren in Schleier ein,
Die Stunde verrinnt und der Abend verrinnt,
Und ich warte dein!

Mein müdes Hirn, es sinnt und sinnt,
In einsamem Hause bin ich allein,
Der Abend verrinnt und die Nacht verrinnt,
Und ich warte dein!

O komm, bevor das Ende beginnt
Von aller Sehnsucht und aller Pein,
Die Stunde verrinnt — und das Leben verrinnt —
Und ich warte dein!

Rundfrage.

Von leid'gem Modedrang bewogen,
Versendete ein Journalist
An alle Dichter Fragebogen:
Was wohl der Wert des Kusses ist?
Und keiner zu des Kusses Preise
Die ernste Auskunft schuldig blieb.
Doch der scheint mir der rechte Weise,
Der folgendes zur Antwort schrieb:
„Unmöglich ist es halbwegs gründlich
Zu schreiben über einen Kuß,
Weil das Verfahren durchaus mündlich,
Und ewig mündlich bleiben muß."

---

*) Komponiert von Emil Sulzbach, op. 30 No. 4.

Sehnsucht nach Glück.

Erfüllung,
Vollbusige Göttin
Mit dem Kranze
Aufbrechender Knospen ums Haupt,
O laß mich schauen dir
Ein einzigmal
Ins große, tiefleuchtende Auge,
Vor dessen sieghafter Süße
Endlich ersterben:
Wunsch und Sehnsucht
Und jede lechzende Marter!
O Göttin, walte, gönne
Nach dumpfem Entjagen,
Daß meine Seele,
Erlöst von Sorgen,
Die Fittiche breite,
Zu freiem, gewaltigem Fluge,
Daß meine Lippe,
Erlöst von Seufzern,
Verstumme in Wonne
Klagevergessen!
O göttlichste Göttin,
Lasse mich endlich werden
Zum Adler,
Der sehn darf
In die schleierlose, goldne,
Segnende Sonne,
Ein Gesegneter!
Erfüllung,
Ich harre deiner
O Göttin!

Ein armes Weib.

Ein armes Weib, mit ihr ein Knabe,
Sprachen mich an um eine Gabe.
Da schrie ein Bettler: „Sie ist so besorgt
Um dieses Kind — und das Kind ist geborgt,
Geborgt zum Betteln um Mitleid zu wecken
Und abgerichtet, die Hand zu strecken,
Sie ist gar nicht Mutter, wenn sie's auch scheint" — —
— Dann ist sie noch ärmer, als ich gemeint.

Paul Nikolaus Cossmann

Aphorismen.

Manche denken in Briefstil, andere in Dialogform, wieder andere in Volksreden. Bedeutende Gedanken sind Selbstgespräche.

*

Die vier Fakultäten.

Die Theologen erwählen ihren Beruf aus Gottesliebe, die Juristen aus Gerechtigkeitsliebe, die Mediziner aus Menschenliebe und die Philosophen aus Wahrheitsliebe.

*

Die schwerste Kunst nächst dem Dichten ist: nicht zu dichten!

*

Wer Bücher lesen will, die ihm g a n z gefallen, der muß sie selber schreiben.

*

Ein Aphorismus ist ein kleines Haus mit weitem Fernblick.

*

Philosoph und Künstler.

Der Philosoph sucht einen Glauben, der wahr genug ist für das Erwachen; der Künstler einen Glauben, welcher schön genug ist für den Traum.

*

Manches Talent zerrinnt, weil es sich sein Leben lang nicht hineinzufinden vermag, daß es kein Genie ist.

*

Ins Konzert geht man des guten Tones und nicht der guten Töne wegen.

*

Liebe jeden; aber die Besten nur laß es merken.

*

Parabel.

Einst lebte ein Volk in einem Lande, welches wenig bekannt war; um es genauer kennen zu lernen, machten sich viele auf den Weg. Die Forscher blieben zusammen, bis sie eines Tages wieder da ankamen, von wo sie ausgegangen waren.

Nun sagten die einen: Es ist jetzt genug des Umherstreifens; auf diese Art läßt sich nicht mehr viel erreichen. Es ist besser, wir verwenden die Kenntnisse, welche wir gesammelt haben, dazu, einen möglichst hohen Turm zu bauen; dann werden wir einen Ueberblick über das Ganze bekommen.

Die andern aber sagten: Mit nichten! Von der Spitze eines Turmes aus sieht man ja alles in Verkürzung, also entstellt. Wir bleiben hier unten. Und sie liefen wieder drauf los, erforschten Flüsse und Gebirge, ja die einzelnen Pflanzen und Steine. Doch mochten sie forschen, so viel sie wollten: einen Begriff vom Ganzen erhielten sie nicht.

Da waren die mit dem Turme immerhin besser daran. Allerdings zeigte das Bild, welches sich vor ihren Blicken entfaltete, nicht alle Einzelheiten des Landes; aber wenigstens sahen sie dieses ganz. Und viele von den anderen kamen zu ihnen, und mit ihren neuerworbenen Kenntnissen vom Boden, von Steinen und sonstigen Dingen bauten sie neue, bessere Türme.

Viele jedoch blieben bei der Meinung, wenn sie immer neue Pflanzen entdeckten und jede einzelne zergliederten, wenn sie jeden Stein von allen Seiten betrachteten, dann würden sie das Land kennen lernen. Und solche Leute soll es auch jetzt noch geben.

Clem. Cramer

Trost.

Auf meinen Bäumen ruht ein lichter Glanz;
Es hängen ihre grünen schweren Schwingen
Wie Lebensgrüße. —
Und in den Blättern webt ein heilig Singen,
Raunend, daß keine Mutter je geboren
Dich und uns alle, um zu schauen,
Wie wir in tiefen Schmerzen uns verloren. —
Nein, die Natur sie lehrt dich weiter bauen
Und hängt in rätselhaftem Kranz
Vergehn und Werden über deine Tage. —
Tauch' unter in den goldnen, dunklen Strom
Und laß am Ufer knieen deine Klage! —

Strom.

Wo die Stadt endet und der Wald beginnt,
Da rauschen tiefe Wasser,
Wenn der Tag beschwingt in die Nacht versinkt,
Dann werden erst durch die Wogen
Seltsame Menschen, einander fremd,
Unaufhaltsam hierher gezogen.

Eines ist allen gemeinsam: der Schmerz. —
Jeder trägt etwas verborgen;
Es ruht auf allen unsichtbar und schwer
Eine drückende, dunkele Last,
Daß keiner Teil an dem anderen nimmt —
Nur von dem eigenen Schicksal erfaßt.

Da kommt es wohl hin und wieder vor,
Daß über einem Leben
Die Wasser raunen ein Sterbelied.
Andere finden sich wieder zurecht
Und suchen sich zu vertragen
Mit dem Alltag;
Ob gut oder schlecht —
Wer kann danach fragen!

Clem. Cramer

Ein Märchen.

Als die Götter noch im alten Glanze zur Erde wallten, um die Sterblichen aufzusuchen, war es immer die Güte, die sich mit dem feinen, blassen Kinde, dem Verstehen, scheu vor der Berührung mit den Menschen zurückzog. — Göttervaters heißester Wunsch war es doch, daß Beide auf Erden heimisch werden möchten, und so sprach er an einem frühlingshellen, sonnenerfüllten Morgen zu ihnen: „Ihr meine Lieblinge mit den seidnen Haaren und den sanften Händen, lasset Euch nicht schrecken, was Brüder und Schwester uns von der Tiefe erzählen, gehet selbst zu den Menschen, es werden Euch Eure Siege begleiten!" — Eigens schlang er ihnen die Kleider, küßte ihre Augen und schmückte ihre Stirnen mit dem göttlichen Reife. — Es war ein schweres Trauern, als Beide sich abwärts wandten.

Fremd kam die Güte zur Erde und fremd das Verstehen. — Nun wollten Beide die Menschen zu sich zwingen und wußten nicht, wie schwer solch Beginnen. — Sie zogen durch Wälder, die einsam lagen und fanden Niemanden. — Wälder sind so schön und fremd für Menschen, daß sie sie fürchten und mit ihrem Dämmer nicht Eins werden können. — Sie haben sich große, kalte Städte gebaut, in die das Licht wie ein Armeleutkind fällt und ihre verschüchterte Seele nicht ängstigt durch seinen großen, befreienden Strahl. — Auf den Straßen sangen die Menschen und sammelten sich, um die Fremden zu schauen; aber überall trafen sie harte, lachende Augen, keiner beugte sich ihnen. Fremd gingen die Güte und das Verstehen. —

Auf einem Stein draußen saß die Ausgestoßene, und als die Güte sich ihr näherte, warf das Mädchen die Arme um sie, und all der gepreßte Jammer löste sich in Weinen. — Die Güte strich ihr über die Haare, stockend brach es da über die Lippen sich Bahn, das alte süße Lied vom Liebsten, dem sie so gut gewesen, so gut, daß ein Kind dem Leben erwachte. — Wie sie dem neuen Glück gleich im Traum entgegengegangen, nichts gesehen als ihn und die junge Hoffnung. — Das Erwachen kam so plötzlich, als die Menschen sie ausstießen aus dem Kreis ihrer gesetzlichen Vereinigung. Sie ginge aber nie zurück, denn sie hasse die Menschen.

Da hob ihr das Verstehen den Kopf in die Höhe und wollte ihr tief in die Augen sehn; schroff wandte sich das Mädchen zurück. „Sie haben mir wehe getan und mich verwundet, Sie verstehen mich nicht, da habe auch ich meine Seele verhüllt."

Stumm zogen die Lichten weiter. Sie schritten an rauschenden Wassern entlang, an Seeblumen und schlingenden Pflanzen. — Der Tag neigte sich in den Wellen, in wunderbarem Glanze, umringt von Einsamkeit. Denn auch an Wassern wohnen die Menschen nicht, weil das Raunen der Fluten die Träume hervorholt und die Gedanken mit sich zieht in Unermeßlichkeiten. — Aber die Menschen müssen arbeiten und sich zu immer neuem Kampfe ausrüsten, für sie gibt es kein Versenken, kein Verbluten der Seele. — Auf der Brücke stand der Verfehmte. Als er die Güte sah, riß es ihn ihr entgegen, schwere Tropfen aus des Mannes Augen hingen in ihrem Schoß. Ueberfließend brach es aus ihm heraus, die Verbitterung — — der Kummer langer Jahre. „Die Harten haben mich gequält, meine Art nicht verstanden, und mich von sich gewiesen mit meinem glühenden zuckenden Herzen. — Dann habe ich ein Weib genommen, das ich unendlich liebte; sie verließ mich mit einem anderen. Hier in die Stille habe ich mich geflüchtet, denn die Menschen sind grausam, — ich hasse sie." — Da nahm das Verstehen seine Hand, wild stieß er sie zurück. Voll von Erbarmen wanderten sie weiter und weiter. — Ihre Wege waren umstellt von Solchen, die die Güte nicht kannten und nicht das Verstehen. Taumelnder Hohn folgte ihnen und Lachen, das fremd und schwer klang. —

Sie trafen Hoffnungslose, die verbittert waren, und trafen Geprüfte, die dem Trotz nachhingen, frohe, die an der Oberfläche glitzerten, keinen, der ihre Gewalt jubelnd anerkannte. — Als der Fittich der Nacht die Erde streifte und das Dunkel versöhnend über den Landen hing, hörten sie mit tiefem Erschauern einer Stimme bebenden weichen Klang. Die Stimme sprach: „Ich bin durch Schrecknisse gezogen und habe unsagbare Qualen erduldet. Ich habe Kinder getragen und ihnen mein Herzblut gegeben. Ich habe ihnen mein Leben hingeworfen, meine unsterbliche Seele, und als ich nackt war, weil ich alles an sie verschwendet, da stießen sie mich hinaus in die Einsamkeit und flohen mich. Ich habe um meiner Kinder willen tausend Tode erlitten, und meine Kinder haben mich tausend Tode erleiden lassen. Ich segne sie dennoch, denn ich bin die allgütige, alles verstehende Mutterliebe." — — — Da warf sich die Güte und das Verstehen tief in den Staub. — — — Es ging ein Rauschen durch Welt und Ewigkeit, es neigte sich alles, was Leben hat, vor der — — — Mutter. — — —

Richard Dohse

Ernste Freude — reine Freude.
Eine nachdenkliche Frühlingsbetrachtung.

Wir Menschen nennen den Frühling immer mit einem Jubellaut auf den Lippen, und unser ganzes Herz frohlockt, wenn er aufs neue seinen Einzug hält. Der Lenz macht uns Menschen wieder jung und läßt auch uns gleichwie die Natur draußen erwachen zu einem neuen, tatfrohen Leben. Und ist's denn ein Wunder? Horch, wie die Wipfel der Bäume vor Wonne rauschen, sieh, wie das junge Grün im Werdedrang die Knospenhüllen gesprengt hat, wie das Auge ganz trunken wird bei all der Pracht!

Aber mischt sich in diese sorglose Lust nicht auch ein ernster Ton, dem wir unser Ohr nicht verschließen sollten? Mir drang er tief ins Herz hinein, als ich einst im Frühling still — gemächlich und meinen Gedanken nachhängend einen verschwiegenen Waldpfad entlang wandelte. All meine Sinne arbeiteten, schauten, hörten und fühlten die Natur in ihren geheimsten Regungen. Ueber mir erzählte der Sommerwind der Blätterjugend seine Märchen und Geschichten, und sie mußten gar lustig anzuhören sein, denn die Blättlein reckten sich an ihren Stengeln und zitterten vor Vergnügen und Wonne. Ein Eichhörnchen hastete den Stamm einer Buche hinauf und betrachtete mich mit neugierigem Interesse. Ein Specht hämmerte an einem morschen Baum herum, Schmetterlinge gaukelten um mich her, blaue, gelbe, und dazu umfaßte die Sonne alles mit ihren warmen, schimmernden Armen. Der Weg wurde enger und enger, und schließlich verlor er sich ganz; ich war gezwungen, mich mitten durch den Wald hindurchzuschlagen. Im Dickicht wurde es stiller; das Licht der Sonne fiel kaum noch hinein, und unwillkürlich richtete ich meinen Blick nicht mehr wie vorher ins Weite und in die Höhe, sondern meine Augen blieben häufiger am Waldboden haften.

Richard Dohse

Welch ein verändertes Bild! Alles bedeckt mit braunem, welkem Laub; kaum daß sich hier und da ein Grashälmchen hervorwagte. Unter meinen Füßen raschelte und rauschte es. Aber das war ein ganz anderes Rauschen als wie dort oben in der grünen Blätterkammer. Kein Kichern oder leises Lachen war zu hören; es sang und klang vielmehr vom Sterben und Vergehen. Welk und tot die einen, zum Sterben krank und matt die andern Blätter; und dazu taumelte von den Sträuchern noch hin und wieder aus all dem Grün, aus all dem sprießenden Leben heraus ein Blatt nach dem andern zur Erde, mit dem Tod im Herzen. Meine sorglose Frühlingsstimmung hatte sich jählings verändert. Das Lied der Freude und der Lebenslust tönte wohl noch von ferne und lockte mit leichtem Schall; aber ich konnte nicht anders: immer klang mir daneben aus dem raschelnden, welken Laub jener ernste Ton entgegen — das Lied des Todes. Seltsam, dachte ich. Wie glücklich müssen doch die Menschen sein, die solch traurig' Lied inmitten all der Lust garnicht hören! Oder bin ich am Ende doch der Glücklichere und sind es mit mir alle diejenigen, die ein gleiches Empfinden beseelt?

Die Antwort war nicht fern, denn als die Bläue des Himmels wieder herablachte, konnte ich trotz des scheinbaren Widerspruchs im Herzen froh und glücklich meinen Weg auf mehr betretenen Pfaden, unter vielen lachenden und schwatzenden Menschen fortsetzen. Ich hatte das Gefühl tief im Herzen: all die hüpfende, tänzelnde, lachende Lust der Menschen dort ist nicht die wahre und echte. Sie muß zuvor geläutert und vertieft werden: Erst wenn wir alles Leichtfertige, alles Gedanken- und Sorgenlose von unserer Freude abgestreift haben, lernen wir die ernste, die reine Freude kennen und empfinden.

Richard Dohse

Es will Abend werden.

Es will Abend werden und die Nacht bricht ein.
In den Zweigen flüstert's leis im Dämmerschein.
Böglein sitzt im Neste, singt ein Schlummerlied,
Und das Reh im Walde still zur Tränke zieht.

Mählich, ganz allmählich blaßt der Sonne Licht.
Aus den letzten Strahlen sie ein Kränzlein flicht;
Wirft auf Busch und Bäume es im Scheiden hin,
Und in goldnem Schimmer Wald und Hain erglühn!

Wie das Mägdlein heimlich glüht beim Abendkuß,
Wie das Mägdlein trauert, wenn es scheiden muß,
Also stehn die Blümlein, Kraut und Strauch und Baum,
Rot- und Weißdornhecken still am Waldessaum!

Trauernd stehn sie alle und verlassen da!
Und wer so die Wälder in der Nacht einst sah,
Der versteht der Bäume heimlich stilles Rauschen,
Der kennt die Gedanken, die sie seufzend tauschen!

Wer dann früh am Morgen, wenn sie eingenickt,
In die buft'ge Kammer hat hineingeblickt,
Der versteht die Tropfen und die hellen Perlen,
Die der Tau gestreuet über Birk' und Erlen!

Und so lange fließen ihre Tränen all,
Und so lange währet still der Tropfen Fall,
Bis die Sonne wieder kehrt zum Wald zurück,
Bis aus ihren Augen strahlt ein Liebesblick.

Bis aus weiter Ferne sie den ersten Gruß
Sendet in die Räume und den Morgenkuß;
Bis nach langem Scheiden sie von neuem scheint:
Dann hat Blatt und Blume langsam ausgeweint!

Richard Dohse

Nach langer Tage heißem Sonnenbrande.

Nach langer Tage heißem Sonnenbrande
Träuft endlich milder Regen herab vom Himmel.
Aufatmet das Land, und wohlig schlürfet die Erde,
Brünstigen Zugs, das köstliche Naß!
Die Wipfel der Bäume schütteln vor Wonne sich!
Die Tropfen sickern langsam von Blatt zu Blatt
Und tasten mit köstlich lindernden, feuchten Fingern
Sich durch die Zweige und Aeste hindurch.
Weit auf die Fenster, damit mir die Kühle hereinbringt
Und balsamisch die heiße Stirne umfächelt.
All die glühende Glut, die in den Adern mir lodert,
Rauscht zurück wie die ebbende Flut!
Jubelnd zwitschert ein Böglein im blühenden Garten
All seine Wonne und Lust in die Sommerlüfte!
Sinnend preß' ich die Stirn an die kühlenden Scheiben,
Schweigend und träumend starr' ich hinaus!

Linde grüßt uns der Lenzwind.

Komm' mit mir zum blühenden Wald hinaus,
Du Kind mit den lockigen Haaren.
Schaut doch dein Antlitz so lieblich aus.
Komm', laß den Trübsinn fahren.
   Linde grüßt uns der Lenzwind!

Wie's duftet so schwer, so voll und so rein,
In Büschen, Bäumen und Hecken!
Komm', Liebchen, es lächelt der Sonnenschein:
Zur Freude will er dich wecken.
   Linde grüßt uns der Lenzwind!

Sieh, so ist's recht! Schon steht sie bereit
Im Hütchen mit Bändern und Schleifen,
Mit lachendem Mund und das Herz so weit,
Durch blühende Lande zu streifen.
   Linde grüßt uns der Lenzwind!

Hei! Wie die Augen blitzen und glühn!
Hei! Wie sich röten die Wangen!
Nimmer soll sie mir nun entfliehn,
Halte sie fest umfangen.
  Linde grüßt uns der Lenzwind!

Drunten, wo murmelnd das Bächlein schäumt,
Unter den Haselgesträppen,
Hat sie in meinem Arm geträumt
Mit zuckenden, bebenden Lippen!
  Linde grüßt uns der Lenzwind!

Frühling an der Bergstraße.

Wenn droben kalt und rauh im Norden
Der Wind noch durch die Felder fegt,
Dann ist es hier schon Lenz geworden,
Ein milder Süd die Schwingen regt.

Das weite Land, es ist ein Garten,
Rings sind die Blümlein all' erwacht.
Der Knospenträume still zu warten,
Ist Mutter Sonne treu bedacht.

In buntem Schmuck die Wiesen glänzen:
Ein Teppich, reich und wunderbar.
Mit Himmelsschlüsselchen bekränzen
Die Mädchen sich ihr lockig Haar.

Und träumend an dem Bergeshange
Ruht still der Dörfer schmucke Zahl.
Im Frühlingsglückesüberschwange
Leis' atmend liegt das grüne Tal.

Wenn dann die Abendschatten düstern
Und nieder sinkt die Lenzesnacht,
Dann geht im Wald ein leises Flüstern
Durch all die junge Blätterpracht!

Von ferne tönt des Taubers Locken,
Und in der weichen, linden Luft,
Da läuten leis die Maienglocken
Und füllen alles rings mit Duft.

Im Tale kaum ein leises Regen,
Und nur ein letzter Sonnenblick
Liegt ob den Fluren wie ein Segen,
Wie Frühlingsglanz und Frühlingsglück.

Die alte Buche.

Drauß' im Walde steht ein alter Baum,
Eine Buche mit gewölbtem Wipfel.
In die Wolken ragt sie hoch hinein,
Und in ihren grünen Zweigen schwatzen,
Plaudern, singen, pfeifen tags die Vögel.
Hier und da ist schon der Stamm bemoost
Und umsponnen von der Epheuranke
Liebendem und festem Blattgeschlinge.
Bis hinauf, soweit nur Menschenhand
Reichen kann, sind Namen über Namen,
Herzen, Pfeile in den Stamm geschrieben.
Viele stehn dort jung und morgenfrisch,
Andre fast vergangen und verwachsen.
Ein'ge kunstgerecht hineingeschnitten,
Fest und kräftig wie von Männerhand,
Andre schüchtern, wie in bangem Zagen,
Als ob leis' dabei die Hand gezittert. —
Ringsherum ist dunkles Waldesdickicht,
Just, als ließ' der alte Buchenriese
Keinen andern neben sich gedeihen. —

O wie wonnig träumt sich's dir zu Füßen,
Alter Baum, an deinem Stamm gelehnet!
Rauhen Winden wehrt dein dichter Wipfel.
Nur ein leises, sanftes Säuseln spielet
In den Sträuchen rings und in den Büschen. —
Und im Traume hör' ich's näher rollen:
Mann und Jüngling und mit zagen Tritten
Zarte Frauen, junges Volk dazwischen.

Richard Dohse

Einer nach dem andern kommt heran. —
Seltsam, — einige gesenkten Hauptes,
Grau das Haar, — gebückt von schwerem Alter,
Naß das Auge, — und begrab'ne Hoffnung,
Leid und Trauer spiegeln sich darinnen.
Andre wieder singend, jubilierend,
Jung und frisch, in ihres Lebens Blüte,
Heiße Lieb' und Lust in ihren Blicken. —

Und sie suchen in dem alten Stamme,
Alle doch das G l e i c h e nur zu finden.
I h r e J u g e n d , ihre glüh'nde L i e b e ,
Die sie einst dem Baume anvertrauten.

Manche Träne rann da still zur Erde:
Ach, der Name, der geliebte Name,
Er entschwand im schnellen Lauf der Jahre
Hin für immer, und gleichwie die Rinde
Weist das Herz nun eine tiefe Narbe. —
Manches Jauchzen scholl, denn zu dem Namen,
Den man suchte, hatte sich ein andrer,
Ach, so wohl bekannter, zugesellt! —

Und zu all dem Treiben rauscht der Wipfel,
Und mir war's, als kläng' es einmal fröhlich,
Wie von jubelnd hellen Brautchorälen,
Und dann wieder wie ein dumpfes Läuten,
Wie der Totenglocke ernste Töne. —

Jäh erwache ich — und all' die Bilder,
Die mich eben noch im Traum umgaukelt,
Sind entschwunden — nur die Namen stehen
Alle, jung und alt, als stumme Zeugen
Von entschwundnem Glück, von Tod und Leben
Schweigend da, als könnten nichts sie künden. —

Aber r a u s c h e n hör' ich's wie im Traume,
Und ich seh' und staune ob dem Wunder:
S c h a t t e n spielen um die a l t e n Namen;
Auf den j u n g e n aber lacht die S o n n e !

E. Döring

Aus

Pelagia.

Schauspiel in vier Aufzügen.

Erster Aufzug.

Ein freier Platz in Antiochien.

(Rechts vorn der Fuß eines Felsens. Hinter demselben das Portal einer Basilika, neben dem eine Bank an der Kirchenmauer hinzieht. Hinter der Kirche ein Ziehbrunnen, von einem Maulbeerbaum überschattet. Links ebenfalls Fels, dann die Façade eines schönen Hauses mit einer Säulen- oder Karyatidengetragenen Vorhalle. — Im Hintergrund eine querhinziehende Säulenhalle, dahinter der Orontes. Auf der Hintergrundwand das jenseitige Ufer des Flusses: eine weite, gartenartige Ebene, über die sich die Höhenzüge des Amanus, von Eichenwaldung, Lorbeer, Myrthen und immergrünen Pflanzen und von Blumen bedeckt, erheben. Aus diesen Höhen ragt der kahle, schwärzliche Fels des Melantius empor.)

5. Auftritt.

Volk am Brunnen. **Pelagia** (Tänzerin) von links in ihrer Sänfte, die vier Sklaven tragen, und von anderen Sklaven umgeben; hinter der Sänfte **Drose** (Pelagias Amme) und **Makrina** (frühere Sklavin Pelagias, jetzt Christin); zu gleicher Zeit **Cajus Antonius** (römischer Kriegstribun) Rosen tragend.

Antonius (eilt auf die Sänfte zu). Pelagia! — sieh mich an! (Streckt ihr die Rosen entgegen, was sie nicht zu bemerken scheint. — Das Volk am Brunnen erkennt Pelagia und bricht, auf sie zueilend, in stürmische Hochrufe aus.)

Stimmen. Seht dort! — das Kind der Sonne! — Heil unserer Pelagia!

Antonius (zu den Sklaven). Treibt die Schreier zurück! — Schlagt fest drauf!

(Die Sklaven dringen auf das Volk ein und treiben es zurück.)

Pelagia (läßt die Sänfte halten und steigt aus. Zu Antonius) Was läßt Du sie schlagen? — (Zu dem Volke gewendet) Seid gegrüßt!

Die Menge. Heil Pelagia!

Pelagia. Geht! — Laßt mich mit dem Römer sprechen!
Einer aus der Menge. Es ist Antonius!
Alle. Der ehrenwerte Antonius! — (Treten zurück) Heil Antonius!
Antonius. Siehst Du! Je mehr Schläge, desto heißer die Liebe.
Pelagia (wendet sich mit unmutiger Bewegung Antonius zu). Warum verfolgst Du mich, Antonius? Warum kommst Du immer wieder?
Antonius. Ich möchte die Göttin Gewohnheit zu meiner Verbündeten machen.
Pelagia. Darum kommst Du jetzt, da ich mich für den großen Umzug im Aphrodisium rüsten muß? Haben wir nicht gestern Abschied genommen? Habe ich Dir nicht das höchste Glück des Kriegers: Ruhm und Sieg gewünscht? und eine kleine, eine ganz kleine Wunde, damit Du einst Deinen Enkeln in Deinem Senatoren-Palaste in Rom eine glorreiche Narbe zeigen kannst?
Antonius (hat während ihrer Worte schmerzlich aufgezuckt). Wohl! wir haben Abschied genommen — aber nicht genug! — (In heißer Leidenschaft) Pelagia, ich kann nicht abreisen! — — mein Herz kann nicht zur Ruhe kommen — Du mußt mir sagen, daß Du mich liebst — daß Du mich lieben willst!
Pelagia. Nein! — Ich sagte Dir ja: ich will Dich nicht lieben! — nein, ich will nicht!
Antonius. Ich aber sage Dir: Du sollst mich lieben!
(Pelagia betrachtet ihn mit überlegenem Lächeln.)
Antonius. Ich biete Dir ein Leben voll der herrlichsten Freuden: Reichtum, Ehre, alles Glück lege ich Dir zu Füßen.
Pelagia. Habe ich nicht alles, was mein Herz begehrt, durch mich selbst? — Gleich jetzt lege ich mein Geschmeide an, das kostbarste, das zu haben ist.
Antonius. Ich gebe Dir Goldschmuck und Prachtgewänder — Du sollst Dich schmücken für mich nach Herzenslust.
Pelagia. Für Dich! — — Ja Du — Du möchtest mich geschmückt sehen — aber dürfte ich auch Andern gefallen wollen?
Antonius. Ich würde meine Freunde einladen.
Pelagia. Deine Freunde! — sieh doch! — — Aber ich werde mich ja gleich der ganzen großen Menge der Stadt zeigen in meinem Schmucke! — Und wenn ich meine Arme ausbreite und meine Füße zum Tanze erhebe, dann glaube ich auf Wolken zu schweben, getragen von all den Blicken der Bewunderung und Liebe, die mir entgegenstrahlen — — ja, ich glaube, die Götter selbst

zu sehen, zu deren Lob und Preis ich dahinschwebe. — — — Wenn ich alsdann mein Bestes gethan habe, dann weckt mich ein Beifallssturm aus tausend Kehlen aus dem süßen Traume.

Antonius. Ei ja! Die Beifallsstimme der Menge ist ein angenehmes Geräusch.

Pelagia. Das ist Leben. Das macht mich zur Königin und zur Herrin über Tausende. — Es ist beseligend, von Vielen gelobt und geliebt zu sein, eine Kunst auszuüben, schöner als die Andern es können. — Ja, das Tanzen ist etwas Köstliches —: es macht so glücklich! — — Wozu bedürfte ich Deiner Gaben? — was ist mir Einer?

Antonius. Jetzt noch — — aber bedenke doch! —: Du kannst nicht immer tanzen bis an das Ende Deines Lebens. Wie schnell vergehen die Tage des Frühlings, der Blüte! — und sie kehren nimmer zurück. — Was zauderst Du, Pelagia? — Willst Du zögern, bis Du hinwelkst wie die Rosen in meiner Hand, die Du nicht nehmen willst?

Pelagia. Die Rosen? — ei ja! gieb her! — Schade, wenn sie welkten in Deiner hitzigen Nähe! — Sieh da! — meine Hand ist kühl und leicht und tut ihnen nicht wehe. Du aber wirst Alles verderben und zerstören mit Deinem Ungestüm — Deine eigene Liebe würdest Du zerstören! — Du — Du würdest mich auch nicht immer lieben.

Antonius. Aber doch! — Begreifst Du denn nicht, wie groß meine Liebe ist, wie eifersüchtig groß mein Wunsch, Dich zu besitzen — für mich allein — für immer?

Pelagia. Wie der Herr die Sklavin.

Antonius. Du Sklavin!? — Aber nein! — Siehst Du denn nicht, wie ich der Sklave bin? der Sklave meines Wunsches Dich zu gewinnen? Der Sklave Deiner Augen, Deines Blickes, Deines Wesens —

Pelagia. Das sagst Du jetzt — und Du glaubst es auch — aber Du belügst mich — Du belügst Dich selbst. — In Wahrheit liebst Du mich nur Deiner selbst willen: Du möchtest Dich meiner bemächtigen, mich zu Deinem Eigentum, Deiner Sache machen. Ich aber, hörst Du Antonius, ich will frei bleiben — keinem Manne angehören.

Antonius (faßt sie an der Hand). Ich sage Dir —: Du wirst mein Weib werden.

Pelagia. Ich — — — Dein Weib? — — — meinst Du das?

Antonius. Ja, Du! — — Ich werde Deinen Sinn bändigen, wie ich die Löwen bändigte, als ich mit Dir dahinfuhr.

Pelagia. So! — — — bändigen! Laß mich! meine Hand schmerzt mich! (Entzieht ihm ihre Hand.)

Antonius. Merke Dir: wenn ich die Gefahren des Krieges glücklich überstehe — und beim Jupiter, ich werde sie überstehen! — dann hole ich Dich heim nach Rom und bringe Dich meiner Mutter.

Pelagia. Mich willst Du in Dein Haus führen? — — — zu Deiner Mutter? — — — Was soll ich dort? — — — Ich bin nicht wie die Andern, Deine Standesgenossinnen, aufgewachsen im Frauengemache, behütet und zu scheuer Unterwürfigkeit erzogen — ich bin nicht sorgsam dem Leben ferngehalten — und darum ist meine Stirne noch stolzer als die Deiner Römerinnen — und ich ließe mich nicht bemütigen.

Antonius. Pelagia, Du sollst geehrt sein von den Meinigen, von allen meinen Standesgenossen — und das ist anders als das Brüllen der Menge — ein stolzeres Glück.

Pelagia. Was frage ich nach einem Glück, das ich nicht kenne, zu dem ich mich in ein Gefängnis begeben müßte? während ich jetzt schon glücklich bin — o so glücklich! — Ich möchte die ganze Welt umfassen, auf meine Arme nehmen und emporhalten, um sie den Menschen zu zeigen in ihrer Herrlichkeit — denn ich sage Dir: sie ist mein, die ganze Welt!: sie lächelt mir zu, wohin ich meine Augen richte; sie grünt und blüht für mich, und Niemand wehrt mir's, sie grünen und blühen zu sehen. Mein Auge trinkt des Morgens die silbernen Strahlen der Sonne, die für mich erstrahlt — ich laufe ihr entgegen, ich streife den Tau, in dem sie sich spiegelt, und mir winkt sie den goldenen Abschied zu am Abend. — Folgte ich Dir, sag', könnte ich das noch so genießen?

Antonius. Ich werde mein Weib nicht von der schönen Welt absperren.

Pelagia. Nicht absperren — aber ein ganzer Troß Diener würde mich begleiten und mich mit Argusaugen beobachten, ob ich mich auch wie eine vornehme Dame benehme.

Antonius (deutet auf die mit Makrina im Hintergrund verweilende Drose). Drose folgt Dir ja auch jetzt.

Pelagia. Bah, sie! sie will nur, was ich will und folgt mir wie — ein leichter Schatten, den ich nie sehe, niemals fühle. — Doch zu was mehr sagen, als ich bereits gesagt? —: ich will frei bleiben!

Antonius. Pelagia, Du — so schön, so zum Entzücken und zum Beglücken geschaffen — Du solltest die Liebe nicht kennen?

E. Döring

Pelagia (senkt die Augen und tritt etwas zurück. In sich selbst versunken). Die Liebe — wer kennt sie! — (Wie in Verzückung). O ja, ich kann mir eine große Liebe denken — nicht so ein Alltagspflänzlein aus der Gewohnheit des Umganges entsprossen — nein! — wie ein reiner Funke, wie die Sonne, die dem Meer entsteigt als kleiner roter Punkt und groß und größer wächst im Nu, um dann als strahlende Allherrscherin im weiten Plane des Himmels zu ruhen. — So muß sie, die einzige, wahre Liebe sein — wer sie so empfindet, der wird ganz untertauchen in ihre Strahlen, ganz Hingebung, ganz Anbetung. — —

Antonius (hingerissen). Pelagia!

Pelagia. Wenn ich einen Mann so liebte, dann — würde ich das Gleiche von ihm verlangen, und dann — — wenn er mich dann betrogen hätte — dann würde ich — ja, dann würde ich ihn verachten — ihm fluchen.

Antonius. Grausame! — will ich denn nicht Alles für Dich tun?

Pelagia (wie aus einem Traume erwachend). Noch liebe ich nicht — was stürmst Du so, Antonius? — kann ich dafür? — — (Indem sie ihn voll anblickt) Du bist ja schön — doch traf Dein Auge mich nicht mit jenem Feuerblicke, der im Herzen zündet, und Deiner Stimme Klang hat mich nie berauscht — — Du wirbst zu stürmisch.

Antonius. Dein Starrsinn zwingt mich dazu, und —

Pelagia. Sag' doch, der Deinige!

Antonius. Die Eifersucht, Du könntest einen Andern lieben, wenn ich ferne bin.

Pelagia (lächelt wegwerfend.) Glaube das nicht. Ich bin zu klug dafür. — Wer wie ich ins Leben geworfen und auf sich selbst gestellt wurde, dem wird das Auge frühe geöffnet — ich lernte das Leben verstehen — und ich — ich weiß, daß Etwas — unsichtbar aber fühlbar — zwischen dem Manne und dem Weibe steht — etwas, das mich kein Glück finden ließe: Die Verachtung des Mannes für das Weib. — Ja, in dem tiefsten Grunde Deines Herzens schlummert die Verachtung, Antonius! Denn Du sagtest, Du wolltest mich bändigen — und Du willst mich bestechen und verführen.

Antonius (stampft mit dem Fuße auf.) Tor, der ich war! — — Beim ewigen Jupiter, so meinte ich das nicht!

Pelagia. Du liebst ein Weib — das Weib — nicht mich. Ich aber will die Seele des Mannes fühlen, die sich mir zuneigt — — — einen Solchen, der mir seine Seele zeigt und der die meinige achtet — einen Solchen werde ich lieben.

Antonius (steht in heftigem Kampfe mit sich.) Du sollst Dich nicht mehr beklagen — denn — denn ich — ich l i e b e D i ch — — ja: mit meiner Seele, mit meinem Herzen u n d mit meiner Seele. — Aber Du — suche den, der Dich besser liebt als ich! — (In immer mächtiger werdender Leidenschaft.) Ich komme wieder, und — ich hole Dich — denn so — so wie ich — so wird Dich Keiner lieben. (Indem er die sich vergeblich Sträubende emporhebt.) So werbe ich Dich fassen, wenn ich zurückkehre, und emporhalten und forttragen in mein Haus — und Du — (indem er sie niedersetzt) Du wirst Deine Arme um meinen Hals legen und sagen: Ja, Antonius, Du allein liebst mich! (Reißt Pelagias Hände an sich, sie mit stürmischen Küssen bedeckend und enteilt.)

Pelagia (sich des Antonius erwehrend.) Nein, Du Barbar! — nein — ich will nicht! — O wie hasse ich Dein Ungestüm! (Winkt Drose heran.)

(Während des Schlusses dieses Auftrittes hat man Gesang von oben her näher kommend vernommen.)

Oskar Eberhardt

Gemietlich.

Em Richter werd vom Ortsgensdarm
En Stromer vorgefiehrt,
Den der beim Bettele gedappt
Un deshalb arretiert.
Der Richter guckt en an und segt:
„Es ist doch ein Skandal!
Nun stehn Sie wegen Bettelns hier
Bereits zum zwölften Mal!"

Da hat e ganz verblifft Gesicht
Der junge Strolch gemacht
Un hat, halb zweifelnd, halb erstaunt
Zum Richter druff gesagt:
„Zum zwelfte Mal schon steh ich hie?
No, des is awwer gut!
Da sehn Se, was sich so was doch
Zusammeläppern dhut!"

Berichtigt.

Den Heinerich, der um die Wäll
So langsam haam is gange,
Den hat sein ahler Schulfreund Fritz
Am Neudhor abgefange.

Der hat em schon von fern gewinkt,
Sobald er'n dhat erblicke.
Der Heinerich is uff en zu
Un dhat die Hand em dricke.

„Gu'n Dag aach", rief er, „alter Schweb'!
Ich gratelier Der herzlich:
Ich hab's gelese, beß De Dich
Verheierat haft kerzlich.

So bist De also glicklich doch
Noch in be Ehehafe,
Uff ben De noch vor korzem so
Geschimpft hast, eingelaafe?"

Da unnerbrach en kihl der Fritz:
„Bist Du noch unbefange! —
Statt „eingelaafe", liewer Freund,
Sag besser „eingegange"!"

Doppelsinnig.

Der Rentier Kimmelmeier bringt
Mit kummervollem Blick
Sei' Schwiegermutter an die Bahn.
Sie will nach haam zerick.
Er seufzt, doch is em innerlich
So wohl wie nie ze Mut
Un kaaneswegs so trieb un schwer,
Als wie der Heuchler bhut.

Un wie er vor der Wagebhier
Gar Abschied von er nimmt,
Da hätt' er vor Vergniege balb
En Dankpsalm angestimmt.
Doch so beherrscht er sich un segt:
„Abje! Uff Wiedersehn!
Un — laß Dein neue Regescherm
Net in der Bahn hie stehn!"

Schon reibt er sich vergniegt die Händ
Un denkt: „Des ging famos.
Den ahle Drache wär'n mer etzt
E Zeitlang glicklich los.
Da dreht se sich erum un winkt
En noch emal ebei.
Un frägt en: „Is benn mei' Gepäck
Aach richtig in der Reih'?

No ja dann, liewer Schwiegersohn,
Abje benn! Sei's, weil's muß!
Uff Wibbersehn! Un geb mer aach
Zum Abschied noch en Kuß!"
Da werd der Rentier kreibeweiß
Un stöhnt bei dem Begehr:
„Ach, liewes Gottche, mach' mer doch
Den Abschied net so schwer!"

Schlecht verteidigt.

Es dhat e Fraache uff ihrn Mann
Boll Angst die Nacht dorch warte;
Der war am Awend ausgerickt,
Um mit em Freund zu karte.

Es war schon hell, als endlich er
Mit imwernächt'ger Miene,
E bissi angesäuselt, uff
Der Bildfläch' is erschiene.

Un wie die Fraa ihrn Mann erblickt',
Da fing se an ze keife:
„Wie aaner so en Lump kann sein,
Des kann ich net begreife.

Ja, Rixnutz, guck nur uff Dei' Uhr!
Es is schon balb halb siwwe!
Du Lump, wo hast De Dich heint nacht
Denn nur erumgetriwwe?

Wahrhaftig, hätt' ich des geahnt,
Ich hätt' Dich net genomme! —
E so e Affeschand! Erscht jetzt
Vom Saufe haamzekomme!"

Da lallt' der Mann: „Dei' Krätsche kann
Mich weiter net verdrieße.
Du dhust mer Unrecht, wenn De glaabst,
Ich käm' erscht jetzt, Lawise.

Du hast wahrhaftig momentan
Kaan Grund, Dich uffzerege; —
Ich hab ja schon seit zwaa, drei Stunn
Drauß uff der Trepp gelege!"

Kann stimme!

En Kaafmann fährt sein Commis an:
„Wo dhun Se denn nur bleiwe?
So bringe Se mer endlich doch
Die Brief' zum Unnerschreiwe!

Wenn ich Sie ruf', dann könnte Se
Sich doch e bissi eile,
Un net e halb Jahrhunnert noch
Sich unnerwegs verweile!

Statt besser, werd's mit Ihne ja
Wahrhaftig immer ärjer! —
Die junge Leut von heint zedag
Sinn lauter Drickeberjer. —

Ich bin doch aach als junger Mensch
In em Geschäft gewese;
Doch niemals hat mer unser Chef
Emal den Text gelese.

Es is noch kaum als aus seim Mund
Mein Name recht erklunge,
Da bin ich iwwern Ladedisch
Vor Eifer fast gesprunge."

Der Commis mächt en Knix un segt:
„Herr Mayer, Sie erlaawe — —
Deß Sie eso gesprunge sinn,
Des will ich recht gern glaawe.

Doch könnne Se unmöglich heint
Des aach von mir verlange.
Bei meim Salair wär'n Ihne aach
Die große Spring vergange."

Liewenswerdig.

„Lawise," segt der Rentier Barth,
„Es dhut Dich doch nix nitze,
Un bhet'st De aach bis morje frieh
Noch vor dem Spiegel sitze.

Du kannst mit Puder Der un Schmink
E glatt Gesicht aach schaffe,
Es werd sich doch kaan junger Mann
In Dich, mein Schatz, vergaffe.

Denn wenn Der aaner ordentlich
Nur ins Gesicht dhut blicke,
Dann sieht er, beß De längstens schon
Die Berzig uff dem Ricke."

Gereizt erwidert em sei' Fraa:
„Des dhut sich doch noch frage.
E so was Dummes kann doch nur
En Aff, wie Du bist, sage.

Es is mer wibberholt bassiert,
Deß in be letzte Woche
Mich Mensche, die mich net gekennt,
Mit „Fräulein" angesproche.

~~~ Oskar Eberhardt ~~~

Da kannst De sehn, beß mich die Leut
Trotz meine klaane Falte,
Uff die De anspielst, wie ich merk',
Doch noch for lebbig halte."

„Des glaab' ich!" segt ihr Mann un lacht.
„Denn siehst De — unumwunne —
Es glaabt kaan Deiwel, beß e Fraa,
Wie Du, en Mann gefunne."

Gut pariert.

Am Stammbisch segt der Dokter Zuntz:
„Mer hat sei' liewe Not.
Uff dere Welt baßt aaner ja
Schon uff des annern Dod.

Es is ja traurig, leiber Gott's,
Jedoch nur allzuwahr.
Beweis von dem, was ich gesagt,
Is dort der Herr Notar.

Der winscht zum Beispiel aach, es ging
Mit erjend aam ze End,
Damit er uffzenemme kräg
Recht bald e Testament.

Wenn aaner käm' un sage dhet:
„Nur rasch, sonst werd's ze spät!"
Dann sollte Se 'mal sehn, was da
Der Herr sich eile dhet!"

„Nabierlich!" lacht der Herr Notar,
„Ich wär' sofort bereit.
Wie steht's benn? Hawwe Se benn bald
Schon wibber aan so weit?"

Oskar Eberhardt

Korz gefaßt.

Zur Mutter segt des Marieche,
E siwwejährig Krott:
„Der Vetter Franz in Uniform
Sieht aus, als wie en Gott!

Der Vetter Fritz besitzt ja aach
Zwar Chik un Eleganz;
Doch mir gefällt er lang net so,
Als wie der Vetter Franz.

Sobald ich sechzehn Jahr alt bin
Un heierate kann,
Dann nemm ich mer kaan annere,
Als wie den Franz zum Mann."

Die Mutter lacht: „Du wärst wohl gern
Dem Vetter Franz sei' Fraa?
Zum Heierate awwer hör'n
Von jeher immer zwaa!"

„No, gut!" segt korz gefaßt die Klaa
Mit größter Seeleruh,
„Dann nemm ich mer den Vetter Fritz
Ganz aafach noch derzu!"

Hermann Faber

Zwei Sonette.

I.

Warum ward mir ein beff'res Los gegeben?
Ich schäme mich des Vorzugs alle Tage
Und sehe meiner Brüder Leid und Plage
Raubvögeln gleich, um meine Freuden schweben.

Die Not muß ja mein Glück aus Tränen weben;
In jeden Jubel mischt sie ihre Klage,
Mir ist, als ob die Armut leuchend trage
Auf Sklavenarm den Günstling durch das Leben.

Und wär' als Lohn den Menschen einst beschieden,
Daß sie nach ihrem Tode auferstehen,
So wäre dies mein letzter Wunsch hienieden:

Ich mag den Jammer nicht von oben sehen,
Dazu gehört, o Herr, dein Gottesfrieden, —
Doch mich, den schwachen Sohn, laß schlafen gehen.

II.

Vernimm, o Seele, nicht den Schlummersang,
Daß auf dem Antlitz unsrer armen Erde
Die Thrän', in Not geweint, nicht trocknen werde
Bis zu des letzten Menschen Untergang!

Wie? Wär's ein Trugbild, das die Besten zwang,
Sich loszureißen von dem Glück am Herde?
Der Wunsch, zu heben Mühsal und Beschwerde,
Wär' nur ein Wahn? Ein eitler Tatendrang?

Dann mag mein Herz von wehen Wunden heilen,
Dann will ich keinen Tag mehr länger säumen,
Die Stunden zu genießen, eh' sie eilen;

Dann soll vom Wein der Becher überschäumen, —
Entflohen des Gewissens grimmen Pfeilen,
Will ich in lieben Frauenarmen träumen.

Ludwig Finckh

Die Silberschmiede.

Der Silberring mit der arabischen Zeichnung, den ich auf der Straße in Biskra erstanden, färbte grün, und der schmutzige Reif am Finger, den er hinterließ, stimmte mich tiefsinnig. Ich hatte damals noch nicht Tuggurit, den fliegenden Kabylenhändler, gekannt und seine Seelenkämpfe zwischen Gastfreundschaft und angeborenem Ueberlistungstrieb beobachtet, sonst hätte ich mir ohne weiteres meine Frage beantwortet: ist der Ring echt, ist er unecht? Ich ließ ihn unzähligemale auf eine Steinplatte fallen und prüfte den Silberklang gegen ein Frankenstück. Ein Kenner erklärte ihn für falsch; aber ich liebte ihn und wollte nicht daran glauben; so ging ich zum Juwelier. Er holte den Probierstein, ritzte mit dem Ring darauf, brachte Salpetersäure dran, und ich hatte nun Gewißheit: viel Kupfer und wenig Silber. Betrübt lief ich drei Tage umher und tröstete mich an den schönen silbernen Armreifen, die ich von dem Juden in Constantine erhandelt hatte. Es waren zwei schmale, schwere Schlangen, alter, arabischer Schmuck, der ihm offenbar vom Herzen wegging; er versuchte alles, um einen bedeutenderen Preis zu erzielen; schließlich brachte er eine Silberwage, legte auf die eine Schale die Spangen, auf die andere drei Fünffrankenstücke: sie spielte ein. Um neun Franken hatte ich sie von ihm gekauft; und der Kenner in Biskra erklärte sie für echt und gestohlen, sonst hätte ich sie nicht so billig bekommen.

Da erfuhr ich von den Silberschmieden in den Straßen der Duled Naits, und ich wagte es. Ein dunkles Gemach zu ebener Erde, darin hockte der Meister mit zwei Gesellen im bräunlichweißen Haik. Brahim ben Hariati. Ein bescheidener, reinlicher Bettler mit einem erloschenen Auge und lichtblauem Kleid vermittelte. Gleich war eine Bank für mich geholt, zwei Tassen arabischer Kaffee von drüben drauf gestellt, und ich reichte Brahim ein Frankenstück. Vor meinen Augen zerschlug er's mit dem Hammer, warf das Silber in ein Tiegelchen und stellte es ins

Feuer auf der Erde, das ein Geselle mit einer Ziegenblase anfachte. Inzwischen füllte der andere eine Form mit Kohlenstaub, feuchtete ihn an, legte einen Modellring drein und hob ihn wieder heraus; ein kleiner Ringkanal war gebildet. Das geschmolzene Silber goß der Meister hinein, klappte die Form auf und der rohe Ring war fertig, blank und leuchtend. Ich staunte. Und als nun der Blaseburfche das Ringlein zwischen die Zehen nahm und mit dem groben Schlosserhammer draufschlug, es kunstvoll schmiedete und die Zeichnung einritzte, da war ich selig: das ist der Mann, der meinen Herzenswunsch erfüllen kann. Wovon ich in überschäumenden Nächten geträumt, wonach ich mich alle Tage gesehnt, da ich mein Lieb wie ein König schmücken wollte und meiner Armut bitter bewußt ward, — heute konnte ich's verwirklichen. Ich wollte heimkommen, beladen mit Schätzen, die ein dunkler Bursche in Afrika in heimlicher Werkstatt gearbeitet, nach meinem Entwurf, nach meinem Plan, und dann wollte ich sie schmücken, mit Reifen für die Arme, mit Ringen für alle Finger, mit Spangen für die Knöchel, mit Ketten für Hals und Hüfte, mit Gürtel, Broschen und Amulets, mit Reifen für die Stirn und Nadeln für die Haare. Silber, lauteres Silber!

Und ich saß in der Stube des Silberschmieds zwei Tage, und entwarf und zeichnete, rauchte und trank Kaffee. Der Meister und zwei Gesellen gossen und hämmerten und schmolzen und ritzten, und das Glück saß in der dunklen Stube. Draußen ging das helle, heitere Leben vorbei und lachte, lockte und lärmte, und drinnen wurde gearbeitet mit glühenden Backen für meine liebe Frau. —

Als ich dann heimkam, stürmisch und unerwartet, und meine Schätze auskramen wollte in der einen Stunde, auf die ich mich mein Leben lang gefreut hatte, war meine liebe Frau gestorben.

~~~ Ludwig Finckh ~~~

Liebe.

Ich hab es nicht gewußt, was Liebe ist.
Es ist so, daß man Tod und Welt vergißt
Und Glück und Leid und alles, was es giebt,
Und daß man liebt!

Und ist so, daß die leichte Siegerkraft
Im Arm sich reckt, die Königreiche schafft, —
Daß man im Kissen liegt die ganze Nacht,
Und weint und lacht.

Was ist die Welt? Ein Stäubchen auf der Hand.
Der höchste Berg ein kleines Körnchen Sand.
Kein Hauch. Kein Laut. Nur ein Gedanke da:
Du bist mir nah.

Schenkung.

Dies ist mein Testament. Was ich besitze,
Liegt hinten rechts in einer goldnen Ritze
In meinem Schädel. Eigentümerin
War stets, und ist, da ich noch lebend bin,
Die süße Fraue.
Silber, Gold und Perlen,
Die Gärten mit den Birken, Buch' und Erlen,
Die Ställe mit den Pferden und den Hunden
Gehören ihr, seit ich sie einst gefunden.
Auch rauscht für sie der Bach. Ihr ist die Mühle,
Der wilde Rosenstrauch am Eschenbühle,
Die Vögel, aller Sang, die braunen Geigen,
Und Sonne, Mond und Abendsternereigen.
Ihr leuchten Himmel, Wolk' und Abendrot,
Ich dank' ihr Liebe, Herzschlag, Glück und Tod.
Ich war so arm. Ich gab ihr nichts vorm Scheiden,
Doch durft' ich heiße Schmerzen um sie leiden.
Dies ist mein Testament. — Nur ist's verfrüht.
Ich lebe noch, und aller Rotdorn blüht.

Ludwig Finckh

Einer Frau.

Das dank' ich dir.
Ein Lächeln auf dem Munde,
Die Rosen da, und hier
Die leise Wunde.

Das dank' ich dir,
Ein Glück im Todeshauche,
Daß ich mich nicht vor mir
Zu schämen brauche.

Rosenlied.

Die Veilchen und die Rosen,
Die kauf' ich gleich im Großen,
Muß doch mit viel Guirlanden
Ein liebes Bild umranden,
Muß doch in Rosenhecken
Ein jedes Wort verstecken.

Bald kauf' ich einen Garten.
Drei Gärtner müssen ihn warten.
Drei Gärtner müssen ihn rechen.
Ich darf die Rosen brechen.
Aus jeder blitzt in Tauen
Ein Liedel für liebe Frauen.

Ludwig Finckh

Bettler.

Da ich stumm in Vollmondnächten
Durch die Dörfer fiedelnd ging,
Fand ich wohl ein Kind zur Rechten,
Das mir warm am Halse hing.
Nur ein rascher Kuß im Heue,
Der sich vor der Welt vergrub. —
Denn ich bin ein Bettelbub,
Und brauch keine Treue.

Durch den Sommer, durch den Winter
Zog ein fremder Geiger mit,
Und er sah bald heimlich hinter
Meinen Wimpern, was ich litt.
Was ich wund zu Tage hub,
Stahl er, Rosen, Lieder, scheue.
Denn ich bin ein Bettelbub,
Und brauch keine Treue.

Brach die Sonne durch die Grüfte,
Daß ich alle Schönheit pries,
Und ein Sturm sang durch die Lüfte,
Der mir Wunderlaut verhieß:
Liebe — die ich stumm begrub,
Ohne Klagen, ohne Reue.
Denn ich bin ein Bettelbub,
Und brauch keine Treue.

Lolo Fischer

Weihnachten.

Es läuten froh die Weihnachtsglocken,
Ein sel'ges Jauchzen, weit und breit,
Mit weichen, schmeichlerischen Locken
Uns mahnend an die Kinderzeit.
Wie Wehmut naht ein sanftes Hauchen
Aus jener Zeit, entfloh'n schon lang,
Wie strahlten leuchtend da die Augen,
Wenn's Weihnachtsglöckchen hell erklang!

Und wenn die Tür, die lang verschlossen,
Dann leise auseinanderging,
Und an dem Baum, von Licht umflossen,
Der Blick gebannt, geblendet hing,
Wie klopften stürmisch da die Herzen,
„Herein, herein, jetzt wird bescheert!"
Im goldnen Strahl der bunten Kerzen
Lag alles, was das Herz begehrt.

Ich seh' sie noch, die lieben Gaben,
Das Schaukelpferd, mit langem Schweif,
Das Festungswerk, mit Wall und Graben,
Die süßen Puppen, Ball und Reif.
Wie fern ist jene Zeit entschwunden,
Die uns im Lichtglanz froh beglückt,
Der Kindheit sonnenheit're Stunden, —
In's Märchenland sind sie entrückt!

Doch wenn die Weihnachtsglocken schallen,
Wenn glitzernd strahlt der Tannenzweig,
Wenn leis die weichen Flocken fallen,
Dann weht ein Duft aus diesem Reich;
Er steigt herauf gleich holden Sagen,
Das Herz, es fühlt sich wieder jung;
O, Wonne aus den Kindertagen,
Was blieb von dir? — Erinnerung!

Lichte Stunden.

Sonnenschein und rauhe Stürme
Streifen unsres Lebens Pfad,
Ohne Rast, bald schnell, bald zögernd,
Wechselnd mit der Zeiten Rad.

Vieles zieht an uns vorüber
Spurlos, wie ein Windeshauch,
Der die Blätter leis bewegend
Hinfährt über Baum und Strauch.

Weit in Nebelfernen schwinden
Bilder, trüb und rosenrot,
Blitzgleich ist ihr Sein beendet,
Und sie bleiben stumm und tot.

Doch wohl gibt's so manche Stunde,
Die sich tief in's Herz uns prägt,
Die nach langen, langen Jahren
Noch der Sehnsucht Schwingen regt.

Die, wenn auch des Winters Flocken
Uns auf's Haupt herabgeweht,
Wie in heitern Jugendtagen
Licht vor unsrer Seele steht.

Wo sie wärmend und verklärend
Wie der Sonne Strahl das Feld
Selbst die dunkelnächt'gen Schatten
Der Vergangenheit erhellt.

Helene Jontheim

Mondlicht, flimm're!

Mondlicht, flimm're,
Ueberschimm're
Weiße Arme,
Weiche, warme,
Die im Dunkel leis sich strecken,
Die sich voller Sehnsucht recken,
Den Geliebten zu empfangen,
Ihn in glühendem Verlangen
Ganz in heiße Lieb' zu betten!
Mondlicht, flimm're,
Ueberschimm're
Diese weißen Märchenketten!
Bläulich' Dunkel,
Sterngefunkel
Webt ein breites Silberband
Um die weißen, weichen Arme,
Und mein Lippenpaar, das warme,
Das sich deinem oft verband,
Küßt den breiten Silberstreifen,
Den geheimnisvollen Reifen,
Den der Sterne Licht gewunden
Um die sehnsuchtsvollen, schlanken
Weißen Arme, die sich ranken,
Bis im Traum sie dich gefunden.

Helene Fontheim

Lieb Sonnenlicht!

Es funkeln und flimmern die Sonnenstrahlen
Durch's üppige Laub, so spielerisch müde,
Und drängen sich dichter und immer dichter
Voll Sehnsucht um Baum, um Blatt, um Blüte.
Nun zittert ein lohender, goldiger Schleier
Mir keck in die träumenden Augen hinein,
Beleuchtet im Herzen die selige Feier,
Den glühenden, blühenden Sommerreih'n,
Beleuchtet die reife, die prangende Pracht,
Huscht zitternd hinein und schenkt sich voll Macht
Dem Herzen mit wonnigem Schimmer;
Lieb Sonnenlicht! leuchte mir immer!

Alfred Friedmann

Rätsel-Lösung.

Ueber Eb'nen zieht ein Staub von Heeren,
Goldne Wolken ziehn in blaue Fernen,
Weiße Schiffe ziehn auf Saphirmeeren,
Ueber Nächte zieht ein Heer von Sternen.

Weißt du, was ihr Ziel ist, ihr Begehren?
Weißt du, wo ihr End' ist, ihre Schranke?
Dann kannst auch darob du mich belehren,
Was dein Ziel und End' ist, mein G e d a n k e!

Tote Hoffnung.

Schöner Tag, du bist vergangen,
Wie ein schönes Lied verklang!
Kann euch nimmer wieder fangen,
Dich und jenen fernen Sang!

Wie in's Meer ein Tropenregen,
Gingst du hin auf Nimmerkehr;
Und je ferner deinen Wegen,
Sehn' ich heißer neu dich her!

Schöner Tag, o kehre wieder
Mit der Liebe Kuß und Duft,
Wie schon längst verhallte Lieder
Träumerisch ein Echo ruft!

Alfred Friedmann

Herbst.

Nun gibt's ein gelbes Blätterschnei'n,
Der Nachtfrost ruft den Herbst herbei,
Nur ein verträumtes Vögelein
Zirpt noch die Frühlingsmelodei.

Es hat sich noch einmal verliebt,
Weil ihm ein Rest im Herzen blieb
Von Liebe, die sich selber giebt —
Es war nur ein Johannistrieb.

Und auch ein weißer Falter fliegt
Allein um Stoppeln, rotbraun Laub,
Wie bald, o müde Seele, wiegt
Ein Traum dich ein vom Todesraub.

Und doch, der weiße Falter spricht,
So stumm er ist, von Wiedersehn;
Er weiß, die Rose stirbt ihm nicht,
Und glaubt ihr Wiederauferstehn!

Auf Flügeln des Gesanges.
Novellette.

Es war eine sehr schöne und elegante Dame, die ich bei dem Großindustriellen Z... zu Tisch führen sollte.

„Machen Sie Ihrem Rufe als Witzbold Ehre", sagte er mir, als er mich vorgestellt hatte, „Sie führen die beste Dame zu Tisch, unterhalten Sie sich gut, machen Sie sie lachen. Sie sehen dann die schönsten Zähne, hören die süßeste Stimme der Welt. Das haben wenigstens alle Zeitungen — der anderen Welt — von Newyork bis San Francisco, diesen Winter verkündet." —

Ich verbeugte mich, sagte einstweilen gar nichts, denn ich war von dem, was ich sah, — geblendet.

Ich erzählte der Dame einige Dinge, die sie längst kennen mußte — den Ausbruch des russisch-japanischen Krieges, die Durchfälle der Theatersaison, und bediente sie zwischen einem Wiener und einem Pariser Autor mit schottischen Lammsrücken und echt afrikanischen Spargeln. Dann, als schon die jetzt, gegen Schluß solcher Henkersmahlzeiten üblichen Bachforellen auftauchten, machte ich ihr einige wohltemperierte Komplimente über ihre Stimme, die ich bis jetzt nur gedämpft, wenn auch so harmonisch vernommen, bekam auch wirklich das Blitzen der gepriesenen Zähne zu sehen, obzwar es mir vom etwas höhnischen Lächeln der süß geschwungenen Lippen wie halb verhüllt und abgeschwächt erschien, und wagte endlich die Frage: „Welches, gnädige Frau, war nur eigentlich der schönste Moment Ihrer Ueberseereise?"

Sie dachte einen Augenblick nach.

Um ihre Stirn huschte es von unsichtbaren Engeln und Teufeln.

Dann begann sie leise, lange zu sprechen, nicht wie zu mir, nein, wie zu jemand ganz, ganz fernem:

„Ich weiß noch, wie wir uns einschifften in Bremen. Blumen, Lorbeerkränze, ein Ständchen, von dem Orchester gebracht. Sie spielten aus „Samson und Dalila", aus Verdis „Falstaff", meine Lieblingssachen. „Riverenza, meine Ehrfurcht!" so klang es. Und dann: „Muß i denn, muß i denn zum Städtle hinaus, Städtle hinaus."

Jawohl, ich mußte. Und ich war gar nicht sentimental. Sollte ich doch Geld und Ehren die Menge einheimsen und mitbringen.

Ich sagte dem Steward, er solle mich bei der Mahlzeiten zwischen zwei Frauen setzen. Und so kam ich neben eine ältere Dame und eine ganz junge zu sitzen. Die Alte war bescheiden und schweigsam und gehörte zu der anderen. Diese war einfach eine Madonna; schön, blond, rosig, aber mit einem unbeschreiblichen Ausdruck eines unstillbaren Leidens. Alle Männer sahen sie an, viele sprachen mit ihr — ich glaube, alle liebten sie.

Bald wurde ich mit der kleinen Madonna vertraut. Sie teilte mir alles aus ihrem Leben mit. Es war nichts Außergewöhnliches. Nur hatte sie, wie es uns allen so geht, jung einen geliebt, der eine andere gefreit. Seitdem liebten sie alle Männer und sie liebte keinen. Doch habe sie ihre Hand einem jungen Amerikaner versprochen, der, wie alle, in sie vernarrt sei.

„Sie sehen ja, die paar jungen und alten Männer an der Tafel, sie stieren mich an, sie verzehren mich mit ihren Blicken; ich kann auf Deck keinen Augenblick allein träumen, lesen, es ist ein Verhängnis. Der junge Schotte Mac Donald — wir sind jetzt kaum drei Tage auf See, sagte mir gestern abend, er stürze sich ins Meer, wenn ich nicht die Seine würde. — Doch all das ist gering. Ich bin aber leidend."

Sie hüstelte ein wenig und fuhr mit dem Taschentuch über die Lippen. Schaudernd sah ich das Tuch sich röten.

"Der Arzt hat mir Wunder von der Seefahrt versprochen. Eigentlich wollte er mich in Funchal, auf Madeira, wissen. Oeftere Besuche bei meinem Bräutigam, der nicht von Amerika abkam, täten es auch, hoffte er. Der arme Junge, er liebt mich so sehr!"

Wir standen auf. Es war eine klare, warme Nacht, wir setzten uns aufs Hinterdeck auf lange Stühle, bogen uns zurück und sahen die Sterne der Heimat am Himmel, und unser Kiel zog eine goldene Furche durch die Nacht. Da begann ich leise, dann lauter, das Lied:

"Es ist kein größer Freud auf dieser Erden,
Als wenn zwei junge Leut vereinigt werden;
Da gibt es keine Not, kein Kreuz, kein Leiden,
Nichts als der bittre Tod kann Liebe scheiden!"

Ringsum schwieg alles. Nur das Schiff leuchtete. Ein Kreis hatte sich weitab um uns gebildet und die kleine Madonna weinte bitterlich. Aus dem Kreis löste sich eine dunkle Gestalt. Nur der weiße Fleck des gestärkten Hemdes leuchtete seltsam durch die Nacht. Er kam uns näher, wollte vor der kleinen Madonna niederknieen und ihre Hand fassen. Ich reichte ihm aber die meine und flüsterte etwas. So mußte er sich auf meine ausgestreckte Rechte niederbeugen. Ich sprach zu ihm:

"Mr. Mac Donald, wenn Sie sich auf dieser Hinreise nicht ins Meer stürzen, verspreche ich Ihnen einen Ecksitz erster Reihe, Fauteuil, wenn ich singe. Auch einen Platz daneben! Denken Sie, daß sich ganz Amerika darum schlagen würde."

Ich fühlte einen wirklich brennenden Kuß auf meiner kühlen Handfläche. Der Junge zog sich gerührt zurück. Ich glaube, ich fühlte noch so etwas wie eine Träne auf meiner Hand. Ich sang noch und die kleine Madonna lehnte ihren Kopf an meine linke Schulter und lauschte . . .

Ich sang noch an jenem Abend: "Wenn meine letzte Stunde schlägt" . . .

Da bat mich aber die blonde Madonna, sie hieß Maria, dies jetzt nicht mehr zu singen. — Sie mochte so gerne leben. — Dann landeten wir und jeder ging seiner Wege, nicht ohne Adressen zu hinterlassen und Verabredungen zu treffen. Mein

Impresario schleppte mich von der Statue der Freiheit — o Ironie — durch ein weites Land und hundert Städte. Ueberall Blumen und Applaus... Und dann fuhren wir eben zurück. Ich — und Maria. Sie hatte mehrere Seereisen gemacht, während ich sang.

Maria war noch weißer und durchsichtiger geworden, als sie bei der Ausfahrt erschien. Und nun toste Sturm, und Wellen schlugen über Bord. Sie hustete stark. Abends ließ sie sich auf Deck tragen und bat mich, nun das Lied zu singen. Sie hüllte sich in Schals und sah mich an mit so dankbar wehmütigem Ausdruck, daß ich gewiß sehr schön gesungen haben muß:

„Wenn meine letzte Stunde schlägt,
Tragt mich ans Meer, ans blaue,
Daß ich, eh man ins Grab mich legt,
Das Meer noch einmal' schaue."

Sie ließ meine Hand nicht los und als ich stille wurde, sagte sie immer leiser und noch leiser: „Noch mehr."

Wir fühlten beide, als ob sie garnicht sterben könne, so lange ich sänge. Auf einmal verklang sie mit einem so sterbensfrohen Blick, und einem Lied. Ich fühlte es an ihrer Hand in der meinen, daß sie tot war. Die Arme. Als ich sie aber, die doch nicht mehr zu retten war, so selig hinübersang, das war der schönste, weil heiligste und hehrste Augenblick meiner Ueberseereise."

Man stand auf. Ich küßte meiner schönen, hochherzigen Nachbarin die Hand und stahl mich bald aus der Gesellschaft — unhörbaren Volksliedern lauschend.

Die Künstler=Braut.
Novellette.

In diesen Tagen der Frauenbewegung und Frauenherrschaft soll auch noch einmal die Geschichte von der bösen Braut erzählt werden.

Sie wohnte im Westen in einer sehr noblen Straße, sehr fein erzogen, und besonders auf ihre Herzensbildung wurde von Seiten ihrer Eltern viel Wert gelegt. Diese wackeren Leute, schnell reich geworden, erinnerten sich noch immer ihrer einfachen Herkunft aus kleinem Städtchen und hatten noch von ihrer Sippe gehört: „Ehrlich währt am längsten."

Sie versuchten, dem Kinde, dem jungen Mädchen, diesen und ähnlichen schönen Grundsatz in Fleisch und Blut übergehen zu lassen. Wir sind ja schließlich alle gut, bis uns die Gelegenheit, die Versuchung zwingt, den wahren Adam unserer Natur herauszukehren.

Der Seelsorger Bellas hatte sein Firmkind eingesegnet. Später lernte sie auf Tanzstunden, Kränzchen, Waldfahrten allerlei junge Leute und so den jugendüblichen Flirt kennen. — Nach vielen mißlungenen Versuchen, ihr Herz wirklich zu entdecken, machte sie im Salon einer Freundin ihrer Mutter die Bekanntschaft Bertram Oehlenbergs. Er war Musiker und hatte sonst nichts. Alles stimmte gegen die Heirat, und der Widerspruch weckte in Bellas Innerstem Etwas, das sie bis zu dieser Epoche ihres Lebens noch nie gekannt, gefühlt: Leidenschaft.

Sie verrannte sich in ihrer Liebe dermaßen, daß sie all ihre Lieblingsbeschäftigungen aufgab und nur noch für den an- oder abwesenden Bertram Oehlenberg lebte, webte, sann, intriguierte.

Sein Talent hatte er noch nicht betätigt. Sie wollte für ihn eine Stelle an einem Konservatorium erwirken und bei den Beziehungen ihres kommerzienrätlichen Vaters und dessen Umkreises schien etwas, durch Protektion, wenn nicht durch Begabung zu erreichendes, nicht außerhalb der vier Ecken unseres runden Jammertales zu liegen.

Bertram seinerseits besaß riesigen Ehrgeiz. Er ließ sich von Bella lieben, es schmeichelte seiner Eitelkeit, daß ein so reiches Weltkind sich ihm sozusagen an Hals und Kopf warf. Wenn sie ihm Vorwürfe machte, daß er nicht all seine Zeit auf dem Smyrna-Teppich des väterlichen Salons zu ihren winzigen Füßen verbrachte, so antwortete er:

„Ich arbeite, meine liebe Bella!"

„Aber hier steht doch ein Klavier!"

„Inspiration ist wie der Adler!" entgegnete er. „Beide fliegen stets allein."

Bella schmollte dann.

Aber eines Tages stürmte Bertram triumphierend in besagten Salon.

„Bella! Sieg!" rief er und umarmte sie — in Gegenwart der noch schönen Kommerzienrätin. — „Meine Oper ist angenommen!"

„Deine Oper! Wir wußten ja gar nicht, daß Du eine Oper schriebst!"

„Geheimniskrämer!" rief die Mutter, lächelnd und geschmeichelt.

„Glückspilz!" flüsterte Bella.

„Ja. Musik und Libretto sind von mir, meine Lieben!"

„Also Du dichtest auch! Und mir hast Du noch kein Sonett, kein Liebeslied gedichtet, komponiert!"

„Kommt! Erst das Geschäft, dann das Vergnügen!"

Von diesem Moment an lebte Bertram nur noch für die Bühne. Proben, Unterredungen mit dem Direktor, dem Regisseur, Klavierübungen mit der Primadonna, dem Tenor, dem Bariton, ach, und die reizenden Melodien für das flinkfüßige Ballet. Was war ihm Bella? Sie hieß ihm jetzt Hecuba.

Sie kannte die ersten Tränen.

Die Eifersucht erpreßte sie den schönen, glanzgewohnten Augen.

Man hielt erst am Anfangsstadium, und schon sah sie Bertram mit der ersten Sängerin flirten. Die Rollen waren noch nicht ausgeschrieben, und schon meinte sie, alle Ballerinen machten sich ihren Herzallerliebsten streitig. Sie teilte ihm ihre Befürchtungen und Besorgnisse mit.

„Sei kein Närrchen, Bellachen! Ich weiß mir vor Arbeit nicht zu helfen. Wer einen großen Schlag tun will, muß Tag und Nacht das kleinste bis aufs feinste herausarbeiten, feilen! Wer eines Tages stolz vor der Oeffentlichkeit stehen will, muß sich sehr, sehr lange der Einsamkeit ergeben haben. Ich spreche täglich bei allen Redaktionen vor, ich bereite Stimmung für mich und mein Werk, und während Du glaubst, daß ich Frauen den Hof mache, umflattere und umschmeichele ich — Männer, die Generale der sechsten Großmacht, der Presse!"

Wirklich erschienen einige Notizen in den tonangebenden Blättern, jenen vielgelesenen Tageszeitungen, die dem Publikum jedes Jahr den Roman aufzwingen, den man gelesen haben muß und den man doch — oft nicht gelesen haben kann! Man weiß im vornherein: Bertram Oehlenbergs Oper ist die, d...i...e... Oper!

Aber, sagt sich Bella, wenn er die Braut für eine noch nicht gegebene, noch nicht durchgefallene Oper, also vernachlässigt, wie wird es mit der angeehelichten, rechtmäßigen Gattin nach ein, zwei, ix Jahren sein?!

Sie sinnt auf Aenderung, und je mehr Anforderungen sie an die Zeit, die Arbeitskraft Bertrams stellt, je mehr sie ihn von seinen ehrgeizigen Zielen abdrängt, je mehr wird sie ihm zur Last und im umgekehrten Verhältnis der Quadrate der Annäherung mit diesem einigen Verhältnis — geliebt.

Und eines schönen Tages — recht häßlich war er — gab es zwischen den Brautleuten die erste Szene. Vorwürfe von jeder Seite — man trennt sich — statt des Kusses — Türezuklappen... Aerger.... Alleinsein... Reue.

Reue? Nein, Bertram bereut nicht. Er ist noch jung, er kann noch Großes schaffen — wie haben alle Meister von Mozart bis Wagner gekämpft, gelitten, gehungert, bis sie ihre Namen zwischen die unsterblichen Sterne geschrieben?!

Ein Postamt!

Bertram tritt ein, kauft sich einen Kartenbrief, beschreibt ihn voll mit ärgerlichen Schriftzeichen, und eine Stunde später — die Post reitet schnell — liest Bella mit nach= und nach= fließenden Tränen:

„Teure Bella=Braut!

Es muß ein Wunderbares sein, um die Liebe zweier gleichgesinnter Seelen. Ich bin, und vor allem, noch ehe ich Mensch, noch viel früher, als ich Liebender bin, Musiker! Und ich, der ich das verstehen muß, finde keinen Ein= und Gleichklang zwischen uns. Ich suchte Liebe, nicht Millionen. Liebe — auch in mir. Du stellst meinen Beruf unter alles; ich hebe ihn über alles. Machen wir uns nicht unglücklich. Scheiden wir — heute noch als gute Freunde!

Dein Bertram, Musikus!"

Bella schwor ihm Rache. Sie ließ ihn aus Selbstgefühl für den Augenblick ziehen, aber ... es gelang ihr, in einem unbewachten Zustand der Junggesellenwohnung Oehlenbergs, in sein Heim einzudringen, und — die auf dem Klavierpult offen stehende Partitur seiner unsterblichen Oper zu — stehlen!

Es war seine einzige Kopie. Die Fetzen, auf der er die ersten Eingebungen götternaher Stunden hingeworfen, die Korrekturen und Verbesserungen blieben vernichtet; die alleinige, reinliche Reinschrift, sorgsam in Maroquin gebun= den, stand auf dem Notenpult — und war und blieb fort.

Der Direktor, der wirklich große Stücke auf die Partitur gesetzt, das Libretto humor= und geschmackvoll gefunden, war außer sich, er hatte Vorschüsse gegeben — Kostüme bestellt — was tun??

Wochen verfliegen. Der Winter, die Saison war verloren. Bertram ging kummervoll, traumverloren umher.

Er vermochte es nicht über sich zu bringen, von neuem, aus dem Gedächtnis zu arbeiten, oder gar an Opus 2 zu denken. So ist dem General nach verlorener Schlacht, der Mutter nach dem Tode ihres Lieblings, zu Mute.

Eines Tages verriet sich Bella. Sie plauderte das Geheimnis der verlorenen Handschrift aus.

Bertram, entzückt, sein Werk, ein Phönix, neu erstehen zu sehen, entsendete einen Freund, der alles versprechen darf, auf jede Bedingung eingehen mag, wenn nur Bella das Manuskript herausgibt.

Sie tut es.

Sie sind aufs neue verlobt.

Die Oper wird abermals einstudiert. Dank den Zeitungen ist kein Billett zu haben. Es ist zugleich der Tag der Vermählung Bertrams und Bellas. Aber um Mittag zeigt sich kein Bertram. Er ist auf den Proben. Er hält den Dirigentenstock. Er korrigiert die Primadonna und streichelt den Tenor. — Bella wird wütend und sinnt auf Rache.

Was gelingt nicht dem Muttertöchterchen, dem einzigen Kinde, der Millionenerbin?

Am Abend bei Beginn der Vorstellung ist der Tenor, ein bildhübscher Mensch mit schwarzem Schnurrbärtchen, nicht zu finden. Die Vorstellung beginnt gar nicht, wird abgesagt. Bella hat ihn umsponnen, ihm ihre Millionen zugesagt, sich mit ihm verlobt. Er verbringt den Abend im Kreise seiner neuen Familie und hat geschworen, der Bühne zu entsagen.

Nun, Bertram ist ja unsterblich. Er kann warten...

Ludwig Fulda

Aus „Sinngedichte".

Talent und Glück, welch köstlicher Verein!
Jedoch wer gibt sich selber seine Gaben?
Bedarf man nicht Talent zum Glücklichsein,
Und ist es nicht ein Glück, Talent zu haben?

*

Wär' es vergönnt, mit gereiften Sinnen
Unser Leben von vorn zu beginnen,
Würden wir, lernend von wichtigen Trieben,
Klüglich alle die hundertfachen
Kleinen dummen Streiche vermeiden —
Und die größeren wieder machen.

*

Das ist der große Fortschritt der Modernen,
Daß sie den Wert der Bildung eingesehn:
Weit mehr als je versteht man es zu lernen,
Doch seltener als je lernt man verstehn.

*

Das Reisen ist höchst belehrend und labend,
So dachten wackerer Deutschen vier;
In dieser Erwartung an jeglichem Abend
Spielten sie Skat und tranken Bier.
Sie kamen nach langem vergeblichem Hoffen
Zum sonnigen Mittelmeergestad,
Und als ich die Wackern in Capri getroffen,
Da tranken sie Bier und spielten Skat.

*

Wenn Leute so gar hoffärtig tun
Mit roten Schlipsen und gelben Schuhn
Und drob sich freuen wie ein Kind,
Daß sie gerade sie selber sind,
Dann seufz' ich leise: Mit der Zeit
Bracht' ich es schaffend gern so weit,
An mir selbst und meinen Gaben
Halbwegs solch einen Spaß zu haben.

*

Freund, eitel sind die Frauen alle;
Doch einer klugen sag', sie sei
Erhaben über Schmeichelei;
Das schmeichelt ihr in jedem Falle.

*

Die jungen Mädchen.

Mitleidwerte Wesen sind's,
Denn ihr einzig Los ist Heirat;
Manche hofft, es käm' ein Prinz,
Und es kommt nur ein Kanzleirat.

*

Schilt einer Goethe tüchtig aus,
Den stecke man flugs ins Narrenhaus;
Doch schmäht er Schiller, dann werd' er sacht
In eine Besserungsanstalt gebracht.

*

Dem Schicksal sind wir untertan;
Doch eins ist sicher jedenfalls:
Der Genius bricht sich immer Bahn —
Oder den Hals.

*

Hebt einer aus langen Dämmerungen
Gereift ans klare Licht sich,
Dann rufen ihm nach die Gassenjungen:
„Hurra — er widerspricht sich!"

*

„Nie wird dies anders!" sprach der Felsentrumm
Zum Bach und sucht' ihm trotzig standzuhalten;
Und als ein tausend Jährchen kaum herum,
Da war er von der Flut entzweigespalten.
„Nie wird dies anders!" kündet ihr gescheit
Und pflanzt den alten Kohl im alten Garten;
Nun wohl, die Weltgeschichte hat ja Zeit,
Mehr Zeit als ihr: sie kann's erwarten.

Sprüche.

Begeisterung ist nicht mehr Brauch;
Feststimmung tut es eben auch.

*

"Freund, laß dir raten!" Ja, das alte Lied.
Am Scheideweg sogar, dem schicksalsvollen,
Hätt' Herkules, bevor er sich entschied,
Erst alle seine Tanten fragen sollen.

*

Daß Reden Silber und Schweigen Gold,
Dem Spruche wär' ich nicht abgeneigt,
Wenn man dabei nur bedenken wollt':
Es ist nicht alles Gold, was schweigt.

Klaviernot.

Jetzt rede mir nur Einer noch
Von Schaffen oder Denken,
Von sauersüßem Arbeitsjoch,
Von tiefem Sichversenken!
Kaum sitz' ich auf dem Stuhle fest
Mit ernst gesenkten Wimpern,
Beginnt mein Nachbar — Höll' und Pest! —
Voll Wut Klavier zu klimpern,
Zu hämmern, zu knacken,
Zu stampfen, zu hacken,
Zu martern, zu klopfen.
Watte her!
Werg her!
Wachs her!
Ich muß mir die Ohren verstopfen.

Dies holde musikal'sche Lamm
Im Reich der Töne grasend,
Der Schurke, daß ihn Gott verdamm',
Der Kerl, der macht mich rasend!
Vorbei der Fleiß, vorbei die Ruh',
Von Geisteskraft kein Schimmer,
Und klipp und klapp, die Bücher zu
Und auf und ab im Zimmer,
Zu fluchen, zu eifern,
Zu wüten, zu geifern,
Zu donnern, zu dräuen!
Prügel her!
Rohr her!
Stock her!
Ich muß den Halunken zerbläuen.

Dichterschicksal.

War einst ein Dichter, der schwebte fort
Weit über der Erde Schranken,
Eine Sonne sein Blick, ein Schwert sein Wort
Und Feuer seine Gedanken.

Seine Seele war so weltenweit,
War allem Glücklichen offen;
Er sang von Frühlingsherrlichkeit,
Von Sehnen und Lieben und Hoffen.

Doch am Tische, wo trüb die Lampe brennt,
Da schrieben klug die Gelehrten:
„'s ist jammerschad um sein Talent!
Er sollt' es besser verwerten."

Sie meinten, es müsse stürmische Flut
Des Dichters Busen schwellen,
Es müsse des Herzens rotes Blut
In seinen Liedern quellen.

Drum gönnten sie ihm den Frieden nie
Und marterten ihn beständig,
Und sprachen, wenn er vor Qualen schrie:
„Er schildert schon recht lebendig."

So trieben sie's, bis sanft ihn befreit
Der Tod von den nagenden Schmerzen;
Die Aerzte besagten nach längerem Streit:
„Er starb an gebrochenem Herzen."

Dann rühmten sie alle den reichen Schatz,
Die Schönheit seiner Gedichte,
Und gaben ihm einen würdigen Platz
In der Literaturgeschichte.

Heimat.

Fühl' ich oft mich auch entfremdet,
Wenn der väterliche Boden
Saft mir weigert zum Gedeihen,
Fliehe weit wie Wandervögel,
Fliehe hin zur grünen Erde
Um der holden Blumen willen,
Und der fruchtbeschwerten Halme,
Stets gedenk' ich doch der Heimat,
Stiller Göttin meiner Wiege,
Meiner Kindheit Spielgefährtin,
Und die wunderliche Träne
Netzt das Auge, wenn in Fernen
Dunst verschwimmend der vertraute
Kirchturm winkend wieder aufsteigt.

Schwieriger Fall.

Die Liebste schmollt und klagt
In herben Tönen;
Wer mir ein Mittel sagt
Sie zu versöhnen!

„Freund, solche Bitternis
Ist schnell verwandelt;
Du hast sie ganz gewiß
Nicht recht behandelt."

Erst, als ich einfach schwieg,
Hat's fortgewittert.
„Sie nahm's für stummen Krieg,
Und der verbittert."

Ich hab's ein andermal
Versucht mit Küssen.
„Das hat doch ihre Qual
Verschärfen müssen!"

Dann sprach ich viel und gut;
Doch zahlt' ich's teuer!
„Ja, Freund, die Redeglut
Gießt Oel ins Feuer."

Ich hab' im Wortgefecht
Mich sanft verteidigt.
„Allein — du hattest recht,
Und das beleidigt."

Schulreminiscenz.

Als ich noch in die Schule lief,
Da machten mir viel Pein
Die Wörter, die den Genitiv
Regieren im Latein;
Man schwitzt, wenn man sie mundgelenk
Herunterschnurren soll:
Begierig, kundig, eingedenk,
Teilhaftig, mächtig, voll.

Doch als zuletzt mir starr und steif
Die Regel saß im Ohr,
Da sagte man, ich sei nun reif,
Und öffnete das Tor.
O Freiheit, göttliches Geschenk!
O, wie die Brust mir schwoll,
Begierig, kundig, eingedenk,
Teilhaftig, mächtig, voll!

Begierig auf den neuen Tag
Und kundig meiner Kraft
Und eingedenk, daß jeder Schlag
Des Herzens Wunder schafft,
Teilhaftig eines Glücks, das nie
Zerrinnt in leeren Schein,
Und mächtig durch die Phantasie
Und voll von Lieb' und Wein.

Die Jahren flogen; es entflog
Der Schleier meines Traums;
Das Leben war mein Pädagog,
Und statt des Nektarschaums
Der Selbsterkenntnis flau Getränk
Schlürft' ich mit stillem Groll,
Begierig, kundig, eingedenk,
Teilhaftig, mächtig, voll.

Ludwig Fulda

Begierig auf gesunden Schlaf
Und kundig mancher Not
Und eingedenk, wie zahm und brav
Die Künste gehn nach Brot,
Teilhaftig einer Würdigkeit,
Die steter Sorgen Frucht,
Und mächtig durch verwundnes Leid
Und voll von Zweifelsucht.

Was aber tut's? Ein neu Geschlecht
Lernt heute schon Latein
Und übt der Jugend heil'ges Recht,
Werd' ich begraben sein,
Dann stürmt's mit lustigem Geschwenk
Ins Land hinaus wie toll,
Begierig, kundig, eingedenk,
Teilhaftig, mächtig, voll.

Parabeln.

Es war einmal ein Elefant,
Der wollte nicht an Veilchen glauben;
Doch eines, das am Wege stand,
Dacht' ihm den Zweifel schnell zu rauben,
Und bot ihm seinen Düftegruß.
Er tappte blindlings gradezu,
Da war's im Nu
Erstorben unter seinem Fuß.
Er stand darauf mit Vollgewicht
Und sagte: „Veilchen gibt es nicht!"

*

Zu einem Meister sprach ein Kunstmäcen:
„Du Glücklicher, in sieben kurzen Tagen
Sah ich dies Bild von deiner Hand entstehn,
Und Schätze wird's in deine Scheuer tragen."
Da lächelte der hochgerühmte Mann
Und sagte: „Freund, sieh meine grauen Haare!
Daß ich's in sieben Tagen malen kann,
Dazu gebrauchte' ich fünfundzwanzig Jahre."

*

Grab über seinem Kopf, im Frühlingslaub
Saß eine Nachtigall;
Er lauschte, für des Alltags Stimmen taub,
Dem wundersüßen Schall.
Da, mitten in den holden Melodien,
Fiel was auf seinen Hut;
Er murmelte: „Man muß es ihr verzeihn;
Das Tier singt gar zu gut."

Sprüche.

Er sprach zu ihr: „O wärest du doch mein!
Was für ein seliger Mann würd' ich da sein!"
Sie ward sein Weib, und steter Zank und Streit
Verzögerte zunächst die Seligkeit;
Die Jahre flohn, des Lebens Frist verrann,
Und richtig ist er jetzt ihr seliger Mann.

*

„Was ist besser? Sich beweiben
Oder frei und ledig bleiben?"
Freund, es gibt da kein System:
Laß dich trauen, schau, mit wem.

*

Weiß nicht, was echte Künstler sollen
Mit eurem theoretischen Schwulst!
„Kunst" kommt von Können, nicht von Wollen;
Sonst hieß' es „Wulst".

Henriette Fürth

Ruhe.

Es hat die Nacht geregnet,
Geregnet den ganzen Tag;
Nun jauchzt die Flur, gesegnet
Erblüht der weite Hag.

Weit drüben auf dem Flusse
Liegt noch der blaue Schein;
Doch mischt mit ihrem Kusse
Sich schon die Sonne drein.

Und blökende Schafe grasen
Am frischbegrünten Hang;
Es ziehen auf der Straßen
Fröhliche Wandrer entlang.

Drüben im Klostergarten
Stehet ein Christusbild:
Der Müden will ich warten
Die so beladen sind!

Und stille Klosterfrauen
Durchschreiten den Rebenhain,
Die scheidende Sonne hüllt sie
In ihren Glorienschein.

Im Wald.

So wünscht' ich lange mir's. So ganz verloren
Im tiefen Wald. Kein Laut — kein Vogelsang!
Da lauscht die Einsamkeit mit tausend Ohren
Auf des vergessnen Wintervögleins Sang.

Ein Rauschen geht durch alle welken Blätter,
Das dürre Astwerk ruht im Winterschlaf.
Vom Himmel tropft ganz leis ein graues Wetter,
Und Sonnenfunken huschen zitternd nach.

Und aus der Einsamkeit mit tiefen Augen
Schaut mich der Menschheit ehern Schicksal an:
Zu kämpfen, ringen und hinabzutauchen,
Eh' zum Zenith noch führte ihre Bahn.

Nur einer bist du! Woll' es nie vergessen,
Und wenn dir kurzen Glückes Stunde ward:
Vom Schicksal mehr nicht fordre du vermessen,
Denn Kampf und Untergang ist Menschenart.

Ludwig Gallmeyer

Frühlingsabend.

Still webt den Schattenschleier
Die Nacht um Blüt' und Baum,
Wiegt leis in duft'gen Wellen
Das Tal zu Schlaf und Traum.

Mildlächelnd hängt sein Silber,
Der Mond auf Turm und Tor,
Zieht seine Zauberfäden
Durch Strauch und Strunk und Rohr.

Und küßt in enger Kammer
Mir Liebchens Busenschnee,
Daß seligschauernd zittert
Ihr Herz in Sehnsuchtsweh...

Auch ich.

In der Unendlichkeit
Wohnen die Sonnen,
Wandeln die Sterne
Ihrer Urkraft Gleise unenträtselt,
Glitzern sich zu in Liebe und Haß;
Schweben und schwirren,
Jagen und haschen sich,
Necken und brennen sich,
In der Unendlichkeit flammender Tiefe.

In der Unendlichkeit,
Weit über'm Wolkenwall
Wohnen die Götter,
Gute und böse,
Die ein Sehnen sich erschuf

Seit des Erdballs erstem Kreisen,
Seit des Geistes erstem Irren,
In das dunkle Feuermeer
Der Unendlichkeit.

In der Unendlichkeit
Wohne auch ich,
Singe mein Sternenlied,
Singe im Flug,
Trinke den Sonnenwein
Mit deutschem Zug.
Und die Götter alle
Lächeln mir zu,
Winken und grüßen mich,
Neigen hernieder sich,
Hauchen den Scheitel mir
Mit ihres Geistes
Brennenden, wellenden, zeugenden Gluten...

In der Unendlichkeit
Wohne auch ich...

Sternschnuppe.

Ich saß auf meinem Stern,
Weit, weit im Myriadenmeere,
Und schaute nieder auf die winz'ge Welt,
Die drunten kreiste, ärmlich nur erhellt
Von einer Sonne mild geborgtem Schimmer.

Himmelsstille...
Nur verworren
Von Zeit zu Zeit drang dumpfes Rauschen
Zu mir empor,
Und bei gespanntem Lauschen
Vernahm mein Ohr:
„Schlagt ihn an's Kreuz!

Ludwig Gallmeyer

Er hat an unsrem Heiligsten gefrevelt
Mit losem Wort
Und will die Welt um ihren Himmel bringen!
Fluch ihm und Fluch und Fluch!!
Laßt flackern hell den höchsten Scheiterhaufen
Und seine Flammen ihm die Zunge brennen!
Der große Gott wird unser Werk' schon segnen...!"

Und meine Hände
Erfaßten einen Feuerzacken meines Sterns
Und rüttelten mit Riesenkräften,
Um loszubröckeln einen Glutenfelsen
Und ihn hinab zu schleudern in das Höllgewürme
Auf meiner Erde...
Und in blutgebrannten Fäusten
Sauste auf den Sternenzinken
Nieder der Titanenmuskeln
Ohnmächtiger Grimm.

Da...
Als ich in einem letzten Schlag mit letzter Wucht
Die Faust ließ schmettern auf den Feuergrat —
Erzittert jach mein Stern in wirrem Beben
Und wankt...
Und kreist...
Und sinkt
Lautlos... weltenschnell
Durch Licht und Dunkel
In eine andre Ewigkeit.

Und unter mir jauchzt schrill, vor Wonne trunken,
Ein feister Pfaffe in den Weihrauchsdüften:
„Seht, seht! Gott gab sein Segenszeichen!
Der Himmel selbst macht einen Freudensprung!
Was zaudert ihr? Bringt neue Scheiter...!
Gott will es und sein eingebor'ner Sohn!
Kyrie eleison......
                    .... eleison..."

Erinnerung.

An einem Lenztag war's.
Die Finken lärmten in den Apfelblüten,
Die durch das offne Fenster traulich winkten,
So frühlingskeusch umspielt vom Abendglanze.
Und deine Hand — sie ruhte in der meinen . . .
Du sahst mich an so wunderbar, so bänglich . . .
Und doch — in einem glückgebornen Schimmer
Erstrahlten deine frommen Augen
Und hingen, saugend meine Worte,
An meinen Lippen . . .
Da rann es selig mir durch jede Ader . . .
Ein Feuerstrom mir Stirn und Wangen brannte
Und löste glühend meines Herzens Zunge
In einem wirren, heißen Liebeslallen . . .
An einem Lenztag war's . . .

Und nun, — ein kalter Sturm pfeift durch die Fensterritzen,
Und dicke Blumen starren an den Winterscheiben.
Kein Sonnenstrahl durchdringt ihr eis'ges Leben,
Kein liebes Auge hängt an meinem bleichen Munde . . .
Nur fern, so fern in dunkler Weite
Seh' ich zwei Sterne wunderseltsam leuchten
In sel'gem Rückerinnern . . . . .
An einem Lenztag war's . . . . .

Geglückt.

Ein Pfarrherr auf dem Westerwald
War seinem Lehrer gram;
Sein Gruß war ihm zu kühl, zu kurz,
Sein Bückling ihm zu lahm.

Doch weil er ihm nicht schaden konnt'
— Die Schule war stets gut! —
So suchte mit Chikanen er
Zu quälen ihn auf's Blut. —

Ludwig Gallmeyer

Doch alles ließ den Lehrer kalt . . .
Nur eines kränkt' ihn schwer:
Der Pfarrer hatte Hühner auch,
Ein großes, schwarzes Heer.

Und dieses Hühnerheer brach kühn
Durch Pfarrhofs Lattenwand
— Allweil dieselbe schadhaft war —
In Lehrers Gartenland;

Und scharrte in dem weichen Grund
Und wühlte nach der Saat
Und pickte auf das zarte Gras,
Spinat und Kopfsalat.

Umsonst der Lehrer sich beklagt
Durch Wort, durch Schriftbericht;
Ein Loch im Zaun — das rührt nicht leicht
Ein echtes Kirchenlicht! — — —

Doch eines Tags stieg heimlich auf
In Lehrers Ehefrau
Ein Weiberplan, den sie sofort
Auch ausführt listig — schlau.

Sie nimmt zwei Eier aus dem Korb
Und schickt dem Pfarrer sie,
Läßt melden: „In das Lehrergras
Legt' die Ihr Federvieh!" . . .

Es hat noch an dem gleichen Tag
Der Pfarrer selbst geflickt
Des Pfarrhofs alten Lattenzaun . . .
Die Kriegslist war geglückt!

Ludwig Gallmeyer

Grabschrift.

Hier ruht in Gott — er hab' ihn wohl —
Der Dorfschullehrer Kummerbohl,
Ein Meister nach der alten Schul,
Nicht angefault vom Zeitenpfuhl.
Die Kirche fegte er noch gern
— Es war ja Dienst im Haus des Herrn! —
Er zog mit Schwung das Glockenseil,
Als ging es um sein Seelenheil.
Mit Macht hat er den Stock geführt,
Mit Andacht auch die Glock' geschmiert
Und dankerfüllt die Uhr gerichtet,
Bei Hochzeitsfesten kühn gedichtet
Und fröhlich dann zum Tanz gegeigt —
Wofür ihm mancher Trunk gereicht!
Er wußt zu bannen Fieberglut,
Zu stillen aller Wunden Blut;
Selbst in dem Stall, beim Kalben gar
Bot hilfreich seine Hand er dar.
Und von des Bauern Lieblingsschwein
Fiel ab drum auch ein Schinkenbein
Für'n Dorfschullehrer Kummerbohl —
Er ruhe sanft! . . . Gott hab' ihn wohl!

Aphorismen.

Vergiß nie, daß man dir's niemals vergessen wird, wenn du dich jemals vergessen solltest.

*

Im Meer der Liebe halten alle Anker; nur der der Treue bricht leicht.

*

Mancher erblickte das Licht der Welt, um der Welt die Finsternis zu erhalten.

*

Was die Selbstsucht fordert, kann die Selbstzucht verweigern.

Eugen Gantter

Geburtstag.

Im Keller liegt ein Faß voll Wein,
Der Freund hat mir's gesendet.
Hurrah! Bald soll's vertrunken sein
Aufs Wohl von dem, der's spendet.

Und morgen ist sein Wiegenfest;
Da will ich ihn besingen.
Ein neues Lied, das allerbest',
Soll ihm zu Ehr' erklingen.

Nur einen Becher zapf' ich mir
Zuvor vom gelben Tranke;
Bei solchem Lebenselixir
Beschwingt sich der Gedanke.

Wie strömt mir feurig durch die Brust
Der Saft der rheinischen Reben!
Ich muß, zu bannen die wonnige Lust,
Den Römer noch einmal heben.

Doch während ich blick' in den Trank so hell
Und lausche dem Glucksen des Fasses,
Da hör' ich auf einmal kastalischen Quell,
Ich steh' auf den Höhn des Parnasses.

Und strahlend erscheint mir des Freundes Gestalt
Als Führer von sämtlichen Musen;
Sie lösen den Sang mir mit sanfter Gewalt,
Der verschwiegen geschlummert im Busen.

Nun strömt er hervor mit begeisterndem Drang;
Hoch heb' ich den Römer. Ich trinke
Und trinke; dann bricht er mit schrillem Klang,
Ich selber sinke und sinke.

* * *

Da lag ich in einsamer Kellernacht;
Es gingen die Augen mir über.
Geleert war das Faß, als ich endlich erwacht,
Und ach! der Geburtstag vorüber.

Mein Freund Adolf.

Eine Plauderei.

"Ich bin nun einmal ein Pechvogel," sagte mein Freund Adolf, als er beim Eingießen mein Glas umgestoßen hatte.

"Das sollst Du nicht immer sagen," meinte schmollend seine schlanke Gattin Gertrud. Sie saß zwischen uns im lauen Dämmerschein des Abends auf der Veranda eines freundlichen Hauses der Vorstadt, während wir unsere Lebensschicksale austauschten. Wir waren Freunde von der schwäbischen Hochschule her, und nach jahrelanger Trennung hatte ich ihn auf der Durchreise in einer süddeutschen Großstadt wieder gefunden.

"Wenn's aber doch wahr ist," entgegnete er und wandte sich zu mir: "Urteile selbst. Aber vorher nimm Dir noch eine Zigarre." Und mein Glas neu füllend, begann er: "Daß ich ein Pechvogel bin, kam mir zum ersten Male zum Bewußtsein, als mein Bruder Fritz ein großes Loch in der Hose aus der Schule mit nach Hause brachte. Daran bist Du schuld, sagte meine Mutter — Gott hab' sie selig — zu mir, holte die Rute hinter dem Spiegel und gab mir die Prügel, die mein Fritz verdient hatte. Und später, weißt Du noch, bei unserer Landsmannschaft, wenn ich auf Mensur stieg? Hatte ich da nicht regelmäßig einen Gegenpaukanten, der einen Kopf länger war, als ich?"

„Das stimmt," bestätigte ich; denn ich hatte ihm oft genug sekundiert. „Aber wo steckt da das Pech? Es hat Dich deshalb doch Keiner abgestochen."

„Das freilich nicht. Aber sie haben mir den Schädel liniiert, und ich habe keinen einzigen Renommierschmiß ins Gesicht bekommen. Das ist doch Pech. Uebrigens brauchst Du nicht zu glauben, daß ich Dich je um den Durchzieher beneidet hätte, den Du von dem kleinen Teutonen bekommen hast."

Mein Freund Adolf hatte Recht. Jener Durchzieher war eine Abfuhr, und seine nach dreißig Jahren noch sichtbare Narbe gereicht meinem Gesichte nicht zur Zierde.

„Auch bei den Soldaten hat mich mein Pech verfolgt," fuhr Jener fort. „Wenn ich auf etwas stolz bin, so ist es auf den Umstand, daß ich den großen Krieg, der unserem Vaterlande die Einigung brachte, in Reih und Glied als gemeiner Soldat mitgemacht habe. Ich konnte mich trotzdem drinnen in Frankreich manchmal nützlich machen. Aber als es nach den schweren Kämpfen vor Paris an die Verteilung der Auszeichnungen ging, da kamen erst die Herren Offiziere, dann die Unteroffiziere an die Reihe, und so blieb für mich schließlich nichts mehr übrig. Das war mein eigenes Pech. Warum war ich nicht ein Vierteljahr früher ins Regiment getreten und hatte statt dessen die Hauslehrerstelle angenommen, die ich dann doch aufgeben mußte, als der Krieg ausbrach? Aber wie mir, so ging's ja auch tausend Anderen, und niemand sieht uns deshalb geringer an, weil wir das Kreuz nicht im Knopfloch tragen."

„Bist Du nicht später Offizier geworden?" fragte ich.

„Ja, das wäre ich, wenn ich kein Pechvogel wäre. Ich hatte meine Offiziersprüfung bestanden, meine Uebung war gut verlaufen — tadellos, sagen sie jetzt — mein Name stand mit unter benen, die zur Beförderung vorgeschlagen waren, und am kommenden Dienstag sollten wir entlassen werden. Den dienstfreien Sonntag wollte ich indes noch zu einem Abschiedsbesuch bei auswärtigen Verwandten benützen, und weil mir die Uniform lästig war, so zog ich den bürgerlichen Rock an. Natürlich blieb mir mein Pech auch diesmal treu. Auf dem Wege zum Bahnhof erblickte mich ein Offizier. Es war einer von der Reserve, der sich in diesem Falle besonders schneidig erweisen wollte. Er meldete mich, und mein Name wurde aus der Liste gestrichen. Ich hätte ja die Uebung im nächsten Jahre wiederholen können, aber ich nahm es als

Wink vom Schicksal und befinde mich wohl dabei. Denn das Vergnügen, an Kaisers Geburtstag die Uniform zu tragen, wäre bei meinem Berufe durch die kostspieligen Dienstleistungen beim Regiment nicht aufgewogen worden."

Habe ich schon vom Berufe meines Freundes Adolf gesprochen? Davon hatte er mir bereits während des Abendessens Einiges erzählt. Da er ein Pechvogel ist, so gehört er natürlich zu den Leuten, welche nach einem geflügelten Worte ihren Beruf verfehlt haben. Aus seiner Lehrtätigkeit durch den Krieg herausgerissen, war er nach der Rückkehr in die Heimat unter die Zeitungsschreiber gegangen. Von den Kneipzeitungen unserer Studentenzeit wußte ich, daß er eine ausgesprochene dichterische und schriftstellerische Begabung besaß.

„Aber denke Dir mein Pech," erzählte er. „Das Beste, was ich geschrieben habe, gehört unter den Strich, und in meinen Träumen sah ich mich schon als Leiter des Feuilletons an einem Weltblatt. Allein man muß nehmen, was kommt, und an mich kam die Politik, die ich eigentlich niemals gemocht habe. Als ich mich da einigermaßen eingearbeitet hatte, ging das Blatt ein. Zwar wurde ich sofort von einem anderen Verleger zum Chefredakteur seiner etwas im Niedergang begriffenen Zeitung gemacht, aber kaum hatte ich sie wieder etwas in die Höhe gebracht, so verkaufte er sie, und ich saß auf der Straße. Dann kam ich hierher und machte wieder in Politik. Der Verleger hatte mir glänzende Aussichten eröffnet; zum Unglück starb er nach einem Jahre, und statt der Aussichten hatte ich das Nachsehen."

„Das ist allerdings Pech," sagte ich. „Aber Du hast, wie ich sehe, den Mut nicht sinken lassen."

„Gewiß nicht. Unter meinen gesammelten Gedichten — sie sind zum Glück für den Leser noch ungedruckt — befindet sich eines, das heißt:

Es ging mir gut, es ging mir schlecht;
Wie's kam, so war's mir eben recht.
Die Sorgen zu verjagen
Stand mir ein treues Weib zur Seit',
Zu jedem Opfer gern bereit,
Wie sollt' ich da verzagen?"

Und er warf einen zärtlichen Blick auf Frau Gertrud; diese aber sagte:

„Nicht ich, sondern sein glücklicher Humor hat ihm über alles hinweggeholfen. Nur Mut! die Sache wird schon schief gehen, war sein Wahlspruch, und wenn ich krank darniederlag, so lautete sein Trost: Es kann uns nie schlecht genug gehen. Der liebe Gott hat aber immer wieder geholfen, und wenn die eine Einnahmequelle versiegte, hat sich uns eine andere erschlossen."

„Ja," sagte Adolf, „zuerst habe ich es dann wieder mit der Schulmeisterei versucht, und an einer Privatschule mit gutem Erfolge Unterricht erteilt. Als ich eine Anzahl Schüler ausgebildet hatte, fand der Direktor, daß es billiger sei, die Lehrkräfte aus der Zahl der ehemaligen Schüler zu nehmen, und ich wurde entlassen. Nun verwertete ich meine stenographischen Fertigkeiten und schrieb vier Jahre lang im Landtag die Reden von Abgeordneten und Regierungsvertretern nach; wie man mir sagte, zur vollen Zufriedenheit. Da trat ein Todesfall und infolge dessen ein Wechsel in der maßgebenden Stelle ein, und mir, dem Auswärtigen, wurde ein Einheimischer vorgezogen."

„Trotz alledem scheint es Dir nicht schlecht zu gehen," sagte ich und warf einen Blick auf die gemütlich wohlhabende Häuslichkeit, die mich umgab.

„Nein, Gott sei Dank," entgegnete er. „An Arbeit fehlt's nicht, denn ich habe meinen hochfliegenden Plänen entsagt und träume nicht mehr davon, meinen Namen unter Erzählungen oder Gedichten gedruckt zu lesen. Die namenlose Mitarbeit an dem großen Getriebe der Tagespresse nährt auch ihren Mann, und der Ruhm, für Weib und Kind das tägliche Brot geschafft zu haben, steht mir höher, als der Lorbeerkranz des Dichters."

„Bei Deiner Begabung solltest Du Dich aber doch auch gelegentlich an etwas Größerem versuchen."

„So habe ich auch gedacht, und deshalb wollte ich mich einmal an einem Preisausschreiben beteiligen. Es war eine Erzählung aus dem großen Kriege verlangt worden, und mit Kriegserinnerungen kann ich ja aufwarten. Aber meine Zeit war knapp, denn die tägliche Arbeit ums liebe Brot ging vor, und die Erzählung machte langsame Fortschritte. Endlich ein freier Nachmittag, an dem sie zu Ende geführt werden konnte, aber auch mußte; denn am folgenden Tage lief die Einlieferungsfrist ab. Die Feder fliegt nur so über das Papier; da öffnet sich die Tür und meine Frau stürzt ins Zimmer: „Adolf, komm' doch einen Augenblick heraus, der Bello ist so sonderbar; soll man nicht zum Tierarzt schicken?"

„Das Tier hat mir auch wirklich Sorge gemacht," warf Frau Gertrud ein.

„Jawohl! Und was war's? Junge hat es bekommen, und meine Erzählung ist nicht fertig geworden. Das war wieder Pech; aber mir blieb dadurch eine Enttäuschung erspart; denn den Preis hätte ich doch nicht bekommen." —

Es war spät geworden, die Flasche geleert, und wir brachen auf. Beim Abschied aber dachte ich: So ein Pechvogel, wie mein Freund Adolf, ist eigentlich der glücklichste Mensch unter der Sonne.

Rudolf Geck

Der verwilderte Garten.

Heut lehnt ich über einer alten Mauer
Und sah hinab in wüstes Gartenland,
Unheimlich hielt dort todesschwere Trauer
Das Blut des Lebens marmorstarr gebannt.
Wie dunkle Schatten hoben sich Zypressen,
Von welken Blättern war der Pfad beweht,
Und Gräbern gleich, verschollen und vergessen,
Lag wirr bewuchert jedes Blumenbeet —
Ein Wasser floß erschreckt durch gelbe Farren,
Kein Leben sonst und keine Stimme rings —
Durch Rankenwerk und wilde Sträucher starren
Sah ich das kalte Antlitz einer Sphinx.
Mir graute fast. Die Füße wollt ich heben,
Da fühlt ich auf der Schulter einen Schlag
Und eine Stimme flüsterte mir nach:
„Du sahst dein L e b e n!"

Im Schnellzug.

Mein Blick streift von lachender Frühlingsweite
Ueber das Mädchen an meiner Seite;
Ein halbes Kind noch, mit blitzenden Augen,
Die durstig am strömenden Leben saugen.
Doch trotz dieser Augen und lustiger Mienen
Ist die Kleine vom Leben bestimmt, zu d i e n e n —
Sie hütet zum sonnigen Süden hinüber
Die schwarze Dame mir gegenüber:
Ein blasses Gesicht mit glänzenden Augen,
Die durstig am strömenden Leben saugen —

◦-o-◦-o- Rudolf Geck -o-◦-o-◦

Und durstiger noch, weil der jungen Stirne
Schon abwärts leuchten die Gestirne,
Weil um der Nase feinen Bogen
Das Leid schon seine Furchen gezogen.
Auf Wangen, die den Lenz kaum kennen,
Seh' ich die Winterrosen schon brennen.
Sie möchte umschlingen das heiße Leben,
Indes aus der Tiefe schon Schatten sich heben —
Es rasselt der Zug durch blühende Felder,
Durch lärmende Städte, durch sinnende Wälder,
Er klappert und stampft mit rasender Eile,
Wie in Todesängsten durchstürmt er die Meile —
Vergebens, vergebens! Zur Seite der Kranken
Seh' ich den hag'ren Gesellen schwanken —
Er harrt des rufenden Schaffners schon:
„Aussteigen!" Der Hagre grinst: „Endstation!"

Schwüle Nacht.

Schwarzverhängter Horizont —
Wolken ziehen still und sacht,
Hinter Schleiern gießt der Mond
Mattes Silber in die Nacht.

Leise rauscht das schwarze Laub,
Stimmen rufen, halb im Traum —
Feiner Lindenblütenstaub
Löst sich und erfüllt den Raum.

Und ein Atmen schwer und schwül
Weht voll Ahnung durch die Nacht,
Ruhelos auf heißem Pfühl
Dehnt sich junge Gliederpracht.

Und die Sehnsucht glüht und wirbt
Und die Sehnsucht lockt und winkt,
Bis das letzte Flüstern stirbt
Und das Leben Leben trinkt.

Rudolf Geck

Herbst.

Es wühlt der Fuß im braunen Laube,
Ein kühler Hauch streift durch dein Haar,
Vorbei der helle Frühlingsglaube
An das, was groß und heilig war.
Da hilft kein Wünschen und kein Wollen —
Der Sommer ging, die Liebe blich —
Du fühlst mit zornig dumpfem Grollen
Das starre: Unabänderlich.

Die Blätter wehn, die Aeste frieren,
Durch Alles blickt ein graues Licht,
Den Zug von Scheiden und Verlieren
Trägt die Natur in dein Gesicht.
Die Feueraugen blicken älter,
Die einst dein junges Herz durchglüht,
Die liebste Hand, sie drückt dich kälter,
Und deine Sehnsucht ward so müd.

Und bei der Dämmernebel Spinnen
Ergreift dich grausam harte Lust,
Daß ohne schönen Traum tief innen
Du bitter dich erkennen mußt.
Im harten Drang, dich selbst zu richten,
Machst du geheim dich dir vertraut,
Bis ohne Färben und Beschwichten
Dir vor den eignen Schatten graut.

Du siehst: Das ist die Lebenswende!
Du fühlst: Kein Andrer fühlt wie du!
Kein Freund reicht dir die Helferhände,
Kein Auge lacht dir Gnade zu.
Das ist dein Herbst: du blickst ins Leere,
Da liegt ein Weg, so hart und weit —
Und lähmend ruht auf dir die Schwere
Der großen Lebenseinsamkeit.

Rudolf Geck

Wolken.

Zart, auf blauem Hintergrunde
Eine lichte Wolke schwebt,
Gleichen Fernen eine wunde,
Blutig tiefe näher strebt.

Still in Träumen zieht die helle,
Ohne Schwere, ohne Hast —
Bis die rote Feuerwelle
Der Gefährtin sie erfaßt.

Jene möchte sich entwinden!
Schnelle Flucht durch blaue Flut!
Aber mit den gleichen Winden
Segelt hinter ihr die Glut.

Sie berühren sich, sie fügen
Licht zu Glut und Glut zu Licht,
Und vereint zu weiten Flügen
Rasten sie in Zuversicht.

Alter Brief.

Aus verschollner Zeiten Tiefen
Fiel mir heute in die Hand
Ein Packet mit alten Briefen,
Drin Erinnerungen schliefen.
Unter einem Blättchen stand:
„Ewig deine treue Maus!"

Und mich traf's wie letzte Grüße,
Und ich sah das liebe Ding:
Kleine Hände, kleine Füße,
Und zwei Augen voller Süße,
Drin sich meine Ruh verfing!
Ach, wie war das Leben schön!

Rudolf Geck

Meine ersten Poesien
Weiht ich ihr voll Kraft und Schwung.
Halb empfunden, halb geliehen —
Und sie hat sie mir verziehen,
Denn ich war so dumm und jung,
Aber küssen konnt ich schon!

In den Winkeln, in den Ecken
Gab es süße Zärtlichkeit,
Unter Grollen, Kosen, Necken,
Schmerzen fühlen und verstecken
Kam und ging die kurze Zeit,
Die wir lebten Hand in Hand.

Leben ist nicht hold dem Lieben!
Will' und Welle trieb mich fort;
Von der Kleinen ist geblieben
Nur der Brief, den sie geschrieben
Mit dem kleinen Schäkerwort:
„Ewig deine treue Maus!"

Und ob.

Ich sah ihr in die lieben Augen,
Die haben Alles mir gesagt,
Doch nach der warmen Stimme fühlte
Ein Sehnen ich und hab gefragt:
„Liebst du mich noch? Liebst du mich sehr?"
Da sah sie treu und gut mich an
Und schwieg — und schwieg, und sagte dann,
Vom tiefsten Glauben war's durchbebt
Und in der tiefsten Brust erlebt:
„Und ob!"

Rudolf Geck

Mütterchen ist eingenickt.

Mütterchen ist eingenickt,
Nur der Regulator tickt,
Zwischen uns der Tisch, und ich
Neige flugs vorüber mich —
Standen beide auf den Zehen,
In die Augen uns zu sehen,
Waren uns so nah — und da —
Ja, wer weiß, wie es geschah?

Mütterchen ist aufgewacht,
Hat in sich hineingelacht,
Spricht vergnügt und aufgeräumt:
„Kinder, ich hab' hübsch geträumt!"

Moritz Goldschmidt

Die Wahrheit.

Einst trafen sich die Wahrheit und die Lüge
Auf einem Kreuzweg in der Nacht;
Sie sahen eine nicht der andern Züge
Und maßen sich mit sorglichem Bedacht.

Die Wahrheit blieb als erste harrend steh'n,
Vermutend alsogleich den Feind im Dunkeln;
Sie sah zwei falsche Augen funkeln
Und fühlte einen gift'gen Odem weh'n.

„Sag, wie dein Name ist!" begann sie fragend.
— „Ich bin die Wahrheit!" sprach die Lüge groß.
„Du bist die Lüge!" rief die Wahrheit klagend;
„Mit diesem einen Wort stellst du dich bloß!

„Ich bin die Wahrheit selbst, drum flieh' aus meinem Wege!"
Doch geiferte die Lüge unverzagt:
— „Nicht allzukühn! und nicht zu dreist gewagt!
Fort du! und komm nicht hier in mein Gehege!

„Hat jemand schon geglaubt, daß du die Wahrheit sei'st?
Und kannst du, freche Dirne, es beweisen?
Dir rat' ich, gehst du wieder je auf Reisen,
Daß du nicht falschen Namen dir verleih'st!" —

Die Wahrheit wollte reden, doch die Lüge
Sprach weiter, und ihr Blick ward mitleidsvoll:
„Mir scheint zwar, prüf' ich näher deine Züge,
Du bist wohl kaum Betrügerin, nur toll.

„Du bist von einem Sinnentrug befallen:
Du glaubst dein Träumen selbst in irrem Wahn,
Und du erzählst es stammelnd allen,
Die dir auf deinem Wege nah'n!" —

Die Wahrheit stand verstummt, mit glüh'nder Wange,
Und ihr ward schwermutvoll zu Sinn
Bei dieser Rede haßerfülltem Klange;
Dann schritt sie schauernd ihren Pfad dahin.

Sie eilte rastlos, schaute nicht zurück —
Ein weites, einsam-dunkles Wegesstück,
Fort, fort nur aus des Lügengeistes Nähen!
Dann endlich blieb sie, schmerzlich atmend, stehen.

In dichten Forstes Nachtbereich,
Gleich einer stillen Märchendichtung,
Zu ihren Füßen dehnte sich ein Teich,
Verborgen tief in einer Lichtung —

Und in dem Teiche, den des Mondes Helle
Mit silberigem Schein umspann,
Sah sie ihr Bildnis in dem Glanz der Welle
Mit starrem Auge lange prüfend an . . .

— Die Lüge doch, beim nächsten Sternenstrahl,
Besah sich stolz in ihrem Taschenspiegel;
Dann regte sie vergnüglich ihre Flügel —:
S i e kannte nicht des Zweifels herbe Qual. —

Moritz Goldschmidt

Sinngedichte.

Ließ man auch in einer Abentüre
Ein paar Haare, eh' man sich's versah, —
Lieber Freund, es macht noch keinen Simson
Eine Delila! . . . .

*

Das gilt wohl gleich für Ost und West,
Soweit der Mensch Erfahrung ehrt: —
Auf keinem Gaul sitzt man so fest,
Als auf des Nächsten Steckenpferd.

*

„Erkenntnis ist der erste Schritt
Zur Besserung" — das mag schon gelten;
Doch ist nicht viel getan damit,
Denn — weitere Schritte folgen selten.

*

Autodafé.

Ein Feuerlärm! — Sieh her,
Wie toll die Leute laufen!
— Zum Löschen? — Nimmermehr!
Es brennt — ein Scheiterhaufen.

*

Wenn einer die „Augen dir öffnen" will,
Dann halt' nicht ohne Weiteres still!
Oft tut er es nur — du wirst's bereu'n, —
Dir besser — Sand in die Augen zu streu'n!

*

Wer immer Mittelpunkt sein will, um jeden Preis,
Der kommt dadurch sehr leicht in einen schlechten Kreis. —

*

◦–◦–◦ **Moritz Goldschmidt** ◦–◦–◦

An Feinden rächt erlittne Schmach
Der Starke mit des Schwertes Schneiden;
Der Schwache trägt es ihnen nach
Und — läßt seine Freunde dafür leiden.

*

Schaffensstimmungen.

Der Schaffende ist der Stimmung Knecht, —
Dies leugnen, liegt mir fern;
Doch kluger Knecht, versteht er's recht,
Beherrscht wohl seinen Herrn! —

*

Das pflegt die Menschen sehr zu verletzen,
Wenn sie sehn, daß wir sie nicht schätzen;
Aber noch bitterer macht es sie leiden,
Erkennen sie, daß wir sie nicht beneiden.

*

Sehr viele Dinge werden hochgeschätzt,
Wenn man sie nur ins rechte Dunkel setzt!

*

Wir würden manchen argen Sündern
Gewiß zu milderen Urteilskündern,
Wenn in ohnmächtiger Leidenschaft
Wir nicht so sehr neideten ihre Kraft.

*

Besser ein guter Gedanke, den schon ein andrer gedacht hat,
Als ein wertloser, den nie noch ein andrer gehabt. —

Im Venusberg.
Zwei Geschichten.

Dazumal.

... Alles lachende Leben war erloschen in den Grotten des Hörselberges.

Jeder Laut der Lust war verbannt vom Hofe der Liebe.

In tiefer Melancholie, stumm seit Tagen auf ihrem Ruhebette von Rosen, lag der Schönheit selige Göttin.

Nächtig Dunkel war rings um sie. In Düsternis, verzweifelnd, weinte ihre Seele.

Sie konnte ihn nicht vergessen, der sie verlassen und den sie verloren hatte, für immer.

Sie hatte viel geliebt und war geliebt worden heiß und viel.

Man wußte noch zu lieben damals in deutschen Landen!

Sie hatte viel empfunden und viel — vergessen.

Herrlichste Helden drängten sich um ihren Hof. Die Welt war überreich an Männern von Mark.

Und doch, nur ein Einziger hatte die Tage ihrer griechischen Heimat zurückzurufen vermocht ihrem Herzen, vielleicht ein Einziger nur sie geliebt, wie sie geliebt worden war, einstmals, in den Rosenhainen von Cythera!..

Ein Einziger! Ein Mann — ein Knabe! Ein Weiser — ein Tor! Ein Philosoph und ein Sänger! Ein Held und ein Schwächling: der Tannhäuser! Heinrich, der Ofterdinger!

Und er —! Die Himmelsmutter hatte ihn gelockt, Maria! ihre große, unbesiegbare Rivalin! — Tot, vergessen war alles für ihn, was er genossen hatte...

Tage, Wochen versann sie in Qualen, tränenlos, seit er fort war — fort, zu bereuen, zu büßen!

Ihr Hof, ihre Frauen hatten alles versucht, was sich ausdenken ließ, der holdseligsten Herrin Vergessen zu bieten, vergebens!

Boten hatte sie ausgesandt in alle Welt, Kunde ihr zu bringen von dem Entflohenen, Treulosen.

Und sie hatte erfahren von ihm!

Er war zu Füßen des Papstes! Dahin! Er wollte ein Heiliger werden, er, der wie keiner die Kraft hatte — zur Sünde! Narr, der er war!

Sie lag teilnahmslos, starr.

Manchmal doch kam etwas Leben in die himmlischen Linien ihres Leibes. Und ein Fühlen ließ sie aufzucken, erbeben, sich winden auf ihrem Lager: Zorn, Haß, Rachebegier.

Aber bald fiel sie wieder zurück in die Starrheit.

Monde waren dahin. Sie nahm kaum noch Nahrung. Unversieglich schien die dunkle Quelle ihrer Schmerzen, als hätten sich die Flüche aller Frauen erfüllt, die auf ihr lasteten.

Seit Monden auch war kein Fremdling mehr dem Berge genaht, zu dem sonst wohl in deutschen Landen eine größere Wallfahrt gewesen, denn zu dem Heiligen Vater.

Man wußte draußen in der Welt von der Melancholie der Göttin. —

*

Der getreue Eckart verträumte die Tage auf seiner Wacht.

— Er hatte längst aufgehört, die liebenden Ritter vor der Frau Venus zu warnen und war zu ihrem ergebensten Diener geworden, ergriffen von ihrem Schmerze. Die Männer alle, dachte er, verdienten es nicht besser. Er dachte, aus guten Gründen, sehr schlecht von den Männern. Aber meistens dachte er gar nichts...

Doch eines Tages —

Ein großes Jagen war in den Thüringer Forsten und scheuchte ihn auf aus seiner Lethargie. Das war der Landgraf! Er haßte diesen Tugendhelden, der doch auch war wie alle und sich so oft vergebens um die Gunst der Göttin bemüht hatte.

Aergerlich zog sich der getreue Eckart in den tiefsten Winkel seiner Grotte zurück.

Da, es war mittlerweile Abend geworden, die Jagd hatte sich fern verzogen, und er war eben dabei, wieder einzuschlafen, da nahte ihm ein Mann in dichter Vermummung, herrisch Einlaß heischend.

Der treue Eckart wollte ihm wehren, ihm erklären, daß er niemand vorlassen dürfe. Ein leises, geflüstertes Wort doch ließ ihn verstummen... In tiefstem Erstaunen ließ er den Mann ein; seine einfache Natur mochte das nicht fassen.

Die Bewegung pflanzte sich fort durch alle Gänge des Berges. Einer flüsterte dem andern zu von den Dienern auf dem Wege, den der verhüllte Fremde hinschritt. Das Raunen drang bis zu den Frauen der Göttin. Auch sie verstummten und gaben die Pfade frei.

*

... Auf ihrem Lager, welk waren alle Rosen, in unheilbaren Leiden lag der Schönheit selige Göttin.

Auch bis zu ihr endlich drang die Bewegung. Sie wollte schon ihre Dienerinnen rufen. Doch sie war zu schlaff dazu. Sie sank zurück, unwillig lauschend.

Da, ein Augenblick! Ein Gedanke, leuchtend, beseligend, hatte sie durchzuckt! Sie wagte nicht, ihn auszudenken. Wer, wer anders konnte da nahen als — als —

Eine ungeheure Hoffnung ließ sie erschauern. Alle Kraft kehrte ihr da jäh wieder. Sie sprang empor, riß die Vorhänge auf —

Vor ihr stand ihre Lieblingssklavin. Sie ließ das holde Kind gar nicht reden. Sie sah ja — sie wußte alles!

Er! Er!

Im Dunkel der Nacht fand er den Weg zurück, ein Bereuender, zu ihren Füßen!

Endlich wagte die Sklavin ein Wort: „Herrin! Königin! dieser Frembling —"

Sie überreichte der Göttin eine Karte — die Göttin las —

In schönen romanischen Lettern stand deutlich darauf: „Wolfram von Eschenbach, Landgräfl. thüringischer Minnesänger" —

Mit Venus ging in diesem Augenblick eine große Verwandlung vor. Die Karte entfiel ihr — ihre Züge verzerrten sich. Sie stieß einen gellenden Schrei aus, der weithin das Echo des Berges weckte, schrill, kreischend klang es —

Ihre Sklavin wollte sie umfassen — aber die Göttin richtete sich schon wieder auf. Es war ein Lachkrampf, der sie befallen hatte, und in dem all ihr Leid jäh sich löste.

Auch er! — Sie war gerettet!

Sie lag leuchtend, lächelnd — verjüngt all ihre Rosen! unendlicher Schönheit ewige Fürstin —:

„Ich lasse bitten," sagte sie einfach-groß, als sie wieder reden konnte.

*

Heute!

Ewig lächelnd, ewig gelangweilt, auf ihrem Lager ewiger Rosen, lag der Schönheit — unselige Göttin...

So lag sie seit Jahren, seit Jahrzehnten, ein Jahrhundert fast schon.

Heute, es war ein Erinnerungstag ihrer reichen Vergangenheit, heute lag sie in besonders tiefem Sinnen und doch angeregter als sonst wohl.

Es war der Tag, an dem vor mehr als 600 Jahren der untreue Sänger sie verlassen hatte, den sie mehr geliebt als jeden anderen.

Lange, lange war dies nun zurück... Ihren Schmerz hatten Jahrhunderte fortgespült. Aber die schöne Erinnerung war geblieben.

— Die Deutschen, plump und schwerfällig, scheinen wenig geschaffen für der Liebe lachende Lust; aber sind diese blonden Träumer einmal entbrannt, keiner liebt dann so.

Viele hatten in ihren Armen geruht und die Küsse ihrer Liebe getrunken: Nordlandshelden und welsche Weichlinge, Männer des Ostens, Männer des Westens!

Wer war an ihrem Hofe gewesen, der erwähnenswert noch war? Don Juan! Ja, der! — Friedrich August von Sachsen! Sie mußte noch lachen, wenn sie an ihn dachte... Der kleine Casanova, der Taugenichts! — Der Olympier von Weimar! Ah, der hatte sich verstanden auf ihre Wonnen! aber er hatte so furchtbar vorsichtig sein müssen wegen der Nähe des Weimarischen Hofes... Nach e i n e s Mannes Bekanntschaft hatte es sie gelüstet —: Napoleons! Aber es war nie zu einer Entrevue zwischen ihnen gekommen. Der große Mann hatte zu wenig Zeit gehabt und so — zwischen zwei Schlachten, das liebte sie nicht... Der letzte aus der großen Zeit war der arme Heinrich Heine gewesen. Doch die Erinnerung an ihn war ihr peinlich, schmerzlich, sie verweilte nicht gerne dabei.

Darauf? — Sie war, in einer Verkleidung, einige Zeit lang Liszts „Lieblingsschülerin" gewesen. Dann hatte dessen Schwiegersohn den größten Schmerz ihrer Vergangenheit zu einer Oper verarbeitet. Sie hatte den Mann, der sich vielfach um ihre Gunst bemüht und es wahrlich nötig gehabt hätte, seine Anschauung vom „Venusberge" etwas zu korrigieren, niemals empfangen, niemals. Und mit Liszt hatte sie kurzer Hand gebrochen. Sie wollte mit der ganzen Familie nichts mehr zu tun haben.

Und danach? — Dieser! jener! — Maupassant war noch einmal eine kleine Episode gewesen. Dann — das Nichts! Die große Zeit war lange vorbei.

Es war nicht zu schildern, wie sie sich gelangweilt hatte seitdem. Sie hatte alles getan, was an ihr lag. Sie war, was sie als ewige Göttin doch gar nicht nötig gehabt hätte, mit der Zeit fortgeschritten; hatte dem veränderten Geschmacke jedes Opfer gebracht. Sie hatte den ganzen Venusberg neu einrichten lassen, nach Entwürfen von Olbrich und Christiansen. Alles war nun im Jugendstil! Ihre behendesten Nymphen blieben hängen in all den Schnörkeln. Aber was half es? Traurig, in ewiger Oede, schleppte sie ihre Tage hin. Es gab keine fahrenden Ritter mehr... Ein Seltsames nur: fahrende Frauen, die hatten an ihre Türe gepocht, oft! Ob nur Neugier sie hergeführt hatte? Oh!

Es ekelte ihr vor der Welt...

Auch mit den Künstlern und Dichtern war es nichts mehr, für die sie doch immer ein besonderes Faible gehabt hatte. Niedergang auf allen Gebieten! Epigonenkönnen! Epigonenliebe! Sie hätte die französischen Décadenten empfangen können oder die naturalistischen Romanciers aus dem Athen der Spree! Ein Gipfelpunkt, wahrlich!

Zum erstenmale seit langer Zeit war sie heute wieder in einer lebhaften Erregung; es hatte noch einen anderen Grund.

Vor vierzehn Tagen hatte der getreue Eckart, der nach Eisenach gereist war, um allerlei Einkäufe zu machen, ein Buch mitgebracht, das er in der Karlsstraße daselbst in einem Erker entdeckt hatte. Es hieß „Im Venusberg" und war von einem ganz unbekannten jungen Autor: Georg von Winter; jedenfalls kannte sie ihn nicht, an ihrem Hofe war er nie gewesen. Aber das Buch hatte sie von Anfang bis zu Ende interessiert wie lange keines. Es war etwas „stark", gewiß; doch die Kraft der Darstellung, die Kühnheit der Phantasie, die glühende Sinnlichkeit, die es ausströmte, die Flüssigkeit und die tiefe Melodik der Verse, das alles war wundervoll. Die Schilderung ihrer Person namentlich, — von der Feder eines Mannes, der sie nie gesehen hatte, wahrhaft ein Meisterstück! Tannhäuser, Wolfram waren gewiß Dichter gewesen, aber sie hatten geschwiegen von ihr... Heute doch — welch' seltsame Menschen!

Der Inhalt der Dichtung war sehr einfach. Ein junger Künstler findet durch ein Wunder Eingang zum Berge der

Venus. Er bleibt, weltvergessend, drei Jahre in ihren Armen. Nun verlangt sie ein Probestück von ihm. Er solle zurückkehren in die Welt und zu ihrem Preise ein großes Werk schaffen. Dann möge er ihr wiederkehren! Er geht... Aber er vermag nichts mehr zu schaffen. Er hat die höchste Schönheit zu lange genossen. Er vermag nur, in der Erinnerung zu schwelgen! Die Welt um ihn ist kahl und schönheitsleer. Und er geht zu Grunde an der Erinnerung des Glückes, das er verloren und nicht zurückgewinnen kann, weil es all seine Tatkraft zerstört hat...

Sie hatte alle früheren Bücher dieses Autors aus Eisenach kommen lassen. Seit Jahren war das der erste Mann, den kennen zu lernen sie gelüstet hatte. Wer jenes Buch geschrieben, sollte sie schauen in beseligender Wirklichkeit! — Der getreue Eckart hatte alles vermittelt. Der Dichter hatte ihren Brief, ihre Einladung, schon vorgestern erhalten; und heute, an dem Tage ihrer größten Erinnerung, war es, daß sie ihn erwartete.

Heute! Sie war in höchster Spannung.

Sie hatte eine leise, glückliche Ahnung, dieser Mann werde ihr die Tage Tannhäusers, die unvergessenen, zurückbringen. Und er war vom Stamme derer, die sie stets am meisten geliebt hatte: ein Deutscher!

Wo blieb er nur? Was zögerte er?

Sie nahm noch einmal ein Venezianisch Glas zur Hand.

Ihr Spiegel sagte ihr, daß sie schöner sei, leuchtender, betörender noch, als in den göttlichsten Tagen Griechenlands.

*

Sie lag auf dem Divan, noch immer. Doch sie lächelte nun nicht mehr. Auch nicht mehr gelangweilt schaute sie.

Ein ungeheurer, furchtbarer Weltschmerz hatte sie erfaßt.

Ein Stückchen Papier, das sie in ihrer Linken hielt, war zu einem Knäuel geballt. Ein Bote hatte es vorhin gebracht.

Sie hatte noch einmal alles erhofft von dem Einen, Einzigen — und dieser Eine —

Tempora mutantur!

Der Autor von „Im Venusberg" hatte abdepeschiert! Vielmehr ein Professor Soundso hatte ihr mitgeteilt, seine Gattin, die unter dem Pseudonym Georg v. Winter schreibe, lasse ihr vielemale herzlich danken, sei aber durch andere Verpflichtungen verhindert, ihrer freundlichen Einladung für heute nachzukommen. Brief folge! ...

Franz Graf

Das Gespenst.

Nachts um die zwölfte Stunde
Ertönet ein Gebrumm,
Da regt sich's und bewegt sich's,
Es geht im Hause um.

Die Treppen auf und nieder,
Die Gänge hin und her,
So schlürft's und schlürft's allnächtig
Und ächzt und stöhnt so schwer.

Durchstört die Korridore
Und seufzt vor jeder Tür',
Und brummend, wie's gekommen,
Verschwindet's brummend schier.

Das ist des Gasthofs Hausknecht,
Wenn alles längst zur Ruh',
Dann macht er seine Runde
Und sammelt Stiefel und Schuh'.

Franz Graf

Das Bequemste.

Willst du mit den Menschen leben,
Lern' die Menschen kennen;
Willst du in die Luft dich heben,
Mußt du fliegen können!

Willst du's mit den Fischen treiben,
Mußt du eben schwimmen,
Willst du in der Höhe bleiben,
Mußt du tapfer klimmen!

Aber was du auch magst treiben,
Schwimmen, klimmen, fliegen,
Unbequem wird's immer bleiben, —
Besser ist das Kriechen!

Darum, willst bequem genießen,
Denk' an deinen Rücken,
Dazu hast du ja doch diesen:
Lern' bei Zeit dich bücken!

Leichtsinn.

Gestern war ich froh und heiter,
Kater hab' ich heute;
Abwärts geht die Stufenleiter,
Trübsal folgt der Freude.

Wie das „Morgen" sich gebärde
Macht mir keine Sorgen,
Da ich's doch erfahren werde
Spät'stens übermorgen!

Franz Graf

Die Fehde.

Herr Lothar Veit von Diemannshof
Und Arnulf von der Heide,
Die waren in grimmiger Fehde entbrannt,
Denn Rittersleut' waren sie Beide.

Drum ritten sie mit Schild und Schwert
Und mit der langen Lanze,
Die beiden Ritter, ehrenwert,
Zum blutigen Waffentanze.

Hei, fallen die Hiebe da hagelbicht!
Hei, schnauben die Rosse, die wilden!
Es stumpft sich das Schwert und die Lanze sie bricht
Am Körper, dem eisenumhüllten!

Als schartig das Schwert und zerhauen der Schild
Und die Lanze, die starke, zerbrochen,
Sprach Arnulf: „Ich sehe nicht ein, warum
Wir uns schließlich gefährden die Knochen!"

Entgegnet Veit Lothar von Diemannshof:
„Auch ich hätte Lust zu verschnaufen!
Ich dächte, wir reiten ins Dorf hinein,
Um dort unsern Zorn zu versaufen!"

Da schwelgten sie nun drei Tage lang
Mit all ihren Mannen und Knappen
Und was der Beiden Zorn verschlang,
Das mußten die Bauern berappen!

So war es dereinst und es ist auch noch heut'
Just grade so, will mir fast scheinen:
Es brechen die Großen vom Zaune den Streit
Und die Zeche bezahlen die Kleinen!

Franz Graf

Der Kampf der Geschlechter.

Der Zwiespalt zwischen Mann und Weib
Ist ungeheuer lästig,
Denn die Gesundheit greift er an,
Macht müde und gebrestig.

Vernimm drum was der Weise spricht:
Behüte dich vorm Weibe!
Den Engel hat es im Gesicht,
Den Teufel hat's im Leibe!

Ein rätselhafter Schöpfungsplan
Läßt beide stets sich suchen;
Blieb jeder Teil für sich, alsdann,
Dann wär's der reine Kuchen!

Das Huhn, es legt auch ohne Hahn
Ganz ruhig seine Eier,
Das Weib jedoch will einen Mann
Und hieß er auch nur Maier!

Allerlei Sprüchlein.

Bücken macht groß! Nämlich den Andern!

*

„Groß und klein!" Was will's besagen? Was ist eine Ewigkeit?
Unsern eignen Maßstab tragen wir in alles jederzeit!

*

Hoch über Pabst und Kaiser thront siegreich der Humor:
Wer i h n hat, ist ein Weiser und wär' er selbst ein Tor!

Johanna Gwinner

Arnold Böcklins Grab.

(Zu seiner Totenfeier.)

Nun bist du eingegangen zu den Toten,
Der du die letzte Wohnstatt uns im Bild
Mit Meisterhand in tiefem Ernst geboten,
Nicht grauenvoll, nein still, erhaben, mild.

Taucht auf, Cypressen, aus dem weiten Meere!
Nehmt auf den Meister in den dunklen Schoß!
Das Felsengrab eröffnet ihm, das hehre!
Der euch erschuf, ihn traf das dunkle Los.

Und Ruhe rauscht das Meer, das allgewalt'ge
Her um dein Grab, der Kleines du verschmäht:
Dein Ruhm war nicht der flücht'ge noch der bald'ge;

Hoch ragt er unvergänglich ob der Menge,
Wie deine freie Kunst, ein Vorbild, steht
Voll Farbenglut in grauer Alltagsenge.

Mit Dir.
(An einen Heimgegangenen.)

Ich fühle deines Geistes Wehen,
Ich ahne schon, von fern, dein Licht;
Doch, ohne dich, kann ich nicht gehen,
Den Himmel selbst ertrüg' ich nicht.

Willst du, daß ich soll auferstehn,
Gieb Zeichen, die mich zu dir tragen;
Kein Leiderinnern laß bestehn,
Und lehr' den Himmel mich ertragen!

Erhabner, du machst Alles neu;
Nur Eine, die sich dir geweiht,
Verwandle nicht — es ist die Treu':
Sie sei mein Auferstehungskleid.

Polyhymnia.

Ihr wird der Preis, der höchsten aller Künste,
Musik, der himmlischen; denn sie besteht,
Wenn irdisch Wesen flieht wie Traumgespinnste
Und schwindet, wenn einst Raum und Zeit vergeht.

Dein wird der Preis! Du fliehst zum Paradiese
Und lebest fort, mit wahrer Lieb' verbunden,
Mit ihr, für die die Sprache du gefunden,
Damit am reinsten sie den Höchsten priese.

Entfesselst du hienieden auch Dämonen,
Die Leidenschaften tief im Seelengrunde,
Dort werden sie in Lieb' verwandelt wohnen.

Lebt doch schon hier der ew'ge Kern in dir:
Die Seel', von deren Dasein du giebst Kunde,
Die uns erleuchtet einst, was dunkel hier.

Till E. Hafgren

Erntelied.

Risch rasch
resch rasch —
Breiten Schritts, gebeugt den Rücken
schwingend sie die Sensen zücken
  in der nervig-braunen Faust.
Hochgewachsne, hagre Leiber,
zäh die Männer, herb die Weiber —
  heissa! wie die Sense saust!

Resch rasch
risch rasch —
Hier ein Klirren, dort ein Klappern,
schwere Holzpantoffeln schlappern,
  Sensen blinken hell.
Sonnenflecken, Wolkenschatten
huschen über grüne Matten,
  Tümpel glitzern grell.

Ricke recke
ricke recke —
Hurtig sie die Sensen schleifen.
In den schweren, goldgelb-reifen
  Aehren rauscht der Wind.
Drüben an dem Wassergraben
Spatzenvolk und ein paar Raben —
  ferne blökt ein Rind.

◦–∘–◦ Lill E. Hafgren ◦–∘–◦

   Recke, recke
   hoch und strecke
  dich zu ganzer Menschenhöhe;
  in dem frischen Treiben sehe
   Daseinsurgebot!
  So dich selbst im All begreife. —
  Hat das Korn zum Brot die Reife,
   kommt der Schnitter Tod.

———

Nachtstück.

Es war sehr spät, als endlich auf wir brachen.
Du schwebtest leicht dahin durch blaue Wolken
von Rauch, durch den die grellen Lichter stachen
des Restaurants. Wir traten auf die Straße.
Ein feiner Regen rieselte herab,
und leichtes Frösteln lief mir durch die Glieder.
„Heut' Abend war's doch nett" . . . „gut' Nacht"! . . . ich fasse
den Hut — die Freunde ziehen lärmend ab.
„Adieu" . . . „schlaft wohl" . . . „wir sehn uns morgen wieder"! . .
Hier einen Händedruck — ein Nicken dort —
ein leises Lachen — ein verwehtes Wort,
vom Nachtwind rasch entführt — und schon
wird's stille. Unser Wagen rollt davon.

Du lehnest in der dunklen Wagenecke.
Ich neben dir. Der Gaslaternen
fahlgelbe Lichter tauchen auf, verschwinden,
dann wieder Dunkel . . .
   Ich wecke
mich selbst aus Träumen, die aus weiten Fernen
mich überkamen — und die Worte finden
sich leidlich zu gewohnten Phrasen.
Eintönig rollt der Wagen durch die Straßen.
Wir schweigen beide.
  . . . Und da kommt es leise,
zauberhaft, wie eine ferne Weise,
kommt auf weichen, großen, dunklen Schwingen,
will uns ganz mit seiner Kraft durchdringen!

Deine Lippen hatte ich gefunden,
meine Seele flutet' in der deinen,
deine Seele brannte in der meinen —
weithin waren Zeit und Raum entschwunden . . .
In der Ferne brauste dumpf das Leben.
Doch wir steuerten mit starken Winden
auf das Meer hinaus — ich sah uns schweben
auf den Wogenkämmen, über Todesgründen,
um das lichte Eiland „Glück" zu finden . . .

Der Wagen hielt. Du rissest rasch dich los.
Ein Händedruck, ein flücht'ger Kuß — ich war allein
und um mich Dunkel . . .
      Doch in mir!
da strahlte eine Welt im Sonnenschein,
und jubelnd stieg aus ihrem jungen Schoß
der Frühling auf — und hell erklang
sein dionysischer Gesang:
Das hohe Lied der Liebe.

Zarathustra.
(Friedrich Nietzsche.)

Im Weltendunkel wurd' ein Stern geboren,
Hell war sein Strahl;
Er glühte, in sich selbst verloren,
Ein heil'ger Gral.

Der Stern erlosch. Doch seine Strahlengarben
Durchziehn den Raum,
Durchglühn die Weltennacht mit tausend Farben —
Ewigkeitstraum!

I. Hanau

Sehnsucht.

Ist's auch öder Winter draußen,
Unsrer Liebe Zaubermacht
Schmückt ihn jeden Tag aufs Neue
Mit des Frühlings Pracht!

Als am Fenster Eisesblumen
Blühten, fand ich meine Braut;
Wenn die Märzenveilchen sprießen,
Werden wir getraut!

Tage des Glückes.

Ein Ineinanderleben zweier Herzen
Und zweier Seelen inniges Verweben
Das ist der Liebe schöpferisches Glück, —
Denn mit der Liebe erst beginnt das Leben!

Vorahnung.

Leis' durch den Garten kam der Abendwind.
Ich hüllte in die Decken dich, die warmen,
Und trug dich sanft, mein armes, blasses Kind,
Hinauf die Stufen mit getreuen Armen.

Dort oben macht' ich eine kurze Rast.
Die Sonne sank, der Abendröte Gluten
Umspielten mich und meine süße Last
Mit einem Schwall von goldnen Strahlenfluten.

L. Hanau

Die Dämmrung kam; ich hielt dich hoch empor,
Indes mein Herz in ahnungsvollem Beben
Hinsandte zu des Himmels Flammentor
Ein heiß Gebet für dein geliebtes Leben.

Da zuckte, wie von höh'rer Macht geweckt,
Ein letzter greller Strahl um deine Wangen,
Wie wenn die Flamme nach dem Opfer leckt,
— Und zitternd hielt ich fester dich umfangen! —

Trennung im Herbst.

Ein dichter Nebelschleier wallt hernieder,
Daß ich den Wald, den nahen Fels nicht seh'.
Vom Himmel rieseln leise Regenlieder,
Vom Herzen rieselt mir's wie Sehnsuchtsweh.

Wie klein ist jetzt die Welt, wie eng umschlossen,
Zum Zimmer bringt der Nebel schon herein;
Ich schließ' das Fenster, mürrisch und verdrossen:
Die Erde stirbt, bald wird es Winter sein!

Erst wenn ich wieder dich im Arme halte,
Wird mir's so warm, so selig im Gemüt,
Als ob dem Herbst der Winter nicht, der kalte,
Als ob ihm folg' ein Lenz, der ewig blüht!

Anna Hill

Meim Biebche sei erste Weihnachte.

E wahr Begewenheit.

Es warn der des damals die erste Weihnachte gewese, an dene mer unserm Erstgeborene de Chrisbaum anstecke wollte. Des Fest erschien uns dazumal in em ganz annern Licht, wie friher. Ich glaub, selbst wie mer noch kleine Kinnercher warn, vor die ja eichentlich die Weihnachte eigens gemacht worde sin, hawwe mer alle Zwei, mei Mann un ich, kei halb so groß Vergnige un kei vertel so groß Sehnsucht nach dem heilige Awend emfinne könne, wie diesmal.

Allerdings war's ja ääch im Jahr vorher schont am Bescheerawend recht gemiethlich in unserer, noch nach Ehlfarb duftende, funkelnagelneue Häuslichkeit zugegange. Mer hatte uns vorher erscht beinah e halw Jahr in der Welt erum getriwwe, un emfande nu den Zauwer vom heimische Herd doppelt reizvoll. Zumal, als sich an besagtem heimischen Herd des Chriskinche unnerm Dannebaum recht verschwenderisch nibbergelasse hat, un sowohl aus bene unvermeidliche Schlummerrolle un Cigarrndasche, mit dene junge Weiwercher zumeist ihr Männer uff die erste Weihnachte beglicke, als auch aus e Paar nette rote Saffian-Etuierscher mit dem Stempel von der Firma "Schürmann" drinn, freundlichst erausgriese dhat. O ja, scheen is es da auch bei uns gewese, — awer die Hauptsach hat ewe zor selwigte Zeit noch gefehlt un des warn: e Paar runde verwunnerte Kinnerääge, in bene sich die Lichtercher spiegele, un e Paar dicke Kinnerfäustercher mit sammt de Quellwerschtärmcher dran, die sich dem Dannebaum verlangend entgegestrecke.

Awer dies Jahr, da warn se vorhanne. Unser Carlche, des goldig Dos, mit seine dunkle Aeäge un blonde Löckelcher, der jetzt bereits schon simwe Monat alt war, der sollt uns derzu verhelfe, daß diesmal die Weihnachte wunschlos un in der Manier, von der man segt: "Wunnerscheen is Dreck bergege —" genosse werde konnte.

Anna Hill

In unserm Glicksbusel hatte mer awer eins vergesse un des war der Held vom Fest, unser Carlche selbst. Wie schon gesagt, war die klein Krawallschachtel nämlich erscht simwe Monat alt, un wenn seine geistige Fähigkeite dem Elternpaar auch bereits schont ganz bedeutende zu sein schiene, un die fortschreitende Intelligenz des Erstgeborne sie alle Dag in e hochgradig Verbliffung versetze dhat, so war in Wirklichkeit er eigentlich doch nix weiter, als e klei bumm Kerlche, wie alle Kinner in dem Alter, des dick un rosig uff seiner Amm ihrm Arm saß, sei Däumche lutschte un uff Kommando von ewe dere Amm des „Trotzkeppche" schlage odder zeige konnt, wie groß als es schont wär. Madamm Mai, so hieß die Nahrung spendende Erzieherin vom Carlche, war auch dorchaus kää von dene, die als die Besitzerin von derjenige Klugheit gelte konnt, von der behaupt werd, daß se mit der Muttermilch eingesoge werde könnt. Im Gegedhäl!!! Trotzdem awer war se e Faustnatur; auch in ihr hawwe zwei Seele gewohnt, un zwar war die ei derwon die von ehre unverfälschte Fuldern, — die anner awer muß friher emal unbedingt em Rhinoceros angeheert hawwe. Beide zusamme jedoch gawe e Mischung, die oft heillose Werkunge anstelle konnt. Als se zu uns kam, hatt se net viel mehr uff dem Kerper gehabt, als en bunt gewerfelte Filzrock un en gesprenkelte Kattunjoppel. Bekannte von mir ließe sich's angelege sein, dere arme Husch e paar abgelegte Sache zu schenke, damit se außer ihre zwei Druckkleider, die ich ihr als Ammetracht gab, im Haus noch e bissi was anzuziehe hätt. Awer was geschah? Die Madamm Mai trug Alles hibsch in's Pandhaus, un nor en ahle bürkische Schlafrock mit annersfarwige Aermel, den behielt se, weil er die zottelige Quaste an dem Danaergeschenk so gut gefiele. Um ihrer Milch un somit meim Bub nit zu schadde, durft ich den phandastische Anzug net emal verbiete, sonnern mußt die abgelegt Terkin ruhig im Haus erum stolwern lasse. Mit der Madamm Mai hatt ich iwerhaupt mei Last. Ihr Mann awer, der en sehr anstänniger Viehtreiwer war, der stann mer immer bei un ihm war's zu danke, daß se mer nit häämlich eines scheenes Dags uff un derwon is. Sie hat nämlich in ihrer Faustnatur auch ebbes sehr Unruhvolles gehabt un den Wechsel iwer Alles geliebt.

Dazumal war's noch erlaubt, daß Mittwochs un Samsdags des Vieh von auswärts iwwer die Bockenheimerlandstraß nach dem Schlachthaus getriwwe werde durft, un da mir zu jener

Anna Hill

Zeti in der nobeligte Gegend gewohnt hawwe, hab ich immer am Fenster gelauert, bis der Herr Mai mit seine Kih odder Ochse voriwer kam. Wuppdich! hatt ich dann den Hut uff un war drunne bei em. Es is mehr wie äämal vorkomme, daß ich, sein geputzt, newe dem Herr Mai, der bei solche Gelegenheite immer en blaue Kittel un thranige Stiwwel trug, hinner e Paar Ochse odder Kih hergezoge bin un in der Hitze des Gesprächs mitte in die Stadt enei gerieth, was dann for e gewiß Sort von bösartige Mensche immer e heillos Gaudi gewese is. No, die merkwerdige Spaziergäng hatte wenigstens des Gute, daß der Herr Mai beim nächste Besuch seiner Frää de Kopp zurecht setze dhat un sie for e Zeit lang wibber manierlich un zufribbe war.

Grad als es uff Weihnachte zuging, war des auch wibber der Fall, un so konnt ich denn bei dem herrschende Friede bequem mei Vorbereitunge zum Fest beginne.

Aus meim Nähkorb hawwe Böppercher ihr nackigte Beinercher zum Himmel enauf gestreckt un mit em wahre Hölleeifer macht ich mich dran, dene ihr Blöse zu decke. Wenn mei Carlche zu mer in die Stubb getrage wurd, warf ich schnell mei Scherzi iwwer die Boppe, damit er ja net sehe sollt, was ich mach, un als ich am Dag zu oft durch ihn gesteert ward, nahm ich die Nacht derzu, um fertig zu wern. Dann macht ich mich dran, eigenhändig e u n z e r r e i ß b a r Bilderbuch zu klewe. Zu zerreiße war's werklich nit, awer mer hawwe's später emal im Carlche seiner Badbütt vorgefunne un dort hat's, total verwäächt, e unrihmlich End genomme.

Wie besagte „Handarweite" fertig warn, ging's in die Spielsacheläde, zum Albert, zum Behle un zu meiner gute Frau Söhlke. E Festung, e Schaukelserd, e Spieldos un e Laterna magika, — des warn einstweile mei Einkäuf; des weitere sollt mein Mann, der auch sei häämliche Anschaffungsfreude hawwe wollt, besorje. Alle Awend kam er mit Päckercher heim, die er mit em gewisse misteriöse Schmunzele in sein Pult schloß. Mer hatte verabredt, daß mer uns erst beim Chrisbaumbutze die Herrlichkeite zeige wollte, die mer for unsern Sohn zusamme getrage hatte.

„Mutterche", so hieß mich mei Mann, seit dem des Carlche uff der Welt war, „Mutterche, du mächst den Anfang. Ich bin neugierig zu gucke, mit was Mutterlieb ihr Biebche beglicke wird. Da kann der Vadder mit seim strenge Sinn for's Praktische gewiß nit mit. Awer des schadt nix! — Der Bub soll sich bei Zeite schon for ernste Sache interessirn lerne, un nit alleins nor an Spielzeug un Lumberei Spaß hawwe. Mer muß frühzeitig den Ernst bei seine Kinner zu wecke suche, — dafor laß du mich nor sorje." — —

Gesorgt hat er dafor, un des geheerig!

Was der ba aus dene häämliche Baqueterche eraus kam, hat der samst un sonners e ganz merkwerdig Aussehe gehabt, wenn mer nämlich bedenke dhat, daß es Geschenke for en Bub von siwwe Monat sei sollte. Da war e Brachtausgab von Brehms Dhierlewe; ferner e Phybografier= un e Druckmaschin, en Zauwerkaste, e Gebuldspiel un — e Paar Schlittschuh! — —

Offe gestanne, wie ich der die hechst „praktische" Geschenke so vor mer ausgebreitet sah, hätt ich der beinah vor Lache laut uffgekrische, awer ich wollt mein gute Mann nit kränke, un so fand ich denn alles wunnerschee, auch die Anweisung uff en Gummiregemantel, den er wege Unkenntniß vom Carlche seim Maaß nit selbst kaufe konnt, un mir Zwei freute uns wie besesse uff den Moment, wo unser Biebche Besitz von Allem ergreife sollt.

Endlich warn mer so weit.

Die Lichter am Bäumche warn aagesteckt, im Haus roch's nach Dannebuft un frischem Anisgebackes un von brauße her klang des Glockegeläut zu uns erei. In meim Herz awer, da war e Stimm, die mir immer zurief: „Ehre sei Gott in der Höh', Friede uff Erde un de Mensche e Wohlgefalle!" Weiß Gottche, ich glaub, noch nie im Lewe is mer's so feierlich zu Muth gewese, wie dazumal.

Mei Carlche uff dem Arm, mein Mann an der Seit, so betrate mer alle drei die Bescheerstubb.

„Guck emal, Carlche, was der des Chriskinnche Alles gebracht hat, — gefällt's unserm Mäusi" — kam's mit ere wahre Fletestimm von meine Lippe, — „seh der emal den Schokkelgaul an, — was der for en lange Schwanz hat — un da die Soldate, — awer nei, Carlche, die derfst de nit in de Mund nemme, die sin ja zum Spiele."

Während ich mer so alle Müh gab, dem Kind sei Schätze zu erklärn, stand mei Mann bernewe un ließ in seim Zauwerapparat alle Künste springe. Awer auch er hat grab so wenig Erfolg gehatt, wie ich, un ganz verzweifelt un verdutzt guckte mer uns schließlich an.

„Na," — brach mei Mann endlich los, als des Biebche awer auch nit e Mien verzog, sonnern unverwandt nor nach de bunte Lichtercher am Baum gucke dhat, — „des muß ich awer sage, e so e Undankbarkeit!"

„Er versteht's noch nit," — wagt ich entschuldigend zu sage, — „er es noch zu klein."

„Ach was, dumm is er, dumm un eifällig!" — dhat awer da mei Mann wettern. „Ei so e Sort Kind is mer ja noch gar nit vorkomme. Awer soviel wääß ich, von mir un meiner Familie stammt die Dummheit nit, — mir hatte all helle Kepp!"

Nu ging's awer los. Die vorausgegangene Uffregung un nu die Endäuschung, zu der noch die beleidigende Redensarte von meim Mann kame, brachte mich ganz aus dem Häusi.

„Ja, bei Gescheidtheit!" sagt ich spitz, „die hat mer ja an deine Einkäuf deutlich genug gemerkt. Zum Beispiel hier die Schlittschuh for e Kind von simme Monat. Mer määnt du wärst gepickt!" — —

„Määnst de vielleicht, bei Festung wär e geistvoller Geschenk?" schrie mei Mann, un nu beganne mer uns gegeseitig unser mit so viel Lust un Lieb eingekääfte Geschenke vorzuwerfe un se schlecht zu mache nach Note.

Unserm Carlche awer, des seither ganz still uff meim Arm gesesse hat, muß des laute Gezank un Erumgefuchtel nit behagt hawe, denn uff äämal fing er an zu kreische un zu plärre, wie ich's noch nie von em gehеert hab. — Des war awer e Glick, denn wenn zwää ihr Uffmerksamkeit em Dritte schenke misse, kenne se nit weiter mitnanner schimpfe.

Zudem kam auch noch die Madamm Mai in ihrm derkische Schlafrock in's Zimmer e rei gerast un wollt wisse, was mer ihrm Biebche gebhan hätt, weil's so kreische dhät. No, sie bracht en bald widder zor Ruh un auch mir Zwei, mei Mann un ich, guckte uns ganz beschämt aa un wußte kää Bibswertche mehr zu sage. Daderfor nahm awer die Madamm Mai des Wort un ich muß gestehe, daß ich voll Reu dran denke dhat, wie ich die gut Frää immer for so dumm gehalte hat, während se doch ewe bewies, wie viel kliger se war, als mei Mann un ich.

„Gell Callche" — dhat se nemmlich sage, „all die scheene Sache da, die der bei Eltern kääft hawwe, die wern der schon emal Freud mache, wann de erscht e paar Jährcher älter bist. For jetzt awer — guckste, da dhut's noch des hier, des hat der bei Dete kääft un des baßt for dich." Un da derbei zog se e lumbig hölzern Schnarr aus dem Sack, e Schnarr, wie mer se uff dem Chriskinchesmarkt for zehe Pfennig kaufe bhut.

Was awer bassirt? Mei Carlche bhat mit seine zwei dicke Händelcher nach dere Schnarr dappe un bhat der zu ihrm Gequietsch lache, so silwern un so goldig, daß meim Mann un mir vor lauter Glickseligkeit die Freudethräne de Backe enunner geborzelt sin. Un wenn mer ääch vorher einfällig genug gewese warn, uns ebbes ganz anneres vom erschte Weihnachts-Eindruck bei userm Carlche vorzustelle, so froh un seelig wie dazumal warn mer doch noch nie gewese.

Auch unser Chriskinnercher warn nit umsonst angeschafft worde, denn mit ihrer Hilf konnte mer uns nu die scheenste Zukunftsbilder vormale, wie Alles emal werde bhät, wenn unser Sohn erscht so weit wär, um mit Lust un Verstand Besitz von seine Herrlichkeite zu ergreife. Sei Kindheit, die Schulzeit, die ganz glickselig Zukunft lag dort vor uns ausgebreit un die knisternde Dannezweig mit ihre flimmernde Lichtercher wowe ihrn stille Zauwer um unsern beseeligende Traum. Mitte enei awer klang des Lache un Juchze von unserm Biebche, so hell un froh, als ob des bausbackig Wachs-Engelche owe am Chrisbaum in hechst eigner Person aus seiner goldene Blechdrombet eraus em des Signal zugeschmettert hätt:

„Frehliche Weihnachte!"

Carl Hill

„Ansichtskarten."

Er handelt mit Ansichtskarten;
Das flutet vorüber, trotz Schnee und Eis,
Doch Niemand hört bitten den Alten, leis:
„Ansichtskarten!"

„Hui, hui," wie bläst der Nord mit Gewalt —
Der Alte schauert zusammen;
„Weiß Gott, an der Loire war's nicht so kalt;
Doch damals war jung ich und heut' bin ich alt! —
Ansichtskarten!"

„Was plagst du und marterst mich, armes Hirn?
Was teuer mir war, ist begraben."
Doch halt, — und er runzelt finster die Stirn,
Er denkt an die Tochter, die — Straßendirn' —
Ansichtskarten!

Es leuchten die Augen in buschigen Brau'n,
Er denkt an die ruhmreichen Kriege;
„Das war ein Schlachten bei Amiens, traun,
Da hab ich den Hauptmann herausgehaun! —
Ansichtskarten!"

Am Arm eines Freundes huscht lachend, geschwind
Hinauf eine Halbweltdame;
„Das war sie, Mariechen, mein letztes Kind!
Wie wird mir? Es ist der kalte Wind."
Ansichtskarten!

Was heult der eisige Nord so bang!
Die Menschenflut hat sich verlaufen, — —
Stumm liegt der Alte am Treppenaufgang,
Und um ihn zerstreut, die Straße entlang —
Ansichtskarten. — — —

Carl Hill

Die Forelle.

Es lebt' an der Stromesschnelle
Ein alter, bemooster Hecht,
Der hat gegen eine Forelle
Sich dreist zu werben erfrecht.

Er sprach: „Du kleine Kanaille,
Komm' mit und sei kein Tor!"
Dann — faßt' er sie um die Taille,
Und — flüstert' ihr was in's Ohr.

Da schrie die kleine Forelle
Und bebte vor Aerger und Wut:
„Geh weiter, du dreister Geselle,
Ich habe kaltes Blut.

Bei Karpfen, Schleien und Stichlein,
Da liebe nur immerzu!
Ich bin ein anständig Fischlein,
Drum laß mich gefälligst in Ruh!" —

Da packte den Sünder die Reue,
Er verließ der Forellen Chor,
Und — schwamm zu Karpfen und Schleie,
Dort liebte er — wie zuvor!

Carl Hill

Der deutsche Vogel.

War ein Zanken und Geschrei
In der Vögel Kreise,
Wer der „Deutsche Vogel" sei?
Jeder bracht' Beweise.

„Deutsch klingt meiner Lieder Schall
Zu des Lenzes Blüten,
Deutsch bin ich, Frau Nachtigall,
Stamm' ich auch vom Süden."

Krächzt der schwarze Rabe dumpf:
„Hört auf m e i n e Lehre,
Ist in Deutschland „Schwarz" nicht Trumpf?
Gebet m i r die Ehre!"

„Mir gebührt der Preis, fürwahr:
„Deutsch zu allen Zeiten!"
Trotzig sprach's der deutsche Aar,
„Wer wagt's zu bestreiten?"

Würdevoll ein alter Storch
Sprach: „So seid zufrieden,
Warum Streitigkeit und Sorg',
Da die Frag' entschieden:

Schwarz die Flügel, weiß die West',
Rot die stolzen Beine,
Deutsch bin i ch, von Storchennest,
Deutsch bin ich alleine!"

Otto Hörth

Die Rache des Jubilars.

Eine schnurrige Geschichte.

I.

Es ist etwas Schönes um ein fünfzigjähriges Jubiläum. Wenn man fünfzig Jahre verheiratet ist oder fünfzig Jahre in einer Schreibstube gearbeitet hat, so hat man wohl Ursache, vergnügt auszurufen: „Gott sei Dank, daß diese zwei mal Fünfundzwanzig vorüber sind!" Und man lädt Verwandte und Freunde zu einem Festessen ein, zu dem sich keiner zweimal bitten läßt. Alles ist eitel Jubel und Vergnügen, und alle Zeitungen berichten lange Spalten darüber.

Böse Zungen behaupten zwar, die Freude der Festgenossen sei keine echte. Die Neffen und Nichten freuen sich höchstens darüber, daß sie der Erbschaft um einen bedeutenden Schritt näher gerückt sind, und die Untergebenen sind vergnügt, weil bald wieder eine Stelle über ihnen frei wird.

Da kommen sie nun aber und feiern auch das fünfundzwanzigjährige Jubiläum ihres Amtes und Berufes. Als ob das so etwas ganz Besonderes wäre! Jeder Mensch, der das Glück hat, vierzig Jahre alt zu werden, kann ein solches Jubiläum feiern; den Eintritt in die Schusterwerkstatt z. B., die erste Düte, die man gedreht, oder den ersten Klecks, den man auf gestempeltes Papier gemacht hat.

Und wenn diese Fünfundzwanziger=Jubilare doch ihr Fest nur für sich, im Kreise der Familie oder in stillem Gedenken am Schreibpult oder in der Werkstatt feiern wollten! Aber da soll es alle Welt wissen, und die Zeitungen sollen es Jedermann verkünden, daß man fünfundzwanzig Jahre im Dienst gewesen ist. Wozu wären denn sonst die Zeitungen da?

Namentlich der Prinzipal soll es wissen. Es macht's ja nicht jeder Prinzipal wie der alte Amschel Rothschild. Zu dem kam eines Morgens in sein Separat-Kontor einer seiner Angestellten im Festanzug und mit feierlicher Miene: „Was wolle Se, Herr Maier?" fragte Rothschild. — „Ich wollte Ihnen nur mitteilen, Herr Baron, daß es heute fünfundzwanzig Jahre sind, daß ich in Ihr Geschäft eingetreten bin," war die untertänigste und erwartungsvoll-lächelnde Antwort. „So," erwiderte der alte Amschel, „fünfundzwanzig Jahr'? So lang schon hab ich Geduld mit Ihne gehabt?" —

Und nun will ich eine Geschichte erzählen. Sie ist in einer mittelgroßen Stadt passiert, der wir den Namen Blitzburg geben wollen.

II.

Seit einiger Zeit waren in Blitzburg die fünfundzwanzigjährigen Jubiläen Mode geworden, ja sie bildeten sich zu einer Sucht, zu einem förmlichen Sport aus. Allmählich wagten sich sogar schon zwanzig-, fünfzehn-, endlich selbst zehnjährige Jubiläen an's Tageslicht.

Woher dies kam, das weiß man nicht genau. Die Wirksamkeit einer Ansteckung, die sich offenbar auf einen Jubiläums-Bazillus zurückführt, dürfte Einiges dazu beigetragen haben. Ebenso ist mit Grund anzunehmen, daß die Sucht nachhaltig gefördert wurde durch das Verhalten des Hauptorgans der öffentlichen Meinung in Blitzburg, des „Blitzburger Intelligenz-Blattes".

Der Redakteur dieses Blattes war ein sehr gefälliger, freundlicher und gewandter Herr. Berger war sein Name. Er war Mitglied in allen Vereinen der Stadt, war fast geborenes Mitglied aller Festausschüsse, ein ausgezeichneter Redner, Dichter, Sänger, Tänzer und Theaterkritiker. Er war in der ganzen Stadt bekannt und beliebt, und die feste Position, in der das „Blitzburger Intelligenz-Blatt" allen Konkurrenz-Unternehmungen gegenüber sich befand, war vorzugsweise auf seine Tätigkeit und liebenswürdige Persönlichkeit zurückzuführen. Das wußte auch sein Prinzipal, der Eigentümer, Verleger und Herausgeber des „Blitzburger Intelligenz-Blattes", Herr Hagenau, recht gut; er schätzte ihn darum sehr hoch und gab dieser Hochschätzung, zum nachahmenswerten Beispiele für andere Eigentümer, Herausgeber und Verleger von Tagesblättern, auch in den Berger'schen Gehaltsverhältnissen einen entsprechenden Ausdruck.

Da kam es nun häufig vor, daß auf der Redaktion dieser und jener Bekannte vorsprach; oder er nahm sich nicht einmal die Mühe, auf die Redaktion zu kommen, sondern er machte die Sache in der Pause zwischen zwei Akten im Theater, am Biertisch oder während der „Liederkranz"-Probe ab.

„Lieber Herr Berger," sagt er, „ich habe da einen guten Freund, der feiert am nächsten Sonntag das fünfundzwanzigjährige Jubiläum seines Eintritts in die freiwillige Feuerwehr. Er hat es mir zufällig und unabsichtlich verraten, sonst wüßte ich es nicht. Es wird ihm große Freude machen, wenn wir ihn durch ein Fest überraschen, noch größere aber, wenn auch die Oeffentlichkeit daran Teil nimmt. Diese möchten wir zunächst aufmerksam machen. Wollen Sie nicht so freundlich sein, eine entsprechende Notiz in Ihr Blatt aufzunehmen, und da Sie dergleichen am besten verstehen, wollen Sie nicht so gütig sein, die Notiz auch selbst abzufassen?"

Der freundliche Herr Berger sagt zu. Am nächsten Tage erscheint im „Blitzburger Intelligenz-Blatt" folgende Notiz:

„Wie wir erfahren, sind es am nächsten Sonntag fünfundzwanzig Jahre, daß unser geschätzter Mitbürger Herr Wasserträger in die hiesige Feuerwehr eingetreten ist. Seine Kameraden und Freunde beabsichtigen diesen Tag in Gemeinschaft mit ihm festlich zu begehen. Wir sind überzeugt, daß die ganze Stadt freudigen Anteil nimmt an diesem seltenen Ereignisse."

Die Notiz wirkt; es gibt ein prächtiges Fest, der Jubilar vergießt Tränen der Freude, und seine Kameraden haben etliche Brände mehr zu löschen. Irren wir nicht, so hat Herr Berger auch die Rede verfaßt, die der Herr Kommandant dem Gefeierten hält, sowie den Festspruch, den ein weißgekleidetes Mädchen vorträgt; von ihm stammt auch der rührende Bericht über das Fest, der Tags darauf im „Blitzburger Intelligenz-Blatt" erscheint, und in welchem viel die Rede ist von der wohltätigen Macht des Feuers, wenn sie von einer Feuerwehr bezähmt und bewacht wird, sowie von der Sicherheit, mit der die Blitzburger schlafen können, da der Gefeierte zum Dank für seine Mitbürger sich entschlossen hat, wo möglich noch eifriger zu wachen als bisher und auch in Zukunft jeden Brand unnachsichtig zu löschen.

Ein paar Wochen darauf kommt der Feuerwehrmann Wasserträger zu Herrn Berger in ganz der nämlichen Angelegenheit. Sein Freund Himmelheber — es ist derselbe, der sich um die Organisation des Feuerwehrmanns-Jubiläum so verdient gemacht hat — ist am nächsten Dienstag fünfundzwanzig Jahre Geschäftsteilhaber in der berühmten Goldleistenfabrik Neubauer & Cie., und seine Freunde wollen diesen Tag festlich mit ihm begehen. Eine kleine Notiz sei höchst erwünscht und würde dem Jubilar ganz besondere Freude machen.

Herr Berger macht die Notiz. Das Fest findet statt und alle Welt ist vergnügt. Herr Berger macht auch den Bericht. Es ist schade, daß das „Blitzburger Intelligenz-Blatt" nicht illustriert ist; sonst würde auch das wohlgetroffene Bildnis des Jubilars darin erscheinen.

So geht es weiter; die Jubilare werden immer zahlreicher. Schließlich kommen auch solche Bittsteller, welche die Andeutung fallen lassen, der Jubilar, der da und da im Geschäfte sei, könne eine Sammlung von Jubiläumsgeschenken, namentlich solche in klingender Münze und ähnlichen kunstgewerblichen Arbeiten, recht gut brauchen; seine Prinzipale seien rechte Knicker, denen man durch eine Notiz in der Zeitung einen gelinden Zwang antun müsse; wenn sie sein Gehalt auch nicht dauernd aufbessern, so müssen sie dem Jubilar Schanden halber doch ein ansehnliches Geldgeschenk zukommen lassen.

Herr Berger macht auch diese Notiz. Er macht ferner den Bericht über das Fest, und wenn auch die Herren Prinzipale sich ärgern über die Summe, die sie so unvorhergesehen ausgeben müssen, so freuen sie sich doch darüber, daß jetzt alle Welt in der Zeitung von ihrer Uneigennützigkeit und Hochherzigkeit liest. Ihre Freigebigkeit und ihr gutes Herz ist da so lebhaft geschildert, daß sie schließlich selbst daran glauben.

Am Ende erscheint keine Nummer des „Blitzburger Intelligenz-Blattes", ohne daß die Ankündigung eines Jubiläums oder der Bericht über ein solches darin steht.

III.

So sind Jahre vergangen, und allmählich nahte die Zeit, wo auch Herr Berger sein Jubiläum feiern sollte. Fünfundzwanzig Jahre waren es in der Tat, daß Herr Berger zur Freude der Stadt und zum Nutzen seines Prinzipals das „Blitzburger Intelligenz-Blattes" redigierte. Er selbst hätte zwar diesen wichtigen Abschnitt seines Lebens gewiß vergessen, aber seine Gattin, welche die Jahre bei Andern um so zuverlässiger zählen konnte, je weniger sie dies bei sich selbst vermochte, sorgte schon dafür, daß er das wichtige Ereignis nicht übersah. Er hatte sich bereits an den Gedanken gewöhnt, daß er jetzt nun selbst Jubiläum zu feiern hätte, nachdem er es so vielen Andern hatte feiern helfen, und die beiden Leutchen besprachen das Fest schon bis in alle Einzelheiten hinein. Es war ja notwendig, daß sie sich etwas vorbereiteten.

Frau Berger sagte: „Die Vorstände Deiner zwölf Vereine werden jedenfalls alle zum Gratulieren kommen. Die müssen wir alle zum Frühstück dabehalten. Wir brauchen dazu ein neues Wein=Service, und zwar muß es aus Musselin=Glas sein, denn beim letzten Kaffee=Kränzchen hat die Frau „Liederkranz"= Präsidentin triumphierend erzählt, ihr Mann habe ihr ein Musselin=Service gekauft und von der will ich mich nicht in Schatten stellen lassen."

Herr Berger versprach, es ebenso zu machen, wie der „Lieder= kranz"=Präsident.

„Neue Vorhänge müssen wir auch haben," fuhr Frau Berger fort. „Es müssen Crême=Vorhänge sein, mit gehäkelten Zwischensätzen, wie die Frau Gerichtspräsidentin und die Frau Postdirektorin sie haben. Wenn wir etwas Neues anschaffen, kann es nichts Schlechteres sein, als die es haben." Frau Berger, sonst eine sehr höfliche Frau, pflegte eine Reihe der höchstgestellten Damen, wenn sie von ihnen in der dritten Person sprach, nicht anders als „die" und „der" zu nennen.

Herr Berger versprach auch die neuen Vorhänge. „Ich habe bemerkt," sagte Frage Berger weiter, „daß Dein Frack zu schäbig ist. Du mußt Dir einen neuen kaufen; ebenso einen neuen Chlinder. Die Façon Deines jetzigen ist schon viel zu alt." Herr Berger wehrte sich gegen den neuen Frack und den neuen Chlinder, aber umsonst. Seine Frau ruhte nicht eher, als bis er ihrem Wunsche nachgegeben und beides zu seiner persönlichen Verschönerung und Modernisierung bestellt hatte.

Es war nun nicht mehr als selbstverständlich, daß er seiner Frau empfahl, sich ein neues Prachtkleid anzuschaffen; so selbst= verständlich, daß Frau Berger durch diese Anempfehlung gar nicht überrascht war. Sie hatte vielmehr selbst schon daran ge= dacht; sie wußte bereits, daß das Kleid von violettem Atlas sein müßte und wußte sogar schon, welche Form und Farbe der neue Hut, der natürlich dazu gehört, haben müßte. Frau Berger wehrte sich zwar noch ein wenig gegen den definitiven Entschluß, aber Herr Berger war ein viel zu erfahrener Ehemann, als daß er diesen Widerstand nicht nach seinem wirklichen Werte hätte taxieren sollen. Nach dieser Richtung war Alles in Ordnung. Kinder hatten die Leute keine, also brauchten sie für diese um keine neue Toilette besorgt zu sein.

Dann kam Anderes an die Reihe. „Vormittags kommen die Gratulanten," sagte Frau Berger; „das Frühstück ist bei uns, Abends ist Festtafel in der Harmonie mit darauffolgendem Ball; die Spitzen der Behörden und die ersten Bürger mit ihren Damen nehmen daran Teil."

„Ich bin nur neugierig," sagte Herr Berger, „wer den Festtoast auf mich hält und wer dem weißgekleideten Mädchen den Festspruch verfaßt." Es war dem Manne nicht zu verdanken, daß er schon im Voraus seinen Ersatzmann kennen zu lernen wünschte.

„Ich dagegen bin neugierig," erwiderte Frau Berger, „was für eine Jubiläumsgabe Dir Dein Prinzipal darbringen wird. Er ist nicht gerade geizig, aber diesmal könnte er sich wohl zu einer außerordentlichen Anstrengung aufraffen. Nur nichts in die Haushaltung! Da haben wir nichts nötig. Lieber eine bare Summe! Ich weiß schon, was wir damit anfangen würden. Ich möchte schon lange unser Eßzimmer altdeutsch eingerichtet haben. Unsere Möbel sind viel zu altmodisch; die hat man schon lange nicht mehr. Man hat sogar schon wieder welche, die neuer sind als die neuen."

Herr Berger war damit einverstanden. „Deine Vereine," fuhr Frau Berger fort, „mögen Dir Gebrauchs= und Zier=Gegenstände schenken: Teppiche, Uhren, Vasen, Rauchtische, Becher, Bierkrüge und dergleichen. Was sich dazu eignet, stellen wir dann auf unser neues altdeutsches Büffet. O das wird sich herrlich machen!"

Herr Berger war auch damit einverstanden.

IV.

Der große Tag war gekommen. Herr Berger hatte lange mit sich gekämpft, ob er morgens auf die Redaktion gehen solle oder nicht. Er ging. Man sollte nicht sagen, daß er an einem einzigen Tage, und wäre es auch sein höchstes Fest, seine Pflicht versäumt habe. Er konnte ja später, wenn die dringlichste Arbeit erledigt war, wieder nach Hause gehen, sich umkleiden und den festlichen Ansturm erwarten.

Unter dem Torbogen des Geschäftslokals begegnete ihm sein Prinzipal, der ihn wie gewöhnlich freundlich grüßte und nicht tat, als wenn er von irgend etwas wüßte. „Aha," dachte Herr Berger, „der will mich zu Hause überraschen! Für so zartsinnig hätte ich ihn doch nicht gehalten!"

In der Redaktionsstube sah es wie alle Tage aus; Pult, Sessel, Papierkorb, Bücher- und Zeitungsgestelle, sie alle schienen keine Ahnung davon zu haben, daß es ein Jubiläumstag war. Auch die Drucker, Setzer, Lehrbuben, selbst der Metteur-en-Pages nicht. Sie benahmen sich wie immer und ließen nicht das Geringste merken. „Eine solche Stille, Zurückhaltung und Verschwiegenheit ist mir noch bei keinem Jubiläum vorgekommen," dachte Herr Berger. „Vielleicht rührt dies davon her, daß ich jetzt zum ersten Mal selbst der Jubilar bin!"

Er beeilte seine Arbeit mehr wie sonst, dann gönnte er sich den Luxus einer Droschke und fuhr nach Haus. Seine Frau hatte sich schon in ihren Staat geworfen und prüfte mit einem letzten Blicke das Schlachtfeld: die Zimmer, die neuen Vorhänge, den gedeckten Frühstückstisch, das neue Musselin-Service, das Dienstmädchen, die Köchin und eine Aufwärterin in frischweißem Aufputze. Es war Alles in Ordnung; Haus Berger durfte sich sehen lassen.

Jetzt warf sich auch Herr Berger in den Staat. Dann gesellte er sich zu seiner Frau und prüfte auch seinerseits, ob Alles in Ordnung sei. Es fehlte nichts. Dann warteten beide. Es dauerte eine halbe Ewigkeit, und es wollte immer noch niemand kommen. Es schlug zwölf Uhr, dann halb ein Uhr, endlich ein Uhr. Da dämmerte in beiden eine Ahnung auf, die rasch zur entsetzlichen Gewißheit wurde: Es kam überhaupt Niemand, es gab überhaupt keine Jubiläumsfeier.

Von ihrem Schrecken erholte sich zuerst Frau Berger. „Ja hast Du denn," fuhr sie ihren Mann an, „Niemandem eine Andeutung gemacht, daß heute Dein Jubiläum ist?"

„Keinem Menschen," antwortete Herr Berger zerknirscht.

„Und Du hast geglaubt, sie wüßten es alle von selber und kämen ohne weiteres Zutun?" fuhr sie wütend fort.

„Ich kann doch die Leute nicht auffordern, mir ein Jubiläum zu feiern?" entgegnete er mit einem gewissen Stolze.

„Und Du hast geglaubt," fuhr sie unerbittlich fort, „alle die Jubiläen, die Du hast feiern helfen, seien ganz ohne Zutun der Jubilare zustande gekommen?"

„Sie wartete seine Antwort nicht ab, sondern rauschte mit ihrem Seidenkleide hinaus und schlug die Türe hinter sich zu, daß das ganze Haus erbebte.

Herr Berger zog etwas langsamer nach einer andern Seite ab. Er warf sich wieder in sein Alltagsgewand und nahm dann den Weg zur Redaktion unter die Füße. In gewohnter Weise arbeitete er dort, als ob nichts vorgefallen wäre.

V.

Drei Tage nach diesem Ereignis, das eigentlich der betrübliche Mangel eines Ereignisses war, stand im „Blitzburger Intelligenz-Blatt" folgende Notiz zu lesen:

Wie wir vernehmen, wird nächstens unser hoch geschätzter Mitbürger, Herr Steiger, Türmer an Sankt Peter, das fünfundzwanzigjährige Jubiläum seines hohen Amtes feiern. Die zahlreichen Freunde und auch die Vorgesetzten unseres sehr werten Mitbürgers haben die Veranstaltung eines besonderen Festes bereits in die Hand genommen. Unsere ganze Stadt, die mit tiefer Verehrung zu dem Jubilar aufblickt, nimmt gewiß an dieser erhabenen Feier Teil.

In der nächsten Nummer des „Blitzburger Intelligenz-Blattes" war Folgendes zu lesen:

Wir erhalten die nachstehende Zuschrift: „Bekümmern Sie sich ein andermal um Ihre Angelegenheiten und nicht um die meinigen. Ich bin erst achtzehn Jahre Türmer, und auch, wenn ich es fünfundzwanzig wäre, würde es mir nicht einfallen, ein Fest zu feiern oder ein solches von Andern anzunehmen. Ich tue meine Pflicht und will nicht in den Zeitungen herumgeschmiert werden. Merken Sie sich's! Steiger, Türmer an Sankt Peter."

Daran hatte die Redaktion folgende Bemerkung gefügt:

Wir haben diese Zuschrift unverkürzt aufgenommen, um uns für den Irrtum zu strafen, den wir mit der Notiz, die uns von sonst vertrauenswerter Seite zukam, begangen haben. Wir haben uns nur erlaubt, sie schriftgemäß etwas zu glätten; an ihrem Sinn und an ihrer Ausdrucksweise haben wir nichts geändert.

Nach ein paar Tagen brachte das „Blitzburger Intelligenz-Blatt" folgende Notiz:

Es wird uns mitgeteilt, daß der im Dienste des hiesigen städtischen Kanal- und Kehricht-Amts stehende Ausräumer Herr Schmutzer demnächst den fünfundzwanzigsten Jahrestag seines Eintritts in seine Stellung feiern wird. Seine Kollegen und das städtische Kanal- und Kehricht-Amt sind bereits mit Vorbereitungen beschäftigt, den festlichen Tag würdig zu begehen. Wie wir vernehmen, soll u. A. dem Jubilar ein neuer Besen überreicht und sämtliche Kehrichtwagen in feierlichem Aufzuge durch die Straßen der Stadt geführt werden. Wir sind überzeugt, daß die ganze Stadt an diesem seltenen Feste den regsten Anteil nimmt.

Tags darauf enthielt das „Blitzburger Intelligenz-Blatt" folgende Erwiderung:

Die heutige Nummer 261 Ihres Blattes enthält die Mitteilung, daß der bei uns bedienstete Kanal- und Kehr-Arbeiter Schmutzer demnächst sein fünfundzwanzigjähriges Jubiläum feiern, und daß u. A. auch seine vorgesetzte Behörde sich mit den Vorbereitungen zu einer Feier dieses Tages beschäftige.

Wir haben diese Mitteilung amtlich dahin zu berichtigen, erstens daß der Fall eines Jubiläums garnicht vorliegt, indem der fragliche Arbeiter Schmutzer erst elf Jahre bei uns beschäftigt ist, und zweitens daß wir, auch wenn der Fall einmal eintreten sollte, uns keineswegs entschließen könnten, der immer mehr einreißenden Unsitte des Feierns fünfundzwanzigjähriger Jubiläen auch unsererseits zu huldigen, von der Beteiligung des unterzeichneten Amtes an einer solchen Feier also keine Rede sein kann.

Wir ersuchen Sie unter Berufung auf § 11 des Reichs-Preßgesetzes vom 20. Mai 1874 diese unsere Berichtigung in Ihrer nächsten Nummer in derselben Schrift und an derselben Stelle wie die berichtigte Notiz abzudrucken.

Das städtische Kanal- und Kehricht-Amt.
Unterschrift: (Unleserlich.)

Dazu fügte die Redaktion folgende Bemerkung:

Wir fühlen uns gedrungen, das Publikum um Entschuldigung zu bitten, daß wir nun schon zum zweiten Male eine falsche Jubiläums-Nachricht veröffentlicht haben. Zu unserer Entlastung möchten wir indessen anführen, daß es bei der Raschheit, mit der die Jubiläums-Nachrichten dem Publikum stets mitgeteilt werden sollen, der Redaktion nicht möglich ist, jedesmal vorher die wünschenswerten Erkundigungen einzuziehen. Wir werden indes unser Möglichstes tun, um derartigen Irrtümern für die Zukunft vorzubeugen.

Nach acht Tagen war im „Blitzburger Intelligenz-Blatt" Folgendes zu lesen:

Wie wir erfahren, wird demnächst im hiesigen Landeszuchthaus eine erhebende Feier stattfinden. Einer der Insassen desselben, Herr Beutelschneider, wird nämlich die fünfundzwanzigste Wiederkehr des Tages feiern, an welchem er wegen mehrerer schweren Verbrechen der Anstalt übergeben worden ist. Die Zuchthausdirektion wird, wie wir vernehmen, den seltenen Tag zur Veranlassung nehmen, dem Jubilar und auch seinen Mitsträflingen ein gemütliches Fest zu bereiten.

Tags darauf veröffentliche das „Blitzburger Intelligenz-Blatt" folgende „Amtliche Berichtigung":

Mit Bezug auf Ihre Notiz, betreffend das Jubiläum eines Sträflings, fordern wir Sie unter Berufung auf § 11 des Preßgesetzes auf, die Notiz dahin zu berichtigen, daß dieselbe von A bis Z erlogen ist.

Die königliche Zuchthaus-Direktion.
Unterschrift: (Unleserlich.)

Gleichzeitig mit dieser Berichtigung hatte der Redakteur des „Blitzburger Intelligenz-Blattes" ein vertrauliches Schreiben des ihm befreundeten Zuchthaus-Direktions-Sekretärs erhalten, worin ihm dieser mitteilte, der Herr Direktor sei über die Notiz so aufgebracht gewesen, daß er das Blatt wegen Beleidigung einer königlichen Behörde (§ 196 des Reichsstrafgesetzes) verklagen wollte; er, der Sekretär, habe ihn glücklich noch von dieser Idee abgebracht, wünsche aber nicht, seine Freundschaft noch einmal auf eine solche Probe gestellt zu sehen.

Es war daher der Redaktion des „Blitzburger Intelligenz-Blatt" nicht zu verdenken, wenn sie an die Berichtigung der königlichen Zuchthaus-Direktion die folgende Bemerkung knüpfte:

Es ist nun schon das dritte Mal, daß unser guter Glaube auf die schändlichste Weise mißbraucht wurde. Das ist um so unverantwortlicher, als der Redaktion, außer der Unannehmlichkeit, ihre Nachrichten widerrufen zu müssen, auch noch andere Nachteile daraus erwachsen können, denn es wird durch derartige Nachrichten nicht bloß das Publikum getäuscht, sondern auch die Ehre und das Ansehen von achtbaren Personen sowie von hochgeschätzten städtischen und Staatsbehörden in empfindlicher Weise verletzt. Da es uns nun aber durchaus unmöglich ist, die uns zugehenden Jubiläums-Nachrichten auf ihren wirklichen Wert zuverlässig zu prüfen, so wird das verehrte Publikum es wohl begreiflich finden und vielleicht auch, wie wir hoffen, uns seinen Beifall nicht versagen, wenn wir von nun ab über kein Jubiläum mehr, es sei, welches es wolle, eine Notiz veröffentlichen.

Dabei blieb es. Und nun, da der Reiz der Oeffentlichkeit verschwand, nahm auch die Jubiläumssucht wieder ab. Der Türmer, der Kanal- und Kehricht-Arbeiter sowie der Sträfling hatten dazu beigetragen, den Leuten das Jubiläumfeiern zu verleiden. Bald erhielt in Blitzburg kein fünfundzwanzigjähriger Jubilar mehr eine Feier.

Das war die Rache des Jubilars. Ob er gegen die fünfzigjährigen Jubiläen auch so streng ist, wissen wir nicht. Wir wollen ihm aber wünschen, daß wenigstens sein fünfzigjähriges Jubiläum nicht vergessen wird.

Julia-Virginia

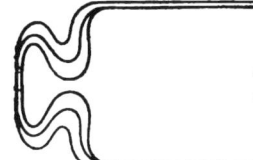

Bin eine wilde, blonde Blume.

Bin eine wilde, blonde Blume
Und blühe verborgen im tieftiefen Tal —
Es welkt meines Mundes blutrote Blüte
Langsam dahin in lachender Qual.

Und hab doch so großen, unsäglichen Hunger
Nach flammender Höhe, nach Leben und Licht!
Soll ich denn ewig im Talgrunde darben?
Küßt niemals die Sonne mein junges Gesicht? —

Meine Wangen, die waren zwei Rosen rot.

Meine Wangen, die waren zwei Rosen rot,
Und sind jetzt so weiß .. so weiß ..
Die große Flamme ist kläglich verloht
In Nächten einsam und heiß.

Meine Wangen, die blühten in Schaffenslust
Und waren gar bald erblaßt. — —
Ersticke mit Küssen das Weh in der Brust,
Das mich so wild erfaßt!

Fatum.

Seit deines Geistes Adlerflügel
Mich trug in meiner Sehnsucht Land,
Seit jenes unlösbare Siegel
Dein heißer Mund mir aufgebrannt:
Bin ewig ich dein Eigentum! —
Ich, die zu herrschen nur begehrte,
Die fieberte vor Durst nach Ruhm,
Und die der Ehrgeiz fast verzehrte.

Es war wohl erst nur Drang zum Lichte,
Der mich in deine Arme trieb,
Dieweil von deinem Angesichte
Ein Leuchten an mir haften blieb.
Doch bebend wurd' ich bald gewahr:
Es war mein Schicksal, dich zu lieben.
Der Ew'ge selbst schuf uns zum Paar . . .
So steht's im großen Buch geschrieben.

An deiner Brust, in deinen Armen
Wär' ich zum Leben bald erwacht,
Wenn du mit göttlichem Erbarmen
Mich wachgeküßt aus dunkler Nacht;
Wenn du von deinem Ueberfluß
Mir Rosen sorglich ausgebreitet,
Und — stützend meinen schwachen Fuß —
Zur lichten Höhe mich geleitet.

Und ich — ich hätte dich umschmeichelt
Wie Frühlingswind den starren Firn,
Mit Kinderhänden weggestreichelt
Die Runenschrift auf deiner Stirn.
Ich hätte meine junge Kraft
Zum Opfer lächelnd dir gegeben,
All die verborgne Leidenschaft
Zur höchsten Lust, zum höchsten Leben!

Du nahmst sie nicht. — In grellem Scheine
Erblinkt ein Reif an deiner Hand.
Verraten kannst du nicht die Eine,
Die liebend einst dein Arm umwand. — —
So trieb's uns von einander fort,
Sieghaft die Satzung aber waltet.
Und meiner Knospen Fülle dorrt,
Eh' sie zur Blüte sich entfaltet!

Pan.

(Ein Mittsommertraum.)

Gewahrt ich ihn doch an des Bergwaldes Rand
In schwelender Mittagsglut sengendem Brand,
Als ich — müde vom Streifzug durch Fluren und Felder,
Durch blumige Auen und schweigende Wälder —
Der lassen Glieder schwellende Last
Auf schattige Moosbank gebettet zur Rast.
Horch! Ueber mir plötzlich ein liebliches Flöten.
Es haftet mit freudig bestürztem Erröten
Staunend mein Antlitz am heidnischen Gotte,
Zur Ruhe gelagert vor kühlichter Grotte.
Und wirklich: da sitzt er, der Große, Allwaltende,
Der hier in der Wildnis geheimnisvoll Schaltende,
Die Schäferschalmei in nervigen Händen,
Mit rötlichem Luchsfell umgürtet die Lenden. —
Wie brünstig er flötet! Wie schmachtend er tutet!
Von Liebe und Sehnsucht zehrend durchglutet,
Während sein Bocksfuß, hustig und nackt,
Zum klingenden Spiele schlägt emsig den Takt.
Es tönte die Weise so süß . . . so berauschend . . .
Ich schlich mich herbei, dem Arglosen lauschend.
Und mein irdisches Ohr begierig verschlang
Der lockenden Syrinx betörenden Klang!

Und sieh! In der Runde, weit und breit,
Belebt sich des Waldes Tiefeinsamkeit.
Es hüpfen und schlüpfen aus Klüften und Spalten
Der Waldwelt sagenumwobne Gestalten:
Der grünen Dryaden windleichte Scharen —
Feuchte Najaden mit schilfigen Haaren,
Verfolgt von Panisken, zottig-geschwänzten,
Mit lüsternen Leibern, efeuumkränzten —
Faunsbübchen dazwischen, ruppige Törchen,
Die schäkernd sich zausen an spitzigen Oehrchen —

Julia-Virginia

Silene — Satyre — mit ew'gem Gelüste
Auf lieblicher Nymphen sammetne Brüste,
Mit derbem Gescherze, mit schalkhaftem Spott — —
Und alle umtanzen den großen Gott
Bacchantisch in immer wilderen Kreisen.
Und süß und süßer schluchzen die Weisen . . .

— — — — — — — — — — —

— — — — — — — — — — —

— — — — — — — — — — —

Aus wachendem Traume fahr' jählings ich auf
Und starre verwundert ins Blaue hinauf;
Entflohen der Gott — entschwunden der Spuk —
Versunken der ganze gespenstische Trug,
Das lachende, tanzende Waldgelichter,
Die schneeigen Nymphen, die Satyrgesichter.
Grau grinst mich wieder die Alltagswelt an.
Und ich schleich' mich verwaist vom entzauberten Plan,
Lenk' zögernd die Schritte hinunter zu Tal,
Zu den Menschlein mit ihrer Philistermoral,
Mit ihren Bergen von Bürden und Lasten,
Zurück zu des Lebens lärmendem Hasten,
Und balde, gar balde, gleich flüchtigem Schaum,
Zerstiebte der Seele Mittsommertraum. —
Nur manchmal zur schattenden Abendzeit
Wird mir ums Herze so seltsam, so weit,
Und rings aus der Mauern beengendem Zwange
Stehl ich mich bergwärts zum waldigen Hange,
Zur einsamen Stätte allgöttlichen Webens,
Doch lausche vergebens, ach immer vergebens
— Nur leise umraunt von der Föhren Sang —
Auf panischer Weisen melodischen Klang. — — —

Eva.

Und du — du solltest das Zepter schwingen.
Ich wollte dir dienen, treulich wie keine;
Wollt' Tag um Tag dir zu Füßen verbringen,
In Andacht vor deinem Glorienscheine.

Ich wollte die schönsten Elogen verbrauchen
Bei deiner Muse erhabnen Ergüssen —
Und samt deiner Würde dich untertauchen
— — — In ein Meer von purpurnen Liebesküssen!

Wildeinsamkeit.

Weltfernes Eiland — Traum meiner Nächte —
Bette mich wieder in deinen Schoß.
Stärke die Seele, die müde, geschwächte,
Denn sieh — ich sehne mich grenzenlos
Zurück zu der stählenden Luft deiner Küsten.
Laß mich genesen an felsigen Brüsten,
    Wildeinsamkeit!

Lasse die Salzflut den Leib mir umbranden.
Laß Nordlandwinde die Schläfen mir kühlen;
Denn ich erstickte in Rosenguirlanden,
Im üppigen Wuste von schwellenden Pfühlen;
Denn ich verlor mich, denn ich verflachte
Da draußen, wo alles nur liebte und lachte.
    Wildeinsamkeit!

Und lasse mit gierig geöffneten Lippen
Neukraft mich saugen am Born der Natur;
Neukraft mir holen an starrenden Klippen,
Fern vom Gewoge der Weltstadtkultur:
Um einsam im Kampf mit Wettern und Winden
Lachend und weinend mich wiederzufinden.
    Wildeinsamkeit!

Ikarus.

Es riß mein wilder Höhentrieb
Mich herrisch aus der Nacht hervor,
Und — wundgepeitscht vom Geißelhieb
Der Ehrbegier — stürm' ich empor:
Nach dem Ikarien meiner Gluten,
Nach jenem fernen Flammenreich,
Des purpurrote Sonnenfluten
Mich magisch ziehn in ihr Bereich. —

Versunken ist das enge Tal,
Dem lieblos sich mein Flug entwandt;
Vergessen auch die süße Qual,
Die einstmals mich in Ketten band.
Nur vorwärts treibt wie Folterspieße
Mich meines Dämons Herrscherblick.
Und selbst, wenn er noch von mir ließe,
Ich will — ich kann nicht mehr zurück!

Und schaubernd weiß ich doch, daß schon
In heißer Gier die Flamme loht,
Die mit verachtungsvollem Hohn
Mich strafend zu vernichten droht.
Und offnen Augs und doch umnachtet
— Entfacht von wilder Träume Kuß —
Nach seinem Sonnenballe trachtet
Ein armer neuer Ikarus!

Harry Kahn

Aus „Die vier Lebensalter".

Sommer.

(Für E. T.)

Der Mann:

Immer höher hängt der Himmel,
Immer weiter wird die Welt,
Immer ferner das Gewimmel
Von Gezänk, Gezerr, Gezelt.

Pflug und Pferch und Pfade gleiten
Weg wie Jahr und Tag im Nu —
Und es gibt nur Ewigkeiten
Und im Raum nur: Ich und Du. —

Das Weib:

Goldener Glanz glüht auf den Garben,
Drüber drohet dumpfer Dunst
In der schwächend-schwüllen Brunst
Flackern aller Falter Farben.

Und es scheint die Scholle sich
Durstigen Dranges auszudehnen —
Wie sich meine Glieder sehnen
Zu vereinen: Dich und Mich.

Sommerhoffnung.

(Für G. H. A.)

Alle Blüten werden reifen,
Alle Knospen springen auf;
Laß das wirre Um-dich-greifen,
Laß das Schwärmen, laß das Schweifen;
Alle Blüten müssen reifen,
Alle Knospen brechen auf . . .

Und in seligem Entfalten
Finden deine Triebe Ruh;
Erdverwachsene Wurzeln halten
Deinen Stamm in Sturms Gewalten;
Und in freudigem Entfalten
Findet deine Seele Ruh. —

Gebet im Sturm.

(Zum Andenken an J. W. G.)

Gib mir das Zügel der Winde,
Zornig zausender Gott!
Daß ich das Ziel mir finde
Aus meiner sausenden Not.

Daß nicht mein Same verwehe,
Nicht meine Flamme zerstiebt,
Daß ich die Sonne sehe,
Die meine Sehnsucht liebt.

Daß mir im Westen werde,
Was mir im Osten war,
Als mich, weihend der Erde,
Weinend das Weib gebar. —

Johanna Klein

Die neue Nähmaschine.

Es war Heiligabend. Hoch lag draußen der Schnee; und immer noch fielen dicke Flocken langsam und gerade nieder auf die winterliche Erde. Echtes Weihnachtswetter. „Da ist's am besten in der warmen Stube," dachte die Frau des Prokuristen Ramlor, und legte noch einmal tüchtig Kohlen nach. „Gleich kommt auch der Papa," sagte sie zu dem Papagei im Käfig. „Papa, Papa," echote dieser, und der Kanarienvogel machte sein „Piep" dazu.

Sie sah durch den „Spion" am Fenster die menschenleere Straße entlang. Unten vor dem Hause hielt ein Karren. Schwere Schritte kamen die Treppe herauf. Ungeduldig öffnete sie die Vorplatztür. Sie trugen mühsam etwas Schweres und setzten es gleich darauf vor ihr ab: eine neue Nähmaschine. „Die sollten wir hier abgeben!" „Das muß wohl ein Irrtum sein," meinte Frau Ramlor. „Nein, der Herr, der sie gekauft hat, hat selbst diese Adresse auf den Zettel geschrieben."

Es war ihres Mannes Handschrift; die Sache hatte ihre Richtigkeit, aber sie konnte sie nicht begreifen. Kopfschüttelnd machte sie den Männern Platz, damit sie ihre Last in die Stube bringen konnten, ärgerlich, daß sie ihr die zum Fest blitzblank gescheuerten Dielen mit ihren plumpen Stiefeln wieder schmutzig machten. „Wir sollten eine alte Maschine mitnehmen," sagten sie stehenbleibend. „So?" sagte Frau Jettchen gedehnt. „Ich will aber keine mitgeben. Die neue mag vorläufig hier bleiben, die alte aber erst recht. Bestellen Sie das nur." Die Männer gingen — vergebens hatten sie sich auf ein gutes Trinkgeld gespitzt.

Frau Ramlor war außer sich; das ganze Fest war ihr verdorben. Da hatte sich wahrscheinlich wieder einmal ihr gutmütiger Franzel im Gesang- oder Turnverein von einem Nähmaschinenhändler beschwätzen lassen, ihm eine teure Maschine abzulaufen. Wo er wohl so lang blieb, dachte sie und ging mit dem Putzlappen umher, die Spuren zu vertilgen, die die Männer hinterlassen. Das Bücken wurde ihr sauer; denn mit den Jahren war aus dem schlanken Frauchen eine behäbige Matrone geworden.

Wieder lief sie an den „Spion". Aha! da kam endlich ihr Franzel die Straße herauf. Ganz ahnungslos. Sie wollte es ihm aber schön sagen! Die Maschine mußte wieder zum Hause hinaus. Sie brauchte keine neue — die alte war ihr gut genug; die hielt sie aus bis an ihr Lebensende. Heute allerdings konnte sie nicht mehr weggeschafft werden — dazu war es zu spät an der Zeit — und sie scheute auch die schmutzigen Stiefel der Männer. — Da wollte sie lieber garnichts sagen; gar keine Notiz von dem Ding da nehmen: um des lieben Friedens in den Feiertagen willen. Nur wenn Franz davon anfing; dann natürlich konnte sie nicht schweigen.

Endlich war er oben. Sie öffnete ihm die Tür und ging gleich in die Küche. „Ist Niemand hier gewesen?" fragte er. „Nein," gab sie kurz zur Antwort und machte die Tür hinter sich zu. Drinnen betrachtete er indessen die neue Maschine, ob sie beim Transport auch nicht gelitten hätte. Da brachte Jettchen auch schon den Tee. Ganz gegen ihre Gewohnheit sagte sie kein Wort; auch bei der zweiten und dritten Tasse nicht. Es wurde ihr schwer, aber er sollte es merken.

Er schien aber nichts zu merken, sondern plauderte ganz harmlos von diesem und jenem, um dann ganz unvermittelt zu fragen: „Nun, Jettchen, was sagst Du denn zu Deinem Christkindchen?" — „Garnichts sage ich dazu, nur daß sie nach den Feiertagen wieder aus dem Hause kommt!" — „Jettchen, Du wirst Dich und mich doch nicht lächerlich machen wollen. Die Maschine ist gekauft und bezahlt — der alte Rappelkasten in Zahlung genommen!" — „Rappelkasten!" brauste sie auf, „Rappelkasten, sagst Du, Franz? Die Maschine ist ein Stück von meinem Leben! Ich weiß es noch wie heute, wie mein Vater selig sie mir gekauft. Ich war Deine Braut und sollte meine Aussteuer darauf nähen. Das hab' ich denn auch eifrig getan und in Liebe und Sehnsucht dabei an Dich gedacht. — Dann zog sie mit mir in meine neue Heimat an den Main, und so oft ich sie abwische oder darauf nähe, gedenk' ich der alten am grünen Rhein. — Und darnach, Franzel, hab' ich die kleinen Ausstattungen für unsere Kinder drauf gemacht —— und ihre Totenhembdchen, Franzel."

Da schluchzte sie laut, und die hellen Tränen liefen ihr über die runden Backen. Auch dem Manne wurden die Augen feucht. „S'ist wieder Heiligabend, Jettchen, sei still — ich hab' ja gedacht Dir eine Freude zu machen. Hast Du denn diesmal nichts für mich?" — „Du verdienst eigentlich nichts, Du böser Mann, der Du mich so kränken kannst," lächelte sie wieder, holte dabei aber doch schon aus der Kommode einen in Seidenpapier gehüllten Gegenstand — schmunzelnd löste sie die Stecknadeln und breitete eine gestickte Weste und eine in Seide gehäkelte Krawatte vor ihm aus. Dabei sah sie ihn Bewunderung heischend an. „So, damit kannst Du Staat machen; und die Weste hab' ich auch auf dem „Rappelkasten" genäht."

„Na, werd' nicht giftig, Jettchen, und ich danke Dir auch vielmals. Das ist ja eigentlich viel zu schön für mich!" —

Das Fest verlief still; man ging zur Kirche, aß den ersten Tag den frischen Gänsebraten, den zweiten die Reste und zum Kaffee Kuchen und Spekulatius, wie Frau Jettchen noch immer das nach Rezepten der Mutter bereitete und von ihr mit dem rheinischen Ausdruck bezeichnete Gebäck nannte. In den ersten Jahren ihrer Ehe hatten sie gemeinsam ein Bäumchen geschmückt, aber als ihr letztes Kindchen am heiligen Abend gestorben war, machten sie keinen Christbaum mehr und mochten auch keinen bei anderen sehen. Der Arzt hatte damals gemeint, daß der plötzliche Anblick der hellen Lichter im Verein mit der Freude einen zu starken Reiz auf das zarte Hirn ausgeübt.

Und immer, wenn es wieder Weihnachten wurde, lag ein Druck auf dem kinderlosen Paar. — — Diesmal kam noch ein anderer dazu; der ging von der Ecke aus, wo die unschuldige neue Nähmaschine stand.

Und als sich Ramlor nach den Festtagen wieder zum Kontor begab, sagte ihm Frau Jettchen: „Geh bei dem Nähmaschinenhändler vor und mach, daß das Ding da wieder fort kommt." — „Sei gescheit, Jettchen, und mut mir das nicht zu." Und sie: „Lieber laß ich mich von Dir scheiden, als daß ich mich von meiner lieben, alten Maschine trenne." — „Dann behalt Du die alte und ich nehme die neue," sagte ihr Mann und ging.

Und dabei blieb's: er ließ sich im Geschäfte im Nähen unterrichten, die einzelnen Teile und Apparate erklären. Denn Frau Jettchen brachten, wie sie sagte, keine zehn Pferde zum Umlernen; denn „die Neue" war ein ganz anderes System.

Ramlor hatte das Nähen fix kapiert, wie er überhaupt sehr geschickt mit den Händen war — ein Bosseler. In den Abendstunden und Sonntags sägte und schnitzte, pappte und malte er, und die Nadel konnte er fast so flink führen wie die Feder. Und ehe er und Frau Jettchen es gedacht, sollten seine Kenntnisse im Maschinennähen Verwertung finden.

In den ersten Tagen des neuen Jahres kam die Nachricht, daß bei Frau Ramlors Schwester statt des erwarteten einen Weltbürgers Zwillinge angekommen wären, mit der beigefügten Bitte um Stiftung der zweiten Garnitur. Natürlich war sie dazu bereit — es wurde eingekauft, zugeschnitten und dann ging's an's Nähen. Er übernahm die dicken Sachen, — die Säume, sie die Feinheiten.

„Tatatata" machte die alte Maschine, wie eine behäbige Matrone — „Titititi" die neue, wie ein junger Sausewind. Der „Lori" schwatzte dazu alles, was auf seinem Repertoir stand, — das Vögelchen pfiff aus voller Kehle. Es war ein Heidenlärm. „Jetzt fehlen uns nur noch die beiden Schreihälse, für die wir uns so abarbeiten," sagte der neugebackene Onkel. „Und die einmal später die beiden Maschinen haben sollen, gelt Franzel?" — „Damit sie aber nicht wieder Streit stiften, wollen wir voraus bestimmen, daß das von den Mädels, das zuerst heiratet, die alte haben soll." — „Nein, umgekehrt, Mann, wer zuerst eines Mannes Herz erobert, soll auch die neue Maschine haben." — „Da streiten wir uns ja schon wieder drum, Jettchen." — „Na, dann soll das Los entscheiden."

Und lustig und einträchtig rasselte „die alte" wieder weiter neben „der neuen".

Emil Klotz

Der Weg.

Hätt'st du, Geliebte, heute gesehen,
wie ich den einsamen Weg hinschlich,
den noch gestern wir Beide gegangen —,
müd und schmerzlich, mit stumpfem Gefühl,
an dem Bächlein entlang, das du kennst,
und das dreimal schneller als gestern
an mir vorbei in die Ferne eilte,
und wie der Wolken segelnder Flug
schneller und schneller am Himmel dahinzog,
Luft und Vögel, der Blumen Duft,
alles in die Ferne entschwebte,
und nur ich am Boden zurückblieb,
der so träge und unbeweglich,
braun und starrend sich vor mir ausstreckt,
wie ein lebloser Riesenkörper,
meiner Seele Bewegungen hemmend,
sie zurückhält — —:
wütend hab' ich ihn getreten!
mit den Füßen gestampft den verfluchten!
Aber es blieb vergeblich und all
meiner Sinne geschwungene Flügel
sanken ermattet wieder zurück — — — —
und ich schlich wieder dumpf und schmerzlich,
wie ein armer Gelähmter den Weg,
den wir noch gestern gemeinsam gegangen,
und der uns gestern so leicht und so freundlich,
wie ein artiger Jüngling begleitet.

Emil Klotz

M... B... zum Geburtstag.

Zwei Sterne, die am Himmel ihre Bahn,
durch all das Sterngetümmel ihren stillen Weg verfolgen,
der unsichtbar den beiden vorgezeichnet ist — —
und doch im ungeheuren Raume sich verliert —,
dem Menschenauge sich verliert und seinen atemlosen Blicken,
die hinter jener Sterne Strahlen rennen und sie messen möchten,
die aber deren Metermaßen sich so schnell entziehn, wie Luft den
plumpen Händen —,
daß alle diese ausgesandten Blicke
hülflos zurück aufs dunkle Pfühl des Hirnes taumeln —,
und dann, nach einer Nacht, die alles schwarz vertilgt,
die alles tief verschlingt und nur den gauklerischen Traum
im dämmernden Gemach als Wahngebilde läßt —,
unter dem hohen blauen Morgenhimmel
peinlich verlogen auf's Papier den Sternenhimmel kritzeln,
als ein Gewimmel von unzähligen, kleinen, schwarzen Pünktchen —
— — — — — — — — — — — —
— — — — — —

die treffen sich nach tausenden von Jahren auf ihrer Bahn
in einem Punkt —
      der ewig unerforscht, ewig vergessen bleibt:
wir blieben einsam stehn, als wir zum ersten Mal in's Auge still
uns sahn.
— — — — — — — — — — — —

Emil Klotz

Gaben.

Veilchen schicktest du mir, unter Blättern duftend verborgen,
wiesenlächelnde, waldüberrauschte, nackte Kinderchen der Natur,
die aus der Erde ihr kurzes, glückliches Dasein saugen,
in die Lüfte atmen den reinen, bestrickenden Glanz!
Und da denk' ich an ihre großen göttlichen Schwestern,
deine Augen, du Liebste, die du mit zauberndem Blick
meiner Seele Fluren mit tausenden Blumen belebst —;
aber am liebsten mit still-verborgenen treublauen Veilchen,
die erst mein suchender Blick meinem Fühlen enthüllt.

Und da komm' ich dir plump jetzt mit Süßigkeiten gestolpert,
wie der Konditor sie macht und im Laden ausstellt,
wie sie die dumm-kleinen, naschenden Mädchen frech kaufen —.
Aber, du weißt ja, du siehst ja unter der plumpen
Tagesbewegung die Hand und den Blick des Geliebten:
wie er im Laden — der ungewohnte und ungelenke Käufer —
gleich die zwei Herzchen erspäht und doch mit unsicherer Miene
nach dem Preise erst fragt, weil er doch sparsam sein muß;
und sich im Stillen dann freut, wenn sie nur weniges kosten,
weil doch die Liebe allein ihren Wert erst bestimmt.

Drum nimm sie und schenke davon auch freundlich den andern,
teile sie gütig und ruhig, mit sicher spendender Hand,
wie's einem edlen Weibe, dem liebenden aber doppelt geziemt:
die ja bei all ihrem Geben an ihren Einz'gen nur denkt,
dem sie die Liebe der Welt und den Himmel gewinnen möchte.

Emil Klotz

Allein.

Es war ein wunderheller Frühlingstag —
und ich — ich hatte mich mit ihr versprochen —

— — — — — — — — — — — —

Ich wartete an einem Mauervorsprung, der
mich, wenn sie schnellen Schrittes daher kam,
ihrem Blick verbarg — — — —

Nicht in der Ferne sichtbar und doch nah,
doch da!
wollt ich mit sichrer Zaubermacht sie überraschen,
und ihr für immer ein Symbol einprägen
von meinem ewig unveränderlichen „da" Sein.

Und allen andern Menschen war ich streng verborgen,
denn meine Seele hüllte mich in eine Wolke. —

— — — — — — — — — — — —
.

So stand ich einsam da und lauschte nur,
was meine Seele leise flüsterte,
wie über mir des Flieders Blütenblätter,
von denen Sonne töpfelte, sich leise regten,
und aller Duft hernieberrieselte aus feinsten Poren — —
bis ich in einen sonnigen Traum versank,
tief sank — — — —

So, wie der junge Fischer in den stillen Märchen
ins blaue Wasser träumend sinkt,
weil die Sonne mit ihm bringt
und weiße Nixenarme ihn umgleiten,
die ihn, durch Streifen breiter Sonne, von Wassers Kühle dicht
                                                              umschattet,
durch Marmorsäle und Arkaden leiten,
bis er, ermüdet von der nie geseh'nen Pracht,
in einem kleinen Raume schläft — still schläft —

Emil Klotz

nur noch der Wellen Hügelleben über sich,
mit Sonnenstrahlen verschlungen im Tanz,
fern, endlos fern Musik — leises hohles Rauschen —
und dann erwacht — — —:
er sitzt am Strand und hat geträumt — —
und doch zieht es ganz fern noch wie Musik dahin,
wie leises Klingen einer einzigen, endlos gedrehten Saite — — —

So, wie du auch, wenn's Glück dir hold ist, einen jener Träumer siehst,
Weltwanderburschen, der im leichten Ränzel
sein ganzes irdisch Hab, und in der freien Brust
das goldne Herz hat, das im Freien nur erklingt,
nur unterm Himmelsdome leis und fein erklingt
mit Milliarden Tönen in der Harmonie des All,
des reiner Ton, einmal gehört in der Akustik dieser Wölbung,
so süßen Widerklang ihm giebt, daß er entzückt, betört, verlockt,
selig verbannt ist aus der Menschen Häuser,
von Tal zu Berg, von Berg zu Tal
die blauen Himmelssäle zu durchwandern — —;
der dann
im riesigen Ueberschwang von der Natur, der Tausendschönen,
                                              hingerissen,
mit tausend Armen, tausend Augen greifen möchte
in tausend Katarakte Licht und Dunkel — —,
wahnsinnig fast vor Glück sanft überwältigt wird
von ihr, die gütig ihm den Schlaf dann sendet.
So liegt er nun, von fühlendem Moos umschlossen,
mit bleich geschloßnen Augen, und der Schlaf
sitzt neben ihm — und stille hält er ihm,
still vor die dünnen Lider — den Zauberspiegel, den heilkräftigen,
aus dem der Schlafende wohltuend Lichtempfinden sammelt
zu neuem innig-glücksvertieftem Schauen — —,
da unterdes die aufgenommenen Blicke der Natur
tiefinnerlich ihr sonniges Leben ihm verwirkten,
daß er wertvoller sich erhebt, verwandter,
und stolzer steht, und fester, wissender,
ein Mensch in der Natur.
Einsam!
und wenn's ihm glückt, zu zweien.

Emil Klotz

Da war es mir, als sei ich schon erwacht aus meinem Traum,
und schien doch nur ein inniger Gefühl
und eine wilde körperliche Stärke,
als wollte ich mit letzten riesenhaften Kräften
den Schatz mir heben aus der Erde Grund,
daß ich mit Aechzen fest die Arme an die Mauer schloß,
die rauhe, starke, die das Gärtchen rings umgab,
in dem das Häuschen zum Alleinbewohnen stand,
als ob es auf uns warte — — — —
Da war es mir, als ob mein Glück drin wohne —,
und zärtlich-sanft, vorsichtig drückte ich den Kopf an jene Mauer,
als lauschte ich dem Herzschlag meines Glücks — — — —
— — — — — — —
— — — — — — —
— — — — — — —

Ich gehe sehr oft an den Mauervorsprung. —
Da liegt mein Glück begraben — verschüttet —
Sommers mit Sonne,
Winters mit Schnee,
im Frühling mit Blüten,
im Herbst mit den braunen Blättern. — —
Ich habe nämlich damals, als ich träumte, all das Glück verloren. —
Sie kam nämlich nicht, obwohl ich sehr sehr lang auf sie gewartet hatte,
vom Morgen bis über den heißen Mittag hinaus. —
Sie ist nämlich mit einem andern gegangen — —
— — — — — — —

Ich bin ihr nicht bös, nur hätte sie vorher nicht so gut sein sollen
mit mir.
Neulich, als ich da stand,
kam sie mit einem andern daher.
Ich ging nicht weg,
ich blieb nur abgewandt
der Mauer zu;
und dann, sie konnte mich ja auch nicht sehen,
denn meine Seele verhüllt mich.

Ferdinand Kolb

Oft seh' ich dich!

Oft seh' ich dich, wenn du dich einsam wähnst,
Dort, wo der Schwan auf dunklen Fluten singt,
Wie die Erinn'rung dir im Busen bebt
Und deine Brust um Ruh' und Frieden ringt.

Ich hör' dein Seufzen, wenn es wehmutsvoll
Als lautes Echo in mir weitertönt;
Und alle Tränen, die dein Auge weint,
Sie haben unsre Herzen längst versöhnt.

Du liebst mich noch, wie ich dich einst geliebt,
In sehnsuchtsvoller, namenloser Pein — — —
Du wirst mich hassen, wirst mein Auge flieh'n —
Und doch die Sklavin deiner Liebe sein!

Sturm.

Still war die Nacht; so satt, so müd' und träg' lag die Natur,
Und vom Gebirge her zog ein Gewitter unheilkündend auf.

Ich sah hinaus aus schwülem, dunklem Raum und sann und sann
Und träumte lang und stumm von Menschengröße und Vergänglichkeit.

Schwer hingen Wolken dort am Firmament; so schwer die Brust,
Auf der wie Zentnerlast der Bann der Liebe und ihr Sehnen lag.

Ein tiefes Leid faßt' mich mit Zaubermacht, und eine Sehnsucht,
Fremd und unbekannt, zog in mein Herz mit namenloser Pein.

Der Donner grollte, und der Sturm ging hoch, entfesselt, wild,
Voll ungestümer Kraft, und wütend brach er, was zum Hemmnis ward.

Mir schien das Leben arm, und durch das Weltall trug
Mich meine Sehnsucht fort, weit, weit, zu Himmelshöh'n und ihrer
            Heimat zu.

Ferdinand Kolb

Herbst.

Es ist der Herbst, der über Stoppeln fegt
Und dürres Laub von welken Bäumen streift,
Es ist der Herbst, der kaltes Bangen legt
Auf Flur und Hain, die frischer Tau bereift.

Es ist der Herbst auch in des Menschen Brust,
Der tiefe Furchen in sein Antlitz prägt,
Es ist der Herbst, mit dem er leibbewußt
Zu Grabe seine letzte Hoffnung trägt.

Und Herbst ist's dort, wo noch vor kurzer Zeit
Ein Herz mir schlug in Glück und Sonnenschein,
Dem ich ein Leben, eine Welt geweiht — —
Schon ist es Herbst, — bald wird es Winter sein.

Liebesglück.

Nun haben sich unsere Herzen gefunden
Und schlagen zusammen in seliger Lust;
Zum Kranz hat der Frühling uns Blüten gewunden
Und Liebe gelegt in die schwellende Brust.

Und brechende Knospen und duftende Rosen
Hab' scherzend ich dir in die Locken gedrückt
Und schmücke dich schön unter Herzen und Kosen,
Wie Traumkönig einst seine Liebste geschmückt.

Dann küss' ich dir trunken die sonnige Stirne,
Es streift mich dein Atem, dein Herz schlägt so warm,
Wie Engelsang tönt's mir aus himmlischer Ferne,
Und ich halte jauchzend mein Glück — dich im Arm.

Georg Lang

Die Windsbraut.

Der junge Schiffer eilet zum Land,
Die Windsbraut hat sich erhoben.
Sie fährt vom Meere zum felsigen Strand,
Mit den Wellen zu tanzen und toben.

Und ob der Jüngling rudert und schafft,
Er kann das Land nicht erreichen;
Ihm ist, als müßte des Armes Kraft
Dem stärkeren Arme weichen.

Die Mutter am Ufer ruft bange: „Mein Kind,
Enteile den tückischen Wellen!
Schon wird zum Sturme der tobende Wind
Und droht den Kahn zu zerschellen!"

Und der Jüngling rudert mit ängstlicher Hast,
Es schrecken ihn Nebelgestalten.
Ihm ist, als hätt' ihn die Windsbraut erfaßt
Und wollt' ihn im Meere behalten.

Und plötzlich umschwirrt ihn gespenstisch ein Weib
Mit fliegenden, flatternden Haaren,
Und plötzlich schmiegt sich's an seinen Leib,
Mit ihm durch die Wogen zu fahren.

„Frisch auf zum Tanze, du schmucker Gesell!
Die Wellen hüpfen so heiter,
Die zuckenden Blitze leuchten so hell,
Und die Möven sind unsre Begleiter!"

„O laß mich, laß mich, mein Blut wird zu Eis,
Die Mutter will mich umfangen!"
„Dich lassen? Dein Herzchen pocht ja so heiß
Und füllt mir die Brust mit Verlangen!"

„O laß mich, laß mich, die treueste Maid
Harrt meiner daheim mit Schmerzen!"
„Dich lassen? — wen sich die Windsbraut gefreit,
Den wird keine andre mehr herzen!" —

„Frisch auf denn zum Tanze!" sie faßt ihn mit Macht,
Die Ruder entgleiten ihm leise,
Der Jüngling stöhnt, und die Windsbraut lacht,
Und der Nachen dreht sich im Kreise.

Jetzt küßt sie in taumelndem Ringelreihn
Die bebenden Lippen des Knaben, —
Da schließt ihn das Meer in die Arme ein:
„Zurück! ich allein will ihn haben!"

Schlechte Musikanten.

Im Dorfwirtshaus, verstimmt und verstaubt,
Lag eine Geige, des Herrn beraubt.
Fremd war er am Wege gestorben;
So hat sie der Bauer erworben.

Still lag sie wie ein verschüchtert Kind,
Dem Vater und Mutter gestorben sind;
Doch hielt sie der Bauer im Arme,
Dann schrie sie, daß Gott sich erbarme. —

So ward sie verstoßen, verachtet zumal
Und sah nicht Sonne noch Mondenstrahl,
Bis endlich über die Schwelle
Leicht hüpfte ein froher Geselle.

Georg Lang

Der fand die Geige verstaubt im Eck
Und zog sie jubelnd aus dem Versteck:
„Hervor, du Holde, du Schöne!" —
Nun sang sie bezaubernde Töne. —

Ihr fragt: Wie endet das Gedicht? —
O Himmel, wir verstehn uns nicht!
Soll ich ein Wort noch sagen,
Muß ich uns all' verklagen.

Gesteht es nur, ob ihr nicht kennt
Manch zartbesaitet Instrument,
Von dem ihr ab euch wandtet,
Weil ihr es nicht verstandet. —

So ward sein Wesen stumm und lahm,
Bis ihm der rechte Spielmann kam
Und aus der Seele Tiefen
Die Töne lockt', die schliefen.

Warum denn weckten wir sie nicht? —
Wir tun ja leiblich unsre Pflicht,
Wir sind auch nicht Pedanten;
Doch — schlechte Musikanten.

Weißenburg.

Wir haben Brüderschaft gemacht,
Der Preuße und der Bayer;
Zu Weißenburg wohl in der Schlacht,
Da war die große Feier.

Zu Weißenburg aus jedem Haus
Da fletscht der Mohr die Zähne,
Und geht er nicht von selbst hinaus,
So fliegen bald die Späne.

Georg Lang

Ei, Weißenburg, was hat allhier
Das schwarze Volk verloren?
Ei, Weißenburg, gefällst du dir
Als Gasthaus zu den Mohren?

Nein, Weißenburg, du sollst nicht sein
Die Burg von schwarzen Räubern!
Wir kommen über'n klaren Rhein
Und wollen dich schon säubern!

Es rief der Kronprinz: „Wacker drauf!
Nun vorwärts, deutsche Jungen!"
Wie sind wir da im Dauerlauf
Gen Weißenburg gedrungen!

Wie ward's am deutschen Rheine da
So heiß den schwarzen Horden,
Viel heißer, als in Afrika
Es ihnen je geworden! —

Und als die Arbeit war geschafft,
Da machten wir zur Feier
Zu Weißenburg wohl Brüderschaft,
Der Preuße und der Bayer.

Komm, Bruder, reich' mir deine Hand,
Wer will uns widerstehen,
Wenn wir fürs deutsche Vaterland
Vereint zum Kampfe gehen?

Nun schickt den Mohren über'n Rhein,
Auf daß er uns bescheinigt,
Wie säuberlich wir im Verein
Heut Weißenburg gereinigt.

Wir aber setzen uns zum Wein,
Der Franzmann sitzt im Peche;
Der Kronprinz lebe! Schenket ein!
Napoleon zahlt die Zeche!

Georg Lang

Sonnenaufgang im Westen.

Und mocht's den Schlaf auch kosten,
Ein jeder stand und fror,
Und sah, wie fern im Osten
Die Sonne stieg empor.

Nun klirrte hinter ihnen
Ein Fensterlein am Haus,
Und wunderholde Mienen
Sahn morgenfrisch heraus.

Da wandte den Genossen
Sich ab ein junger Fant
Dorthin, wo lichtumflossen
Die Jungfrau vor ihm stand.

Drauf sprach er zu den Gästen
Und sah zur Maid hinauf:
„Verzeiht! mir ging im Westen
Die Sonne heute auf!"

Die Waldesschenke.

Zwischen Wald und Wiesengrund
Winkt die Schenke klein.
Sucht ihr eine frohe Stund',
Bursche, kehret ein!
Försters Tochter, tausend Wetter!
Frisch wie wilde Rosenblätter,
Die kredenzt den Wein!

Schatten vor der Sonne Glut,
Tische blank und rein,
Alter Wein und junges Blut,
Ha, hier ist gut sein!
Jägerbursch mit finstern Brauen,
Laß uns froh dein Mädel schauen,
Denn sie bleibt ja dein! —

Nimmer fällt das Wandern schwer
Nach so guter Rast.
Bring uns noch vom Besten her,
Mädel, den du hast!
Dann leb' wohl, du liebe Schenke,
Und wir sind dereinst, ich denke,
Wiederum dein Gast!

Georg Lang

Schwalben, glückliche Reise!

Schwalben, Schifflein im Himmelsblau,
Größer zieht ihr die Kreise!
Die ich so gern dort oben schau',
Ach, ihr verlaßt die Heimatau,
    Schwalben, glückliche Reise!

Fliehen wollt ihr die trübe Zeit,
Glücklich entrinnen dem Eise;
Aber die Alpen sind hoch und breit,
Ach, und das Meer ist tief und weit,
    Schwalben, glückliche Reise!

Wie ihr mit heiterer Zuversicht
Sucht die gewohnten Gleise!
Ewig sucht ihr das Sonnenlicht,
Berge und Meere schrecken euch nicht!
    Schwalben, glückliche Reise!

Wenn euch aber zur Heimkehr mahnt
Sehnsucht im Herzen leise, —
Wenn ihr den deutschen Frühling ahnt, —
O, so sei euch der Weg gebahnt!
    Schwalben, glückliche Reise!

Der Zeisig.

Ein lockerer Zeisig,
Der bin ich, das weiß ich!
Im Sonnenscheine sing' ich froh,
Im Regen mach' ich's ebenso;
Wer meint denn auch, mit Klagen
Die Wolken zu verjagen?

Ein lockerer Zeisig,
Der bin ich, das weiß ich!
Groß ist die Welt, und ich bin klein,
Wo mir's gefällt, da kehr' ich ein,
Streich über Tal und Hügel,
Wofür hab' ich denn Flügel?

Ein lockerer Zeisig,
Der bin ich, das weiß ich!
Ihr Büblein, spottet nicht so sehr!
Es gibt der lockern Vögel mehr,
So locker wie der Zeisig,
Und — wen ich meine, weiß ich.

Georg Lang

"Tand für Künstlerhand".

Des Künstlers Flug.

Ein schwer Beginnen! Wie der Aar
Sollst du im Flug den Aether grüßen,
Und doch behalten immerdar
Den Boden unter deinen Füßen.

*

Natürlichkeit und Nüchternheit.

Er lud sich die Natürlichkeit —
Wie tat er wohl! — ins Atelier;
Doch schlüpft' dafür die Nüchternheit
Herein und tat dem Bilde weh.

*

Leiten, nicht verleiten.

Auch zum Häßlichen die Spur
Zeigt Natur; wer will's bestreiten?
Merke wohl! dich soll Natur
Leiten, aber nicht verleiten.

*

Fremde Fehler.

„Ich will nicht fremde Fehler erben,
Nur die Natur soll mich begeistern!" —
Ja, ja, du könntest dich verderben
An Rafael und andern Meistern!

*

Schön, nicht obscön.

Mal' nur den Körper ohne Hülle,
Du offenbarst der Schönheit Fülle. —
Doch strecke halbverhüllt und lüstern
Die weichen Glieder hin im Düstern:
Du bist kein Priester mehr des Schönen,
Du wirst ein Kuppler des Obscönen.

*

Georg Lang

Mandarinenweisheit.

Wie! der Neuling will es wagen,
Keclich uns zu überfliegen? —
Hört, der Kerl wird totgeschlagen,
Oder — er wird totgeschwiegen!

*

Der Uebermensch.

Nur nicht den Kopf zu hoch empor gerichtet!
Nicht Einer lebt, der keinem wär' verpflichtet.

*

Der flügellahme Aar.

Schelte nicht den flügellahmen Aar,
Der voll Sehnsucht schaut zum Aether klar;
Wer von Jugend auf am Boden klebt,
Weiß nicht, wie sich's in den Lüften lebt.

*

Wahr und klar.

Dein Werk sei wie des Mondes Licht:
Es leuchte, — doch es blende nicht.

*

Ein Kostümmaler.

„Ich malt' einen Herrn und Diener
Aus Gustav Adolfs Zeit." —
O nein! zwei gute Berliner
In einem geborgten Kleid!

◦-◦-◦ **Georg Lang** ◦-◦-◦

Goethes Vaterstadt spricht:
(Zur Goethefeier 1899.)

Und ob der Mast die Meere stolz
Durchkreuzt nach allen Winden,
Es wird sich doch in Mark und Holz
Ein Hauch der Heimat finden.

Wohin sich Wolfgang auch gewandt,
Der größte meiner Söhne:
Verraten, wo die Wiege stand,
Nicht schon des Dichters Töne?

Fließt seine Rede nicht dahin
Sanft wie die Flut des Maines,
Leicht, wie die lichten Wolken ziehn
Im Hauch des Frührotscheines?

Der Heimathimmel mild und klar,
Von heit'ren Höh'n umgeben,
Wie spiegelt er sich wunderbar
In Wolfgangs Seelenleben! —

Durch Wall und Graben, Tor und Turm
Sah ich den Knaben dringen,
Dort suchte er im Drang und Sturm
Den Götz von Berlichingen.

Und auf dem Gipfel seines Ruhms
Schuf er uns hold wie Märchen
Die Poesie des Bürgertums,
Die Gretchen und die Klärchen.

Nicht gab die Spree, die Isar nicht
Dem Jüngling Zucht und Sitte:
Der Geist, der gleich zu allen spricht,
Gedieh in Deutschlands Mitte.

Wenn heut der Erdball rühmt und preist:
„Der Menschheit galt sein Leben!"
So würdigt auch, was diesem Geist
Die Heimat mitgegeben!

Friedrich Linden

Lautenspiel.

Wenn in stiller Abendstunde
Sich die Fenster dämm'rig malen,
Wenn Gestalten, liebe, bunte,
Träumend mir entgegenstrahlen,
Wenn ich brinnen wiederfinde,
Was ich braußen längst verloren,
Und die Frühlingsluft, die linde,
Mich zum Spielen auserkoren,
Dann greif' ich wieder nach der alten Laute,
Dann tönet traurig flüsternd mein Gesang,
Und jene Kindheitszeit, die süße, traute,
Malt vor die Seele neu ein jeder Klang.

Schwanengesang.

Die Leier schweigt, die Saiten werden springen,
Im Windeshauch der letzte Klang verhallt;
Es werden Andre neue Lieder singen,
Wie Nachtigallen brauß' in Feld und Wald.

Ach! wer kann meine fremden Weisen deuten
Und fühlen jenen Drang, der sie gebar?
Wird einer Seele Glück es je bereiten,
Was mir die Seligkeit des Himmels war?

In andern Sphären ward der Geist geboren,
Der mir ins Ohr die Klänge einst gelallt;
Und jenen Sphären bleibt es unverloren,
Was hier im Sturm und Wechsel schnell verhallt!

Ernst Emil Johr

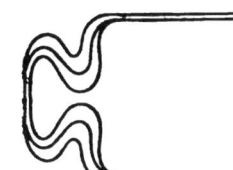

Abend auf dem Rhein.

Dein Auge schweifte traumverloren
Und weltvergessen übern Rhein,
Aus dunkler Wolken schmalen Toren
Fiel golden letzter Dämmerschein.

Die Wellen rauschten träumend leise,
Und ruhig glitt dahin der Kahn,
Manch alter Sage traute Weise
Klang um uns auf dem Wasserplan.

Du saßest da wie jene holde
Dem Stromgott angetraute Fee,
Deren Palast, von lauterm Golde,
Verlockend winkt im klaren See.

Und doch — wie sie zu ihrem Harme
Gebannt ist auf des Stromes Grund:
Bemerkt ich auch an dir, du Arme,
Ein schmerzlich Zucken um den Mund.

Ernst Emil Lohr

„Wie könnt' ich dein vergessen?"

Die Sonne blitzt so golden
Durchs frische Ostergrün,
Buntfarb'ne Blütendolden
An schwanken Zweigen glüh'n.
Doch in der Blumen lichte Reih'n
Webt stets dein liebes Bild sich ein.
Und scheint auch unermessen
Der Trennung lange Frist, —
„Wie könnt' ich dein vergessen?
Ich weiß, was du mir bist!"

Die Frühlingsträume schweben
Die Rebenhöh'n entlang,
Welch Flüstern rings und Leben
Im Wald, am Felsenhang!
Tief aus dem Tale klingt empor
Des Rheines Gruß wie Geisterchor.
Und wo wir einst gesessen,
Manch holdes Veilchen sprießt —
„Wie könnt' ich dein vergessen,
Ich weiß, was du mir bist!"

Die Abendschleier woben
Sich dämmernd übers Land,
Da reichten wir hier oben
Zum Abschied uns die Hand.
Kein Wort verwehte, das du sprachst,
Die blaue Blume, die du brachst,
Ich möcht' ans Herz sie pressen,
Die längst verwelkt nun ist, —
„Wie könnt' ich dein vergessen,
Ich weiß, was du mir bist!"

Abschied.

So hab' ich dich denn begraben
Auf stiller, grüner Au,
Wo Blütenknospen sich laben
Allnächtlich am Himmelstau;

Wo Nachtigallen singen,
Wo Trauerweiden steh'n,
Wo alte Sagen klingen
Von süßem Wiedersehn.

Die Winde sich leise regen —
Ich spreche das letzte Gebet —
Und deiner Liebe Segen
Wie Gottes Hauch mich umweht.

Fritz Mathern

In den Schollen.

Gleich neben dem Kleestück war ein grobgepflügter Acker — das hatte Hans Leps schon gestern Abend gemerkt, als er aus dem Holze hoppelte, um den gewohnten Abendklee zu naschen.

Nun graute es schon drüben im Osten und er dachte allgemach daran, seine Schlafstelle für den kommenden Tag herzurichten. Vorsichtig hoppelte er aus dem Klee, wischte sich mit dem rechten Vorderlauf das Gesicht und machte dann auf einem Schollen Kegel. Seine ängstlichen Lichter spähten in die Runde, von allen Seiten prüfte der in mancher harten Schlacht Erfahrene den Wind. Die Luft war rein. Da stieg er hinab in die Furche, und begann mit den Vorderläufen sein Bett zu scharren. Die langen scharfen Zehen kratzten die harte Erde, daß es stiebte, und bald war die Sasse fertig. Er setzte sich davor und überlegte einen Moment. Richtig, von dorther kam der Wind, er war gedeckt. Noch ein Kegel, dann hinein ins Lager. Die langen Hinterläufe untergezogen, die Löffel auf den Rücken gelegt, so war er geborgen.

Der Rote kam hier unter Tag nicht her, der Leutverderber mit der langen Lunte und den listigen Augen, der fing seine Beute drinnen im Holz; auch der Marder hatte hier nichts zu suchen.

Nur Jochen Feth blieb übrig und seine Diana. Aber vor dem war man ja, Gott sei's geklagt, nirgends sicher. Er war einfach vis major. Herr Jochen Feth war der Ortsschulze vom Dorf drüben und er hatte die Jagd gepachtet in Verachtung des Spruchs, daß einem Bauern keine Flinte gehört. Von Jochen Feth drohte Hans Lepsen Gefahr, von sonst niemand. Und auch Jochen Feth und seiner Diana war er nun schon drei Jahre entgangen. Nur der rechte Löffel hatte ein Loch, da hatte eins von Jochens Nullschroten — dünnere schoß er sein Lebtag nicht — durchgepfiffen.

Und Hans Leps überließ sich seinen Gedanken. Die Häsin, die feiste, ging ihm durch den Sinn, die heut' Nacht zum Klee gekommen war. Seinen elegantesten, stolzesten Kegel hatte er gemacht — wie Adonis mußte er ausgesehen haben.

„Wollen gnädige Frau sich nicht noch etwas weiter nach links bemühen, dort steht er noch völlig grün. Tadellose Aesung."

Da hatte sie den einen Löffel erhoben, den anderen so unnachahmlich zurückgelegt, halb zwinkernd und halb nonchalant — das war die Höhe! Er kannte das. Und bei dem Gedanken rückte er unruhig in der Sasse.

Aber im Moment fuhr er wieder nieder und schrumpfte in seinem Lager zusammen bis auf sein kleinstes Volumen. Denn über seinem Haupte hatte etwas geschwirrt und getost — er glaubte im ersten Augenblick wahrhaftig, der Schnelle Reißer wär's, der freche Bussard. Aber als es neben ihm aus der Furche tönte krrr, zäck — krrr, zäck — da war er wieder beruhigt. Hühner waren's, eine Kette, die ihre Stätte suchten. Geschwätziges, unruhiges Volk! Hoffentlich blieben sie nicht lange, mit ihrer scharfen Witterung lockten sie die Diana, wenn der Henker den alten Jochen heute herausführte, auf hundert Gänge an. Eine ungemütliche Nachbarschaft. Er mußte sie auf gute Art loswerden.

Nun hatte ihn die alte Henne eräugt.

„Ah, guten Tag, Herr von Leps! Wie steht das werte Befinden?"

„Danke ergebenst, gnä' Frau, für freundliche Nachfrage, man lebt ja. Wie befindet sich die geschätzte Familie? Der Herr Gemahl wohlauf?"

„Oh, ich danke, mein Mann ist wohl, er hört den Kleinen eben die Lektion ab. Wir haben leider große Verluste gehabt. Es sind nur noch drei, die übrigen nahm uns das Geschick. Da haben wir uns jetzt mit der Familie von überm Bach zusammengetan. Sie wissen ja, Herr von Leps, unsere Prinzipien erlauben uns nicht, als Einsiedler zu leben. Allein ist das Huhn ein Nichts, vereint sind wir eine Macht. In der Familie ist der starke Hort unserer Tradition."

„Hm!" sagte Herr Leps.

„Ja, ich weiß, Herr von Leps, daß Sie anderen Anschauungen huldigen, ich kann sie aber — Sie nehmen's mir nicht übel — nicht für die richtigen halten. Wir erachten es einfach für unsere moralische Verpflichtung — Gott, da hören

Sie nur, Herr von Leps, da ist mein Mann schon wieder im Streit mit dem Herrn Ueberbach, den ganzen Tag disputieren sie!"

Richtig kam Herr Perdix mit Herrn Ueberbach die Furche herunter, eifrig diskutierend und flügelschlagend, indes die junge Schar sich in der Nähe tummelte.

„Nimmermehr kann ich das zugeben, hochverehrter Herr," sagte Herr Perdix, „nimmermehr! M e i n e Kinder sollen in Ehrfurcht vor der Autorität heranwachsen, vor der Autorität, die unserem Geschlechte bis hierher den Weg gewiesen hat und ihn auch hoffentlich noch weisen wird, bis das Geschlecht der Perdix dereinst zur wohlverdienten Herrschaft in der Welt kommen wird. Und dabei bleibe ich."

„Mein hochgeschätzter Herr Perdix," versetzte Herr Ueberbach würdig, „wenn Sie sonst keine Argumente haben — diese können mir nicht genügen. Wenn der Schnelle Reißer sich zeigt, dann auf dem schnellsten Wege in den Dorn oder ins Kraut! Das ist der Satz, der von uns beiden nicht bestritten wird."

„Stimmt!" sagte Herr Perdix.

„Schön, nun sage ich, das hat seinen sehr einfachen Grund. Erwischt Euch der Schnelle Reißer, dann ist's eben aus. Er schlägt Euch und kröpft Euch auf dem nächsten Maulwurfshaufen. Furcht ist's drum, Furcht und Vorsicht, ganz ordinäre Vorsicht, die Euch in die Hecken treibt."

„Aber pfui, Herr Ueberbach," sagte hier Frau Perdix, „aber pfui, Sie sind ja ein reiner Petroleur, ein gänzlich wurzelloser Hahn, das hätte ich ja nie und nimmer von Ihnen gedacht, daß Sie in solcher Art unsere heiligsten Traditionen anzutasten wagen. Nein, verehrter Herr, lassen Sie sich von einer simplen Henne sagen, was Sie einst sehr gut wußten, was Sie aber in schnöder Ueberhebung zu vergessen trachten. Er ist ein Verbrecher, der Schnelle Reißer, er nährt sich von Fleisch — o Schande, daß ich es aussprechen muß — und darum lehrt unsere Moral, daß es Unehre ist und Sünde, wenn sein frecher Blick auf uns ruht. Und diese festen und unwandelbaren Grundsätze lassen wir uns nicht beflecken, verstehen Sie, Herr Libertin!"

„Bravo, Perdica, meine Liebe," sagte Frau Ueberbach, „das haben Sie ihm gut gegeben. S'ist nicht zum Aushalten mit dem Mannsbild. Sagte er nicht gestern unserer Lotte, sie soll sich hüten, übers Jahr ihr Gelege ins Gras zu bauen?

Fritz Mathern

Ins Korn soll sie gehen, ins Korn! Weil das Gras geschnitten wird und die Sense die Eier zerschlägt. Hat man schon so etwas gehört! So lang man denken kann, steht fest, daß die Wiese der Ort ist, den die Natur geschaffen hat, damit der Herr der Welt, das Huhn, sein Gelege darin unterbringt. Er ist einfach unsittlich, mein Ueberbach, und wenn ich am Leben bleibe, so weiß ich, was ich übers Jahr zu tun habe."

„Na, na, nur nicht gleich so hitzig, meine Liebe!" sagte Frau Perdica, und um dem Gespräch eine andere Wendung zu geben, wandte sie sich an Herrn Leps, dem bei dem lauten Gegacker ganz unbehaglich geworden war: „Nun, und Sie, Herr von Leps, was denken Sie denn von dem Allen, von diesem neuen Geist, der sich hier breit macht? Sie sind doch ein erfahrener Herr!"

„Er liegt und besitzt, laßt ihn schlafen," höhnte Herr Perdix, „er ist ein Nationalliberaler."

Herr Leps überhörte das vornehm. „Ja, verehrte gnä' Frau," sagte er, „ich muß gestehen, Ihre Denkart erscheint mir etwas zu sehr — ich möchte sagen perdizentrisch — —"

Er wollte fortfahren, aber Herr Perdix fiel ihm ins Wort. „Mein Herr," schrie er und warf die Flügel weit auseinander, „mein Herr, ich muß Ihnen erklären — —"

Weiter kam er nicht. Ein ungeheurer Knall machte plötzlich die Erde erbeben, rings spritzte das Erdreich auf, eine dicke ätzende Wolke umhüllte alles. Herr Perdix lag in seinem Blute, er schnappte noch ein-, zweimal mit dem Schnabel, dann war's aus. Frau Perdix war einfach in Stücke zerrissen, und in der Furche nebenan klagten die Jungen. Jochen Feth, Bauernlümmel, der er war, hatte nach seiner Gewohnheit in die laufenden Hühner geschossen, die er mit seinem scharfen Bauerngesicht eräugt hatte. Kaum war der Schuß gefallen, da reckte Herr Ueberbach die Flügel — zäck, zäck, zäck, zäck, sagte er und schwang sich in die Höhe. Die ganze Kette folgte und schwirrte eiligst fort von dem Orte der Vernichtung. Aber noch einmal krachte es und Frau Ueberbach sank tot zu Boden, in der Luft einen artigen Purzelbaum beschreibend.

Und was tat Hans Leps? Er tat gar nichts, sondern wurde in seiner Sasse so klein — so klein, wie man's gar nicht für möglich gehalten hätte. Nun schob er behutsam die langen Hinterläufe noch mehr unter den Bauch, um in einem Augenblick aufschnellen zu können. Und als er Jochens linken Lauf ebenfalls hatte knallen hören, da machte er — hops — einen Sprung aus seiner Sasse und in heller Flucht gings dem Holze zu. „Gotts Dunner," sagte Jochen Feth erschrocken, „dor löpt hei hen!" Und die Diana, Bauernköter, der sie war, setzte, jiff jaff, hinter ihm her.

Hans Leps aber schwenkte höhnisch die Blume, als er ins Holz wechselte.

Wenn der Hirsch schreit...
Novelle.

In tiefem nächtlichem Schweigen ruhen die Höhen und Wälder des Taunus, vom Zauberschein des Mondlichts mild umflossen. Auf der Veranda des einsamen Berggasthauses steht der Jäger und sein Auge schweift über die ungewissen hellen Schleier, die rings die Landschaft umlagern. Ein leises Rauschen zieht durch die hohen Wipfel und vom Dorfe drunten schlägt eine verträumte Glocke die vierte Morgenstunde.

Ein vergessener Schaukelstuhl steht noch aus heißen Sommertagen auf der hölzernen Veranda. Der Jäger läßt sich darin nieder, in sanftem Wiegen umspielen ihn die lauen Herbstnachtlüfte. Und seine Gedanken wandern ....

Ein leises Geräusch weckt ihn aus dem Träumen. Sein scharfes Ohr hat vom Walde ein leises Knirschen vernommen — es ist der Jagdhüter, der mit dem treuen „Soliman" vom Dorfe kommt. Das Schweigen des nächtlichen Waldes verrät seine Tritte aus weiter Ferne.

Die Büchsflinte über der Achsel, das Pürschglas umgehängt, tastet der Jäger sich vorsichtig die dunkle Stiege hinab. Kreischend dreht sich der Schlüssel im Schloß der alten Haustüre und mit leisem Winseln begrüßt „Soli" seinen Herrn.

Das Mondlicht ist verlöscht. Begraben in der schwarzen geballten Finsternis des Tannenforstes schreiten die Drei durch die Nacht. Nur ein ungewisser heller Umriß am Boden und der lichte Einschnitt am Himmel vorn über ihnen zeigt an, wie der steinige Höhenweg verläuft. Ab und zu strauchelt der Fuß unversehens über Steingeröll oder versinkt in ein tief eingefahrenes Wagengeleise.

Langsam geht es vorwärts. In den Tannenwipfeln singt der Nachtwind sein unheimlich Lied, der Waldkauz schreit sein ungehobeltes Hu—hu—hu—hu durch die Stille. Mit dem unhörbaren Fluge seiner weichen Schwingen streicht er am Boden und an den Büschen dahin, der unholde Nachtsänger; viel zu laut erhebt er seine eintönige Stimme im Vergleich zu seiner kleinen Gestalt.

Zum Brunftplatz auf dem lichten Fichtenschlag soll der Weg heut führen. Es ist eine geräumige Blöße am Hang des Berges, bestanden mit Heidekraut und halbmannshohen Fichten. Nach der Westseite umsäumt ein Buchenhochwald den Schlag, an der Ostseite, von welcher der Jäger unter Wind heranbirschen will, umgibt ein dichter, hoher Tannenforst den Brunftplatz. Der Jagdhüter hat einen Sechser und einen starken Zehner dort ausgemacht. Der Geringe soll geschont werden, dem Jagdbaren soll dagegen sein heuriger Brunftschrei zum Schwanenliede werden.

Denn der Jäger will sein Revier weidmännisch und gerecht bejagen. Wie heißt doch der gute alte Spruch, der ihm, von lieber Hand in Holz gebrannt, daheim über'm Eingang zur Jagdstube hängt:

Das ist des Jägers Ehrenschild,
Daß er beschützt und hegt sein Wild,
Weidmännisch jagt, wie sich's gehört,
Den Schöpfer im Geschöpfe ehrt.

Es ist eine gute Stunde Weges zum Brunftplatze. Um etwa zehn Minuten nach sechs Uhr ist Büchsenlicht zu erwarten, eine gute Weile vorher muß der Jäger am Platze sein. Schweigend wandert er mit dem Hüter bergan, schließlich den Weg verlassend und auf einsamer Holzschneise voranmarschierend. Am Ende des Waldwegs ist ein dichter Schirm aus Tannenreisig aufgebaut; hier wird Halt gemacht und die beginnende Dämmerung erwartet.

Der Himmel steht grau über dem schwarzen Walde, nur im Osten zeigt sich schon eine hellere Färbung, die mählich in ein leichtes Rosa übergeht. Die ersten Vorboten des kommenden Tagesgestirns. Nun beginnt der Birschgang. Der Jagdhüter bleibt mit dem Hunde zurück. Der Jäger faßt die Büchse, zieht den grünen Hut fest ins Gesicht und tritt aus dem Schirm.

„Weidmannsheil!" flüstert der Hüter. Der Jäger nickt zurück. „Weidmannsdank!"

Fritz Mathern

Und noch einmal bleibt er stehen. Wie ein Hirsch, der verhofft, hat er den Kopf gewendet und das Ohr in den Wind gehalten — auch der Hüter lauscht. Da, noch einmal tönt der ferne Klang herüber — kein Zweifel: es war das Orgeln des Hirsches, das weit von drüben herschallt.

Vorsichtig, mit unendlich langsamen Schritten, wandert der Jäger den dämmerigen Forst entlang. Seine Schuhe sind mit dicken Sohlen aus weichem Gummi belegt, der Pürschpfad ist sorgfältig von dürrem Laub und Zweigen reingefegt. Jede Muskel des Körpers ist bei dem angestrengten Gehen angespannt. Behutsam wird der Fuß vom Boden emporgehoben, leicht setzt er sich vor den anderen nieder — noch trägt jener die volle Last des Körpers; sachte schiebt sich das Gewicht auf den vorderen — gottlob, nichts hat gekracht oder geraschelt. Und nun der andere Fuß — und nun wieder der andere — so geht es wohl über eine Viertelstunde lang.

Nun steht er in der Schneise, die auf den Brunftplatz führt. An ihrem Ausgang ist sie dicht mit Tannenästen verhängt, damit das äsende Wild den Jäger nicht eräugen kann.

Nochmals verdoppelt sich die Behutsamkeit des Jägers. Wie ein Geist gleitet seine Gestalt auf dem Moosteppich dahin, er schreitet nicht mehr, nein, er gleitet nur noch voran, stets einen Fuß dicht vor den anderen schiebend. Nun hat er noch zwanzig Schritte bis zu dem Schirm, der am Rande des Platzes, dicht neben der Schneise, errichtet ist. Aber wohl fünf lange Minuten vergehen, bis er seinen Standort erreicht hat . . .

Ein leichter Nebel lagert über der weiten Blöße. Im dämmernden Lichte kann man die Spitzen der Fichtenbäumchen erkennen, die mit grünen Fingern gen Himmel weisen.

Regungslos, wie eine steinerne Säule, steht der Jäger hinter dem Schirm.

Nichts rührt sich. Nur die Nebel ziehen, vom Morgenhauche bewegt, leise hin und wieder.

Sie flattern um die kleinen Kronen der Fichtenbäumchen, erheben sich, zerfließen — und schließlich werden sie vom Lufthauche weggezogen, wie die schleiernde Gaze von der Szene im Opernhause, wenn Tannhäuser zu den Füßen der Frau Venus liegt.

An alles das und noch an tausend andere Dinge denkt der Jäger, indem er unausgesetzt die heller werdende Lichtung abäugt.

Da — jetzt leuchtet sein Auge auf. Er hat gefunden, was sein Blut rascher kreisen, seine Pulse schneller schlagen läßt. Etwa fünfzig Schritte vor ihm, auf einer kleinen Lichtung im Buschwerk, hebt sich ein Kopf mit zwei hohen Lusern vom Nebel ab — und noch einer, und noch einer — vier Tiere sind's, die dort äsen.

Ein mächtiges Alttier steht voran. Sie äsen ganz vertraut umher, den Grind am Boden, man kann deutlich hören, wie sie am Grase und am Heidekraut rupfen.

Der Jäger im Schirm wechselt behutsam die Stellung. Sein rechtes Bein ist ihm müde geworden, er stellt sich aufs linke. Mit unendlicher Vorsicht geschieht's, und dennoch hat ganz leise etwas geknackt. Vielleicht war's nur das Gelenk in seinen Knöcheln, aber sofort hat das Alttier aufgeworfen und seine großen Lichter wandern interessiert in die Runde. Unbeweglich steht der Jäger, das eine Bein hochgezogen. Noch hat er nicht gewagt, den Fuß auf den Boden zu setzen. Erst wie das Tier beruhigt die Luser schüttelt und das Geäse auf den Boden tut, stellt er sich langsam bequem.

Tiefes Schweigen ringsum. Die Nebel steigen, der helle Tagesschein strahlt herein. Ein Buchfink kommt zu dem Jäger geflogen. Er setzt sich ahnungslos auf einen Zweig zu seinen Häupten und schmettert sein Finkferlinkfink in den grauenden Morgen. Dann ist's wieder ruhig.

Da plötzlich — reißt ein gewaltiger, dröhnender Klang die einsame Stille brutal entzwei. Aehnlich wie der trompetende Ton des Jahrmarktelefanten und doch viel edler, sonorer und voller hat's geklungen, und laut rollt es von den Waldwänden zurück: das Orgeln des Brunfthirsches! Ja, der König der Wälder hat gesprochen, und alle Kreatur im Umkreis lauscht empor. Verachtend die heimliche Stille des Waldes, hat der edle Hirsch sein dröhnendes Liebeswerben hinausgeschrien in den Wald, in die Welt — Verkünder des ersten, des obersten und heiligsten Prinzips seit Erschaffung der Erde. Wie Siegesfanfaren tönt der Schrei der Liebe durch die Natur, der Liebe, die war, ist und sein wird, und wenn Ihr tausend Kugeln gösset, um dem Verkünder das Herz zu durchbohren. — — Wunderseltsam wird dem Jäger in seinem Stand zu Mute. Das ist der Schrei, der heraufgellt fernher durch die Jahrtausende; durch alle Kreatur von der tiefsten bis zur höchsten, vollendetsten — bis zum Menschen. Die süßen Lieder der Nachtigall, die feurigen Farben der Wiesenblumen — nichts weiter sie alle, als die Offenbarungen jenes großen Mysteriums, jener ungeheuren Weltenkraft: der Liebe. Sie alle nichts anderes als der Brunftschrei des Hirsches, der da eben an den Bergwänden wiederdröhnt. Leute, Weise gibt es ja, die das ganze ewige Unsterblichkeitssehnen der armen Menschheit auf nichts anderes stellen wollen, als auf jenes Weiterreichen der Lebensfackel durch die Liebe. Das größte Problem der Welt — enthalten, verschlossen in dem wilden, brutalen Laute, der jetzt eben den heiligen Frieden der Walddämmerung zerriß — in dem Schrei des Ungeborenen nach dem Licht — — —

Die Tiere haben erschrocken aufgeworfen; sie sichern und verhoffen nach allen Richtungen, dann ziehen sie langsam ab, tiefer ins Dickicht hinein.

Die Blöße ist leer. Noch mehrmals dröhnt der Schrei des Hirsches durch die Lichtung; zuerst hat ihm von unterhalb ein hellerer und schwächerer Ton geantwortet — das war der Sechser. Er ist aber allgemach verstummt. Er ahnt wohl, daß ihn der da droben mit seinem dröhnenden Baß doch abkämpfen werde.

Angestrengt äugt der Jäger in die Lichtung. Nichts ist sichtbar. Da auf einmal — ist's ihm doch, als ob sich dort hinter den Tannenspitzen etwas bewegt hätte! Und noch einmal — und wieder — jetzt hebt sich's empor: er ist's, der Hirsch!

Reglos steht der Jäger da, indes sein Herz in fieberhaften Schlägen eilt. Die Büchse zittert leicht in seiner Hand und seine Wangen sind von roter Glut gefärbt. Leidenschaft, Mordlust, Ehrgeiz — wer weiß, was da in seinem Herzen streitet. Aber es dauert nicht lange. Er spricht sich heimlich selber Ruhe und Kälte zu.

„Dummheit, so nervös zu werden: was ist's denn? Ein Hirsch. Nun ja, ein Hirsch; dort steht er und ich werde ihn schießen, wie ich schon so manchen schoß. Lächerlich, sich darum aufzuregen. Und wenn ich ihn nicht schieße? Nicht heute schieße? So schieß' ich ihn eben morgen. Ruhe also, Ruhe und Kälte. Ganz ruhig, ganz kalt! — — So ist's recht. So recht."

Jetzt kann er kommen. Seine Kugel ist gegossen. Da hebt er auch schon, kaum 40 Gänge entfernt, den Kopf über die Fichten. Ein starkes Geweih, deutlich blinken seine weißen Enden. Jetzt noch drei, vier Schritte. — bis zu der kleinen Blöße — dann —

Aber der Hirsch geht sie nicht, die paar Schritte. Langsam wendet er sich und voll kehrt er den hellen Schild dem Jäger zu. Ein wilder Gedanke schießt dem Jäger durch den Kopf. Ein Schuß aufs Weidloch — —

Es hat nur einen Augenblick gedauert. Noch hatte die Büchse nicht in seiner Hand gezuckt. Die treue alte Büchse. Sie sollte nicht durch ein Schießerstückchen entweiht werden.

"Weidmännisch jagt, wie sich's gehört — —"

Der Hirsch ist fort. Das Dickicht hat ihn aufgenommen.

Eine Viertelstunde verrinnt.

Da bewegt sich, 200 Meter oberhalb, etwas über eine kleine Lichtung.

Der Jäger nimmt behutsam sein Pürschglas ans Auge. Die vier Tiere sinds, sie ziehen dem Hochwalde zu.

Und eine ganz kleine Weile nachher tritt abermals etwas in die Lichtung. Es ist der Hirsch. Deutlich kann man ihn erkennen. Ein gewaltiger Hirsch. Ganz dunkel gefärbt und mit starkem Geweih.

Auch er zieht zum Hochwalde hinüber.

Der Jäger wirft die Büchse auf die Schulter und schreitet durch die Schneise zurück.

Etwas trottet ihm von ferne her auf dem Wege entgegen. Gerade auf ihn los. Er nimmt die Büchse von der Schulter, da hält Meister Reinecke inne — ein Moment und er ist seitwärts im Walde verschwunden.

Lächelnd hängt der Jäger das Gewehr wieder um und schreitet heimwärts, der aufgehenden Sonne entgegen. Im Tannengeäste zirpen geschäftig die Meisen und mit gellem Fauchen jagt ein Eichhorn am Stamm empor.

E. Mentzel

Der erste Blütenbaum.

Es trägt die Erde grüne Spangen
Seit Kurzem an dem braunen Kleid,
Ihr Herze schwellt ein froh Verlangen,
Wie's zu dem Liebsten drängt die Maid.

Froh sieht sie leuchten, huschen, blinken
Die goldnen Lichter ob dem Hag,
Und selig lauscht sie, wie die Finken
Sich grüßen mit dem ersten Schlag.

Im warmen Lenzesdrange steigen
Der Erde Träume kühn an's Licht,
Was jüngst sie wollte keusch verschweigen
Verrät uns heut' ihr erst Gedicht.

Dort steht's im duftigen Gewande
Allein am grünen Waldessaum;
Weit klingt und singt rings in die Lande
Der erste volle Blütenbaum.

Maienabend.

Die Wolken ziehn in stetem Wandel
Wie Schleier an dem Mond vorbei,
Es hüllt mich in den weichen Mantel
Die Nacht, und Knospen treibt der Mai.

Auf hohen, schlankgebauten Stielen
Die Glöckchen schwanken hin und her,
Und leise Abendwinde spielen
Mit Doldensträußen, blütenschwer.

E. Mentzel

Durch's Blätterdach die Sternlein blicken
Von leicht verhüllter Himmelsbahn,
Im Dufte liegt die Welt, es nicken
Die Rosen rings im Gartenplan.

Dem Abend gleicht mein Herz, das eben
Von Blumen und von Sternen träumt,
Wer ahnt, daß es im Dämmerweben
Jetzt still vor Jubel überschäumt? —

Sieg.

Gottlob, sie braucht nicht mehr zu bangen,
Kein Zittern schmolz des Herzens Eis,
Wie kalt ist sie vorbei gegangen
An ihm, den sie geliebt so heiß!

Auch er bewies ihr Heldengröße;
Denn stolz und sicher blieb sein Schritt,
Verriet doch nicht die kleinste Blöße
Den Jammer, der sein Herz durchschnitt.

Nun lächelt er, sie atmet schneller,
Als ob sie hoch Geländ erstieg,
Den beiden blaut der Himmel heller
Nach dem Triumph, dem Willenssieg!

Am Fenster lacht in arger Tücke
Nicht weit davon ein breites Ding, —
Da bricht der letzte Halt der Brücke,
Die über einem Abgrund hing.

Vorübergeschwebt.

Novellette.

I.

Die Familie Uffenberg hatte drei Mitglieder, die man unter sich „die lieben Fossilien" nannte, jedoch mit einer Zuvorkommenheit und Rücksicht behandelte, wie die Gläubigen aller Religionen ihre kostbarsten Heiligtümer.

In den letzten zwei Jahren freilich, seit die neunzigjährige Großmutter, einst eine gefeierte Frankfurter Schönheit, etwas stumpf geworden war und Tante Ursel, die nur um ein Jahr jüngere Schwester des längst verstorbenen Senators Uffenberg, wegen nahezu völliger Erblindung, die Familienangehörigen nicht mehr nach ihrem Willen zu lenken vermochte, war Onkel Bernhard Uffenberg, ein schwerreicher kinderloser Witwer von einigen siebzig Jahren, zum Hauptgegenstand aller Familienaufmerksamkeiten erhoben worden.

Es war schon sehr lange her, daß der alte Herr einmal für einen ebenso heiteren als liebenswürdig-gutmütigen Menschen gegolten hatte. Der gegenwärtige Chef der Familie konnte sich jener Zeit noch erinnern, er wohnte auch einst der Trauung Onkel Bernhards mit seiner gleichalterigen Cousine bei.

Diese Verbindung, keineswegs aus gegenseitiger Herzensneigung, vielmehr einzig aus Familieninteresse geschlossen, begründete zwar kein berauschendes Eheglück, aber ein äußerst harmonisch-friedliches Zusammenleben.

Als die Geburt eines toten Söhnchens der jungen Frau zwei Jahre später das Leben kostete, war Bernhard Uffenberg ein tief unglücklicher Mensch. Bald zog er sich nicht nur ganz vom gesellschaftlichen Leben zurück, er trat auch aus dem von seinen Vätern begründeten Bankhaus aus und ging nach Italien. Dort blieb er zehn Jahre, an den großen geschäftlichen Unternehmungen eines überseeischen Weltgeschäftes in Neapel eifrig beteiligt.

Warum Onkel Bernhard, dem sich als kaufmännisches Genie in seiner neuen Stellung Gelegenheit bot, Riesensummen zu verdienen, plötzlich als Sechsunddreißigjähriger von Italien wieder abreiste und nur einen Teil seines großen Vermögens im Geschäft weiter arbeiten ließ, wußte niemand.

Erst meinten die Verwandten, eine unglückliche Liebe habe ihm Italien verleidet, allein die genauesten, an verschiedenen Stellen eingezogenen Erkundigungen boten keinerlei Halt für diese Vermutung. Im Gegenteil, sie bestätigten die vollständige Gleichgültigkeit Onkel Bernhards für den Teil des weiblichen Geschlechtes, dessen Auszeichnung ihm irgend welche Pflichten hätte auferlegen können.

Dennoch nannte ein Witzbold in der Familie die Jahre nach der Rückkehr aus Italien „Onkel Bernhards Wertherepoche".

Der Mann hatte damals so seltsam wechselnde Stimmungen gehabt, dann war er längere Zeit ganz schwermütig gewesen und schließlich ein wortkarger einsamer Sonderling geworden.

Alle diese Wandlungen lagen längst hinter Onkel Bernhard. Heute, als fast gelähmter Greis, war er der gefürchtete Skeptiker, der den Menschen, am meisten jedoch den Verwandten, erbarmungslose Wahrheiten zu sagen pflegte. Von seinem Sessel aus lenkte er auch alle wichtigen Angelegenheiten der Familie Uffenberg ganz nach eigenem Gutdünken.

Warum man ihm eine solche Macht überließ, darüber täuschte sich der alte Herr keineswegs. Häufig spottete er auch bei den Angehörigen über die erwartete Erbschaft, die ihnen Zügel und Zaum anlege, deren plötzliches Verschwinden aber ihn sofort entthronen und zu den wertlosen „Familienfossilien" werfen würde.

Gelegentlich war ihm nämlich von Bekannten im Scherz verraten worden, wie die Uffenbergs die steinalte Tante, seine Cousine Ursel und ihn selbst unter sich zu bezeichnen pflegten.

Allein wenn auch Onkel Bernhard keinerlei Wahngebilde über den Grund seines Ansehens in sich aufkommen ließ, so ging ihm als echtem Altfrankfurter doch nichts über die schon vor Jahrhunderten in der Mainstadt durch Reichtum und Stellung einflußreiche und hochgeachtete Sippe der Uffenbergs.

Auch hatte er seine besonderen Lieblinge unter deren jüngeren Mitgliedern.

Freilich ließ er nichts davon merken; er versteckte vielmehr seine Zuneigung oft hinter scharfen Urteilen und bitteren Vorwürfen über die Schwächen oder unklugen Handlungsweisen der im Stillen von ihm Bevorzugten. Was er aber streng verschwieg, sollte nach seinem Tode das Testament verraten. Vor allem würde dann die wie ein eignes Enkelkind von ihm geliebte Dora erfahren, wie gut er es mit ihr gemeint hatte.

II.

Dora Uffenberg, die jüngste Großnichte Onkel Bernhards, trat in dessen Zimmer und begrüßte ihn auf's herzlichste. Dann erkundigte sie sich voll warmer Teilnahme nach seinem Befinden und nahm dabei ihm gegenüber in dem Erker Platz, von dem aus man einen der schönsten Teile der westlichen Stadtanlagen überschauen konnte.

Die neunzehnjährige Dora war eine liebreizende, hochgewachsene Erscheinung. Braune strahlende Augen, von flachgeschweiften Brauen überwölbt, blickten aus dem feinen ovalen Gesicht, das im Profil besonders edle Formen zeigte.

Heute schien aber der wie zum Lachen und Scherzen gebildete Mund den Alten nicht durch lustige Reden aufheitern zu wollen. Verhaltener Ernst verbarg sich hinter dem weichen Spiel der Wangenlinien, verhaltener Ernst sprach auch aus dem ganzen Wesen des jungen Mädchens.

„Hier, Onkel Bernhard," sagte Dora jetzt und legte ein Buch vor diesen auf das Tischchen. „Ich bin so frei, Dir 'ne kleine Aufmerksamkeit zu bereiten."

Der Beschenkte richtete die scharfen grauen Augen forschend auf die Angekommene. „Was soll denn das heißen?" fragte er überrascht. „Soviel ich mich erinnern kann, werd' ich heut doch nicht schon wieder 'en Jahr älter."

„Nein, zum Glück nicht," meinte Dora lächelnd. „Weil aber Memoiren Deine Lieblingslektüre sind, ... und alle Zeitungen jetzt von dem hinterlassenen Werk der Fürstin Borlandino voll sind, hab ich unterwegs gedacht, ich nehm Dir den Band mit." —

Der alte Herr strich den weißen Henri quatre und betrachtete das jetzt etwas verlegene junge Mädchen mit Schelmenblicken: „Nun guck aber 'mal an!" schmunzelte er ... „Doch da sich jeder anständige Mensch für ein Geschenk revanchieren tut, soll ich natürlich Deinem Papa die Sach mit dem Heidelberger Professor noch 'mal in einem recht günstigen Licht vorstellen, nicht wahr?"

Dora war über und über rot geworden und hatte zu Boden gesehen. Jetzt aber hob sie mutig wieder den Blick und gestand offen: „Ach, ja, Onkelchen; denn wenn Du ein gut Wort beim Papa für mich einlegst, dann ist mir geholfen, ... dann werd ich glücklich!"

E. Mentzel

„Glaubst Du das wirklich, Kind?" fragte Onkel Bernhard ernst und mit Nachdruck. „Bedenk, die ganze Sach kann 'ne Schrull' von Dir sein! — Du hast den Herrn doch nur ein einzigmal gesehn."

„Freilich, ja, ... doch ich weiß nicht, wie das ist ... vom ersten Augenblick an war mir's, als ob ich ihn schon lang gekannt hätte! Und, Onkelchen, bei ihm ist's grad so gewesen, er hat mir's geschrieben." —

„So ... so ..." versetzte der alte Herr gedankenvoll. Dabei legte er die Rechte vor die Augen, als wolle er sich etwas klarer vergegenwärtigen. Dann meinte er noch: „Das mag vorkommen ... ich geb's zu ... aber sehr selten."

„Vielleicht doch mehr, als Du nach Deinen eigenen Erfahrungen glauben kannst," erwiderte Dora. War ihr doch der Lebenslauf des Verwandten für dessen fesselnde Persönlichkeit stets zu nüchtern erschienen.

Den mitgebrachten Band wieder an sich nehmend, deutete sie auf ein eingelegtes Zeichen und erklärte, auch die Memoiren der Fürstin Borlandino enthielten einen schlagenden Beweis für die Macht des Augenblicks über Menschenherzen. Das eine Kapitel schildere nämlich die flüchtige, aber unvergeßliche Begegnung eines Paares, das eigentlich für einander bestimmt gewesen sei, jedoch sich rätselhafter Weise wieder trennte, ohne dem leisen Mahnen der Gottesstimme in der eigenen Brust Gehör zu schenken.

„Das mußt Du lesen, Onkel Bernhard, womöglich noch eher lesen als alles andere," drängte Dora. „Und dann ... dann wirst Du zweifellos" ...

„Schön, schön, Schlaumeierchen," unterbrach sie der Mann. Sein Wesen verriet plötzlich große innere Unruhe und in seinen Zügen lag eine merkliche Spannung.

„Mach, daß Du fortkommst," bat er, „ich will gleich drangehn. Das Weitere von wegen der Revanch', das wird sich finden." Onkel Bernhard reichte dem jungen Mädchen die Hand und klopfte ihr zärtlich auf die Wange.

Dora merkte, er scherzte nicht und wollte wirklich allein sein, um sich gleich in das Werk vertiefen zu können.

Sie erhob sich, machte eine tiefe Verbeugung vor ihm wie vor einem Fürsten und empfahl ihm noch einmal ihr Anliegen mit dem beredten Blick ihrer ausdrucksvollen Augen.

III.

Der alte Herr war allein. Den Kopf auf die Schlummerrolle des Rohrsessels zurücklegend, schloß er kurze Weile die Lider und dachte darüber nach, ob wirklich der Liebreiz des anmutigen Geschöpfes oder die Aussicht auf die große Mitgift das Herz des Heidelberger Professors im Nu gewonnen habe. Unwillkürlich vertiefte er sich dann in die eigne Vergangenheit. Da traten mit der Klarheit des unmittelbaren Erlebnisses andere Bilder vor seine Seele, die ihn der Gegenwart entrückten und all sein Empfinden in das Netzwerk verrauschter Eindrücke einspannen.

Die untergehende Sonne schien warm in den Erker und das Gemach und malte mit zauberhafter Kraft zarte Rosen, Feuerlilien und violette Phantasieblumen auf die weiße, von goldnen Schnörkeln durchzogene Tapete.

Auch der Titel des Memoirenbandes gleißte im Abendglanz, während der Mann sich wieder aufrichtete und die Blicke dem vor ihm liegenden Buch zuwendete.

Dies schien eine geheimnisvolle Macht über ihn auszuüben. Erwartungsvolle Spannung trat in seine Mienen; dennoch hielt ihn ein unerklärliches Etwas von der Befriedigung eines heißen Verlangens ab.

Die Abendlichter spielten noch eine Zeit lang mit den goldnen Lettern, dann ging eine Wandlung mit Onkel Bernhard vor. Er schüttelte heftig den Kopf und lächelte, als spotte er über sich selbst.

Besaß er denn wirklich noch eine solch phantastische Einbildungskraft? — Wie konnte er nur an einen derartigen Zusammenhang der Dinge denken! — Hatte er doch bereits in verschiedenen Blättern Auszüge aus dem vielbesprochenen Werke gelesen, das namentlich wichtige Mitteilungen über das Leben und Wirken des ausgezeichneten Diplomaten, Fürsten Borlandino, und über dessen Beziehungen zu bedeutenden Persönlichkeiten brachte, den Erlebnissen der Bearbeiterin aber nur eine zweite Stelle anwies.

Auch von den Lebenserinnerungen der Fürstin waren Teile wiedergegeben gewesen. Onkel Bernhard wußte es noch genau. Ebenso war es ihm im Gedächtnis geblieben, wie sehr von der Kritik die unerhörte Kühnheit und Wahrheitsliebe anerkannt wurde, mit der die Herausgeberin der Memoiren das Verhältnis zu ihrem Gatten und mehrere Wendepunkte in ihrem eigenen Dasein rückhaltlos dargestellt haben sollte.

Keine Zeile von all dem war ihm zu Herzen gegangen. Und doch ließ er sich plötzlich von Doras liebenswürdigem, allein immerhin berechnetem Geplauder zu haltlosen Phantastereien hinreißen, ja beinahe um Ruh und Fassung bringen.

Es war das erstemal, daß er sich selbst untreu wurde, nachdem er nun so viele Jahre an seinem Vorsatz festhielt und der Erinnerung an die zwei glücklichsten Stunden seines Lebens keine Gewalt mehr über sich eingeräumt hatte! —

Wie unmännlich, wie kindisch kam er sich vor! Solche Anwandlungen durften nie mehr Meister über ihn werden! —

Hastig griff der Greis nach dem Buch, dessen Deckel zurückfiel.

Neben dem Titelblatt zeigte sich die Photographie des alten Fürsten, eines Mannes mit lang herabwallendem weißen Bart und bedeutenden Zügen. Onkel Bernhard, das Bild teilnahmsvoll betrachtend, fand es begreiflich, daß eine schöne junge Dame aus reiner Bewunderung für die eblen Eigenschaften Vorlandinos die Gattin des Sechzigjährigen geworden war.

Wie das Vorwort berichtete, lebte sie noch über ein Menschenalter als tadellose, verständnisvolle Gefährtin an der Seite des Gatten. Dann war die Fürstin nur zwei Jahre nach dessen Heimgang in der Mitte der Fünfzig in Neapel gestorben. Kurz vor ihrem Ende, vor etwa vier Jahren hatte sie nach angestrengter Arbeit den Wunsch des Verstorbenen erfüllt und die Memoiren zur Herausgabe nach ihrem Tode fertiggestellt.

Bis dahin war der alte Herr, noch immer nicht ganz frei von heimlicher Beunruhigung, den Mitteilungen des Vorworts gefolgt. Jetzt schlug er den Abschnitt auf, der das Vorleben der Fürstin schilderte und begann eifrig zu lesen.

Die hochbegabte Frau war der Abkömmling eines verarmten italienischen Grafen und einer deutschen Professorstochter, die den Vater auf mehreren Studienreisen durch Unteritalien begleitete. Das junge Paar war nach kurzer Ehe an einer damals in Neapel herrschenden Krankheit gestorben, der kleinen Claudia aber hatte sich eine entfernte Verwandte ihres verstorbenen Vaters, die Marchesa Passaroni, angenommen. Diese liebte Claudia wie ihr eigenes Kind und ließ ihr eine ausgezeichnete Erziehung angedeihen.

Die Dankbarkeit gegen ihre hochgesinnte Beschützerin sollte nach dem eignen Geständnis der Fürstin auch mitbestimmend gewesen sein, als sie sich entschloß, die Hand eines nahen

Verwandten der plötzlich Verstorbenen, des von jeher von ihr bewunderten und verehrten Fürsten Borlandino, anzunehmen und andere besser im Alter zu ihr passende und gleichfalls begüterte adlige Bewerber zurückzuweisen.

Onkel Bernhard hielt inne und sah einige Sekunden gedankenvoll auf das von zartem Rot überhauchte Grün der Anlagen. Dann blätterte er wieder in dem Buche und fragte sich unwillkürlich: wie diese merkwürdige Frau wohl ausgesehen haben möge?

IV.

Ein Luftzug kam durch's offene Fenster und schlug ein paar Seiten um. Da fiel plötzlich sein Blick auf das Bild einer idealschönen jungen Dame, deren loses, beinahe griechisches Gewand die Linien der edlen Gestalt zu voller Geltung brachte.

Der Mann fuhr zurück und starrte wie versteint auf das Blatt. Unter der Wucht eines überwältigenden Eindrucks stehend, zitterte die das Buch haltende Hand, überzog das sonst frische Gesicht des alten Herrn eine fahle Blässe.

Während ihm das Blut in den Schläfen und Pulsen mit jugendlichem Ungestüm zu klopfen begann, schloß er auf's neue wie erschöpft die Lider, um sie dann sogleich wieder aufzuschlagen und den Blick in wahrhaft kindlichem Entzücken auf dem schönen, von reicher dunkler Lockenfülle umrahmten Antlitz ruhen zu lassen.

Ja, das waren die wunderbaren Augen, die ihn wie unerreichbare Sterne durch's ganze Leben begleiteten! ... Das war der stolz geformte Mund, den er eben wieder im Geiste fesselnd plaudern hörte, ... das war auch die hohe Gestalt mit den wie von einem inneren Rhythmus geleiteten Bewegungen! ...

Immer mehr belebte sich dem alten Mann das Bild, er sah die dunkeln Locken wieder den schlanken Nacken umringeln, sah das holde Gesicht wie einst im Feuer der Rede leicht gerötet und die Augen von dem Ausdruck wechselnder Empfindungen beseelt. Und neben der reizenden Erscheinung rankte die Rebe an der Hütte des Feldhüters von Capri, tief unten zu ihren Füßen tanzten die Wellen, mit Schaumkronen geschmückt, auf dem grüngoldenen Meer und über ihr spannte sich ein Himmel von einer Bläue, wie er ihn seit jener Stunde nie mehr gesehen!

E. Mentzel

Fünfundbreißig Jahre versanken für Onkel Bernhard; die Vergangenheit umfing ihn mit der starken Verjüngungskraft unauslöschlicher Eindrücke und ließ ihn das, was er eben mit wahrem Heißhunger zu lesen begann, wie unmittelbare Wirklichkeit durchleben.

Immer lauter klopfte beim Fortgang der Erzählung des Alten Herz, ja, ein wahrer Glücksrausch überkam ihn, als ihm das Bekenntnis mit dem tiefen warmen Klang ihrer Stimme in's Herz zitterte:

„So wurden jene beiden Stunden, in denen mich das plötzlich heraufgezogene Unwetter mit dem Fremden, den ich der Sprache nach für einen Süddeutschen hielt, in der Feldhüterhütte am steilen Abhang Capris zusammenführte, zum wichtigsten Wendepunkt in meinem Leben.

Wie es möglich ist, daß ein vorher nie gesehener Mensch mit einemmal unser Denken und Empfinden an sich reißen und uns als höchste Verkörperung aller stillen Wünsche und Träume erscheinen kann, das vermag ich nicht zu erklären! — Noch heute nach einem Leben voll Erfahrungen aller Art halte ich das plötzliche Zueinanderneigen zweier Seelen für eines der größten Geheimnisse jener rätselhaften Macht, die wir Liebe nennen.

Vielleicht haben die Mystiker Recht, wenn sie solche jäh aufflammende Empfindungen zweier Herzen von deren Zusammengehörigkeit aus einem früheren Dasein herleiten, vielleicht liegt aber auch in unserem Innern ein viel schärferes Ahnungsvermögen für das, was zu uns stimmt oder für uns bestimmt wurde, als wir bei unserem geringen Verständnis für feine seelische Vorgänge annehmen dürfen. — —

Nach ein paar Worten, nach ein paar Blicken liebte ich diesen guten, etwas unbeholfenen Menschen, der bei aller Verwirrung, je länger wir zusammen waren, desto weniger zu verbergen vermochte, wie heftig auch er sich zu mir hingezogen fühlte.

Nicht einmal unsre Namen kannten wir. Wir waren beide zu gesittet, um den Zufall auszubeuten, und klammerten uns im Stillen an die Hoffnung eines Wiedersehns unter weniger beengenden Umständen.

Doch schon als ich dem lieben und schönen Menschen vor dem Heimweg die Hand reichte, hatte ich das Gefühl, als sei das Glück in Greifnähe an uns vorübergeschwebt, ohne aus verhängnisvoller Scheu von uns festgehalten zu werden.

Diese Empfindung wurde aber für mich zur Gewißheit, als eine Depesche gleich nach meiner Rückkehr die Marchesa schleunigst nach Neapel rief, und das Schiff noch an demselben Abend mich mit jeder Sekunde weiter von dem in Capri Zurückgebliebenen entfernte.

Dennoch konnte ich den Glauben an ein Wiedersehn nicht von mir weisen. Ich fühlte ja, daß seine Gedanken bei mir weilten, daß er mir aus der Ferne folgte. Es mußte also ein Leichtes für ihn sein, Näheres über mich in Capri zu erfahren. Zufällig hatte ich ja während des Gesprächs verraten, wo meine Beschützerin und ich dort wohnten. —

Zwei Jahre lang wartete ich täglich auf den Besuch des Heißersehnten oder wenigstens auf ein Lebenszeichen von ihm. Dann jedoch überfiel mich plötzlich die Furcht, er sei entweder schon gebunden oder scheue sich, mich in seine nächsten Kreise einzuführen.

Denn sicher waren es nur reine und unantastbare Gründe, die ihn von mir fern hielten. Ich fühlte dies und fühlte auch später noch, daß die Erinnerung an jenes flüchtige Finden und wieder Verlieren ein unsichtbares Band um mich und den sympathischen Deutschen wob, dessen Heimat ich nicht einmal kannte. An Rang stand er vielleicht unter mir, an Adel der Gesinnung wüßte ich ihn nur noch Einem zu vergleichen: meinem verstorbenen Gatten, der auch meist in harmlos hingeworfenen Worten den Reichtum seines Innern offenbarte.

Ob der Angebetete meines jungen Herzens noch lebt, wenn dies Werk in die Welt geht? — Ob es ihm, was ich sehnlichst wünsche, jemals in die Hand fallen wird? — Täuscht mich die Ahnung nicht, so ist es diesen Blättern vergönnt, in seinen alten Tagen die Erinnerung an unsre allzukurze Begegnung zu neuem Leben zu erwecken. Trifft dies zu, so grüße ich ihn aus dem Jenseits und danke ihm für die Fülle stillen, beseligenden Glückes, das unser Zusammensein trotz des schmerzlichen Ausgangs bis zu dieser Stunde in mein Dasein getragen hat." — —

V.

Längst schon hatte Onkel Bernhard das Buch bei Seite gelegt, er stand aber noch ganz im Bann jener erhebenden und doch für ihn so tief traurigen Worte.

Zuweilen kam es ihm vor, als träume er, als sei der alte Zauber noch immer mächtig über ihn.

Wie es ihn ergriff und durchschauerte, zwei Jahre von ihr erwartet worden zu sein! . . . Und er, der zwar reiche, aber bürgerliche Frankfurter, er hätte nimmer gewagt, dem heißen Verlangen des Herzens nachzugeben und der holden Aristokratin seine Hand anzubieten! — Wurde sie ihm doch sogar als die Tochter der Marchesa bezeichnet.

Wie eine Huldin war ihm dies Wesen erschienen; man durfte ihm wohl Liebe und Anbetung darbringen, allein mit eignen Wünschen nicht nahen. —

So zwang der damals noch junge Mann das ganz von ihr erfüllte Herz zur Entsagung, floh er wie ein Schuldbeladener aus ihrer Nähe. In die Heimat zurückgekehrt, zehrte er dann im Stillen den langen Wandel der Jahre hindurch an dem köstlichen Gehalt der zwei Stunden, in denen das Glück auf Nimmerwiedersehn ganz nah an ihm vorbeigerauscht war! —

Welch ein Schatten wäre auf den Rest seines Lebens gefallen, wenn sie die Zagheit bei ihm falsch gedeutet oder gar verurteilt hätte! — Daß ihn die Geliebte aber ganz verstand und zuletzt noch durch ein unverdientes Dankes- und Liebeswort beglückte, das erhob den alten Mann über die bittere Erkenntnis eines verfehlten Lebens und ließ seine Augen wie in hellem Jugendglanz erstrahlen. Lange ruhten sie noch auf dem lebensvollen Bilde Claudias. Dann und wann fuhren auch seine Finger in beinah zärtlicher Berührung darüber hin, sodaß es aussah, als wolle er einen ihm teuren Menschen liebkosen. — — —

Einige Wochen später verlobte sich Dora Uffenberg mit dem Heidelberger Professor, der schon nahe daran gewesen war, seinem Glück zu entsagen, um nicht länger dem Verdacht ausgesetzt zu sein, daß er nur nach einer großen Mitgift strebe.

Was man allgemein vermutete, bestätigte sich. Onkel Bernhard hatte durch entschiedenes Eingreifen den Widerstand des Vaters gebrochen, die Neigung des begabten Mannes in's rechte Licht gerückt und dadurch das junge Paar nach vielen Kämpfen an's ersehnte Ziel geführt.

Seit man den Professor näher kennen gelernt hatte, besaß er überhaupt keinen Gegner in der Familie mehr, gewann man sogar zum erstenmal die Ueberzeugung, die Liebe sei beinah eine fast ebenso große Macht als das Geld.

Ob das Glück der durch ihn vereinigten jungen Leute auf Onkel Bernhard zurückwirkte? Er war seit der letzten Zeit in einer solch freudigen Stimmung, wie man sie eigentlich noch nie an ihm wahrgenommen hatte. — — —

Da die Uffenbergs in der Verlobung allein den Grund für diesen Wandel nicht zu finden vermochten, auch sonst keinen anderen entdecken konnten, meinte Doras Vater eines Tages scherzhaft: „Wenn ich Dich seit kurzem anseh, Onkel Bernhard, kann ich mich nicht genug verwundern. Siehst wirklich aus, als ob Du noch 'emal auf e Glück warte woll'st."

„Wer kann's wisse?" schmunzelte der Alte, in sichtlichem Behagen. „Und des darfst De glauwe, Fritz, wann mir's so nah kommt, daß sich's mit der Hand greife läßt, dann soll mir's nit entwische!"

„No," versetzte der Neffe etwas betroffen. „Man sollt ja meine, Du hätt'st noch, Gott weiß was, vor!"

„Beruhig Dich," gab Onkel Bernhard mit feinem Spott zurück. „Heirate will ich nit mehr, des überlaß' ich den Junge. Deshalb möcht ich mich awwer doch noch mit dem Glück auf guten Fuß stelle. Warum, des is mei Geheimnis, und bleibt mei Geheimnis."

„Gott, ich will's ja gar nit antaste," gab Fritz Uffenberg erleichtert zurück. Wußte er doch, wenn Onkel Bernhard in solch guter Laune war und noch dazu Frankfurterisch sprach, hatte die Familie nichts Unvorhergesehenes von ihm zu fürchten.

Leonie Meyerhof-Hildeck

Feuerlilie.

Ich bin die Feuerlilie,
Die Wilde der Familie. —
    Bin hoch und schlank,
    Bin flammenbraun
    Und gucke über
    Den Gartenzaun.

Ich bin die Feuerlilie,
Die Wilde der Familie. —
    Ich will die Welt
    Da draußen sehn —
    Komm, nimm mich, Windchen,
    Und tu mir schön!

Ich bin die Feuerlilie,
Die Wilde der Familie. —
    Meine Schwestern weiß
    Sind Klosterfraun,
    Die goldenen Blickes
    Zum Lichte schaun.

Ich bin die Feuerlilie,
Die Wilde der Familie. —
    Mein Sein ist kurz,
    Ist Lust und Glut —
    Rasch will ich sterben,
    So find' ich's gut. —
Ich bin die Feuerlilie!

Im Volkston.

Ein Ringlein sah ich blinken
Beim Meer im nassen Sand,
Das war einem falschen Knaben
Gefallen von der Hand.

Ich hab' es mir genommen
Und werf' es in die See —
Dich soll kein Andrer haben:
Die Lieb' tut gar zu weh!

Nachtwandelnd geht mein Herz.

Nachtwandelnd geht mein Herz den Weg zu dir,
Die Nacht ist nebelweiß, die Häuser fließen,
Zu Silberschaum zerschmilzt der weiche Mond
Und tropft in Flocken auf mein wandelnd Herz,
Wie kalter Kuß von einem vollen Munde, —
Wie du wohl küssen magst . . . .

Nachtwandelnd geht mein armes Herz zu dir, —
Es kennt den Weg. Es steht vor deiner Tür
Und steht . . . Und träumt . . . Es will gerufen sein
Mit seinem Namen, und von deiner Stimme,
Und süß erwachen . . . .

Meine Mutter.

Ach was hatte meine süße Mutter
Doch für schöne, blumenweiße Hände,
Weich und leuchtend, wie die Gartenrosen —
Außen bleich und innen zart errötend.

Ach was hatte meine süße Mutter
Doch für milde, himmelgraue Augen
Mit verträumten, hellen Drageblicken,
Wie im Mondschein lichtgewordne Wolken.

Ach was hatte meine süße Mutter
Doch für eine böse, wilde Tochter,
Heftig, wie der Wind, der plötzlich aufsteht,
Und nur schweigt, wenn Keiner ihm entgegen.

Ach, dann legte meine süße Mutter
Ihre weißen Hände vor die Augen,
Und es tauten aus den hellen Wolken
Warme Tropfen auf die zarten Rosen . . .

Frauenhaar.

Novellette.

Schon beim Erwachen entdeckten wir an dem Fehlen des gelben Sonnenstreifens am Fensterpfosten neben dem geschlossenen Laden, daß das gute Wetter uns verlassen hatte....

Eine Stunde später lehnte Elisabeth neben dem Fenster und blickte still in den Regen hinaus. Die Berge waren verschwunden; das Walterdenkmal war eine hellgraue Silhouette auf hellergrauem Grunde.

Elisabeth stand mit der ihr eigentümlichen etwas geduckten Kopfhaltung, als erwarte sie, daß jemand ihr ein Krönchen auf ihre schönen kupferfarbenen Haare drücke. Selbst der Regentag legte ihr einen mattleuchtenden Schein darauf.

Sie sagte: „Sieh, wie der Regen hängt. Schnurgerade, wie ein japanischer Perlenvorhang. Am Boden entladen sich die Schnüre, aber oben werden immer neue Perlen aufgefädelt... Meinst Du, daß es heute noch aufhört? Nein," antwortete sie sich selbst. Und von der monologhaft träumerischen Sprechweise überraschend in einen trockenen Vernunftton übergehend, fügte sie hinzu: „Das Einzige, was an einem solchen Tage übrig bleibt, ist, sich shamponieren zu lassen."

Ich lachte und ging mit ihr. Wir fanden einen vertrauenerweckenden Laden. Drinnen hatten wir eine Zeitlang wartend zu sitzen, da der Friseur noch mit einer andern Kundin beschäftigt war. Ich sah ihr Gesicht im Spiegel; es war weder jung noch schön, aber die langen braunen Haare gefielen mir. Bereits gewaschen und getrocknet, hingen sie ihr locker, weich und ganz glatt rings um den Kopf über Schultern und Rücken herab und verdeckten einen Teil der Stuhllehne. Nun nahm der Friseur einzelne Stränge auf und drehte sie, daß sie, weich um seine Hand geschlungen, aufglänzten; es war, als winde er einen flüssigen Stoff zu einer festen Masse zusammen.

Da ich Elisabeth etwas zuraunen wollte, winkte sie mit den Wimpern, so daß mein Blick dem ihren in die Tiefe des Ladens hineinfolgte.

Dort war es dämmerig. Erst nach einigen Augenblicken entdeckte ich zwei Personen, die vor einem Türvorhang standen. Dieser Vorhang öffnete sich von Zeit zu Zeit; ein älterer Frauenkopf erschien für einen Augenblick und schaute sorgend-zärtlich auf einen der zwei Dastehenden.

Dieser Eine, der auch unser Interesse fesselte, war ein kleiner Verwachsener von etwa zwanzig Jahren.

Zwei große gepolsterte Krücken unter seinen Achselhöhlen hielten ihn aufrecht. Er sah bleich, zart, aber nicht eigentlich krank aus. Die tadellose Frisur seines dunklen Haares, die peinlich korrekte Wäsche, der elegante Tuchanzug hoben ein wenig den Eindruck der unglücklichen Persönlichkeit.

Neben ihm, noch tiefer im Schatten, stand ein alltäglich aussehender zweiter junger Mann und flüsterte dem Buckligen von Zeit zu Zeit etwas zu.

Der aber antwortete nicht. Seine großen, dunklen, von Entzücken leuchtenden Augen hingen an dem Haar der Frau im Frisierstuhl. Das ganze Gesicht mit den scharfen Zügen und den hervortretenden Backenknochen glänzte in stillem, schüchternem Glück. Er stand unbeweglich. Das gelegentliche Wispern seines Gefährten war der einzige Laut im Laden; sonst war es ganz still, so daß man das gleichförmige Rauschen des Regens hörte. Der Friseur, ein älterer Mann von verschlossenem Wesen, hantierte lautlos, wortlos. Von den zwei Gestalten vor dem Vorhang schien er keine Notiz zu nehmen; nicht einen Blick wandte er dorthin.

Auch jetzt, da er die Bezahlung entgegennahm und der Dame in Hut und Mantel half, wurden nur die nötigsten Worte gewechselt. Nur der Bucklige sprach jetzt leise mit seinem Gefährten. Sobald aber Elisabeth auf dem Sessel Platz genommen hatte, schwieg er wieder und blickte gespannt nach ihrem wundervollen Haar, dessen dicke, dunkelrote Wellen sich unter den Händen des Friseurs aus ihrer Fesselung befreiten und elastisch und eigenwillig, wie Metallfäden, auseinanderstrebten.

Das junge Mädchen duckte sich noch tiefer als sonst, in Beklemmung unter dem intensiven Blicke, den sie auf sich ruhen fühlte, obwohl sie ihn von ihrem Platze aus schwerlich sehen konnte.

Unter dem Kamme des Friseurs sprühte das Haar elektrisch auf; einzelne kupfergoldene Fäden spreizten sich weit vom Kopfe ab und stellten sich wagrecht.

Dann wurde das Waschmittel darübergegossen; der Schaum gab unter den Händen des Friseurs glatte, schlüpfende Laute. Während des Reibens und Trocknens schloß der Verwachsene die Augen. Regungslos hing seine kleine Gestalt zwischen den Krücken. Ich warte! sagten die gesenkten Lider. . . .

Den Kopf von weißen Tüchern umwunden, gegen den Trockenapparat zurückgelehnt, warf das Mädchen mir beklommen fragende Seitenblicke zu. Ich hätte ihr sagen mögen: jetzt blickt er dich nicht an; ich hätte eine Unterhaltung anknüpfen mögen, ihre Gedanken auf Anderes zu lenken. Aber die Schweigestimmung des Raumes hatte sich auf uns gelegt. Nach wenigen Worten riß das Gespräch ab. Wir gaben es auf und schwiegen, wie die Menschen, die zu diesem Ort gehörten.

Der Friseur blickte in den Regen hinaus. Von Zeit zu Zeit griff er unter das Tuch, um zu fühlen, ob die Haare trocken seien. Dann endlich rückte er den Apparat hinweg und hob das weiße Tuch.

In einer flimmernden, welligen Flut ergoß sich das dunkle Kupfer des Haares über den weißen Mantel, auf des Mädchens schmale Schultern; seine Spitzen rollten und kräuselten sich in Locken und Löckchen; auf dem Scheitel bäumte es sich in zwei lockeren Polstern empor und quoll gegen Stirn und Schläfen, nur einen schmalen weißen Streifen Gesichtes freilassend.

Der Friseur hob es an beiden Seiten auf, ließ es wieder fallen und wohlgefällig durch die Finger gleiten.

Drüben knarrte die Krücke und gab auf dem Fußboden einen kurz schreienden, ächzenden Ton.

Aufgeregt flüsterte der Begleiter, aber der Bucklige hörte nicht. Ein glückseliges Lächeln war auf seinem Gesichte aufgegangen und vertiefte sich immer mehr. Mit strahlenden Augen trank er den Glanz des üppigen, königlichen Haares — diesen Glanz, der aus dem Haare selbst zu stammen schien, denn der Tag war zu arm an Licht, um soviel zu geben.

Nie habe ich eine größere Seligkeit auf dem Gesichte eines Unglücklichen gesehen.

Und ich begriff, daß dies die Art war, in der der Enterbte die Schönheit der Frauen genoß. Die einzige Art vielleicht. Ihm mußte sie genügen. Und er gab sich ihr ganz, mit tiefer Entzückung, mit selbstvergessenem Aufgehen in einen Teil lebendiger Schönheit.

Und die Menschen des Ladens gönnten es ihm. Ob er zu ihnen gehörte als Sohn, als Freund — ob er nur ein Fremder, ein um Schönheit Bettelnder, zu ihnen gekommen war — wer weiß es? Sie schenkten ihm, was ihn beglückte, gaben ihm das, was er still und bescheiden von seinem engen Lebenswinkel aus genießen konnte. . . .

Als wir gingen, wagte das Mädchen nur flüchtig zur Seite zu blicken. Das Glück auf dem Gesichte des Armen war erloschen, aber seine großen dunklen Augen folgten ihr, so lange ich ihn beobachten konnte.

Nun trug sie wirklich ein Krönchen auf dem Kopfe. Den Leuten, die an uns vorübergingen, blieb es unsichtbar — ich aber sah es.

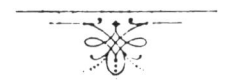

Karl Michler

Mohnblume.

Das Korn, das goldene Meer,
Wogt um die Mondgeküßte,
Als ob es singen müßte
Vom Segen reif und schwer.

Von leisem Rauschen umwacht,
Die stille rote Blume
Auf brauner Feldeskrume
Trinkt süßen Tau der Nacht.

Der stillste Ort.

Ort der Toten, da wo keine
Freude in Jubelakkorden bebt,
Wo um Granit- und Marmor-Steine
Tiefe Einsamkeit sonnend webt,
Fühlende Herzen sich wiederfinden,
Menschengroll in das Nichts versinkt,
Dankbar die Seele in süßem Empfinden
Schauernd des Friedens Lethe trinkt.

Möchte stets die Stätte meiden,
Leben vom Leben das Schönste hofft,
Aber meine Gedanken weiden
Sich an den Hügeln der Schläfer oft.
Rosen, Syringen und Flieder senden
So berauschenden Duft empor,
Da wo die Seele mit hundert Händen
Greift nach dem Frieden, den sie verlor.

Karl Michler

Parklied.

Auf des Parkes stillen Gängen
Schleiche wieder ich allein
Nach der Stelle, wo verschwiegen
Mondbeglänzte Trümmer liegen,
Wirrzerklüftet Felsgestein.

Dort ihr Herz dem süßen Drängen
Erster Liebe sich erschloß
Nächtens unter'm Sterngeflimmer,
Ihre Seel' der Andacht Schimmer
Wie die Glorie umfloß.

Hörbar kaum mit Rauscheklängen
Bebten Tannen her und hin,
Wie als flüsterten sie leise
In geheimer Waldesweise
Segen meiner Königin.

Auf des Parkes stillen Gängen
Wieder schleicht dahin mein Tritt
Nach der Stelle, wo verschwiegen
Mondbeglänzte Trümmer liegen, —
Und mein Herz pocht heißer mit.

In der Dachkammer.

Hab' einen Freund: Den stummen Harm,
Der heute wie weggefegt,
Mir ist, als hätt' sich ein weicher Arm
Um meinen Nacken gelegt,
Als würd' von duftigem Frauenhaar
Meine glühende Wange berührt,
Eine hungerhohle Wange gar.

Heißschauernde Wonne spürt
Mein pochendes Herz. Rotgolden flirrt
Ein Strahlenheer durch's Gemach,
In's horchende Ohr ein Zauber girrt,
Im Traume? Bin ich denn wach?
Plötzlich mein trunknes Auge sieht
Purpur und Hermlin,
Fühle ein wunderleises Lied
Durch meine Seele zieh'n.

Lustrausch.

Drückende Schwüle füllte das Zimmer,
Nur zuweilen kam es herein
Durch den Vorhang mit goldnem Geflimmer,
Lächelnd lugte lenzsonniger Schein —
Heißer und begehrlicher rollte
Wild in unsern Adern das Blut,
Leidenschaftliche Jugend wollte
Selig tauchen in Wonneflut . . .
Eingeschläfert Vernunft und Gewissen
Hatte des Weines duftender Trank,
Bald auf des Lagers schwellende Kissen
Taumelnde, glühende Liebe sank, —
Kamen leise aus tiefem Grunde
Schauer, hohem Glücke geweiht,
Und wir schlürften mit zuckendem Munde
Himmelsüße Vergessenheit.

Zuweilen.

In Jubelakkorden der Wonne schlägt's
An's Ohr mir, Ton um Ton,
Das schlummernde Meer der Erinnrung bewegt's, —
Herz, Seele erzittern davon.

Frieda Nachmann

Johannes.

(Zu Prof. Steinhausens Gemälde.)

Sie haben ihn geknechtet und gebunden,
Als sie ihn draußen in der Wüste fanden,
Nach hartem Kampf ihn endlich überwanden. —
— Und sinnend steht er, denkt der letzten Stunden.

Er hat in später Nacht nicht Ruh' gefunden;
Stolz steht er da und trotzt den Häscherbanden,
Die ihn, des höchsten Herren Abgesandten,
Gefesselt wohl; — doch nimmer überwunden.

Er steht und blickt in endlos-weite Fernen.
Ihn hindert seines Kerkers Gitter nicht,
Er schaut hinauf nach jenen ew'gen Sternen.

Die Menschen schlafen, sehen nicht das Licht!
Die können seine Weisheit noch nicht lernen:
Nur der ist frei, der Geistesfesseln bricht! —

Frieda Nachmann

Schnee im Süden.

Schnee im Süden, traurig ist es,
Wenn's auf Lorbeerbäume schneit;
Und ihr Südlandskinder wißt es,
Daß dies euer Sterbekleid.

Schneit's in Deutschland, sind die Bäume
Längst schon kahl, kein Blatt hängt mehr,
Warten still, versenkt in Träume
Auf des Frühlings Wiederkehr.

Schnee dient ihnen nur zur Hülle,
Die der Baum zum Schutze ruft,
Und im Lenz sproßt eine Fülle
Neuer Blätter in die Luft.

Doch Italiens zarte Bäume
Stehen traurig da im Schnee;
Ihnen bringt er keine Träume,
Ihnen bringt er tiefes Weh!

Schnee im Süden, traurig ist es,
Wenn's auf Lorbeerbäume schneit;
Unsrer Hoffnung Abbild ist es,
Wenn sie jung — dem Tod geweiht.

Fruchtloses Blühen.

Einsame Blüte,
Jetzt noch am Baum,
Wie ein verspäteter
Vorfrühlingstraum.

Ringsumher Früchte,
Blühend nichts mehr,
Sendest noch Düfte
Lenzfroh du her.

Herbst schmückt buntfarben
Jetzt schon das Land;
Dich allein ziert noch
Weißes Gewand.

Trägst keine Frucht mehr,
Blühest nur noch;
Nutzlos verblühst du,
Erfreuest du doch.

Zeichen der Hoffnung,
Wenn Sterben rings droht,
Frühling ist stärker
Als Winter und Tod!

Emil Neubürger

Motto.

Mach' es wie das Bäumlein!
Ob's die Welt nicht achte,
Ob der Sturm es rüttle,
Unverbittert strebt es
Stets hinan zum Himmel,
Schickt die Wurzeln tiefer,
Breitet aus die Aeste,
Weiß, es kommt der Tag noch,
Da die Menschen staunen
Seinen Blütensträußen
Und die Früchte segnen,
Die es lieblich reifte.

Vier Lieder.

I.

Es senkt auf Wald und Feld der Schnee
Viel tausend Flocken nieder.
Es drängt sich viel tausend Ach und Weh
In's Herz mir wieder und wieder.

O, Wald und Feld sind groß und weit!
Die können viel Schnee wohl fassen;
Wo aber soll mein Herz das Leid
Und Ach und Weh all lassen?

II.

Und ob's im Herzen reißt und wühlt,
Was soll das eitle Zagen!
Es haben's Tausend schon gefühlt,
Und Tausend stark getragen.

Ring an! Ring an mit festem Mut!
Oft trug den kühnen Schwimmer
Zum Strand des Heils die wilde Flut;
Den Schwächling begrub sie immer.

III.

Als jüngst wir zusammen gewandelt
Wohl durch den weißen Plan,
Hast du mir ein rechtes Wunder,
Du Zauberin, angetan.

Da war mir beim süßen Gekose
So sonnigwarm die Luft;
Da ward mir, als ob mich umschwebte
Erquickender Blumenduft.

Und was mir zu Füßen geschimmert,
Und was auf die Bäume geschneit,
Das hab' ich für Blüten genommen
In kahler Winterzeit.

IV.

Der schönsten Rose, die im Garten blüht,
Hat wohl der Sprosser oft sein Liebeslied gesungen.
Sie achtet nie, wie er in Lieb' erglüht;
Da ist vor Schmerz im Singen einst sein Herz zersprungen.

Drauf kam zu ihr in glüh'nder Farbenpracht,
Der sie gar bald gewann, ein Schmetterling geflogen,
Der flattert fort und hat sie ausgelacht,
Nachdem er ihr das beste Herzblut ausgesogen.

Emil Neubürger

Lebensbild.

Vergangner Zeiten dacht' ich und trat ein;
Von prächt'ger Dienerschar ward ich empfangen,
Und rings im Hause war ein fürstlich Prangen
Von seltnen Stoffen, Schnitzwerk, Marmorstein.

Und sie saß da im Prachtgewand; allein
Wie waren bleich die sonst so blüh'nden Wangen!
Wie war des Auges heitrer Glanz vergangen!
Welch' tiefer Gram grub dieser Stirn' sich ein!

Und neben ihr saß düster, trüb und kalt
Der Mann, an den geknüpft ihr junges Leben,
Wild in der Jugend, vor der Zeit nun alt.

Kein Kind war tröstend ihrem Bund gegeben. —
Unsel'ge, stießest um solch' gleißend Glück
Du warmer Liebe echtes Gut zurück!

Sonett.

Was soll das weibische, das eitle Klagen?
Wenn Weh und Schmerz des Herzens Kraft beschleichen,
Willst du noch selbst den festen Sinn erweichen
Und unnütz zaudern und in Schwäche zagen?

Laß von dem Kundigen der Welt dir sagen:
Nur schwerem Müh'n ist Großes zu erreichen,
Der schönste Sieg, er schreitet über Leichen,
Und herben Schmerz mußt du um Heilung wagen.

Fühlst du die Kraft, steh gleich dem Felsenturme,
Der unerschüttert bleibt dem Windesweben,
Der Bosheit biete Trotz, der wilden Wut!

Fühlst du sie nicht, so beuge dich dem Sturme,
Und neige dich, so wie die Weide tut;
Wenn er verbraust, magst du dich neu erheben.

Emil Neubürger

Was bleibt zu tun?

Der Trauten, die mir lieb und wert, sind mir so Viele hingegangen!
    Was bleibt zu tun?

Wie öd' und traurig wird der Pfad, mit ihnen einst so gern begangen!
    Was bleibt zu tun?

Zerronnen so manch heller Stern, der mir geleuchtet, und zergangen!
    Was bleibt zu tun?

Mehr weicht und mehr der Lebensmut, mehr greift und mehr mich
    Was bleibt zu tun?   [trübes Bangen.

Die Teuren, die geblieben dir, mußt um so wärmer du umfangen;
    Das bleibt zu tun.

Aufschau'n zu jenen Sternen stet, die herrlich, ewig gleich erprangen;
    Das bleibt zu tun.

Und wallen zu; es winkt die Ruh', sie wird dich kühl und weich
    Das bleibt zu tun!   [umfangen;

Emil Neubürger

Auf der Goetheruhe.

Ich war zu meinem Lieblingsplätzchen, der Goetheruhe, hinauf geschlendert und hatte mich auf eine der Ruhebänke niedergelassen. Es war ein herrlicher Maitag. Die Winde wehten lind und lau und trugen mir würzige Blütendüfte zu. Vor mir lag der unabsehbare Hain blühender Fruchtbäume, tiefblau grüßte in seltner Klarheit das weitgestreckte Gebirge; fernhin dem Blick verfolgbar blinkte der durch so viele reiche Ortschaften sich durchschlängelnde Strom; in hellem Schein prangte die Stadt, die, von hier aus betrachtet, bis zu den Höhen des Taunus sich auszudehnen scheint; hinter mir rauschten im Walde die Tannen und Buchen.

Ich hatte mich in süße Träumereien verloren, aus denen mich plötzlich dröhnende Schritte erweckten. Ich fuhr auf; vor mir stand ein Mann von gewaltigem Wuchs und Aussehen. „Ihr habt wohl nichts dagegen," sagte er mit etwas sonderbar klingender Stimme in etwas fremdartigem Ton, „daß ich mich zu Euch setze. Die Stelle, die Euch so sehr zu behagen scheint, habe ich seit einem Jahrtausend immer gern besucht." —

„Um Gottes Willen, der Mensch ist nicht bei Sinnen," dachte ich und rückte an's andere Ende der Bank. Zu erschrecken hatte ich Grund genug. Ich war unbewaffnet und der Mann maß seine sieben Schuh und darüber, war ungemein kräftig gebaut, sah wohl danach aus, als ob er meiner ein Dutzend zwingen könne, und trug dazu noch ein gewaltiges Schwert an der Hüfte. Ich sah ihn besorgt von der Seite an. Zwar hatte er etwas Großes, Ruhiges, Besonnenes, dabei Gutmütiges in seinem Wesen und einen freundlichen, wiewohl festen und klaren Blick; aber die tausend Jahre blieben doch immer bedenklich.

„Hat sich hier doch Alles recht schön gemacht," sagte er, indem er sich setzte. „Vor tausend Jahren sah es hier anders aus. Da hätten die Lüchse und Wölfe nimmer ein Wichtlein, wie Ihr, so ruhig sitzen lassen. Just an der Stelle, wo Ihr ruhtet, streckte ich einen gewaltigen Bären nieder, dessen Jagd mir nicht wenig zu tun gab."

Ich hatte die Zeit über den Sprecher unverwandten Auges betrachtet und erkannte ihn. Es war Karl der Große. Das ganze Aeußere, Haltung, die Würde, die Tracht, Alles stimmte.

— Doch seine Erscheinung am hellen Tage! Wenn es noch um die Zeit der Gespenster, um Mitternacht, gewesen wäre. Indes, ich wundere mich über Nichts mehr. Habe ich doch in meinem längeren Leben vieles Unglaubliche wirklich werden sehen, Telephon, transatlantisches Kabel, Hypnose, Deutschlands Bruderkrieg, Polenausweisung. Vielleicht hatte ich (wir Schriftsteller trauen uns leicht gar zu viel zu) bei meinem jüngst im historischen Verein gehaltenen Vortrag über den großen Kaiser Aeußerungen getan, deren magische Schönheit ihn zwang, sich mir zu zeigen.

„Ja," fuhr der Kaiser freundlich fort, „es war ein ganz gewaltiges Tier, wie der Martin in euerem zoologischen Garten.*) Dazumal gab es hier noch kein Hüflein bebauten Bodens, nur Sumpf und Sumpf und Wald und Wald bis zum alten Römergau, und der treue Jagdhüter, den ich hierhersetzte, war der Erste, der etwas anpflanzte um seine Hütte. Hundert Jahre später, als ich mich nach dem Treiben meines wackeren Sprößlings Arnulf umsah, stand schon der Saalhof und manch ander schmuckes Gebäude, und seitdem ist Frankfurt, was auch alles der Zeitlauf gebracht, ob der Strom sein Bett, ob Hügel und Tal die Gestalt gewechselt, ob Einzelne mit Einzelnen, Stände mit Ständen, Religionen mit Religionen um die Herrschaft gerungen, ob der Sohn zerstörte, was dem Vater lieb war, und der Enkel es wieder aufbaute, die Stadt ist gediehen und gewachsen, daß es eine Lust ist."

Wie nun der Kaiser so vergnügt auf die Mainstadt niederblickte, faßte ich mir ein Herz und hub an, indem ich mir Mühe gab, nach alter Weise zu reden. „Es ist überaus große Huld von Eurer Herrlichkeit, dem weltberühmten großmächtigen Kaiser, unter allen großen Herrschern vielleicht dem größten und gewaltigsten, das Herz eines so niedrigstehenden und gewöhnlichen Knechtes und Untertanen mit dero Anrede so gnädiglich zu erfreuen. Solche Gnade ist mehr, als mir bis jetzt noch von dem kleinsten Herrn des kleinsten Ländchens widerfahren." —

„Guter Freund," erwiderte der Kaiser, „im Himmel sind selbst die Fürsten Demokraten. Der Tod macht alles gleich; dort oben haben Macht und Majestät keine Geltung, und die Liebe und richtige Erkenntnis der Verhältnisse läßt uns da die

---

*) Wenn dieses Bären im Eginhard keine Erwähnung geschieht, so braucht der Kaiser doch darum dem Verfasser keinen aufgebunden zu haben, da in der Chronik unmöglich alle Jägertaten Karls verzeichnet werden konnten.

Menschen alle nach Gebühr würdigen. Uebrigens habe ich schon hienieden, wie Du wohl weißt, Gelehrte und Schriftsteller für das Salz der Erde erachtet. Freilich war damals die Art vielleicht besser als jetzt." —

„Darin kann ich Euer kaiserlichen Gnaden nur Recht geben," sagte ich hinwieder. „Es treiben's ihrer Manche jetzt gar zu schimpflich; schmählicher Weise dienen sie der Macht und dem Mammon, lassen ihnen zu Lieb Nacht für Tag, gerade für krumm, Teufels Werk für das des Himmels gelten und setzen Lügen in die Welt, daß einem schier die Wahrheit ganz daraus verschwunden scheint. Zum Voland in die Hölle mit ihnen! — Aber da mir so unverhofft das unerhörte, unschätzbare Glück geworden, vom vielleicht größten Mann aller Zeiten der Unterredung gewürdigt zu werden, von dem hochbegabten, dessen Gedanken sich durch ein langes Verweilen im Himmel und den fortgesetzten Besuch der Erde womöglich noch gehoben haben, so vergönnt mir vielleicht Euer kaiserliche Hulden zu meinem eigenen Besten und dem vieler Anderer die beneidenswerte Gunst, einige Fragen zu beantworten, die mir schon lange am Herzen liegen." —

„Fragt immer zu," erwiderte der Kaiser, „nur quält mich und Euch nicht ab mit der altertümlichen Redeweise und sprecht nur, mit der Sachsenkolonie zu reden, wie Euch der Schnabel gewachsen, zu einem, der mit der Zeit fortgeschritten und Euch wohl versteht!"

„Nun wohl, gnädigster Herr, ich liege oft in Streit mit meinen Freunden, die immer von der guten alten Zeit der Stadt reden und behaupten, daß es stark bergab mit ihr gehe. Wann stand es besser mit ihr, jetzt oder in früheren Jahrhunderten?"

„Aber haben denn Deine Freunde keine Augen zum Sehen? Merken sie nicht, wie sich Euer Frankfurt täglich vergrößert und verschönert? Haben sie nie die neuen prächtigen Straßen, in denen die vielen palastähnlichen Häuser prangen, mit den engen, winkeligen, von Luft und Licht abgesperrten Gäßchen der Altstadt verglichen? Von allen Seiten kommt Euch auf den Eisenbahnen, auf Schiff und Wagen, alles Notwendige, Schöne und Gute zugefahren. Fünf prächtige Brücken führen Euch statt der einzigen und der Furt, mit der Ihr Euch solange behelfen mußtet, den Strom hinüber. Wo war denn früher die Beleuchtung, die Reinlichkeit, die Sorge für die Gesundheit zu finden? Der Handwerker wohnt jetzt oft bequemer als einst der reiche Kaufherr, und mancher unbedeutende Handelsmann würde sein Haus nicht gegen das des einstigen vielvermögenden Patriziers vertauschen. Laßt Euch diese Freunde doch einmal genau angeben, worin es früher so viel besser bestellt gewesen!" —

„Herzlichen Dank für die Antwort, Majestät! Vergönnt mir aber auch darüber Belehrung, ob nicht trotzdem die Einwohner bereinst glücklicher waren als jetzt!"

„Der Allgütige hat es so trefflich eingerichtet in seiner Weisheit, daß wir Menschen von den Vorzügen und Vorteilen der uns folgenden Generation weder etwas ahnen noch wissen und darum froh nach unserer Weise dahinleben. Wenn ich in so viel Monden, als man jetzt Tage dazu brauchte, mein ganzes Reich durcheilte, wenn mein Wille darin in so viel Tagen kund ward, als jetzt in Minuten geschähe, so galt es für gewaltig, und ich freute mich dessen; so ergötzten sich auch meine Großen beim Schmausen und Zechen an Liedern und Klängen, die Euch monoton und widerwärtig vorkommen würden. Aber sicher ist es, daß Euch die Bildung und Verfeinerung eine Menge höherer erhebender und beseligender Genüsse erschlossen, daß Natur, Kunst und Wissen Euch deren jetzt eine weit größere Zahl bieten. Der Handwerker und Bauersmann freut sich nun oft im Gesangverein, im Theater und Museum an manchem Schönen, das der Ritter nicht kannte, und noch manch Jahrhundert nach meiner Regierung war bei fürstlichen Banketten nichts von den Schauspielen, Konzerten und geschmackvollen Ausschmückungen zu finden, die nun ein reicher Kaufmann seinen Freunden bei der Hochzeit seiner Kinder vorführt. Jedem kömmt es doch mehr oder minder zu gute, daß Ihr mit dem Lichte malt, dem Blitze schreibt, dem Dampfe dahinfliegt. Gewiß ist es auch, daß das Wachstum des Menschengeistes, der nach und nach das Sprödeste bezwingt, Macht und Zahl der Uebel verringert hat, welche die Menschheit drücken, daß die wilde Kriegswut, daß Pest und Hungersnot seltener und minder furchtbar geworden. Darum glaube nur immer: Wenn die Minderung dieser Uebel, wenn die Teilnahme an zahlreicheren und höheren Genüssen ein Maß für das Menschenglück bietet, so seid Ihr besser daran, als Eure Ahnen."

„Doch, Majestät, vielleicht haben meine Freunde darin Recht, daß die Menschen schlechter geworden."

„Mit nichten! Böse und Gute, Selbstsüchtige und Opferwillige, Schwache und Gewaltige, die im Gefühl überlegener Kraft und Einsicht rücksichtslos die Brüder niedertreten, gab es immer, und wird es immer geben, aber sicher sind mit der

Bildung Eure Gefühle milder und weicher geworden, hat sich die Zahl wilder Verbrechen gemildert, haben sich die Herzen der Barmherzigkeit weiter geöffnet. Der Gedanke, daß beim Zusammenhang der Menschheit sich s e l b e r fördert, wer A n = d e r n Nutzen schafft, hat an Macht gewonnen; das Gefühl für Recht und Unrecht, die Scheu vor dem allgemeinen Urteil, sind mit der Bildung gewachsen. Nimmer könnten sich unter Eueren Fürsten die Greuel wiederholen, wie sie meine Enkel gegen ihren Vater, wie sie der fünfte Heinrich unter dem Beifall der Kirche gegen den seinen geübt, und was noch mehr gilt, sicher wissen die Wohlmeinenden jetzt besser den Hebel zum Besten der Mit= menschen einzusetzen, als damals, da man die Schätze zum Messelesen, zur Bereicherung der Klöster, und das Blut von Millionen um den Besitz eines Grabes vergeudete, in dem sicher der Göttliche nicht mehr ruhte. In wie viel reichen und schönen Anstalten findet jetzt der Sieche Verpflegung, wird für den Armen Sorge getragen, wird der unglückliche Blinde und Taub= stumme zum nützlichen Glied der menschlichen Gesellschaft erzogen, wird selbst noch auf die Besserung der Verbrecher hingewirkt!"

"Aber sehen hier nicht Euer kaiserliche Gnaden die Sache in allzu optimistischem Lichte? Erleben wir nicht auch jetzt noch Dinge, wie die Polenausweisung, die Verfolgung von Chinesen und Semiten?"

"Die Zeit ist nahe, wo die Völker verträglich zusammen= leben, wie jetzt in der Schweiz, und Eure Urenkel werden sich wohl solcher Taten schämen, aber diese rufen jetzt schon bei Vielen Mitleid und Entrüstung hervor. Dereinst wurde nieder= gehauen, wo man jetzt ausweist, und nirgend wurde ein Tadel laut, als der Flor damaliger Menschheit die Eroberung der heiligen Stadt mit der Niedermetzelung der Einwohner und Besatzung feierte." —

"Vergönne mir kaiserliche Huld noch Aufschluß darüber, ob die Stadt den Höhepunkt ihres Glückes noch nicht erreicht hat, und ob sie sich noch bedeutend heben wird." —

"Wisse, Freund, daß es auch uns, ob wir gleich mit schäferem Blick begabt, in gewachsener Einsicht im Lichte leben, nicht mög= lich ist, die ewige Folge aller sich stets neu knüpfenden und lösenden Verhältnisse zu übersehen. Leider können wir die Sicher= heit des Urteils nicht mit der von großen Professoren und Journalisten der Zeit teilen, die, im alleinigen Besitz der Wahr= heit, Gegenwart und Zukunft gleich richtig erkennen. Doch denkt immerhin, wer tüchtig weiterringt, kommt nicht zum Sinken.

Hütet Euch vor Engherzigkeit und fürchtet nicht, daß der reichliche Zuzug Euch schade. Die Natur will Vermischung des Verschiedenartigen. Vergeßt nicht, daß Eures größten Sohnes Ahnherr aus dem Mansfeld'schen, Klinger's Vater aus dem Odenwald, der Eures wackeren Sängers Stolze aus dem Waldecker Ländchen hierherzog. Handelt klug und vernünftig, und die Stadt wird auch noch in Zukunft wachsen und gedeihen."

"Und wann war wohl Frankfurts unglücklichste Zeit?"

"Die Letzte des dreißigjährigen Krieges. Da hatte die Stadt mehr als zwei Drittel ihrer Einwohner eingebüßt. Pest und Seuche hatten gewütet, Hungersnot die Bürger zum Aeußersten gebracht. Rings im Umkreise war Alles verwildert, und die alte Einöde wieder herrschend geworden. Kein Bauer wagte sich an die Arbeit, und die Not hatte Viele zu Kannibalen gemacht. Ja, hütet Euch vor Zwist und Hader um Religion, hütet Euch vor Zwist und Hader um Ideen, die heute in schillernden Farben glänzen, um morgen zu verblassen und in denen Ihr gar zu leicht Wolken statt der geträumten Göttin umarmt. Aus zwei anfangs nur schwachen Fünklein sind Euch zwei herrliche Flammen emporgelobert, das Mitgefühl und das helle Denken. Die müßt Ihr hochhalten und sorgfältig pflegen, wenn es gut aussehen soll im Tempel der Menschheit. Darum ehret das Licht, lasset, Ihr Reichen, die Liebe zu Euren armen Mitbrüdern nicht erkalten, und ihr Armen, haltet Euch fern von Haß und Neid, und schwere Fragen können sich für Euch friedlich lösen, die rings die Welt erschüttern und mit Strömen Bluts bedrohen."

Die letzten Worte hatte der Kaiser von einem eigenen Glanz umwogt und mit gewaltiger Stimme gesprochen. Ich fuhr empor. Die untergehende Sonne leuchtete mir gerade in's Gesicht. Ich lag auf meinem Sopha in wohldurchheiztem Zimmer, vor mir Y's historischer Roman, den Jedermann in Rücksicht auf die vielen Verbindungen des Verfassers lobt, doch noch keiner zu Ende gelesen, und den ich glücklich bis zur zehnten Seite durchgearbeitet, als mich der Gott des Schlafes und des Traumes in seinen rettenden Arm nahm.

Arthur Pfungst

Rechtfertigung.

„Willst du den Kampf der Zeit mit Liedern schlichten?
Nach Besser'm schreien sehnsuchtsvoll die Massen;
Verlor'ne Müh' zu singen und zu dichten" —
So spricht die Menge höhnend auf den Gassen.

„„Ich sing', in euer'm Schmerz euch aufzurichten,
Wenn eu're neuen Sterne einst erblassen,
Wenn rauhe Stürme euer Glück vernichten. —
Ihr werdet mich nicht lange warten lassen!""

Des Lebens Spiel, das keine Gnade kennt,
Das wilde Ringen um der Erde Glück,
Wird nie Befriedigung der Menschheit geben:

Und wem im Herzen eine Wunde brennt,
Der kehrt ins Reich der Poesie zurück,
An ihrem ew'gen Born sich zu erheben.

Arthur Pfungst

In Westminster Abbey.

In Londons Straßen fühl' ich mich umbraust
Vom wilden Wogengang des Weltstadtlebens,
Daß es mir bang in tiefster Seele graust —
Wo winkt ein stiller Port? Ich späht' vergebens.

Da stand ich vor Westminster und ich trat
Ehrfürcht'gen Schrittes in die düstern Hallen,
Und als der heil'gen Stätte ich genaht
War mir's, als säh' ich einen Vorhang fallen.

Das Tosen war verstummt, die Stadt versunken —
Der Menschenstrom, der sich gewälzt einher
So lebenswarm, begehrend, daseinstrunken,
Ein Traumbild schien er mir — er war nicht mehr.

Welch' tiefe Stille! Mächt'ge Sarkophage
Und Marmorbilder stehen da in Schweigen —
Mir war, als hörte ich der Toten Klage
Empor zum hellen Licht des Tages steigen.

Wie hatten sie in ihren Erdentagen
So heiß nach Glück gerungen und nach Macht!
Wie hatten ihre Schlachten sie geschlagen! —
Und hier bleicht ihr Gebein in Grabesnacht!

Als Herrscher sind sie durch die Welt geschritten,
Und saßen über Völker zu Gerichte,
Was sie vollbracht, erlistet und erstritten,
Mit goldnen Lettern rühmt's die Weltgeschichte.

Hier ruh'n sie aus — und jenseits dieser Mauern
Die Menschheit weiß von ihrer Ruhe nicht,
Sie will nicht weilen und sie will nicht trauern,
Sie rast nach neuer Lust im ros'gen Licht.

Hier ruh'n sie aus, und draußen kraftgeschwellt
Die Menschheit flutet durch den weiten Raum —
Was ist das Leben und was ist die Welt,
Dies Schlachtfeld der Begehrenden? — ein Traum?

◦-◦-◦ **Arthur Pfungst** ◦-◦-◦

Der Ruf der Menschheit.

Ein Sehnen durch das Weltall zieht
Nach einem Lied, das ausgesungen,
Nach einer Glut, die nimmer glüht,
Nach einem Glück, das längst verklungen.

Und durch die Kunst zieht tiefes Klagen,
Ein unnennbares Herzeleid,
Die Dichter und die Denker sagen:
„Weh euch, daß ihr geboren seid!"

Die Menschheit seufzt aus tiefster Brust
Nach frohem Tun auf freier Erde,
Auf daß das Leben eine Lust,
Daß Alles wieder fröhlich werde.

Es tönt ihr Ruf aus allen Landen,
Er bringt zum Himmelszelt empor:
Wo sind die Güter, die entschwanden?
Die Seligkeit, die ich verlor?

„„Gib ungebändigt jene Triebe,
Das tiefe schmerzensvolle Glück,
Des Hasses Kraft, die Macht der Liebe,
— Gib meine Jugend mir zurück!""

Arthur Pfungst

Mein Lied.

I.

„Romane schreibe, bringe uns Geschichten,
Die jäh uns in der Menschheit Tiefen stürzen;
Was soll dein Grübeln, und was soll dein Dichten?
Der echte Künstler soll die Zeit uns kürzen —"
So tönt, so braust es um mich laut und schrill;
— Ich hör' es nicht, ich dichte wie ich will.

Ihr sagt mir gütig wie ich singen müßte,
Das hohe Lob der Menge zu erringen;
Ich weiß nicht was sie wünscht, doch wenn ich's wüßte,
Ich würde doch nur meine Weisen singen,
Und blieb' die ganze Welt auch stumpf und still
Bei meinem Lied. Ich dichte wie ich will.

II.

Ich singe nicht durchbebt von heil'gem Schauer,
Ich singe nicht von Lebenslust berauscht,
Mein Lied ist Klage und mein Lied ist Trauer,
Ich frage nicht, wer meinen Worten lauscht.

Ich singe nicht, weil bang mein Herz erzittert
Vor Liebessehnsucht nach der schönsten Maid,
Ich singe, weil mich frostig-kalt umwittert
Des Lebens Jammer und Erbärmlichkeit.

Ich singe nicht, weil feurig mich begeistert
Die Glut, die Sonnenkraft des Weins,
Ich singe, weil mein armes Herz nicht meistert
Die ewig neue Not des Erdenseins.

Ich singe, weil ich seh' die Welt verderben,
Weil ich das Große kranken seh' an Kleinheit;
Ich singe, weil ich seh' das Edle sterben,
Erdrückt von übermächtiger Gemeinheit.

Arthur Pfungst

Nachtgedanken.

Still die Erde liegt in Schlaf versenkt,
Jeder Blütenkelch hat sich geschlossen,
Frei von jeder Last, die es beengt,
Ruht das Tier, kein Menschenhirn mehr denkt,
Gärten schlafen mondesglanzumflossen.

Ach! so wen'ge Stunden nur und dann
Steigt die Sonne dort im Osten auf,
Und der Friede, der mich hielt in Bann,
Steigt mit Morgennebeln himmelan,
Neu beginnt das Leben seinen Lauf.

Alles drängt sich, Alles will erwerben,
Eine Woge hier die and're bricht,
Siegend sieht die Sonne Manchen sterben,
Sieht die Wesen schwinden und verderben,
— Doch die Kreatur jauchzt auf zum Licht.

Düst're Nachtgespenster, weicht von hinnen!
Sprecht mir nicht von Welken und Vergeh'n,
Laßt die Menschheit neu ihr Werk beginnen,
Laßt auf neues Glück sie sinnen,
— Laßt sie in die Sonne seh'n!

In der Bücherei.

Buch an Buch in stolzer Reihe
Grüßen dich hier von den Wänden,
Sehnst du dich nach stiller Weihe,
Flüchte zu den alten Bänden!

Laß von ihnen dir berichten
Von der Menschen Glück und Trauer,
Vom Genießen, vom Verzichten,
Liebeslust und Todesschauer.

Durch die staub'gen Bände zittert
Furcht und Hoffnung und Verlangen,
Schlag' sie auf und dich umwittert
Eine Welt, die längst vergangen;

Eine Welt voll banger Sorgen,
Eine Welt voll tiefster Pein,
Die auch träumte von dem „morgen",
Wo es besser werde sein.

Ein Inder spricht:

Geblendet durch den Wahn, als könnt' durch Beten
Ein Staubgebor'ner wandeln das Gescheh'n,
Sah ich die Völker in die Tempel treten,
Die Gottheit auf den Knieen anzufleh'n.

Die Gottheit suchten sie in Tempelhallen,
In heil'gen Hainen auch, wo Eichen rauschten,
Hin zu den Bergen sah ich Beter wallen,
Wo sie im Sturmesweh'n der Gottheit lauschten.

Oh Menschenwahn, der uns so lang' ließ glauben,
Daß in den Tempeln jene Gottheit thront,
Die uns das Glück gewähren kann und rauben!
— Die Gottheit ja in uns'rer Seele wohnt.

Nicht auf den Bergen, nicht im heil'gen Hain
Den Menschen ward zu teil, was sie erbaten —
Wir schaffen selbst uns uns're Lust und Pein,
Wir schaffen selbst die Welt durch uns're Taten.

Rudolf Presber

Sorrent.

Fahr' nicht nach Rom! Komm' mit an Ostertagen,
Wo mein Sorrent im Schmuck der Gärten prangt,
Wo herrlicher der Himmel aufgeschlagen
Sein Sonnenaug', nach dem die Erde bangt.

Hör' tief am Felsen weiße Wellen sterben —
Ein schlummernd Weib liegt Ischia, glanzumloht —
Des Abends letzte, sanfte Lichter werben
Um den Vesuv, der schon mit Flammen droht.

Die weißen Segel auf dem Golf verblassen —
Ein Fischerboot im Schein der Fackeln zieht —
Und fernherauf von schattenden Terrassen
Klingt Märchentraum — ein Mandolinenlied.

Es steigt die Nacht von schwarzer Berge Kanten —
Die Rose hebt ihr duftend Angesicht —
Wie Gottesauge lacht aus der Trabanten
Verschämtem Glanz der Venus leuchtend Licht...

Dir ist's, als stünd' in des Orangengartens
Dunkel ein Weib und flüstre leise: Komm!
Feucht ist ihr Aug' und müd' ihr Fuß des Wartens,
Und ihre Seele ist so kinderfromm.

In ihrem Blick trägt sie den Glanz der Sterne
Und Myrthenduft im dunklen Wellenhaar.
Du fühlst, daß dieses Weib in kalter Ferne
Der Wunsch, die Sehnsucht deiner Träume war.

Du fühlst es wohl, dir fiel in Kampf und Sünden
Ein Strahl aus dieses Kindes Heil'genschein;
Sei, Liebster, stark, du wirst, du mußt mich finden
Und unter meinem Himmel glücklich sein!...

Rudolf Presber

Was zauberst du? Es loht in Flammengarben
Dort der Vesuv in nie gesehener Pracht.
Die letzten Lieder auf den Felsen starben —
In lauen Düften träumt die Frühlingsnacht.

Was zauberst du? Zu jenem Garten schleiche,
Wo Niemand dich, als nur die Eine, kennt;
Und wie ein junger König seine Reiche
Schau, ihr im Arm, das schlummernde Sorrent!

Die kleine Lampe.

Es steht in meinem Zimmer
Ein Lämpchen auf dem Pult,
Das hat einen freundlichen Schimmer,
Das hat eine lange Geduld.

Ist emsig, mir zu dienen,
Hat oft, wenn alles schlief,
Manch süße Dummheit beschienen
Und manchen Liebesbrief.

Es hat in einsamen Jahren
So treu für mich geglüht;
Und jüngst hab' ich's erfahren:
Das Lämpchen hat auch — Gemüt.

Es kam zu heimlicher Feier
Die Kleine — zum ersten Mal . . .
Gesichtchen tief im Schleier,
Die Schultern tief im Shawl.

Sie kam so scheu, so schüchtern,
Sie stand so fluchtbereit —
Mein Herz war nicht mehr nüchtern
Vor so viel Seligkeit.

Wir saßen beim roten Weine,
Sie flüstert': Jetzt muß ich nach Haus —
Da ging die kluge, kleine,
Taktvolle Lampe aus . . . .

Rudolf Presber

Schon hat die Sonne liebe Launen.

Schon hat die Sonne liebe Launen
Und lacht und putzt die Wiesen blank.
Die Büchsenspargel und Kapaunen,
Sie werden selt'ner — Gott sei Dank.

Schon treibt's wie heimlich Knospenschwellen
Im jungbefreiten Reich des Schnees —
Und keine Sandwichs und Sardellen
Verlocken zu ästhet'schen Tees.

Schon hüpfen froh im Waldreviere
Die ersten Sänger hin und her —
Der Drehstuhl aber am Klaviere,
Dem Marterkasten, der bleibt leer.

Befreit mein Fühlen, Hoffen, Denken
Von Allem, was es eingeengt —
Ach, möchten mir die Wälder schenken
Was die Salons mir nicht geschenkt!

Rudolf Presber

Brennende Liebe.

Du braune Schöne, deren Haut
Von Tropenglut geröstet,
Wie viel hab' ich dir anvertraut,
Wie hast du mich getröstet!
Wenn ich dir heimlich — sel'ge Stund'! —
Den Gürtel abgerissen,
Wie hingst du heiß an meinem Mund
Zu schweigendem Genießen.

Wie weich und warm dein Atem flog . . .
Dein Wuchs schlank, ohne Fehle . . .
Mit nie gestilltem Durste sog
Ich in mich deine Seele.
Ein Duft des braunen Körpers schlich
Sich schmeichelnd durch die Räume;
Auf weißen Wölkchen wiegte sich
Der Genius meiner Träume.

Nun hat der Feinde blutig Heer
Die Heimat dir genommen,
Und du wirst nimmer übers Meer
Zu deinem Freunde kommen.
Der Traum von manchem Dämmertag
Liegt kalt und grau in Asche,
Und nur dein schlechtes Abbild trag'
Ich seufzend in der Tasche.

Ach, schilt mir nicht die Unmoral,
Wenn laut mein Schmerz verkündigt,
Wie wir zwei Beide manchesmal
Im Kämmerlein gesündigt,
Wie oft ich vorzog deine Näh'
Dem Nektar selbst und Manna,
Du schlanke, braune — Henry Clay,
Du Tochter der Havanna!

Rudolf Presber

Das verspätete Lachen.

Herr Ritter Bolko von Strippenstein
Trank Abends gern seinen Humpen Wein.
Und saß er beim fröhlichen Kruggefecht,
Dann war ihm ein kräftiger Witz schon recht.
Und wenn ein Knappe ein Scherzwort fand,
Das Ritter Bolko mühlos verstand,
Dann brachte der wackere Zechgenoß
Durch Brüllen zum Wackeln sein Ahnenschloß.
Er brüllte, bis unten beim Schwanenwirt
Die Butzenscheiben fein mitgellirrt.
Der Schwanen-Wirt nickte, — er kannte den Ton —
Und sprach zu dem Buben: Nu lauf', mein Sohn,
Und schaff' ein Fäßlein vom heurigen Wein
Ins Schloß zum Ritter von Strippenstein;
Da zechen sie durch, ich weiß es, die Nacht.
Denn dort hat Wer einen Witz gemacht.

Doch war ihm ein Witz zu hoch und zu schwer,
Dann grübelt' Herr Bolko wohl hin und her,
Stand zornig auf und nahm sein Licht,
Ging zu Bett und grüßt' keinen Menschen nicht.
Und wenn er dann tief in den dämmernden Tag
Schwer schnaufend neben der Burgfrau lag,
Da plötzlich, wie mit Blitzesschein,
Fiel ihm der Sinn der Pointe ein.
Dann saß er im Bett auf und brüllte hinaus,
Daß die Türen krachten im ganzen Haus,
Die Hund' in den Hütten, die Hengste im Stall,
Die Knecht' in den Stuben erwachten all'.
Dann sprach wohl der Kunz zu dem Melchior
Schlaftrunken: „Zum Henker, mir kams so vor,
„Als ob Ritter Bolko in seinem Bett
„Just eben die Pointe begriffen hätt'!"

Rudolf Presber

Und als Ritter Bolko nach Menschenart
Gestorben, da hat man ihn aufgebahrt.
K u n z aber und M e l ch i o r hielten zur Nacht
Bei Ritter Bolko die Totenwacht.
Und daß sie kein Schlaf überfällt und quält,
Hat Melchior dem Kunz einen Witz erzählt,
Ganz leise — nur e i n e n; doch d e r war arg.
Ritter Bolko lag still und steif im Sarg . . . .

Es kamen sechs Knappen am Morgen darauf,
Sechs Knappen, die hoben die Bahre auf;
Sechs Knappen, die trugen ins Land hinein
Den Ritter Bolko von Strippenstein.
Und zwischen dem Kunz und dem Schwanen-Wirt
Ging emsig betend der Seelenhirt,
Dieweil Herr Bolko offenbar
Ein Christ blieb, wenn er nüchtern war.
Sechs Knappen traten dem Sarg zur Seit',
Die Totengräber standen bereit.
Der Schwanen-Wirt weinte; ihm war nicht wohl
Vor Trauer und Jammer und Alkohol.
Vom Schloß her das Glöckchen läutete drein —
Da regt sich Herr Bolko von Strippenstein.
Er setzt sich auf und er lacht und brüllt,
Daß alle ein höllisches Grausen erfüllt.
Die Hund' in den Hütten, die Hengste im Stall,
Die rissen an ihren Ketten all'.
Es haben die Kiefer dem Pfarr und dem Wirt
Und allen sechs Knappen vor Angst geklirrt.
Nur der K u n z und der M e l ch i o r sahen sich an,
Sie wußten genau: wie, wo und wann.
Von jenem argen Witz, den zur Nacht
Dem Kunz der Melchior beigebracht,
Fiel dem toten Bolko von Strippenstein
Z w ö l f S t u n d e n s p ä t e r d i e P o i n t e e i n.

Rudolf Presber

Weihnachtsfriede.

Die Flocken schaukeln leise nieder —
Das ist der Erde Feiertag.
Der Jubel heller Kinderlieder
Mischt sich mit ernstem Glockenschlag.
Still steht der Pflug; die Hämmer ruhen,
Die Essen selbst sind ausgebrannt.
Und lächelnd geht auf goldnen Schuhen
Der Engel Gottes durch das Land.

Und Sterne schimmern seinem Walten
Mit wunderlieblichem Geleucht —
Da wollen sich die Hände falten,
Und trotz'ge Augen werden feucht.
Und wenn erstrahlend hell im Innern
Der Kindheit treues Bild ersteht,
Fügt sich aus heiligem Erinnern
Und heißem Hoffen das Gebet:

Du, der dem Glanz der Nadelbäume
Die Last der goldnen Früchte reift,
Der nur der Kinder reine Träume
Mit seinem weißen Flügel streift,
Scheuch' mir mit deiner Gnadenfülle
Die Unrast, die mich trieb und schlug;
Gib Frieden deiner Weihnachtsstille
Und Jugend einen Atemzug!

Zeig mir mich selbst als blonden Buben
In bunter Lichter Zauberbann,
Und füll' die alten lieben Stuben
Mit meinen teuren Toten an.
Trag' Glockenton mit durchs Gelände,
Richt' mir die Augen himmelwärts,
Und leg' zwei güt'ge, kühle Hände
Auf mein gequältes Menschenherz . . .

Rudolf Presber

Aus jungen Tagen weht ein Duft...

Aus jungen Tagen weht ein Duft
Durch dieses Sommerschweigen;
Ich fühl' aus meines Herzens Gruft
Viel liebe Träume steigen.

Da kommen Ritter, der Waffen bar,
Die gingen blutig sterben —
Ich wußt' ja nicht, wie st a r k ich war
Im Verderben!

Da wallen Frau'n, eine stille Schar,
Die singen, und ich lausche —
Ich wußt' ja nicht, wie s c h l e c h t ich war
Im Rausche.

Da kommen Kinder im blonden Haar
Und winden lachend Kränze —
Ich wußt' ja nicht, wie r e i c h ich war
Im Lenze.

In Früchten strotzt rings Baum bei Baum,
Im Gold die Felder prangen —
Mein Kampf, mein Glück, mein Lenz, mein Traum —
Vergangen ... still! vergangen.

Myrrha.

Die Lippen so frisch und so jugendrot,
Und die Augen voll frommer Güte;
Und doch mir war's, als läge tot
Der Lenz dir im Gemüte.

Als träumtest du lächelnd, während ich sprach,
Von meinen Blicken umworben,
Der Sonne ferner Heimat nach
Und Blüten, die längst gestorben.

Rudolf Presber

Drei Poeten.

Drei Dichter saßen zusammen
Beim Roten im „Silbernen Floh"
Und sprachen von Liederflammen
Und ihrem Genio.

Der eine mit blassem Gesichte,
Wie herbstlicher Mondenschein,
Sprach: „Freunde, wenn ich dichte,
Muß tiefe Stille sein.

Im Zimmer riecht's sanft nach Lavendel,
Sanft und erinnerungsvoll;
Meine Schwester spielt nebenan Händel
Sonaten in A-moll.

Die Bilder an den Wänden,
Die lächeln vergangenes Weh,
Ans Fenster mit leisen Händen
Wirft der Winter den Schnee.

Im Dämmer versinkt mir das Heute,
Mein Herz ist still und allein,
Nur fernes Schlittengeläute.
Tönt aus der Welt herein.

Dann ruht mein Sehnen und Wähnen,
Die Pulse stocken schier,
Dann wein' ich Liedertränen
Auf das mattblaue Papier!"

Der zweite, die Hand in der Weste,
Das Bäuchlein spitz und feist,
Sprach: „Mir gelingt das Beste
Nur, wenn ich gut gespeist.

Rudolf Presber

Die Wachteln, die nicht zu fetten,
Die Spargeln mit Köpfchen wie Gold
Und dann besonders Crevetten
Sind meiner Muse hold.

Ich neige zu sinn'ger Beschauung
Von Welt und Menschenqual
Nur im Stadium ernster Verdauung
Nach wohlbereitetem Mahl.

Ein Lied mit Spitzen und Schärfen,
Bei mir steigt's vollends nur
Aus tätiger Magennerven
Empfindsamer Klaviatur.

Doch sollen Geistergrüße
Mich wundervoll umwehn,
Dann müssen meine Füße
Im lauwarmen Fußbad stehn."

Da hob sein Glas der dritte
(Ich fürcht', er war berauscht):
„Ich hab' nicht Art noch Sitte
Meiner heiligsten Stunde belauscht.

Ich warf in meine Lieder
Ein bißchen Sonnenschein
Und Blumen von manchem Mieder
Und all meine Sehnsucht hinein.

Und was ich lach' und singe,
Das trag' ich nicht nach Hauf';
Das fliegt wie Schmetterlinge
Nach fernen Blumen aus.

Die Liebe, die ich hege
Und keck in Lieder goß,
Zum Spielmannskind am Wege,
Zur Edelfrau im Schloß,

Die sprengt halt ihre Ketten
Und blüht so wundervoll
Und fragt nichts nach Crevetten,
Lavendel und A-moll!"

So sprach er mit weinbetauten
Lippen und ging davon . . . .
Die andern beiden schauten
Ihm nach, dem verlornen Sohn.

Sie sprachen gelehrt und endlos,
Und sie bedauerten ihn;
Er war ja nicht ganz talentlos,
Doch ohne Disziplin!

Familientrauer.

Im Traume seh' ich wohl zuweilen
Mich selbst als toten, stillen Mann;
Und blasse schwarze Männer eilen
Und sagen meine Leiche an.

Es tönt durchs Haus von dumpfen Glocken;
Die Nelken wehn am Fensterbrett.
Die Muhme mit den falschen Locken
Sitzt als die erste mir am Bett.

Sie sagt, sie sei hier keine Fremde,
Und seufzt: "Wir standen leider schlecht!"
Und zupft das feuchte Totenhemde
Mit spitzen Fingern mir zurecht.

Die Tante spricht beim Blumenbinden
Von ihrem früh verstorbenen Kind,
Und daß die Harlemhyazinthen
In diesem Jahr so teuer sind.

Rudolf Presber

Der Vetter meint, es sei im Zimmer
Für spätere Andacht schon zu warm,
Und fügt hinzu: er trage immer
Den Flor am rechten Unterarm.

In meine Bücher sich versenken
Will Kitty — liebe süße Maus! —
Und haucht: „Ich nehm' zum Angedenken
Den Maupassant mir mit nach Haus..."

Mit Augen, die im Zorn entbrennen,
Zur Decke Onkel Gustav schielt:
„Das muß ich wirklich taktlos nennen,
Bei Lehmanns wird Klavier gespielt!"

Des kleinen Hänschens Arme suchen
Der Mutter Knie mit Schmeichellist:
„Mama, bibt's heute Streußeltuchen,
Weil Onkel Rudi 'storben ist?"

Ich liege stumm und kalt und heiter —
Ich hab's mir anders nie gedacht.
Und draußen blüht der Frühling weiter,
Und purpurn kommt die Maiennacht!

Es dröhnt der Straße lautes Treiben
Herauf im altgewohnten Schwall —
Und surrend an die Fensterscheiben
Wippt mir ein leichter Federball.

Die Pförtnerskinder — schade — schade,
Stehn jetzt da unten, heiß vom Spiel,
Und warten auf die Schokolade,
Die sonst aus diesem Fenster fiel...

Trianon.

Die Nacht so warm. Und silberbleich
Der Mond ruht auf den Wegen,
Da tänzelt's leise her vom Teich,
Unhörbar mit Schritten elfengleich —
Vier Herren mit Perücken und Degen.

In wehenden Röckchen mit Schnallenschuh'n
Vier Dämchen rauschen in Seide;
Schönheitspfläſterchen auf den Wangen ruh'n,
Die Augen können so zärtlich tun
Und wissen nichts vom Leide.

Der Teich so glatt. Die Wege so hell —
Und Stille rings im Reviere.
Die Pärchen neigen und finden sich schnell.
Von Abenteuer und Degenduell
Flüstern die Kavaliere.

Die Dämchen, gepudert im Schäferhut,
Eine frühlingsfröhliche Kette.
Ein edles Blut, ein junges Blut;
Sie schwatzen von Liebe und Heldenmut
Und Marie Antoinette.

Sie tänzeln und freu'n sich des nächtlichen Balls
Und lachen mit Schäkermiene.
Kein Schmuckstück ziert ihre Jugend, als
Ein schmales, blutrotes Bändchen am Hals, —
Das zog die Guillotine.

Rudolf Presber

Traum im Wachen.

Oft, wenn ich die Augen schließe,
Und die Seele bleibet wach,
Ist's, als ob mir kleine Füße
Leise tanzten durchs Gemach;

Als ob frisch, wie Rosenketten,
Und in Kleidchen, sonntagweiß,
Kinder sich an Händen hätten
Und umhuschten mich im Kreis.

Und es füllt, wenn sie erschienen,
All die Stube sich mit Glanz;
Und am Fenster die Gardinen
Wehen hinter ihrem Tanz.

Und ich spiel' den Blinden, Tauben,
Und ich sitze still und stumm —
Nur wenn sie mich schlafend glauben,
Tanzen sie um mich herum.

Nur wenn ich ein gutes Weilchen
Hemme meines Atems Lauf,
Drücken weiche, nasse Mäulchen
Scheu sich meinen Lippen auf.

Und so lock' ich banger Blinder,
Schauernd unter Lust und Schmerz,
Meiner Sehnsucht tote Kinder
Mir auf's Knie und an mein Herz.

Hanns Wolfgang Rath

Abendgang.

(Für A. W.)

In tiefer, grauer Dämmrung, zwischen Tag und Nacht
Auf dunstumhüllter, einsamer Chaussee
Durch herbstlich angehäuftes Laub
Ziehn wir dahin —
Um uns allein der hohen Linden
Dämonisch-düstre Pracht
Und Nacht . . . .

O weit, weit wandern in der Nacht
Allein auf diesem dunklen Pfad —
Wenn Blätterfall uns um das Antlitz rauscht! —
Rings ist's so still —
Nur leis ein Lispeln flüsternd zieht,
Geheimnisvoll ein Raunen durch die Nacht,
Ganz sacht . . . . .

Unserer Jugend.

(Für A. W.)

Heut führe deine Seele weit zurück ins Land der Träume,
Zur Jugend hin, die längst entschwand in grauer Ferne,
Wo noch im Strahlenglanze leuchten unsre Sterne,
Weit, weit im Kinderland . . . .

Unendlich kreist die Zeit und rastlos wir mit ihr durch Weiten,
Die einst erfüllt mit unsern schönsten Jugendträumen,
Mit unsers Knabenfrohsinns hohem Ueberschäumen,
Weit, weit im Kinderland . . . .

Und ernster ward die Zeit, zu höhern Zielen flog das Trachten,
Nie rauschen wieder, ach wie einst die Jugendbronnen,
Sie sind versiegt, und sind zum Aether hin zerronnen,
Weit, weit im Kinderland . . . .

Nur noch ein blau Erinnern schwebt im Hauch an uns vorüber,
In unsrer Seele allertiefst Geheimnisdunkel
Dringt manch ein Mal noch schwach ein Sterngefunkel
Weit, weit aus Kinderland . . . .

Wiederkehr.
(Nach Maurice Maeterlinck.)
(Für J. D.)

Und wenn er eines Tages wiederkehrt,
Was ist's, das ich ihm sage? . . . .
. . . Sagt, daß ich sein gewartet hab',
Gewartet bis zum letzten Tage. —

Und wenn er weiter mich dann fragen wird
Und nicht Erkennen zeiget? . . .
. . . O sprecht mit Schwesterwort zu ihm
Vielleicht, daß er vor Schmerz sich neiget. —

Und fragt er mich, wo ihr gerad verweilt,
Wie soll ich Antwort geben? . . .
. . . Gebt schweigend ihm den Goldreif mein,
Das ist so gut als Antwort geben. —

Und wenn er weiter fragen wird, warum
Das Haus steht einsam dorten? . . .
. . . Zeigt ihm ein Lichtlein abgebrannt
Und dann die traurig=offnen Pforten. —

Und fragt er mich sodann zu allerletzt,
Wie war die letzte Stunde? . . .
. . . . Ich lächelt mild, sagt ihm darauf,
Aus Furcht, daß Klag ihm quillt vom Munde! —

Hanns Wolfgang Rath

Wandel zur Nacht.

Wenn starre Kälte durch den Leib mir zittert
Dann zieh ich gern hinaus in eis'ge Nacht,
Ist's weil mein Geist da neues Leben wittert,
Ein altes wird zum frost'gen Grab gebracht?

Durchträumt er ewig weltvergessne Fernen,
Und ahnt er da den Gott in sich erwacht,
Der mächtig leuchtend von den ew'gen Sternen
Ihm mild in seine tiefsten Tiefen lacht?

Ja, ja er zieht in strahlburchglühte Kreise,
Und übertaghell wird die düstre Nacht,
In allen Gründen scheint ein Leben leise
Aus langem Tod zu hellstem Sein erwacht.

Und lenk ich stetig fort die Schritte —
Und knirschend unterm Fuß der Boden kracht —
Dann fühl ich frei mich, frei in eurer Mitte,
Ihr Sterne zauberreicher Mitternacht.

Dann wünscht ich ewig, ewig fortzuschreiten
Begehrt nur ewig lichte Sternennacht,
Denn freudvoll fühl' ich nah ein heimlich Leiten
Des Gottes, der in meiner Seele wacht!

Hanns Wolfgang Rath

Meine Stunde.

Ich möchte mich einst schlafen legen
An einem Tage, wenn im Herbste spät
Nach Regenschauern, Stürmen, trüben Wolken
Die Sonn' am Himmel steht,
Und wieder ihre goldnen Strahlen
Zerbricht ein düstrer Wolkenschwall;
Und dann muß reichlich Regen niederströmen,
Dann wieder Sonnenschein aufs feuchte All.
Ganz so wie meine Seel' im Wechsel
Ward sonndurchglüht, dann gramumhüllt,
So wünscht ich wohl, daß einmal würde
Die letzte Stunde mir erfüllt . . .
  Denn wenn im Leben
  Mir Glück gelacht,
  Hielt schon daneben
  Das Trübe Wacht . . .

Weltenlauf.

Was ich fühlte, was ich sang,
Hat manch andrer schon besungen,
Was aus vollem Herz mir sprang
Manchem Herzen ist's entsprungen;
Leid im Glück und Glück im Leide —
Düstre Trauer, helle Freude
Dauern schon seit Weltbeginnen,
Fliegen niemals fort von hinnen;
Manches Herz hat ausgeschlagen,
Konnt nicht Leid im Glück ertragen —
Manches Herz ist jäh zersprungen,
Dem ein Glück im Leid erklungen —
Fort seit Weltbeginnen dauern
Glück und Leiden, Freude, Trauern . . . .

Georg Reutlinger

Aus dem Drama „Schlußakt".

1. Teil. — 6. Auftritt.

Heinrich Richter, cand. phil. — Grete Fall, Modistin.
(Zeit: Gegenwart. Ort: Eine Berliner Studentenbude).

Heinrich (ist gedankenvoll zum Fenster getreten; für sich) Bei Gott, das muß anders werden. Es muß was geschehen, daß ich mir diese Lumpen vom Halse schütteln kann. (Sich reckend) Arbeiten, arbeiten! (Energisch) Heute wird Schluß gemacht! Morgen beginnt das neue Leben, das Leben der Arbeit. (Kurze Pause. Es klopft an der Tür links.) Herein!

Grete (tritt ein, eine kräftige, schöne Gestalt, schwarze Haar und schwarze Augen; sie bleibt einen Augenblick unsicher an der Tür stehen.)

Heinrich (auf sie zugehend) Na Grete, willst du mir nicht hübsch guten Tag sagen? (Er umarmt sie und will sie auf den Mund küssen.)

Grete (macht eine Bewegung mit dem Kopf, und er berührt nur die Wange.)

Heinrich (sie loslassend und einen Schritt zurücktretend) Was hast du denn, Kind?

Grete (ihm einen Brief reichend, mit halblauter Stimme) Da! Lies das!

Heinrich. Ach was! Red mal erst!

Grete (schüttelt den Kopf, in bestimmtem Ton) Lies!

Heinrich (zieht den Bogen aus dem geöffneten Umschlag, wendet ihn um und sieht nach der Unterschrift) Anonym? Wird wohl was rechtes sein? (Er beginnt zu lesen.)

Grete (beobachtet ihn scharf.)

Heinrich (mit unsicherer Stimme) Und — das — glaubst — du — Grete?

Grete (rauh) Ist es wahr?

Heinrich (gefaßt) Aber wie kannst du so etwas glauben!

Grete (aufgeregt) Heinrich, wenn du mich belügst, wenn du mich hintergehst! Ich weiß nicht, was ich täte! Heinrich, Heinrich! Ist der Brief da wirklich Verleumbung? Wirklich, wirklich?

Heinrich (beschwichtigend) Aber Grete! — liebe Grete! —

Grete (ihn unterbrechend) Und was drin steht, daß du mit einer vom Chor gehst, ist Lüge, ist wahrhaftig Lüge?

Heinrich (eine ärgerliche Bewegung machend) Kind, nimm doch Vernunft an! — Siehst du denn nicht, daß das eine bodenlose Gemeinheit ist? — Laß dir doch sagen —

Grete (ihn wieder unterbrechend) Daß du schuldlos bist! O, wie gerne ließ ich mir das sagen! Aber ich weiß nicht, du hast mir noch garnicht recht in die Augen gesehen. Ach, hätte ich das Gefühl, daß ich dir unbedingt glauben könnte!

Heinrich. Törichtes Mädel, warum denn nicht! — Jetzt laß aber die dumme Geschichte sein, es ist höchste Zeit, daß ich zu meinem Gutentagkuß komme. (Er breitet die Arme nach ihr aus.)

Grete (geht zögernd auf ihn zu und küßt ihn auf den Mund.)

Heinrich. Na, Kind, und wie geht's unserm Hans? Ich fürchtete schon, als ich heute früh deine Karte bekam, dem lieben Bengel sei etwas zugestoßen; denn wir hatten uns ja erst auf morgen verabredet. Und nun hat die große Moralpredigerin mich gar von der heiligen Streberei abgehalten — (lachend) durch ihre Eifersucht!

Grete. Lache nicht darüber, Heinrich. — Hans ist wohlauf, Gott sei dank! (Ihn leidenschaftlich umarmend) Er und du, ihr seid mein einziges Glück; von einem von euch mich trennen zu müssen, wodurch es auch sei, es wäre furchtbar, ich weiß nicht, wie ich es ertrüge, wozu meine Verzweiflung mich triebe.

Heinrich (sie sanft neben sich aufs Sofa ziehend) Sei ruhig, Kind, wir drei bleiben zusammen. Und wir wollen uns noch ein viertes einfangen, nein, wir haben es schon — das Glück. Weißt du, wann es uns fand? Vor anderthalb Jahren, als unser Kind, unser Hans, zur Welt kam. Weißt du noch, was ich damals sagte?

Grete (ihn glücklich lächelnd anschauend) O, wie gut weiß ich es. Da sagtest du und deutetest dahin (auf sein Herz zeigend), jetzt ist das Häusel dadrin bis unter's Dach bewohnt, zu unterst, da haust mein gesunder Egoismus, in der Beletage ist meine Liebe zu dir eingezogen, — unkündbar, und drüber, da thront die Vaterfreude. (Sie nicken sich lächelnd zu und küssen sich.)

Heinrich. Und dann sagte ich dir, sieh, Grete, ich kann dich jetzt nicht heiraten (Grete nickt ernsthaft zustimmend); und wenn ich's nur bis zum Schulmeister bringe, vielleicht überhaupt nicht — wegen der Rücksichten, die ich dann zu nehmen hätte (ironisch) auf die „gute Gesellschaft"! Und dann bleiben wir eben unverheiratet und doch beieinander. In Berlin läßt sich das schon einrichten, und anderswo geh ich schon deshalb nicht hin, weil hier das meiste Geld zu verdienen ist, und das haben wir ja nötig — für unseren Hans. Dann aber sagte ich dir — —

Grete (einfach) Dann sagtest du mir, daß du ja etwas weit besseres werden wolltest als Schulmeister — (leidenschaftlich zärtlich) Schriftsteller, Dichter, mein Dichter, mein großer Dichter! — Mein Lieblingsdichter bist du ja schon lange! Erinnerst du dich noch des ersten Gedichts? (Ihn glücklich lächelnd ansehend):

Als du mich auf den Mund geküßt,
Da sah der Frühling zum Fenster herein
Und freute sich und lächelte
Uns seinen sonnigsten Sonnenschein.

Heinrich (sie küssend und fortfahrend):

Als du mich auf den Mund geküßt,
Drang mir ins Herz der Frühling ein,
Erweckte es und füllte es
Mit seinem sonnigsten Sonnenschein.

Grete (schalkhaft auf sein Herz deutend und sehr glücklich):

Nun jubelt das alte, dumme Herz
Und weiß vor Freude nicht aus noch ein
Und hat doch keinen andern Grund
Als diesen sonnigsten Sonnenschein.

Heinrich. Dann aber sagte ich, und wenn ich es zu etwas gebracht habe, wenn ich über die öden Alltagsmenschen, über das ganze selbstzufriedene Bravheitsgesindel (mit etwas Selbstironie) so recht staunenerregend hinausrage, so daß sie sich beinahe vor meiner Größe fürchten (scherzhaft examinierend) da mach ich's wie?

Grete (lachend) Goethe!

Heinrich. Es gemacht hat mit?

Grete (sich besinnend) Mit der — mit der — na, mit der, die er nach vielen Jahren doch noch geheiratet hat.

Heinrich (vorsagend) Mit der Vul—

Grete (lachend) Mit der Vulpius.

Heinrich. So mach ich's dann mit meiner Grete. (Er küßt sie; sie halten sich umschlungen und werden nachdenklich; kurze Stille.)

Grete (mit einem Seufzer) Ach ja, das wäre zu schön!

Heinrich. Und warum sollte es nicht so kommen können?

Grete (traurig) Es sind jetzt anderthalb Jahre her, daß wir so schön träumten, und nichts ist geschehen. Ach, Heinrich, wenn du zu arbeiten verständest, wenn du nur nicht so entsetzlich schwach wärst!

Heinrich (in vorwurfsvollem Ton) Grete!

Grete. Sei mir nicht böse, ich will dir ja jetzt keine Vorwürfe machen. Ach, wenn wenigstens das Examen glückte! (Leuchtenden Auges) Oder gar das Drama angenommen würde! Wenn ich doch noch so froh hoffen könnte wie damals!

Heinrich (tröstend, in lebhafter Weise). Das kannst du, Grete, ja das kannst du. Du sollst sehen, ich werde mich jetzt aufraffen, und es muß gelingen.

Grete (traurig lächelnd) Ach ja, dein Wille war immer der beste, armer Junge! (Sie küßt ihn zärtlich auf den Mund.)

Heinrich (bittend) Grete!

Grete (nach kurzer Pause) Ich muß jetzt fort, ich muß zu Hans.

Heinrich. Soll ich dich begleiten? Ich habe noch ein Buch in der Bibliothek zu holen und geh dann zum Mittagessen.

Grete. Ja, aber eil dich. (Ihm Hut und Stock reichend.) Hier nimm! (Ihm Halsbinde und Rock zurechtzupfend, lächelnd) So!

Heinrich. Danke, mein Weibchen! (Er küßt sie.) Gieb diesen Kuß dem Hans. (Beide ab.)

---

2. Teil. — 3. Auftritt.

Grete Falk. — Selma Schneider, Kellnerin, ihre frühere Schulkameradin.

(Zeit: Einige Stunden nach der vorigen Szene. Ort: Derselbe).

Grete (zur Tür links eilend) Herein jetzt! Wir müssen warten, er ist nicht da.

(Eine ängstliche Stimme von außen): Muß es denn sein?

Grete. Herein! sag ich. (Sie zerrt die widerstrebende Selma Schneider ins Zimmer).

Selma (ein hübsches Mädchen, doch mit einem frechen Zug im Gesicht, ärgerlich) Gott, was soll denn das alles?

Grete (immer in erregtem Ton) Das soll, daß ich endlich Wahrheit haben will, daß ich wissen will, ob er ein Elender ist — (mit verzweifelnder Gebärde) O Gott! — oder du eine gemeine Verleumderin.

Selma (scharf) Grete, das verbitt' ich mir.

Grete (kalt) Gut, wir werden ja sehen. (Nach kurzem Ueberlegen) Mein erster Plan, dich vor der Tür stehen zu lassen und erst, wenn er auf meine Worte Ausflüchte sucht, hereinzurufen, der ist nun mißglückt, denn du siehst, er ist noch nicht zu Hause. Was nun? (Sich vor die Stirn schlagend) Ach! ich bin ganz verwirrt.

Helma. Na, dann schieben wir's eben für ein andersmal auf. (Sie wendet sich zur Tür).

Grete (ihr den Weg vertretend) Nein, heute will ich Gewißheit haben, das ertrag' ich nicht länger.

Helma (verstellt gleichgültig) Meinetwegen! Und was machen wir jetzt?

Grete (nach kurzem Nachdenken) Ohne Winkelzüge! — Wir warten, bis er kommt. Ich werde ihm dann deine Beschuldigung vorhalten, und du wirst sie bezeugen. (Sie sinkt auf einen Stuhl, den Kopf zwischen den ausgestreckten Armen auf den Tisch geneigt, schluchzend) O, wenn er sich doch von dem Verdacht reinigen könnte! (Aufstehend) Wie glücklich war ich hier in d e m Zimmer erst heute noch! — (bitter) bis ich dann dir begegnen mußte.

Helma (mit höhnischem Lächeln) Wie du dich nur anstellst!

Grete (verächtlich und schmerzlich) Du kannst das nicht begreifen! (Stöhnend) O Gott, o Gott!

Helma (leicht) Mir ist schon manch einer untreu geworden, und ich bin nicht dran gestorben.

Grete (ernst) Ich bin eben von anderer Art ;— vielleicht zu meinem Unheil. (Das folgende mehr für sich als zu Selma; zuerst wie träumend, dann in steigender Erregung) Als ich ihn kennen lernte und er mir immer lieber und lieber wurde und ich mich ihm hingab nach langem Kampfe mit mir selbst, weil ich nicht anders konnte — damals liebte er mich, das weiß ich sicher — vielleicht so sehr, wie ich ihn — nein, nicht ganz, das ist nicht möglich — es war Frühling, und wie blühte unsere Liebe! — Als ich mich ihm da hingab, wie war ich stolz auf meinen Mut, auf meine Tat, wie fühlte ich mich hochstehend über den andern! — Ja, ich hatte eine stolze Liebe im Herzen, aber ich hatte auch seinen Treuschwur für's Leben, d r u m durfte ich so stolz sein. — Heute! — wenn er sich gegen mein heiliges Vertrauen versündigt, wenn er die Treue getötet hätte — dann hätte er mich ehrlos gemacht — mich und das Kind! — dann hätte er mich vor mir selbst zur Dirne erniedrigt! — (Aufschluchzend) Nein! das ist unmöglich, das wäre zu grausam!

Helma (mit den Schultern zuckend und Grete verwundert ansehend, für sich) Nee, so überspannt! Das versteh' ich wahrhaftig nicht. (Zu Grete) So beruhig' dich doch! Was soll denn das?

Grete (antwortet nicht; dann gefaßter) Setz dich und erzähl' mir noch einmal alles.

Helma. Du weißt es ja. In meiner Weinkneipe — (neidisch ironisch) ich hab's ja nur zur Kellnerin gebracht und nicht wie du zur gesuchten Modistin! — in meiner Kneipe also, da saß gestern so'ne fidele Gesellschaft, es schienen Chordämchen mit ihren Verhältnissen zu sein; und darunter war auch ein hübsches, blondes Persönchen, Elli wurde sie gerufen; die hatte keinen neben sich, und die schrieb ein Billet — (spöttisch) ein schönes, rosenrotes! — an ihm, an deinen Schatz. Das ist alles.

Grete (starrt vor sich hin; dann nach längerer Pause) Du — du hast wohl auch den anonymen Brief an mich geschrieben?

Helma (einen Augenblick erschrocken) Ich? Wie käme ich dazu? (Gefaßt) Nee, mein Kind.

Grete (bestimmt) Lüg doch nicht, du hast ihn geschrieben.

Helma (frech) Na, wenn du's absolut wissen willst, ja, ich hab' ihn geschrieben (beruhigend) dir zu liebe.

Grete (höhnisch auflachend) Beruht der auch auf Tatsachen?

Helma. Eine Kollegin hat mir's erzählt.

Grete (verächtlich) Eine Kellnerin? Darauf geb' ich nichts.

Helma (beleidigt) Du bist ja gewaltig stolz, ich bin auch Kellnerin.

Grete (gleichgültig) Entschuldige! (Nach kurzem Besinnen) Hör', hast du nicht Heinrich v o r mir gekannt? Er hat dich wohl irgendwie beleidigt, daß du ihn so verfolgst?

Helma (ist rot geworden, verlegen) Der!? Mich? (Gezwungen lachend) Doch das geht dich ja garnichts an, mein Lämmchen!

Grete (sieht sie scharf an und zeigt dann durch eine verächtliche Gebärde, daß es ihr nicht der Mühe wert ist, dies zu ergründen).

Helma (nach einer Pause) Hör' mal, wenn wir hier suchten, wir könnten vielleicht das Billet von der bewußten Elli finden.

Grete. Ich spioniere nicht. (Sie starrt apathisch vor sich hin).

Helma (ist unterdessen aufgestanden und an das Büchergestell getreten; unter den Papieren suchend) Aber warum denn nicht? Das ist doch kein Staatsverbrechen!

Grete (hört sie nicht).

Helma (beim Durchsuchen plötzlich triumphierend) Da ist's!

Grete (aufschreckend und aufspringend) Her! (Sie reißt ihr das Billet aus der Hand, liest und bricht in ein gellendes, verzweifeltes Lachen aus; sie schwankt leicht und hält sich am Büchergestell fest).

Helma (von Mitleid ergriffen, ist hinter sie getreten, um sie zu stützen, und sucht sie zu trösten). Es wird ja nicht so schlimm sein — komm doch, hör doch! — es wird ja alles wieder gut. Willst Du ein Glas Wasser? (Sie erhält keine Antwort).

Grete (mit starrem, abwesendem Blick, endlich stöhnend) Es ist wahr! Es ist wahr! (Abgebrochen) Sie will ihn besuchen — heute noch — hier! — Hier, wo ich — — Mein Kind! Ich unseliges Weib! (Verzweifeltes Stillschweigen).

Selma (betrachtet sie ängstlich).

Grete (scheinbar ruhig) Komm, Selma, wir wollen gehen, jetzt haben wir hier nichts mehr zu suchen. (In leidenschaftliche Drohung ausbrechend) Aber ich werde wiederkommen! (Mit einem trostlosen Blick auf das Zimmer verläßt sie es wankend, auf Selma gestützt).

Die auf Höhen wandeln.

Die auf Höhen wandeln
sind's, die die Tiefen schauen,
auf Höhen der Menschheit —
wissende Männer und Frauen.

Die auf Höhen wandeln,
ein zuckendes Lächeln um stillen Mund
und im Auge Verzeihen,
schau'n tief auf irrender Herzen Grund.

Die auf Höhen wandeln
sind's, die die Sonnen schauen,
sind's, die die Sterne kennen —
und unten erstirbt das Grauen.

Die auf Höhen wandeln
in seligem Menschheitsverstehen
lächeln stolz entgegen
dem wartenden Vergehen.

Georg Reutlinger

Drum sind sie so armselig klein geworden.

Im Sonnenlande ist das Glück geboren.
Die Erde ist des Schmerzes Heimatland.
Zur Erde kam das lichte Glück und fand
Den großen Schmerz und hat ihm Haß geschworen.
In grimmer Fehde beide Feinde liegen,
Und keiner kann den andern je besiegen,
Doch haben beide in dem Streit verloren.
Siegloses Kämpfen muß die Größe morden —
Drum sind sie so armselig klein geworden,
Daß zu Gefährten sie sich nun erkoren.

Herbststurm.

Wie der Wind durch die Straßen braust,
Wie er um unser Häuschen saust!
Hui, hui! — Hui, hui!
Die Lampe verbreitet gedämpften Schein,
Im Zimmer zwei Lebensfrohe allein.
Wie das Feuer im Ofen knistert!
Wie es kichert, wie es flüstert! — wie es flüstert!
Was ist es doch hier so wohligwarm! —
Ich halte dich fest mit starkem Arm
Und küsse dich...

Wie der Sturm am Laden rüttelt,
Wie er den Baum im Gärtchen schüttelt,
Daß die Zweige wider die Hütte krachen!
Wie er saust!
Wie er braust!
Hui, hui! — Hui, hui!
Wir aber sind glücklich und lachen.
Wie das Feuer im Ofen knistert! —
Horch, wie es kichert, horch, wie es flüstert —
Küsset, küsset, küsset euch!

Worte der Einsamkeit.

Ich liege auf duftender Waldeswiese am eilenden Bach. Die Frühlingssonne küßt die Blumen ringsum, die dankbar aufblicken zu ihrer strahlenden Gebieterin. Der Wald schaut mich an in ernstem Schweigen. Es summt und zirpt in Busch und Strauch, Käfer schwirren in der Luft und die Vögel singen. Frühlingsfriede. Und ich schaue auf zu dem weiten blauen Himmel, aber das Auge der Gottheit, die flammende Sonne, zwingt mich, die Lider zu schließen. Doch ihren Strahl fühle ich im Herzen, dem glückerfüllten. Menschenfriede. Und die Einsamkeit spricht zu mir: Sei ein Mensch.

*

Ich stehe auf steilem Fels. Drunten im Tal glitzert der Fluß dahin. Vorbei an dem Kloster, draus ein Glöcklein erklingt, vorbei an dem kleinen Dorf mit der ragenden Ruine, vorbei an dem Bauer, der auf dem Felde sich müht. Ringsum waldbedeckte Hänge; Wege winden sich hinan zu der hohen Ebene, auf der goldene Kornfelder wogen. Ueber mir knarrt die alte Wetterfahne des kleinen Tempels, von leisen Winden bewegt. Die Sommersonne aber, die überreiche, wirft ihren lachenden Schein auf das friedliche Bild. Und wieder ist mein Herz erfüllt von einem unverstandenen Glück, und wieder spricht die Einsamkeit zu mir: Sei ein Mensch.

*

Ich eile durch die verkehrsreiche Stadt. Ein Sonntagabend dämmert heran. Tausend helle Lichter flammen auf. Männer, Weiber, Kinder fluten mir entgegen, unaufhörlich scheint der Strom. Und das schwatzt und lacht und schimpft und schreit. Dazwischen Wagengerassel und Pferdegestampf. Doch nur selten ein Kopf, der fesselt, stumpf die Mienen der Menge — Leute, Larven. Da, mitten unter Tausenden, erfaßt mich das Gefühl der Einsamkeit; aber nicht vor Glückesfülle, wie auf der träumenden Waldeswiese und dem besonnten Fels weitet sich mein Herz — es krampft sich zusammen vor ungekanntem Weh. Und zum dritten Male vernehme ich die Worte der Einsamkeit: Sei ein Mensch.

Da glaube ich, den Sinn der Mahnung zu erfassen, in hohem Selbstgefühl blicke ich stolz auf die hastende Menge — und sehe sie doch kaum und höre sie doch kaum. Und denke nur das eine: Der Einsame ist wie ein König. Aber auf einmal bringt eine helle Kinderstimme an mein Ohr: Mutter, wie war's heute so schön, unser Spiel im Walde! Ich blicke hin. Zwei leuchtende Kinderaugen schauen strahlend in das abgehärmte Gesicht der Mutter, und dieses ist verklärt von der Freude am Glücke des Kindes. Und also spricht meine Einsamkeit zu mir: Sei ein Mensch, aber hüte dich zu verachten, auch die Armseligsten haben Augenblicke, in denen sie Menschen sind.

Emil Ries

Erdenweihe.

Habe lieb die Mutter Erde,
In ihr Dunkel rastlos leuchte,
Daß sie lichte Heimat werde
Denen auch, die Elend beugte.

Denke nimmer: keine Gabe
Hab' ich, weil mir Schätze fehlen;
Liebe ist die höchste Labe
Für verlass'ne, müde Seelen.

Jede Hand kann Wunden heilen,
Wenn sie Kraft der Liebe spüret,
Mit dem Bruder Manna teilen
Jeder, der zum Licht ihn führet.

Ja, des Geistes Schätze schütte
Allen aus, recht ein Verschwender,
Manchem dann, auch in der Hütte,
Wirst du Arzt und Segenspender;

Wirst der Unrast arge Saaten
Selber dir im Busen dämpfen
Und im Felde froher Taten
Stillen Frieden dir erkämpfen.

Um sich vor der Welt zu retten,
Weiß ich bess'res nicht zu künden,
Als durch tausend Liebesketten
Mit der Welt sich zu verbünden.

Emil Ries

Trauer.

Leise rinnend aus der Seele
Fließt das dunkle, schwere Leid,
Wenn in nächt'ger Einsamkeit
Ich mir selbst nichts mehr verhehle;
Wenn ich weit die Blicke spannte
Ueber meines Lebens Bahn,
Was versäumt ist, was getan,
Mit dem rechten Namen nannte.
Wie ein Fremder, irren Ganges,
Wandre ich jahrab, jahrauf
Meines eignen Lebens Lauf,
Sklave dunklen Seelendranges.
Wie den Friedhof man beschreitet,
Drin viel teure Tote ruhn,
Die kein Ruf zu neuem Tun
Weckt, und die man doch beneidet;
Die man grüßt in heißem Sehnen,
Segnend ihres Lebens Pfad,
Ihrer Liebe stille Saat,
Jetzt mit Kränzen, jetzt mit Tränen.
O mein Hoffen, o mein Lieben,
Heil'ge Tote meiner Brust!
Ach, mir ist in Schmerz und Lust
Auch die Träne nicht geblieben.
Nur mein Lied als Leidensboten
Hab' ich noch, der unerschlafft
Webt aus letzter Lebenskraft
Sterbekleider meinen Toten.

Emil Ries

Heilige Nähe.

In deiner Nähe ist mir wie dem Frommen,
Wenn er vor seines Gottes Altar steht:
Ein süßer Schauer durch mein Herze geht,
Als sei ich in ein Heiligtum gekommen.

Und meine Seele fühlt sich so beklommen,
Daß spurlos wie ein flücht'ger Hauch verweht,
Womit ich selber meinen Mut erhöht,
Und was zu sagen ich mir vorgenommen.

Doch seliger ist nichts als dieses Schweigen,
Und eine Wahrheit hat es mir verkündet,
Die wieder halb den Gläub'gen mich verbündet:

Ich fühl's, es ist der Menschenseele eigen,
Wo wahrhaft Schönes, Göttliches sie findet,
In stummer Ehrfurcht sich davor zu neigen.

Letzt' Vermächtnis.

Jahre gingen, Jahre kamen
Und mein armes Herz sucht Ruh,
Aber deinen heil'gen Namen
Deckt kein Abendschatten zu.

Der Erinn'rung Funken springen
Durch die Seele fort und fort,
Und mit wundersamem Klingen
Lockt, wie einst, dein süßes Wort.

Und ich folge. Ach, ich habe
Keine Kraft, zu widerstehn,
Und ich steh' an deinem Grabe,
Eh' ich weiß, wie es gescheh'n.

An dem Stein, dir zum Gedächtnis
Aufgerichtet, fällt mir zu
Als der Liebe letzt' Vermächtnis
Sonnenwarme Abendruh'.

Franz Rittweger

Der Meistersänger in Frankfurt.
Ein Komödienspiel in einem Akt.

Motto:
Viel schul halff ich verwalten,
Dett auch selber schull halten
Im landt, wo ich hin kam,
Hielt die erst zu Franckfurt mit nam.
      Hans Sachs.

Personen:

Hans Sachs, Schuhmacher und Meistersänger . . . . . 21 Jahr
Henne Knabenschuch, Altmeister . . . . 70 „
Meister Heinrich der Steinmetz . . . . 22 „
Peter Creuzer, Goldschmied aus Nürnberg . . . . . 57 „
Kunigunde, dessen Tochter . . . . 17 „
Lienhard Nunnenbeck, Leinweber und Meistersänger
 aus Nürnberg . . . . 40 „
Ein Pfeifer.
Meister und Gesellen der Zunft der Schuhmacher.

Personen des Zwischenspiels:

Der Herold.   Der Bürger.
Der getreue Eckhard. Der Bauer.
Der Tannhäuser. Der Landsknecht.
Frau Venus.   Der Spieler.
Der Ritter.   Der Trinker.
Der Doktor.   Die Jungfrau.
  Das Edelfräulein.

Ort der Handlung: Frankfurt am Main.
Zeit der Handlung: Das Jahr 1515.

Szene.

Zimmer im Schuhmacher-Zunfthaus: „Schildknecht zu Sanct Marcus" auf dem Markt (Lit. L. No. 148, neu 18). Das Zimmer ist ausgeschmückt mit den Emblemen und Fahnen der Schuhmacherzunft. An einer Stelle der Wand ist das Bildnis des heil. St. Marcus in Lebensgröße gemalt mit der goldenen Ueberschrift: „Zu Sanct Marcus" (in Wirklichkeit war das Bild außen am Hause gemalt). Im Zimmer befindet sich eine Emporbühne zum Spiel geeignet. Im Zimmer selbst sind Stühle und Bänke für die Zunftgenossen aufgestellt. — Wenn der Vorhang aufgeht, erhebt sich der Altmeister.

Henne Knabenschuch:

Mit Gunst erheb' ich mich und heiß'
Willkommen Alle, die mit Fleiß
Und Ordnung sich gefunden ein,
Dem Ruf der Zunft gefolgt zu sein.

Auch Gäste, von uns hochgeehrt,
Sind heute bei uns eingekehrt,
Darunter Männer, wohlgeacht't,
Die uns die Meß'zeit hat gebracht.

Von Nürnberg Lienhard Nunnenbeck,
Der Meistersänger, der noch keck
Die Saiten meistert, wenn schon gar
Das Alter hat gebleicht sein Haar.

Auch Meister Creuzer, Goldschmied fein,
Mit Kunigund, dem Töchterlein;
Gilt ihm auch hoch das eitle Gold,
Ist doch er dem Gesange hold.

Das Töchterlein, wie Sonnenglut
Auf Alpenfirnen Abends ruht,
So leuchtet rosig ihr Gesicht,
Aus dem der Augen Wonne spricht.

Und Alle schau'n mit warmem Sinn
Auf einen schmucken Jüngling hin,
Der aus der liederreichen Brust
Ertönen läßt der Dichtung Lust.

Franz Rittweger

Er ist ein schlichter Handwerksmann,
Der aber früh schon Ruhm gewann,
Den man schon allerwegens kennt,
Der sich Hans Sachs von Nürnberg nennt.

Ein neues, schönes Stücklein hat
Gedichtet er in unsrer Stadt,
Es heißt: „Der Venus Hofgesind"
Und mög' erfreu'n manch' Menschenkind.

Wir bringen heut' es hier zur Schau,
Wie er's geschrieben, ganz genau. —
Die Spieler soll'n gebeten sein,
Zu treten auf die Schaubühn' ein.

(Folgt das „Hofgesind Veneris" von Hans Sachs).

Der Herold
(tritt ein, verneigt sich und spricht):

Gott grüß' Euch, all Ihr Biederleut',
Die Ihr just hier versammelt seid!
Es kommen mit mir viele her,
Sie wollen gern zu Eurer Ehr
Ein kurzes Fastnachtsspiel hier machen,
Wen Lust anwandelt, mag drob lachen.
Doch wird in diesem Fastnachtsspiel
Gered't zu wenig oder zu viel,
So bitten wir Euch all vorab
Zu brechen drüber nicht den Stab,
Und legt es uns nicht übel aus.
Als Erster komme jetzt heraus
Ein Mann mit langem krausen Bart
Er nennt sich der getreu Eckhard.
Vorm Venusberge tat er steh'n
Und hat der Wunder viel geseh'n.

Der getreue Eckhard
(erscheint und spricht):

Gott grüß' Euch all hier insgemein!
In Güte komme ich herein,
Wenn ich auch habe wohl vernommen,
Was Alles wird vor's Aug' Euch kommen,
Vor dem ich sehr Euch warnen muß,
Vor Allem vor der Frau Venus,
Die mehren will ihr Hofgesind
Und die mit spitzem Pfeil geschwind
Verwundet Alle, die ihr nah'n.
Drum nehmet meine Warnung an.

Tannhäuser
(spricht):

Tannhäuser werde ich genannt,
Mein Name ist gar weit bekannt,
Im Frankenland bin ich geboren,
Doch hat Frau Venus mich erkoren
Zu ihrem Dienst und mich bezwungen;
Ihr Pfeil ist mir in's Herz gedrungen,
Von ihren Reizen ganz befangen,
Blieb ich in ihren Fesseln hangen.

Frau Venus
(spricht):

Frau Venus bin ich, liebenswert,
Durch mich ward manches Reich zerstört;
Ich hab' auf Erden viel Gewalt
Wohl über Reich, Arm, Jung und Alt,
Und wer durch mein Geschoß verwund't,
Der muß mir dienen von der Stund';
Drum wer entfliehen will dem Pfeil,
Der flieh' davon in aller Eil'.

Der Ritter
(spricht):

Hör' zu, du Kön'gin auserkor'n,
Ich bin ein Ritter wohlgebor'n,
Nach Ring- und Stech-Kampf steht mein Sinn;
Vor deinem Pfeil ich sicher bin.

Der getreue Eckhard
(spricht):

O fliehe, flieh', du Rittersmann,
Daß Venus dich nicht trüben kann.

Frau Venus
(spricht):

Dich Ritter hilft dein Fliehen nicht,
Mein Pfeil ist schon auf dich gericht't.

Franz Rittweger

Der Ritter
(spricht):

Weh', Venus, weh'! was zwingst du mich!
Wie bohrt dein Pfeil in's Herze sich!
Mein Ringen, Stechen hat ein End',
Ich beug' mich deinem Regiment.

Der Doktor
(spricht):

O Venus! Zaubergärtnerin!
Der ich gelehrt und Doktor bin,
Die Bücher nur sind meine Freud',
Vor deiner List bin ich gefei't.

Der getreue Eckhard
(spricht):

Frau Venus flieh', gelehrter Mann,
Daß sie nicht irr' dich machen kann.

Frau Venus
(spricht):

Du magst mir, Doktor, nicht entweichen,
Mein Pfeil er wird dich gleich erreichen.

Der Doktor
(spricht):

O Venus wehe! weh' der Wunden,
Wie sie mein Herz noch nie empfunden.
Fahr' Wissen hin! und alle Kunst,
Ich flehe nur um deine Gunst.

Der Bürger
(spricht):

Frau Venus, Kön'gin wonnegleich,
Wiss', daß ich bin ein Bürger reich,
Deff' Sinnen steht auf Geld und Gut,
Und dem dein Pfeil nicht schaden tut.

Der getreue Eckhard
(spricht):

O fliehe, reicher Bürgersmann,
Sonst Venus Not dir bringen kann.

Frau Venus
(spricht):

Wohl, Bürger, nützet nicht dein Flüchten,
Ich weiß den Pfeil gar gut zu richten.

Der Bürger
(spricht):

Ach wehe, Venus, meinem Herzen!
Verwundert fühl' ich schlimme Schmerzen;
Auf Gut und Geld acht' ich nun nicht,
Zu dienen dir, ist jetzt mir Pflicht.

Der Bauer
(spricht):

Von mir, Venus, erwart' kein Lob,
Ich bin ein Bauer hart und grob,
Und Heu'n und Dreschen tu' ich gern,
Der Venus Berg, er liegt mir fern.

Der getreue Eckhard
(spricht):

Die Venus fliehe, Bauersmann,
Die 's dir sonst sauer machen kann.

Frau Venus
(spricht):

Was hilft dir, Bauer, denn dein Flieh'n,
Mein Pfeil fliegt schneller zu dir hin.

Der Bauer
(spricht):

O wehe, Venus, dieser Stund'!
Wie tief hast du mein Herz verwund't!
Das Dreschen muß ich auf jetzt geben,
In beinen Händen ist mein Leben.

Franz Rittweger

Der Landsknecht
(spricht):

O Venus, schönstes Frauenbild,
Ein Landsknecht bin ich kühn und wild,
An Kriegesstürmen find' ich Lust;
Dein Pfeil trifft nimmer meine Brust.

Der getreue Eckhard
(spricht):

Flieh' Landsknecht, sei auf deiner Hut,
Denn Venus raubt dir Kraft und Mut.

Frau Venus
(spricht):

Laß Landsknecht nur dein Fliehen sein,
Mein Pfeil dringt durch den Harnisch ein.

Der Landsknecht
(spricht):

O weh'! wie ist mir denn gescheh'n,
Daß sich mein Sinn so konnte dreh'n!
Daß ich, statt aller Lust zum Kriegen,
Mich möchte, Venus, an dich schmiegen.

Der Spieler
(spricht):

Ein Spieler bin ich, Königin,
Nur für das Spielen hab' ich Sinn,
Und Karten, Würfel stets ich trag';
Nach deinen Pfeilen ich nicht frag'.

Der getreue Eckhard
(spricht):

Flieh' Spieler, fliehe schnell von dannen,
Dein Glück wird Venus rasch verbannen.

Frau Venus
(spricht):

Die Flucht wird, Spieler, nicht gelingen,
Erst wird der Pfeil dein Herz durchdringen.

Franz Rittweger

Der Spieler
(spricht):

Ach wehe! daß ich leiden muß!
Wie weh tut mir dein harter Schuß!
Mein Spielen nun ein Ende hat,
Ich überlaß' mich deiner Gnad'.

Der Trinker
(spricht):

Venus wisse, daß der Wein
Ist das größte Labsal mein,
Dem Trunke leb' ich Tag und Nacht;
Nie hab' ich deines Pfeils gedacht.

Der getreue Eckhard
(spricht):

Weintrinker fliehe, fliehe rasch,
Daß dich nicht Venus' Pfeil erhasch!

Frau Venus
(spricht):

Dein Fliehen, Trinker, nützt nicht groß,
Denn dich ereilt doch mein Geschoß.

Der Trinker
(spricht):

Ach, wehe! Venus, welcher Schmerz!
Wie traf dein harter Schuß mein Herz!
Nun laß' ich steh'n den kühlen Wein,
Und will dein Diener fürder sein.

Die Jungfrau
(spricht):

Frau Venus, wäh'n nicht, daß ich komm',
Denn ich bin eine Jungfrau fromm;
Auf Liebe hab' ich nie gehört,
Und will nicht sein von dir betör't.

Der getreue Eckhard
(spricht):

Fliehe, Jungfrau fein und zart,
Venus' Pfeil ist schlimmer Art.

Frau Venus
(spricht):

Jungfrau, dein Fliehen ist zu spat,
Da dich mein Pfeil erreichet hat.

Die Jungfrau
(spricht):

Vorbei ist meines Glückes Hoffen,
Da mich Frau Venus hat getroffen.
Mein Glück ist hin, dahin mein Heil,
Seit ich geknüpft an Venus' Seil.

Das Edelfräulein
(spricht):

Frau Venus, Liebeskönigin,
Wiss', dass ich Edelfräulein bin;
Ich achte hoch den Stolz, die Ehr',
Und fürchte deinen Pfeil nicht sehr.

Der getreue Eckhard
(spricht):

Lass' dir die Flucht geraten sein,
Dass dich nicht Venus bring' in Pein.

Frau Venus
(spricht):

Zum Fliehen ist es schon zu spat,
Da dich mein Pfeil verwunden tat.

Das Edelfräulein
(spricht):

Ach, weh' mir, Venus, tiefer Schmerz,
Noch nie gefühlter, packt mein Herz;
Ich hab' des Frommen nicht mehr Acht,
Und bin nun ganz in deiner Macht.

Der getreue Eckhard
(spricht):

O, Venus, Kön'gin, höre mich,
Zu deiner Güte flehe ich,
Auf meinen Knieen bitt' ich sehr,
Daß du doch mögest Niemand mehr
Verwunden mit dem Pfeilgeschoß.

Frau Venus
(spricht):

Eckhard, die Bitt' ist schwer und groß,
Jedoch will, deine Bitt' zu ehren
Ich diesmal Niemand mehr versehren.

Tannhäuser
(spricht):

Du hast's uns, Venus, angetan,
Was fangen nun wir Armen an?
Wie tief doch fühlen wir die Wunden!
Wie sind wir fest an dich gebunden!
O laß' uns ledig, laß' uns geh'n.

Frau Venus
(spricht):

Tannhäuser, lerne es versteh'n,
Daß Niemand sich erlösen kann,
Der einmal ist in meinem Bann.
Seit euch getroffen mein Geschoß,
Seid ihr der Hoffnung ledig, los,
Und unter meinem Regiment
Verbleibt ihr bis an euer End'.

Alle
(sprechen):

Ach weh' uns, weh'! denn Niemand kann
Uns lösen von der Venus Bann.

Der getreue Eckhard
(spricht):

Ich habe euch gewarnet warm
Zu fliehen aus der Venus Arm;
Ihr wollt't nicht folgen meinen Worten,
Und seid b'rum elend all geworden.

Franz Rittweger

Frau Venus

(spricht):

Seht zu, ihr Herrn und Frauen all',
Daß euch mein Hofgesind' gefall',
Ritter, Doktor, Bürger, Bauer,
Euch kann ich's Leben machen sauer,
Landsknechte, Trinker und Spieler erst recht,
Jungfrauen und Fräulein vom edlen Geschlecht,
Euch alle durch meines Pfeiles Kraft
Hab' ich an mein Gefolg gehaft't.
Ich kann euch nehmen Witz und Sinn,
Was einst euch freute ist nun dahin;
Ihr habt von allem euch abgewandt
Und folgt dem Wink von meiner Hand.
Da ihr verloren den guten Mut,
So nehm' ich euch in meine Hut,
Daß ihr nicht gequälet von den Sorgen,
Tag und Nacht, am Abend und Morgen.
Weil alles nur durch mich gescheh'n
An euch, die ich seh' traurig steh'n,
So soll, daß ihr verzagt nicht ganz,
Der Spielmann pfeifen einen Tanz.

(Der Pfeifer spielt, man tanzt).

Frau Venus

(spricht):

Wohlauf, wohlauf, mein Hofgesind,
Wohlauf, wohlauf, mit mir geschwind.
Ich will euch führen, wie oft getan,
Wohin ich geführet manchen Mann,
Manch' Jungfrau und manch' edle Frau,
Wo manches Wunder kommt zur Schau,
Wo schön' Turnier und Ritterstechen,
Wo manche starke Speere brechen,
Wo lust'ger Hof und fröhlich Ringen
Wo Tanz und Liebeslust und Singen,
Auch manches süßes Saitenspiel,
Und andres schönes Kurzweil viel,
Was hier von mir sei ungenannt,
Wie man es findet in keinem Land.
Darum wohlauf! und sputet Euch,
Wir ziehen in Frau Venus' Reich.

Der Herold

(spricht):

Sie ziehen ein in Frau Venus' Berg,
So spricht Hans Sachs von Nürenberg.

(Ende des Zwischenspiels.)

Henne Knabenschuch

(spricht):

Das Stück ist aus, den Spielern Dank,
Die gut vollführt den Fastnachtsschwank;
Und treten einst sie wieder ein,
So soll'n sie hoch willkommen sein.

(Die Spieler verneigen sich und treten in folgender Zugordnung ab):

1. Herold.
2. Pfeifer.
3. Venus und Tannhäuser.
4. Ritter und Edelfräulein.
5. Doktor.
6. Bürger und Jungfrau.
7. Bauer und Landsknecht.
8. Spieler und Trinker.
9. Der getreue Eckhard.

(Nach deren Abzug spricht):

Henne Knabenschuch:

Der aber schuf das schöne Spiel,
Ihm schulden wir des Dankes viel.

Meister Heinrich:

Mit dem ich einst als Hausgenoß
In Nürnberg enge Freundschaft schloß,
Mit dem ich zog durch Stadt und Land,
Ihm biet als Jüngster ich die Hand,
Und freue mich, daß unsre Stadt
Als Gast ihn in den Mauern hat.

(Schüttelt Hans Sachs kräftig die Hand.)

Franz Rittweger

Lienhard Nunnenbeck:

Dem ich einst Freund und Lehrer war,
Ihm biet' ich meine Rechte dar.
        (Reicht Hans Sachs die Hand.)
Was meine Kunst ihn hat gelehrt,
Er hat's auf's Höchste selbst vermehrt;
Sein Sang hat Klang, sein Sang hat Sinn,
Wie ich ihm nicht gewachsen bin.

Henne Knabenschuch:

Mein lieber Meister Sachs, ihr habt
Nicht nur uns alle heut' gelabt
Mit eurer Dichtung Geist und Ton,
Der wohl gebührt ein hoher Lohn.
Ihr habt, obwohl ihr fremd und jung,
Des Meistersanges freud'gen Schwung
In unsrer Stadt erst eingeführt,
Wofür euch Ehr' und Preis gebührt;
Und Frankfurt ist die letzte nicht,
Die Dichtern gerne Kränze flicht't,
Sie schätzet eure schöne Kunst
Und freu't sich derer hoch, mit Gunst. —
Und Meister Creuzer's Töchterlein
Mög' jetzt der Gabe Spend'rin sein.

Kunigunde

ritt mit einem Lorbeerkranze zu Hans Sachs heran):

Daß man g'rad mich gewürdigt hat,
An mancher edler'n Jungfrau statt,
Vor euch zu treten, macht mich irr'
Und wohl auch meine Worte wirr.
Darum entschuldigt, wenn verschämt
Ich bin und meine Zung' gelähmt.
Ob Angst es ist vor'm eig'nen Wort?
Ob Freude, die mich reißet fort?
Ich weiß es nicht, doch ist mir's als
Erstick' das Wort mir in dem Hals.
D'rum nehmt verlieb, wenn ich nur schlicht
Entled'ge mich der schönen Pflicht,
Im Namen dieser Bürger hier
Zu reichen als verdiente Zier
Euch diesen Kranz, statt güld'ner Kron,
Als eines Dichters schönsten Lohn.

Franz Rittweger

Hans Sachs

(zu den Zunftmeistern):

In kargen schlichten Worten
Erstatt' den Dank ich euch;
Das Lob, das mir geworden,
Macht mich beschämt und reich.
Ein neuer Sporn zum Streben
Wird es mir ewig sein,
Es wird erst meinem Leben
Die rechte Weisung geben,
Mich ernst der Kunst zu weih'n.

(zu Kunigunde gewendet):

Den Kranz, den ihr mir reichtet,
Und der mein Haupt jetzt schmückt,
Die Huld, die ihr mir zeigtet,
Sie haben mich beglückt.
Ob würdig ich der Ehren,
Ob mir mein Weg gelingt?
Die Zukunft muß es lehren;
Ich kann dem Drang nicht wehren,
Der mich zum Dichten zwingt.

Doch mehr als Ehrenspenden
Gilt mir zu dieser Stund',
Daß aus so teuren Händen,
Daß aus so liebem Mund'
Gereichet ward die Gabe,
Gesprochen ward das Wort.
Von der, die lieb ich habe
Und bis zu meinem Grabe
Werd' lieben immerfort.

Und wie als Meistersänger
Ich spreche frank und frei,
So red' ich, daß nicht länger

(zu Peter Creuzer gewendet):

Vor euch verborgen sei,
Der Liebe heilig Regen
In mir und Kunigund',
Wie wir's jetzt offen legen,
O gebt uns euren Segen
Und heil'get unsern Bund.

Franz Rittweger

Peter Crenzer:
Ein offnes Wort find't offnes Ohr!
So tretet Beide denn hervor:
Ich halte würdig euch und gut,
Daß ihr mein junges liebes Blut
Beschirmt als Eh'herr fest und treu,
Daß nie die Liebe sie gereu'.
Mein väterlicher Segen soll
Das Maß der Freude machen voll.
Was ihr gelobt, das haltet auch,
Und so gescheh' nach altem Brauch,
Vor dieser edlen Meisterschaft
Verspruch durch eines Ringleins Kraft.

Hans Sachs
(fügt Kunigunde einen Ring an den Finger):
Das Ringlein nehm't aus meiner Hand,
Es ist der Treue Unterpfand.

Kunigunde:
Den Ring, den eure Hand mir bot,
Ich werd' ihn tragen bis zum Tod.

Hans Sachs:
Nun lustig, Fiedeln, Geigen, spielt!
Es ist mein höchstes Glück erzielt.
Die Lieb' geleite mich fortan
Als Schutzgeist auf der Lebensbahn,
Als Muse steh' sie allezeit
Aneifernd, fördernd mir zur Seit',
Und schütte ihre volle Gunst
Auf meine freie Sangeskunst.
Durch diese, die mir Freundin blieb,
Durch sie errang ich mir mein Lieb,
Und sie hat auch in Ernst und Scherz
Erschlossen mir des Vaters Herz.
Ihm dank' ich für das süß' Geschenk,
Und bleibe dessen eingedenk.
Den Dank bekenne ich auch laut
Der Stätte, die mir gab die Braut.
D'rum lustig, Fiedeln, Geigen, spielt!
Wo ich des Guten viel erzielt,
Der Stadt mit ihrem Bürgertum,
Dem lieben Frankfurt Preis und Ruhm!

(Musik. — Ende.)

Paul Rolf

Ein Stündlein nur!

Das Leben trüg' ich ohne Klage,
Wollt' alles dem Geschick verzeih'n,
Wär' nur von jedem deiner Tage,
Geliebte, ach, ein Stündlein mein!

Ein Stündlein, wenn der Tag sich ferne
Am Bergeshang zur Ruhe dehnt
Und jedes müde Haupt so gerne
An einer lieben Schulter lehnt.

Ein Stündlein, deinem Wort zu lauschen
Und dankbar dir ins Aug' zu sehn,
Mit deiner Seele Gruß zu tauschen,
In Liebe ganz sich zu verstehn.

Ein Stündlein, alles Weh zu lassen,
Und vom Gemeinen fern zu sein,
Und Hand in Hand das Glück zu fassen
Und uns der Erde still zu weihn!

Paul Rolf

Stimmen der Liebe.

Du wandelst deine Straße
So ruhevoll dahin:
Spürst du kein Flammensprühen,
Weil ich dir nahe bin?

Rührt's nicht an deine Seele,
Wie Liebe fleht und wirbt
Und still im Sehnsuchtswehe
Mir Glück und Frieden stirbt?

Stöhnt dir im Sturmesbrausen
Nicht wilde Klage zu,
Wie eine Seele irret,
Verloren, ohne Ruh'?

Schaut nicht ein müdes Auge
Im tiefsten Traum dich an?
Ein Aug', das beinetwegen
Zur Nacht nicht schlafen kann.

Dringt denn von tausend Stimmen
Nicht eine zu dir hin
Und sagt dir, wie ich elend,
Um dich so elend bin?

Paul Rolf

Mein Schifflein, reise!

Mein Schifflein fährt vom Lande
Ins weite Meer hinein;
Das Steuer liegt am Strande,
Mein Lieb läßt mich allein.

Herzliebste liebt den andern,
Das Meer ist weit und breit:
Mein Schifflein, wollen wandern
Ins Land der Einsamkeit!

Liegt's hoch im Nordlandeise?
Im Meeresgrund bewahrt?
Mein Schifflein, reise, reise!
Gott gnade deiner Fahrt!

Theo Schäfer

Die Krone.

Der Morgen steigt empor, ein ros'ger Jüngling.
Fanfaren grüßen ihn, er lächelt sonnig;
Dann streift er aus den Locken seine Krone
Und läßt sie niedergleiten in das Land.

Da blitzt ein goldner Strahl auf Berg' und Felder;
Die Krone schwimmt den breiten Fluß hernieder,
Läßt goldne Streifen auf den glatten Fluten
Und treibt zur Mittagszeit zum grünen Strand.

Dort klingt's von Waffen, tobt ein Kampfgewühle,
Befleckt das Gold der Krone Menschenblut;
Rot fließt es um sie her im Wellenglanze,
Und schnell entflieht des Tages goldner Schein.

Am End' des Flusses steht der stille Abend
Und hüllt die Lande in Vergessensschleier;
Er hebt aus Wogenschaum die blut'ge Krone
Und setzt sie sich aufs dunkle Lockenhaupt.

Theo Schäfer

Du und die Sphinx.

Auf grünem Rasenplatz, von Windenblüten bunt umrankt,
Die Löwentatzen vorgestreckt, mit starren Blicken lauert
Die Sphinx. Wir stehn davor, du eng an meinen Arm geschmiegt,
Die lieben, blauen Kinderaugen zum Steinbild scheu erhoben.
„Was soll das sein?" — „Du Kind — das ist die Sphinx, die
rätselvolle,
Die jeden, der ihr Rätselwort nicht löst, in ihren Klau'n erwürgt,
Halb Löwin und halb Weib." — Mein Liebchen schaut mich
an, blickt sinnend
Dann auf die Sphinx und meint: „Mehr Löwin scheint es mir
als Weib"....
„Du liebes, süßes Kind, du bist ein Weib, ein Rätsel auch;
Doch meine Liebe soll es lösen! Komm! — Und will mir jemals
Die Frage kommen, ob auch du solch eine rätselvolle Sphinx?
So werd' ich denken: Doch mehr Weib als Löwin!" — Und wir gehn.

Pan.

Wenn die frohen Sonnenkinder tanzen
In der warmen Sommerluft,
Wälzt Gott Pan behaglich sich und schmunzelnd
Aus der kühlen Wiesenkluft.

Und er legt sich in die helle Sonne,
Sieht mit heitrer Seelenruh'
Still dem frohen Sonnenkinderreigen
Ueber Wald und Wiesen zu.

Kommt dann gar ein traulich Liebespärchen
Kosend, küssend, Hand in Hand,
Lacht er lustig auf, und fast erschrocken
Fliehen beide weit ins Land...

Theo Schäfer

Abendlauschen.

Ein wehmutstiller Abend. Fern rauscht der Fluß.
Mich umflüstern die fernsten Gedanken. —
Ueber mich wehen die weichen Haare
Der Schönheit, duftend, lockend . . . .

Herrliche Bilder erstehen vor meinem Blick —
Und zerfließen immer wieder — immer schneller.
Blaue Bänder flattern in der Luft —
Ich will sie haschen — und sie fliegen fort . . . .

Traurig blick' ich auf; die Schönheit weint.
Alle Fragen sind vergebens. —
Schweigend starr' ich ins Dunkel hinaus
Und lausche dem fernen Fluß . . . .

Sehnsuchtslied.

Tief im lieben, grünen Walde
Ging ich; leis ein Böglein sang,
Klagend, sehnend, nestvertrieben,
Und ich lauscht' ihm einsam, still und lang.

Rings entwurzelt wilde Büsche,
Die des Beiles Schärfe traf;
Meines Vogels Klageweise
Weckte auf der alten Sehnsucht Schlaf.

Allem, was ich schon verloren,
Nun aufs neu mein Herze schlägt;
Böglein, dich versteht nur einer,
Der wie du so tiefe Sehnsucht trägt!

Mondaufgang.

Ueber dem tiefgrünen Walde
Dämmert der Mond auf.
Im ätherblauen Himmel
Zerfließt sein goldnes Licht . . . .

Auf stillem Feldweg singt ein Arbeitsmann
Sein Lied zur Heimkehr;
Vogelrufe schallen drein.
Sein Schritt verklingt . . . .

Der Mond steht hoch nun überm Walde;
Heller strahlt sein goldnes Licht,
Und heimlich=tiefer dehnen sich
Die sammtnen Schatten . . . .

Die Nacht tritt aus dem düstren Wald,
Ernst, feierlich, mit weißen Armen.
Rings Vogelrufe, Wiesenduft —
Und alle Träume wachen auf . . . .

An mein Weib.*)

Die Sonne sank,
Ein Tag verschied;
Mein Weib, hab' Dank —
Nun ward ich müd'.

O du hast so treu
Mich gepflegt, geküßt, —
Nun weiß ich aufs neu
Was du mir bist.

Und schied auch das Licht,
Mir leuchtet dein Blick,
Wir brauchen es nicht —
Wir haben das Glück!

---

*) Komponiert von Richard Trunk. Vier Gesänge nach Gedichten von Theo Schäfer, op. 18.

Nachtlied.

Schließe deine Arme beide
Um mich, daß ich ruhen kann,
Und genesen von dem Leide
Schauen wir uns an.

Horch, es klingt noch fern von Klagen,
Die der rauhe Tag erdacht;
Doch es deckt all' seine Fragen
Leise zu die Nacht.

Dann verklingt er in der Ferne,
Und die Nacht wird still und tief;
Ueber uns die goldnen Sterne —
Alles Leid entschlief.

Schließe deine Arme beide
Um mich, daß ich ruhen kann,
Und genesen von dem Leide
Schauen wir uns an.

Theo Schäfer

Erkenntnis.

Der Genius kam auf breiten, vollen Schwingen,
Die von dem Flug der Sommernächte tropften,
Zu mir, dem Einsamen; mit lautem Springen
Des Herzens Pulse ihm entgegenklopften.

Ich blickt' mit tiefen Augen in das Leben,
Mit Augen, die noch trübten warme Tränen;
Was konnt' ich meines Genius Kindern geben
Als meiner Seele sonnentrunknes Sehnen! —

Verstehend Lächeln war's dann, das befreite
Was mich bedrängt beim stillen Lebenswandern;
Ein Lächeln, das erhellte, das verzeihte
Was ihm begegnet bei den armen Andern.

Denn durch mich s e l b s t nur spricht mein Gott zum Herzen,
Das mit mir lebt in glutenheißem Klopfen,
Bis schmelzend über mich und meine Schmerzen
Des Genius sommernächt'ge Schwingen tropfen. . . .

Karl Scheuck zu Schweinsberg

Deutsches Waldlied.

Im Walde ist gut wohnen,
Im Wald ist Gottes Haus:
Die dichtbelaubten Kronen,
Die strömen Leben aus.
Die Buchen und die Eichen,
Die Fichten ohne Zahl;
Sie decken mit den Zweigen
Das quellenfrische Tal.

Im Walde ist gut hausen,
Da sind wir wohlbewacht:
Selbst wenn die Stürme brausen
In düstrer Mitternacht.
Beim Fels am steilen Hange,
Wenns Feuer lustig brennt,
Macht uns nicht Angst und bange
Das wüste Element.

Selbst wenn die Flocken fliegen,
Wenn Frost und Reif uns schreckt,
Kann nichts die Lust besiegen,
Wenn uns der Jäger weckt.
Laßt hell die Büchsen knallen,
Was kümmert uns das Eis,
Die Meute folgt mit Schallen,
Im Schnee, dem roten Schweiß.

Doch ist die Jagd, die wilde,
Vorbei in Busch und Strauch,
Und weht so sanft und milde
Der erste Frühlingshauch,
Dann rufen Vogelstimmen
Uns zu von jedem Rain,
Und Feuerwürmchen glimmen
Auf jedem feuchten Stein.

Doch schweifen wir am Tage
Durchs maienfrische Grün,
Wo unterm Schlehenhage
Maikraut und Primel blühn,
Dann jauchzen wir zur Sonne,
Daß es weithin erschallt:
Hab Dank für neue Wonne,
Du schöner, deutscher Wald!

Seekönigs Tod.

Gestützt auf seinen Stecken,
Mit Locken silberweiß,
Saß unter seinen Recken
Skiold, ein müder Greis.

Der sonst des Meeres Weiten
Beherrschte und bedroht',
Bedrückt von bittren Leiden
Erwartete den Tod.

Goldschein lag auf den Landen,
Tiefbläulich blitzte die Flut:
Den Säulenschaft umwanden
Die Kränze dicht und gut.

Doch für den stolzen Alten
Winkt Ruhm und Glanz nicht mehr,
Ein Knabe mußt' ihm halten
Den Helm, vom Golde schwer.

Karl Schenck zu Schweinsberg

Und Seufzer nur und Klagen
Erfüllte rings das Haus,
Der Marschall schmückt mit Zagen
Die Todtenkammer aus.

Doch ob auch Stunden gingen
Und Stunden kamen an,
Es wollte sich nicht schwingen
Der Geist zur Sonnenbahn.

Da hob sich von dem Stuhle
Mit stolzem Blick der Greis:
Noch geht des Rades Spule,
Keiner das Ende weiß.

Was soll ich hier verderben
In langer bittrer Not:
Wohlan — ich möchte sterben
Den raschen Heldentod.

Er läßt zum Kampf sich rüsten
Mit Harnisch, Helm und Schild:
Das Meer braust an den Küsten,
Der Himmel blickt so wild.

Er schreitet durch die Hallen,
Er steigt ins Meer hinab,
Die Wogen rauschen und wallen;
Das war des Königs Grab.

Karl Schenck zu Schweinsberg

Galvans Lied.

An König Manfreds sangesfrohem Hof
War mir das Glück gewogen:
Zum Felshang, an Salernos Bucht,
Nahm ich nach Kampf und Streit die Flucht,
Wo weiße Möven flogen.

Dort klang des Sängers Harf', zur Abendzeit,
Vom hohen Söller nieder:
Die Sonne schien in roter Glut,
Auf's blaue Meer, und nah der Flut,
Blüht' Myrtenreis und Flieder.

Wie lauschte dort die holde Königin,
Der Heimat trauter Kunde:
Die Lüfte zogen lau und lind,
Es flog ihr golden Haar im Wind
Und glücklich schien die Stunde.

Längst liegt der König und sein tapfres Heer,
Vom wälschen Hund erschlagen:
Beim Hügel, wo man Stein auf Stein
Gehäuft, des Helden Mal zu sein,
In ferner Zukunft Tagen. —

Karl Schenck zu Schweinsberg

Klagelied eines Hünen.

Sonst schlug ich mit kernigen Knochen,
Mit Schwert und mit Streitaxt die Schlacht,
Jetzt hab' ich viel tausend der Jahre
Geschlafen in traumloser Nacht.

Nicht sehrte mich irdische Sorge,
Mein Bette war steinern und dicht:
Wer schaufelt da draußen am Hügel,
Mich weckend mit quälendem Licht?

Umsonst nur wühlt ihr nach Schätzen,
Ich mußte verlassen, was mein.
Die Güter der Erde sind selten,
Was frommt euch mein bleiches Gebein?

Dem dumpfigen Grabe entstiegen
Mir taugst du nicht, Heldengestirn:
Mein Leib wird zerfallen zur Asche,
Zu Staub ist vertrocknet mein Hirn.

Was je ich erdacht und ersonnen,
Erbeutet, zu Trümmern längst ward;
Ich armer verschlafener Hüne,
Von heute nicht war meine Art.

Erfahrt es, ihr Wühler da droben,
Ihr Männer, so klug und gelehrt:
Die Reste des Daseins sind Scherben
Und Schweigen, der Hoffnung nicht wert.

Jakob Schiff

Wie sieht das Glück aus?

„Wie sieht das Glück aus? Sage,
Hat es ein Flügelpaar?
Kommt's nächstens? Kommt's am Tage?
Hat's eine Kron' im Haar?

Trägt's ein Gewand von Seide?
Ist's stumm und spricht kein Wort?
Schenkt's güldenes Geschmeide
Und fliegt dann schleunigst fort?"

Das kann ich dir berichten!
Das Glück ist immer hold.
Die Krone trägt's mit nichten,
Doch hat's ein Herz von Gold!

Es hat auch keine Schwingen,
Bleibt bei mir immerdar,
Kann wie ein Vöglein singen,
Und seiden ist sein Haar.

Am Kleid trägt's eine Rose,
Bald weiß, bald gelb, bald rot.
Es sitzt auf meinem Schoße
Und küßt mich fast zu tot!

Jakob Schiff

Einem Auswanderer.

Wenn von des Schiffes ragendem Verdecke
Du, an den Mast gelehnt, ins Weite schaust;
Wenn dir der Meeresmorgenwind, der kecke,
Die krausen Locken ungestüm zerzaust;
Wenn über dir das Auge nur den Bogen
Des endlos weit gewölbten Himmel sieht,
Ob rastlos auch durch gischtgekrönte Wogen
Der stolze Dampfer seine Furchen zieht;
Wenn ein Verzagen ob der eignen Kleinheit
Durch deine jugendliche Seele geht
Und deiner Heimat Bild in Lieb' und Reinheit
Ersehnt und, ach! betrauert vor dir steht:
Dann wisse, daß in weltenweiten Fernen
Manch fromm Gebet für dich zum Himmel steigt,
Und hoffe, daß ob jenen Dämmersternen
Die Gottheit mild sich dir entgegenneigt.
Im Geist fühl' auf der Stirn der Mutter Tränen,
Im Geist den Druck der treuen Freundeshand —
Dann wirst du dich nicht fürder einsam wähnen,
Und wo du hingehst, ist dein Vaterland!

Jakob Schiff

Das Lied des Troubadours.

„O höre mich! Der Bäume Schatten
Verlängern schon sich allgemach;
Der Schlummer sinkt auf Flur und Matten —
Nur meine Wünsche sind noch wach.
Nur meine leisen Lieder klagen
Und stehlen sanft sich in dein Ohr;
Als Sonne strahlst du meinen Tagen,
Schwebst nachts als Traumgesicht mir vor.
Ergieb, ergieb dich meinem Werben,
Sink' an das Herz, das du betörst,
Denn ich muß, ach! vergehn und sterben,
Wenn du mein Flehen nicht erhörst!" —

   Er stand am Fuße der Platane,
   Der weitberühmte Troubadour.
   Die Dame schaute vom Altane
   Und lächelte voll Mitleid nur.
   Sie lauschte seiner Liebesklage,
   Wie man dem Lied des Vogels lauscht,
   Das mit dem flinken Flügelschlage
   Des kleinen Sängers schon verrauscht.
   Ohn' es zu wissen, sang sie leise
   Die sehnsuchtsvolle Melodie;
   Von unten stärker scholl die Weise —
   Und unwillkürlich bebte sie.

„Mich nennt die Welt den kühnsten Ritter,
Und allen Fürsten bin ich wert.
Der Feinde Schilde schlägt in Splitter
Mein liebgefeiert Schlachtenschwert.
Vor meiner Ruhmestat erbleichen
Die Paladin' in ihrem Glanz,
Und Königinnen selber reichen
Mir beim Turnier den Siegeskranz.
Die Dame, deren Farb' ich trage,
Sie wird beneidet weit und breit,
Und bis ans Ende aller Tage
Umstrahlt ihr Haupt Unsterblichkeit!" —

Jakob Schiff

Sie klatschte dreimal in die Hände,
Ein Zeichen ihrem Kämmerling;
Der eilte auf ihr Wort behende
Durchs Schloß, das schon der Schlaf umfing.
Da hob, in ihren Angeln knarrend,
Der Herrin Spruch gehorsam harrend,
Die starke Brücke sich empor;
Trat rings die Dienerschaft hervor.
Nun sank der Rechen krachend nieder,
Vom Turm des Wächters Horn erklang;
Doch, alles übertönend, wieder
Von unten her erscholl der Sang:

„Du zitterst! Süße Furcht beschleicht dich!
Umsonst, daß du Vasallen rufst!
Wohin du fliehst, mein Lied erreicht dich,
Ein Glutenpfeil, den du mir schufst.
Nicht Gräben schützen dich, nicht Mauern,
Auch nicht dein zinnenreicher First —
Du fühlst an deines Herzens Schauern,
Daß du mir angehören wirst.
Such' ein Versteck in deinem Turme,
Wohin mein Bild nicht folgen kann —
Zu eigen wird im Liebessturme
Das schönste Weib dem stärksten Mann!" —
Da sprang sie plötzlich auf vom Sitze,
Sie riß den Kamm aus ihrem Haar,
Ihr schwarzes Auge sprühte Blitze,
Sie war im Zorne wunderbar.
Rasch in die Halle ließ sie treten
Das Burggesinde kampfbereit,
Und alle Frauen hieß sie beten
Für ihrer Herrin Sicherheit.
Die Diener folgten ihrem Worte
Und wachten bis zum Frührotschein,
Sie aber — schlich zur Gartenpforte
Und ließ den kühnen Sänger ein.

Willy Schmidt

Mei Frankfort.

Da heert merr als von däm, von annern,
Was in der Welt brauß wär so schee!
Un's hääßt, Ihr mißt enaus nor wannern,
Wollt Ihr was werklich Scheenes seh!

Ja dort, Ihr Leut, da seht err Sache,
Die find't err hie ja nerjendswo.
Ja, ja! Dort werrd err Aeäge mache!
Drum geht nor hi, es is eso. —

Un is merr dort, trifft sich's — kää Wunner —
Daß merr von hie begegent däm;
Da heert merr doch ääch als mitunner:
„Es is net scheener wie Dehääm!"

Die Geldheirat.

Es hat en Mann sich's lang bedacht,
Eh er e Frää genomme;
Un's hat en nor derrzu gebracht,
Was die hat mitbekomme. —
Viel hat der Alt' erausgerickt,
Sonst wär die Sach ääch net geglickt. — —
Ja, hätt die Frää ihr Fehler net,
Se längst en Mann gefunne hätt.

So manchen Fehler hat se ja,
— 's war net zu widdersprecke. —
Drum mußt euch ääch der Alte da
— Deß wußt merr — kräftig bleche.
E bissi schepp, wer kann derrfor?
Aeäch sah se uff ääm Aeäg euch nor.
Un deß se noch geschnappt beim Geh,
Deß konnt merr, wann se saß, net seh. —

Willy Schmidt

Ihr Mann der mecht sich da nix braus;
Den dhat's net weiter kränke.
Er ließ sei Frää dehääm, im Haus,
Un dhat an annersch denke.
Doch hat err was for se bezahlt,
Da hat err mit seim Geld geprahlt;
Un dhut euch Wunner, wer er wär,
Un's wußt doch jedes, wo er'sch her?

Es war die Frää e Neunmaloos;
Sie hatt' was zu bestelle.
Da war derr als der Deiwel los,
Als gäb's euch hunnert Hölle. —
Weil se ihr Mann net ausgefiehrt,
Da hat se sich dann revanschiert,
Un war mit all ihrm Geld un Glanz
For den die richtig Deiwelsblanz. —

Doch kam derr'sch vor, deß ääch Besuch
Die zwää zuweile hatte;
Der sah dann zwar vom Staat genug,
Doch ääch die Frää vom Gatte.
Un wer se äämal nor geseh,
Der konnt's e jedem eigesteh,
Daß er jetz wißt, wo, wann un wie,
Warum der Mann genomme die. —

Un widder kam Besuch — e Freund —
— Zwar kam er net gelege —
Doch war'sch e Kunne, drum merr'n heunt
Zum Bleiwe dhat bewege.
Un ääch zum Esse blieb er da,
Derrbei er dem sei Frää ääch sah. —
Er guckt e Weil un frägt nachher,
Wie lang er schonnt verheurath wär?

Dann segt er dem ganz leis' in's Ohr:
„Am Aeäg die Sach is wichtig.
Ich glääb, ich glääb? Ich frag ja nor,
Is sonst dann Alles richtig?"
Da anwer rieft der Mann ganz laut:
— Der Freund kaum seine Ohrn da traut —
„„Schenier dich net un glääb un glääb,
Un redd nor laut — sie is ääch bääb!""

Willy Schmidt

Die Frää will's wisse.

Da is e Frää heunt nidderkomme
Im freie Feld, weit brauß.
Der Christian hat deß ääch vernomme,
Erzählt's der Frää zu Haus —
Neuschierig, frägt sei Frää en dann:
„Mit em Mädche, obberm Soh?"
Da segt der Christian druff, ihr Mann:
„„„Nää, mit em Luftballon.""""

Nor kään Neid!

„Was hat's der Mann soweit gebracht,
Was hat der sich e Geld gemacht,
Was wohnt der in em feine Haus
Und fährt im eigne Wage aus?"
So hält's e Mann em annern vor.
Da segt der: „„„Ei was neibst's em nor?
Wääßt du, in was for Haut der stickt
Un ob en net der Schuh wo drickt?""""

Beim Bäckermeister.

Es mecht e Mann e Landbardhie;
Steiht uff in aller Herrgottsfrieh
Un lääft zum Bäcker an die Eck,
Hätt geern von dem zwää Wasserweck.

„Was willst de dann so frieh schonnt hier?
Es is ja kaum ehrscht halwer vier!"
Hat dort der Bäcker dem gesacht.
„Bei mir werrd noch net uffgemacht!"

Da rieft der drauß: „„„Ei heerste du!
Ei laß dein Lade doch nor zu!
Halt ääch bei Dhier geschlosse noch;
Komm, geb die Weck dorch's Schlisselloch!""""

Die Röntgenstrahlen.

Seim Dokter hat e Mann geklagt,
Er wär von Koppweh arg geplagt.
Wißt gar net was im Kopp er hätt? —
Er winscht kääm Mensch die Schmerze net.

Druff sprach der Dokter: Nor Gebuld!
Deß sehn merr gleich, was da is schuld.
Ich leucht mit Röntgenstrahle dorch,
Da finn ich's gleich — seid außer Sorg.

Kaum sitzt der Mann dort uff em Stuhl,
Da ward's em doch e Bissi schwul;
Un wie er's Instrument noch sieht,
Hat er en klääne Schrecke krieht.

„Ei", segt der Dokter, „nor kää Bang!
Die Sach, die dauert gar net lang;
Bis merr uff zwanzig hat gezählt,
Da wääß ich schonnt, was Ihne fehlt."

Sieht nach un segt zum Assistent,
Deß dääch emal er gucke kennt.
Der bhut's un meent dann leis': „„Ich finn
Große Rosine hat der drinn!""

Nach Helgoland.

Der Schorsch von drinwe macht e Rääs'
Er fuhr nach Helgoland.
Im Sommer war'sch, es warb arg hääß;
Der Schorsch deß gar bald fand.
Da gung err uff deß Deck enuff,
Deß er frisch Luft dort krieht.
Dann schraubt err ääch sei Fernrohr uff,
Ob mer des Land net sieht?
So guckt err in die Fern enei
Er guckt ääch unner sich,
Ob ääch kää Fisch im Wasser sei?
— Da warb's em schwabbelich. —
Un wie err da so schwabbelich
In's Wasser gucke dhut,
Da kimmt ääch grad e Pris, e frisch,
Schwupp! flog eweck sei Hut. —
„Halt ei," rieft er dem Steuermann;
Der awwer denkt net draa.
„Ach," klagt der Schorsch, „was mach' ich dann?
Dort schwimmt mei Hut im Maa!"

Odi Schoenbrod

Winternacht.

Des Mondes Silberspielen
Huscht über die Fluren leis;
Es schimmern die schneeigen Gipfel
In wunderbarem Weiß.

Und drunten im Walde schimmert
Und flimmert jeder Baum,
Als ob ihn leise durchzittre
Ein duftiger Blütentraum.

Nachhall.

So tiefe Schatten werfen
Die stillen Höhn
In traumumwobene Täler;
So rein und schön
Sich hoch der Sternenhimmel
Darüber spannt,
Als habe nie die Erde
Das Leid gekannt.

Doch seufzend sich mein Busen
Noch senkt und hebt;
Doch schmerzvoll meine Lippe
Noch zuckt und bebt;
Doch heiß in meinen Augen
Noch Tränen stehen
Vom Jammer, den am Tage
Ich mußte sehn!

An die Schönheit.

Schönheit, du Göttin, der ich diene
In heil'gen Hainen, unbelauscht,
Wo nur der Wind im Laub der Bäume,
Doch keines Menschen Fußtritt rauscht;
Und wo sich dir Altäre bauen
Aus Bergesmassen hehr und kühn,
Mit makellosem Weiß bekleidet,
Umsäumt mit lichtem Hoffnungsgrün:
O Göttin, breite eine Binde
Um Aug' und Ohr mir, hör mein Flehn,
Daß ich, was deine Würde kränket,
Nicht möge hören, nicht muß sehn;
Daß nachts im hohen Sternendome
Es nicht der Priest'rin Andacht stört,
Was in dem wirren Tagestreiben
Ihr Aug' gesehn, ihr Ohr gehört!

Frage.

Wie war dein Blick einst voller Sonnenschein!
Wie sahst du forschend in die Welt hinein,
Mit Kinderaugen voll Entdeckermut!
Wie dünkte dich das Leben groß und gut!
Das rätselhafte, das dir nahen wollte,
Das reiche Leben, das dir lächeln sollte!
Du strebtest ihm entgegen voll Begier,
In deinem Blick lag eine heiße Frage:
O Leben, seltsam Leben, sage:
Was bringst du mir? —

*

In deinem Aug' liegt keine Frage mehr.
Wie senkst und hebst die Lider du so schwer!
Dein Blick oft fiebernd in die Weite starrt!
War denn des Lebens Antwort gar so hart?

Frühlingsgebet.

Nun murmeln wieder deine Quellen,
Und aller Wesen Frühlingschor
Zieht auf der Lüfte linden Wellen
Als Jubelklang zu dir empor!

Und deine Lebensbronnen fließen,
Und alle deine Blüten blühn.
Nun laß auch meine Blüten sprießen,
Und meinen Stern laß mir erglühn!

Sonst muß ich stumm mein Haupt verhüllen,
Muß meine Pfade trostlos gehn,
Und mag nicht deine Blütenfüllen
Und mag nicht deine Sonnen sehn!

Odi Schoenbrod

Ich möchte leben!

Ich möchte leben! leben! leben!
Aus dumpfer Enge mich befrein!
Die Schläfe brennt, die Pulse beben!
Ich seufz' es leis, laut möcht ich's schrein:
Ich möchte leben! leben! leben!

Gehemmt, gedämmt, beengt, erzogen
In tausend Formen längst erstarrt,
Hat man um's Leben mich betrogen,
Hat um die Jugend mich genarrt!

Ich will den Kern und nicht die Schale.
Wozu ward Leben mir verliehn?
Soll hungrig ich vom Lebensmahle
Ins Schattenreich hinunterziehn?

Nein! wären ehern auch die Bande!
In mir es mächtig gährt und drängt
Und glimmt und glüht und wird zum Brande,
Der endlich alle Fesseln sprengt.

Dann giebts ein Lodern, giebts ein Flammen,
Dann giebts ein heilig Sichbefrein!
Bricht auch des Lebens Haus zusammen,
Ich acht' es nicht, es mag drum sein!
Dann giebt's ein Lodern, giebt's ein Flammen!

Sofia Schulz=Euler

Aus dem Lebensbuch.

Eine Seite.

Sie war eine Schönheit gewesen, so lange sie denken konnte. Ein verhätscheltes, geliebkostes Kind, dem alle Blicke gefolgt waren, wenn es im spitzenbesetzten Kleid und Mäntelchen von der französischen Bonne war spazieren geführt worden. Schon früh waren die Ausrufe „Gott, was ein schönes Kind! Und wie herrlich angezogen!" an ihr Ohr gedrungen, ihr Gefühl vom Wert des schönen Aeußeren begründend und befestigend.

Auf dem Schulweg waren dem Backfischchen die um einige Jahre älteren Schüler nachgegangen, hatten Umwege gemacht, um einen Blick in das schöne, errötende Gesichtchen oder gar einen flüchtigen Gruß zu erhaschen. Als heranwachsendes Mädchen gefeiert, als Ballschönheit vor allen ausgezeichnet, als junge, elegante Frau die Zierde, der Anziehungspunkt jeder Gesellschaft, war es kein Wunder, daß ihre eigene Schönheit der Kern ihres Lebens geworden, daß sie im Bemühen immer und überall die Schönste zu sein aufgegangen war, ja ihren Lebenszweck im Kultus ihrer äußeren Erscheinung gefunden hatte.

Der Gatte, berauscht von der Schönheit der jungen Frau, hatte alles getan, sie den Wert dieses großen Naturgeschenkes noch überschätzen zu lassen. Hatte es ihm als Bräutigam schon geschmeichelt der Sieger zu sein im Wettbewerb, so wuchs sein Stolz noch im festen Besitz des ihm von Vielen geneideten Gutes. Was Stellung und Reichtum vermochten bot er auf, um seine schöne Frau immer an erster Stelle erscheinen und glänzen zu lassen.

Sie war von Rausch zu Rausch, von Sieg zu Sieg geklommen, die schöne Frau Ninon D'Estrel, in dieser Lebensführung, deren Zweck nur dem Aeußerlichen galt. Daß das Innerliche dabei immer mehr verflachte, war ganz selbstverständlich, zum Denken blieb ja keine Zeit; und die Ruhepausen wurden mit der Lektüre seichter Bücher ausgefüllt; solche mit ernsten Lebensproblemen traten den Rückweg zur Leihbibliothek ungelesen wieder an. Nach und nach blieben sie überhaupt aus — man wußte ganz genau, was nach dem Geschmack der schönen Frau Ninon D'Estrel war.

Kinder wurden dem Ehepaar nicht zu Teil. Zuerst hatte man sie, als Freudenstörer sie erachtend, nicht gewollt; dann hatte die Natur sich gerächt und ihren Segen verweigert. Der Mann hatte angefangen diesen Mangel zu empfinden, mit den Jahren mehr und mehr. Die Frau freute sich darüber. „Kinder! Sie verderben die tadellose Schönheit des Weibes," pflegte Frau Ninon zu sagen. „Es gibt deren ja genug auf der Welt, und auch genügend Frauen, an denen nicht viel zu verderben ist."

Und wenn sie dann die aus zierlichen Mädchen behäbig gewordenen Matronen dem Gatten bezeichnete, war es stets mit hoher Befriedigung, daß sie ihre eigene, elegante, schöne Figur betonte, sich des mädchenhaft gebliebenen, zarten Ovals ihres Antlitzes freute. Sie war natürlich von bedeutenden Künstlern in verschiedenen Stellungen und Toiletten gemalt, von einem allerersten Meister modelliert worden. Sie konnte oft lange vor diesen Kunstwerken stehen, sie bewundernd, ein weiblicher Narcissus, sich berauschend an der eigenen Schönheit.

Die Jahre gingen — noch merkte sie deren Flug nicht — sie stand im Zenith ihrer Schönheit. Daß es von einem solchen keinen höheren Aufstieg mehr gibt, das wußte sie wohl; daß aber das Verweilen auf dieser Höhe keine allzulange Dauer hat, daran dachte sie vorerst nicht.

Und dann kam die Zeit, da sie nicht daran denken wollte. Und als die ersten sichtbaren Spuren unter den flüchtigen Sohlen der Zeit zurückblieben, keine Massage sie mehr verwischen wollte, da mußte die Kunst aushelfen. Noch waren ja das strahlende, künstliche Licht der Abende und Nächte, der Schleier bei Tage gefällige Hilfen, täuschten über künstlich verwischte Defekte hinweg. Die Friseuse entfernte die verräterischen ersten weißen Fäden aus den dunklen Haaren, deren Fülle sie, immer und immer wieder bewundernd, künstlich aufbaute. Als aber immer mehr der unlieben Gäste kamen, verlegte sie sich darauf, die darüber unglückliche Frau damit zu trösten, daß heutzutage in dem hastenden, aufreibenden Leben, die weißen Haare viel zeitiger kommen als früher, und daß junge Gesichter unter ihnen einen erhöhten Reiz ausstrahlen. Wie viel junge Frauen tragen stolz den weißen Haarschmuck; und hat es

nicht Zeiten gegeben, da man nur gepuderte Köpfe in der vor=
nehmen Welt sah, die wohl wußte, wie kleidsam dieser Kontrast
zu strahlenden Augen und lachenden roten Lippen steht! —

Frau Ninon D'Estrel war Witwe geworden. Ein Schlag=
anfall hatte den leichtlebigen, allen kullinarischen Genüssen hul=
bigenden Gatten dahingerafft. Wie viel die Frau, die nichts ist
als die schöne Frau ihres Mannes, an Ansehen und Stellung
durch sein Hinscheiden verliert, das sollte Frau Ninon jetzt
erfahren.

Und dann die Trauer! Ein langes Jahr in dem sie ihre
Schönheit in schwarze Kleider und Schleier hüllen sollte, die ihr
nicht standen, ihr, die immer in wahren Kompositionen von
Farben und Duft geglänzt hatte. Es war zum Verzweifeln!
Zwei verlorene Jahre ohne Theater und Konzerttoiletten,
zwei Jahre zum Einsitzen — eine Ewigkeit, unwiederbringlich
— dazu in ihrem Alter, wo jeder Tag eine Kostbarkeit bedeutet.

Was war ihr Leben überhaupt ohne den Glanz der Stellung,
die sie am Arm des Gatten eingenommen und jetzt verloren hatte!
Eine Oede. — Wie viele Menschen gibt es doch, die allein
mit sich in einer Oede leben — wie wenige, die die Einsamkeit
beleben mit der laut zu ihnen redenden Sprache ihres Ichs!

Sie war noch schön, noch die „schöne Frau D'Estrel." Es
war gut, daß sie es nicht hörte, das kleine, grausame Wort
„noch", mit dem die boshafte Welt oft ganz unbewußt
boshafter ist, als sie es beabsichtigt. Sie denkt nicht daran,
wie hart das kleine Wort eine bis jetzt verwöhnte, sieghaft ge=
wesene Frau trifft. „Noch schön" — steht daneben nicht dicht
das Fragezeichen: „Für wie lange?" — Es ist merkwürdig,
wie rasch jemand vergessen wird, der seinen Mitmenschen nicht
mehr das bietet, was sie von ihm zu erwarten gewohnt waren. Sie
kommen ja am Anfang noch hin und wieder, die guten Freunde,
weil es sich schickt und sie sich zu den Leuten zählen, die nach
bestimmtem Sittenkoder handeln. Aber es hat doch keinen
rechten Zweck mehr. Das Leben geht seinen Gang weiter, für
Dahingeschiedene treten Andere in die Reihen ein — es braust
und flutet heute, wie es gestern brauste und flutete, man hat
keine Zeit zurückzublicken — alles drängt vorwärts — erreichen,
genießen, es ist die Flagge, unter der die Lebensboote segeln.

Frau Ninon war sehr einsam. In ihr war es hohl und leer.
Was ihr Leben geschmückt hatte war wie hinweggewischt. Geliebt
hatte sie den Gatten nicht; für eine echte, tiefe Liebe war sie
nicht geschaffen. Sie hatte ihn geheiratet, weil man ihr ge=

sagt, er sei von allen Bewerbern der reichste, und bei ihm würde ihre Erscheinung in das rechte Licht gestellt werden. Aber er fehlte ihr. Für ihn war sie jung und schön geblieben, und an seinem Arm war sie es auch für die Anderen gewesen. Jetzt hatte man begonnen nachzurechnen — wie lange ihre Ehe gedauert, wie alt die n o ch immer schöne Frau war. —

Frau Ninon war spazieren gegangen, gegen Abend, wie sie es jetzt täglich tat. Die Wohnung war so leer, sie wußte nichts darin anzufangen. Sonst hatte sie zu den Stunden vorm Spiegel gestanden, sich geschmückt, neue Toiletten komponiert, mit denen sie den Gatten, und dann an seinem Arm die Gesellschaft überrascht und zur Bewunderung hingerissen hatte. Das war Leben, köstliches Leben gewesen! Es hatte ihr so viel Zeit angenehm ausgefüllt. Sie hatte es stets geliebt vor ihren reich assortierten Schränken zu stehen, ihre Schätze zärtlich durch die Finger gleiten zu lassen, sich an gewesenen Triumphen berauschend, sich auf neue freuend. Das verursachte ihr jetzt wie einen körperlichen Schmerz.

Auch vor ihren Bildern packte sie ein solcher an — war sie das wirklich gewesen, die strahlend, glückselig jung aus den Rahmen herauslachelte, mit dem stolzen Ausdruck errungener Schönheitssiege auf dem Antlitz? Wie schweres Blei hing ihr die Zeit jetzt an den Füßen. —

Es war ein später Augusttag. Sonne, und doch schon ein Säuseln von Verwehen und Vergehen in der Natur. Hier und dort welke Blätter — die ersten freilich, die da fallen; aber die andern werden rasch genug folgen, es ist ja schon Stoppelwind. Auf den Wiesen die Blumen längst weggemäht. Trotz der Wärme zog's wie ein Frösteln durch Frau Ninon. Herbst — ja, erst noch schön, wunderschön, statt der Blüten die Früchte — die Natur auf ihrem höchsten, reichsten Standpunkt, für den alles angelegt ist, zu dem alles drängt. — Das Früchtetragen. Das hat sie früher nie so bedacht, nie beachtet.

Erst heute hat sie empfunden, wie schön und wertvoll der reich mit Früchten beladene Baum ist, wie liebevoll der Gärtner unter ihm verweilt, wie achtlos er an dem unfruchtbaren vorbeigeht. Sie hat immer nur genossen! Daß auch der Mensch geschaffen zum Früchtetragen, körperlich und geistig — was war ihr das gewesen?

Am Waldessaum steht eine Bank. Frau Ninon ist müde vom Wandern. So weit ist sie noch nie gegangen. Auf der Bank sitzt ein Paar. Ein blühender junger Mann, eine blutjunge, fast kindliche Frau — vor ihnen steht ein Wiegewäglein. Man sieht mit welcher Sorge und Liebe es ausgeputzt ist, die rosa Vorhänge mit Spitzen, billigen Spitzen, gesäumt, eine rosa Wagendecke, in mühsamer Handarbeit zusammengestichelt — viel gekostet hat das alles nicht, außer Liebesmühe, vieler Liebesmühe. Der Mann hat den Arm um die junge Frau geschlungen, sie lachen glückselig zusammen. Das Kindchen im Wagen ist wohl des Liegens satt geworden — es fängt an zu weinen. Die junge Mutter steht auf, schlägt die Wagenkappe zurück und sagt lachend zu der Kleinen, die aus einem rosa Häubchen neugierig herauslugt, und der die Tränen in den runden Aeuglein stehen und die roten Bäckchen herunterlaufen. „Ei, ei, Meta will nicht mehr liegen, will auch was von der Welt sehen. Na, komm, Schelmchen, aufsitzen willst Du, ich weiß schon, Mäuschen war ja auch so artig!"

Und sie hebt die Kleine in die Höhe, setzt sie auf. Lustig kräht das Kind, dreht sein Köpfchen herum nach der fremden Dame, die still sitzt und zuschaut.

„Ja, da ist noch jemand," sagte die junge Mutter, streichelt die Kleine, und deutet nach der Dame.

„Ist das da die Großmama, Metachen? Gelt, die Großmama sieht gerade so aus?"

Die Großmama! Heiß steigt es Ninon aus der Seele auf die Wangen. Aufschreien möchte sie, das junge Weib am Arm schütteln, schreien: „Du lügst — wie kannst du so frech sein — ich bin ja noch schön — und — jung — Großmama — ich, ich" . . . .

Aber sie schweigt, preßt die Lippen aufeinander, ballt die Hände wie im Krampf; der freundliche Blick, mit dem sie noch eben das niedliche Kind angesehen, schwindet aus den Augen, die mit einem fast gehässigen Ausdruck das junge Weib treffen.

Der Mann flüstert der jungen Mutter etwas zu — scheu blickt sie zur Seite, indem heiße Röte in das Kindergesicht steigt. In ihrer Jugendunschuld, ihrem unverdorbenen Gemüt hat sie eine Taktlosigkeit begangen. Sie muß erst noch lernen die Gedanken und Eindrücke zu bemänteln.

Sie zupft den Mann am Aermel, sieht ihn bittend an. Er steht auf, und gemeinsam schieben sie das Wäglein zum Fußpfad; ohne einen Gruß zu wagen entfernen sie sich schweigsam.

Frau Ninon D'Estrel aber weint in der Bitterkeit ihres Herzens die schwersten Tränen ihres Lebens, schwerer, wie die an der Bahre ihres Gatten vergossenen.

Und zwischen den zuckenden Lippen bricht es immer wieder hervor: „Großmama, Großmama!"

Und jetzt weiß sie: es ist Herbst geworden — auch in ihrem Leben. Statt der Feldblumen in gleißenden Farben blüht die Erika, diese Blumentäuschung ohne Duft, die man trocken in die Vasen stellt als letzten Naturgruß, und an Herbstes Tür steht — der Winter!

Verschwiegenes Glück.

Wenn im Wald die blauen Glocken
Sich auf schwanken Stengeln wiegen,
Und vom Schlehenbusch die Flocken
Blütenschnee, im Grase liegen —

Wenn auf vollem, weichem Moose
Bienlein summt und Vogel schmettert
Wonnelieder, und die Rose
Wild empor am Dickicht klettert —

Wenn die Blätter, reicher Segen,
Heimlich traut Versteck gewähren —
Rings sich Frühlingswonnen regen
Und im Herzen heiß Begehren —

Ja dann, Liebster, laß uns dringen
In die grünen Einsamkeiten,
Und bei süßem Vogelsingen
Uns verschwiegnes Glück bereiten!

Beim Scheiden.

Wir meinten, das Herz woll' uns brechen,
Und kalt sei der Sonne Glanz!
Doch bracht' die zum Blühen die Rosen,
Und die Herzen — die blieben ganz!

Sofia Schulz-Euler

Die junge Näherin.

Hat sich den lieben, langen Tag
Gequält, die Finger wund gestochen —
Bei hellem, lichtem Tag geträumt,
Vom Anfang bis zum End' der Wochen!

Doch kommt der Woche letzter Tag,
Fällt Nacht in ihre engen Räume,
Und tritt e r leise durch die Tür,
Dann werden Wahrheit ihre Träume!

Dann wird es Tag zu später Stund',
Das Dunkel weicht aus ihrem Leben,
Denn heller als der licht'ste Schein
Des Tag's, wird sie die Nacht umweben!

Des jungen Herzens heißes Blut,
Das in der Tage schwerem Ringen,
Wie unter Asch' die Glut, geglimmt,
Es bricht hervor mit Feuersschwingen.

Und ausgelöscht ist aller Harm —
Ach — daß die Nacht doch ewig säume!
Die Kammer wird zum Paradies,
Zur Wahrheit ihre Tagesträume!

Glück.

In jedem Herzensgrunde lebt
Ein Sehnen und ein Bangen:
Vom Morgen bis zum Abend strebt
Das heiße Glückverlangen.

Und wenn es dann gekommen war
In wundersamem Leuchten,
In hellstem Sonnenzauber gar
Die Stirne uns zu feuchten:

Sofia Schulz-Euler

Es war doch nur ein Eintagsgruß,
Gekommen und geschwunden!
Es ließ zurück mit seinem Kuß
Uns abgrundtiefe Wunden.

Dem Sehnen nach dem Glücke, ach,
Dem Glück, so auserlesen,
Folgt jenes herbe Sehnen nach
Dem Glücke — das gewesen!

Abend in Königstein.

Abendstille in der Runde,
Nicht ein Laut im weiten All;
Langsam weben aus dem Grunde
Weiße Nebel durch das Tal.

Bergehäupter Waldesdunkel
Reckt am Himmel sich empor,
Und der Sterne Goldgefunkel
Lautlos strahlt im Lichterchor.

Wie ein atemloses Fächeln
Liegt es auf der stillen Flur,
Auf dem Mondgesicht ein Lächeln
Grüßt die schlummernde Natur.

Alter Träumer, neige nieder
Mir dein Märchenangesicht!
Meine Seele fühlt es wieder:
Diese Welt ist ein Gedicht!

Sofia Schulz-Euler

Die Hände.

Besetzt der Wagen bis zum letzten Platz —
Nun eilt er weiter. Wie die Straßen fliegen,
Als sei das Leben eine wilde Jagd,
Wie auch verschieden aller Ziele liegen.

Mir gegenüber sitzt ein müder Mann,
Denn daß er müde, seh ich an den Augen,
Die oft sich schließen, dann mit leerem Blick
Erwachend wieder, in den Raum sich tauchen.
Ich fühle wie das Rasten Wohltat ihm,
Der müde ward von den sechs Wochentagen.
Doch Sonntag morgen — und mir ist, ich hör
In seinem Seufzen ihn die Worte sagen:
„Die kurze Pause nach der langen Not,
Ein wenig Süße nach so vielen Wehen,
Und etwas Zeit dem müden Arbeitsmann,
Um von der Erde Schönheit was zu sehen!"
Die beiden Hände liegen auf dem Knie
Ich such umsonst den Blick davon zu wenden,
Mich schmerzen fast die Schwielen, rissig, hart,
Und immer wieder schau ich nach den Händen,
Und berg die meinen — und es will mir heiß
Aus meiner Seele auf die Wangen springen!
Wie weiß und zart die meinen, wie gepflegt,
Und liebevoll geschmückt mit reichen Ringen.
Zwei Menschenhände!

                Und im Geiste steigt
Ein Bild mir auf:

                Zwei Kinder, kaum geboren,
Die kleinen Fäuste, beide weich und zart,
In treuen Mutterhänden warm verloren,
Von Mutterlippen glückesfroh geküßt,
Bewundert von den stolzen Mutterblicken
Als kleine Wunder, zierlich, makellos,
Naturgebilde, reizend, zum Entzücken!

Daß meine Hand so rosig und so zart,
Geblieben ist, wie in den frühsten Tagen,
Ein Abbild meines Lebens, dessen Tun
Den Stempel diese feinen Finger tragen —
Und jene Hände, die doch einst so zart,
So gleich den meinen waren — wie geschunden
Hat sie das Leben, dessen harte Faust
Dem müden Manne Schwielen schlug und Wunden!
Ein heißes Weh, ein Mitleid voll und tief
Entsprang in meiner Seele wie in Qualen!
Kann meine Hand, die weiche, ringgeschmückt,
Dies Glück denn je dem Schicksal abbezahlen?

Mene tekel.

Da schlägt es Mitternacht! Bei jedem Schlag,
Ich zähle sie — fühl' ich es mich durchschauern.
Es sinkt der Tag, und mit dem letzten Schlag
Stirbt dieser Tag, wie schon so mancher starb!
Da deucht es mir, als wenn gespenstisch sacht,
Von einer Kette, die um mich geschlungen,
Unsichtbar eine Hand der Ringe einen,
Aus denen diese Kette ist geformt,
Loslöse. — —
        Doch ich hör' kein Klirren,
Und fühl' die Schwere auch der Kette nicht.
Von ferne aber sehe ich ein Meer,
Hör' leises Plätschern an das Ufer schlagen,
Und eine Hand — es ist nur eine Hand —
Hält hoch den mir entwundnen, runden Reif,
Und läßt ihn langsam in die Fluten gleiten.
Da öffnet sich das Meer; in hellem Schein
Seh' ich gehäuft viel solcher Ringe liegen,
Die gleißend schillern wie von reinem Gold.
Kostbares Gut, das dort hinabgesenkt!
Im Meer der Ewigkeit liegt's wohl geborgen.
Die dorten liegen, jene gold'nen Reifen,
Bringt keines Tauchers Kunst jemals zurück.

Sofia Schulz-Euler

Jetzt seh' ich auch den Reif, den mir entwundnen,
Gesellen sich dem Berg von Glitzergold!
Verschwunden aber ist am Strand die Hand!
Und eine Stimme tönt mir hohl in's Ohr:
„O wehe, dem verpraßtes Gut sie sind,
All jene gleißend goldnen Strahlenringe,
Die jede Mitternacht der Kette löst,
Die, seine Lebenskette, ihn umschlingt,
Bis daß die Zeit, die unsichtbare Hand,
Den letzten Ring der Kette senkt in's Meer!
Denkt jener Kette, jener Hand, o Menschen,
Zählt ihr die Schläge einer Mitternacht!"
Mich schaubert's — und mit zitteriger Hand
Will ich die Ringe jener Kette zählen
Die mich umgürtet — was ist ihre Zahl?
War jener Reif der letzte?
Weh, Erbarmen!
Nicht Ring, noch Kette gürtet meinen Leib!
Aufschreiend, schlafft im Suchen mir die Hand!
Und ich erwache, schweißgetränkt die Glieder.
Doch sieh, durch offene Fenster leuchtet schon von Osten
Die liebe Sonne hell mir in's Gemach!
Und wie erlöset ruf ich: „Heil, du goldne!
Noch ist es weithin bis zur Mitternacht!
Noch halt' ich meinen Tag in starken Händen,
Den gold'nen Reif, dies kostbar hohe Gut,
Den mir noch längt die frühe Morgenröte
Zu reichem, tatenfrohem Vollgewinn!
Und hüten will ich einen jeden Tag,
Gleich einem Schatz von unermeßnem Wert!"

A. Spier

Die blonden Zöpfe.

Sie war nicht schön, aber sie war jung. Sie hatte zwei goldblonde Zöpfe, gretchenhaft, ganz unmodern.

Inmitten der großstädtischen Damen, die alle wohlfrisiert durch die Straßen gingen, sah sie merkwürdig aus, — als ob sich etwas Poetisches in den Werktag verloren hätte, — etwas aus einer geträumten Welt. —

Die Trägerin der blonden Zöpfe schlug auch fleißig die Augen nieder, aber sie sah doch ganz deutlich, wieviel Männerblicke, von diesen Zöpfen angelockt, auf ihr ruhten. Manche spöttelten: „Schmücke Dein Heim", — „Wie aus dem Goldschnittband", — Viele glitten vorbei, — Manche folgten. — Und von Denen, die sich der wachsamen Mutter vorstellen ließen, — ein Kind mit solchen Haaren, das mußte doppelt scharf gehütet sein, — blieb Einer an den Zöpfen hängen, — ein junger Geschäftsmann. Er konnte eine Frau gut ernähren und schön kleiden. Er war verliebt genug, um sich ihr gesetzlich zu verpflichten.

Das Mädchen mit den goldblonden Zöpfen hatte aber ein leeres Gesicht. Das sah der Verliebte nicht. Der goldene Rahmen blendete ihn und half seiner Eitelkeit zu einem frohen Dasein. Denn, wo er sich mit seiner Blondine sehen ließ, richteten sich alle Blicke auf sie, die als sein Eigentum an seinem Arme hing.

Er schmückte seinen Reichtum mit kleidsamen Gewändern und arbeitete für sein goldhaariges Schaustück. Eines Tages aber verlor der Glückliche sein wirkliches Gold, das klingende, zwingende, geprägte Gold, das seiner Loreley so notwendig war, wie seiner Eitelkeit ihr goldenes Haar. Er spürte in dem Kampf, der diesem Schlage voranging, ihre erschreckende Leere. Die weltlichen Dinge, über die sie sonst zusammen plauderten, sie waren in ein Nichts verschwunden. Es ward immer öder zwischen ihm und ihr. Er fand kein bewunderndes Liebes-

wort. Sie wollte ihn trösten. Aber ihre kühlen Redensarten
erschreckten ihn. Er wies sie zurück. Er wurde heftig. Er
warf ihr vor, sie verstehe nur zu genießen, zu Entbehrungen
und gar zu Opfern sei sie nicht fähig. — Sie seien arm!
— Was wolle sie tun?

Nach dieser schmerzlichen Auseinandersetzung verließ sie
weinend das Zimmer. Er lief ihr nicht nach, wie sonst, wenn
kleine Meinungsverschiedenheiten die Gemüter trennten. Nicht
wie sonst versöhnten sie sich leicht und schnell. — Heute schüttelte
ihn wohl ein Gespenst? War das seine Frau? sein nächster
Mensch? Wußte sie etwas von ihm? War sie seine Puppe?
War er ihre Puppe? Was war denn seine Ehe? Eine heilige
Institution? —

In diesen Fragen erschreckt ihn ihr Kommen. Sie tritt
ein und legt ihm ein kleines Paket in die Hand, — fast
feierlich, — mit den stolzen Worten: „Mehr kann ich Dir
nicht opfern" — —

Er ist überrascht: eine Reihe Goldstücke entfallen dem
Papier, und ehe er nur fragen kann, hält sie ihm auch schon
die Ruhmesquittung unter die Augen:

„Für einen blonden Zopf 100 Mark."

Gerührt, erschüttert fiel er ihr um den Hals, weinte
und lachte und jubelte, daß er ihr Herz, ihre Zusammen=
gehörigkeit entdeckt hatte — und daß ihr der eine, der eine schöne
Zopf geblieben war. An e i n e r Heldentat war es genug.

Ein selbstloses Weib an seiner Seite, er wollte wieder
arbeiten, er mußte Erfolg haben — er mußte! —

Mit diesem gehobenen Gefühl ging er täglich hinaus in
das rohe Marktgewühl des Lebens, rang sich ab, um das Geld,
um den Preis seines Glückes, ließ sich verwunden und ver=
wundete, alles für die tapfere Frau, die ihre Empfindungen
nicht zur Schau trug, „nicht zeigen konnte," wie sie sagte,
die aber tugendhaft und opferfähig war — das hatte er erfahren.

Eines Tages, nach so und so viel heißen Kriegsjahren, fiel
er erschöpft am Markte um. Sie brachten ihr ihn tot nach
Hause. Sie schrie, sie weinte, — sie beruhigte sich an der äußeren
Sorge um die Trauerpflichten.

Der Pfarrer hielt an der Bahre eine schöne Rede. Von ihm
wußte er wenig mehr zu sagen, als daß er ein pflichttreuer
Mann war. Aber die Frau, sie sei ihm in der Not des Lebens
eine heldenhafte, opfermütige Gefährtin gewesen.

Jeder wußte, was der fromme Herr meinte. Jeder fand, daß die Trauerkleidung dem schönen Rest ihrer blonden Haare „reizend stehe".

— — — — — — — — — — — — — — — —
— — — — — — — — — — — — — — — —

Aber jener Gott der Wahrheit, der alles sieht, wie es ist und dem es daher längst nicht mehr nach dem Regiment dieser Welt gelüstet, er lächelte. —

Er wußte, der verkaufte Zopf, wie der verbliebene, sie waren beide — falsch.

Eine kluge Mutter, welche die Männer, die Majorität der Männer, die dummen Männer, kannte, sie kaufte ihrem Kind beizeiten diese Waffen und lehrte es die Kunst, sie geschickt zu tragen und zu brauchen. Sie sagte anstatt „Sand in die Augen" — „Blond in die Augen!" Sie meinte, mit ihnen käme sie eher an das wünschenswerte Ziel einer Versorgung als mit aller mühsam erlernten Bildung.

Die gute Mutter! — An dem Geheimnis, das sie dem jungen Kinde zu tragen gab, stärkte sich seine Klugheit — sein „Charakter". — Alle Leute fanden, daß sie ein „Charakter" sei. —

Als ihr zweiter Mann sich nach ihr erkundigte, erfuhr auch er diesen Lobspruch. Und als Beweis erzählte man ihm von ihrem Opfermut. —

Der Gott der Wahrheit ist nicht indiskret. Er überzeugt sich mehr und mehr, daß sich die kleinen geknechteten Menschen mit ihren Lügen besser befinden und läßt aus Barmherzigkeit Jedem seinen Zopf.

Als er die große Mission, die Wahrheit unter die Menschen zu bringen, unter Schmerzen aufgab, hoffte er für sich auf das Genesungsmittel der Resignirten, auf ein gesundes Lachen — über die armen Menschen! Aber er brachte es nur zu einem wehmütigen Lächeln. —

Vom Baum.

Zu baden Tag und Nacht im Licht
Und nichts von Lebensschmerzen wissen
Kein Kampf, kein Anteil, keine Pflicht,
Kein Sündenfall und kein Gewissen,
Es lebt in Dir, Du stummgewordner Baum
Ein sanfter, heil'ger Auferstehungstraum.

Still atmest Du die Seele aus,
Stehst da aus eigner Kraft geboren,
Wächst frei empor zum Himmelshaus
Und hast die Erde nicht verloren,
Stammst wohl von Einem, der im Lebenswahn
Ein Wunderwerk der Liebe still getan.

Nach Solchem litt ich Sehnsuchtsnot . . .
Nun blüht mein Glück in Sommerfarben,
Ich ernte Rosen, ernte Brot,
Ich küsse seine goldnen Garben.
Zum heimatsschönen Dach ward mir mein Traum . . .
Dir sag ich es, Du stummgewordner Baum.

Martha Stern

Liebesbotschaft.

Ins Kämmerlein
Guckt der Mond hinein
Und lächelt still —
  Was er nur will?

Ein schönes Kind
Umspielt er lind
Mit seinem Schein —
Und lächelt fein.

Das sieht ihn dann
Ach, so bittend an. —
Ob er versteht
  Was es erfleht?

Er zieht so schnell,
Der schlaue Gesell,
An andern Ort. —
  Was will er dort?

Er wirft sein Licht
In Bübchens Gesicht
Und nickt — und winkt;
  Der Bursche springt.

Springt über'n Weg,
Springt über'n Steg
Und jauchzt vor Lust
  Aus junger Brust. —

Ein Täubchen girrt,
Ein Fenster klirrt,
Ein Vorhang fällt —
  Glückfel'ge Welt!

Genesen.

Schlägt in der Brust eine Nachtigall
Jauchzend und sehnsuchtstief?
Oder ist's nur der Widerhall
Des Frühlings, der mich rief;
Mich rief aus schattendunkler Nacht
In des Lebens pulsierende Kreise —
Nun lockt es und jubelt und weint und lacht,
Und die Lust sprüht auf, die heiße,
Die heiße Lust an des Daseins Glück,
Rotflammend schwingt sie die Fahne,
Umwindet das Herz und umhüllt den Blick
Mit des Lebens süßseligem Wahne,
Dem Wahne, daß ewig jung die Brust
Und das Dasein voll Schönheit fließe
Und keine Schlange verbotene Lust
Erwecke im Paradiese . . .
Nie war die Welt so wunderbar,
So voll Licht und Duft und Farben;
Nie lachte der Himmel so wolkenklar
Im Golde der Sonnengarben!

Ich kenn' einen Frühling, der schwer und grau
Sich barg unter nachtschwarzen Flügeln;
Mit müdem Schritt die unseligste Frau
Ging zwischen den Blumenhügeln . . .

Adolf Stoltze

Die Ros.

Der Herr Maier, der sich mit emme i, un der Herr Mayer, der sich mit emme y geschriwwe hat, warn alle zwää große Naburfreund un sin drum regelmeßig jeden Morjend um die Bromenad spaziern gange. Der Herr Maier mit dem i, vom Bockemer= nach dem Eschemer= un der Herr Mayer mit dem y, vom Eschemer= nach dem Bockemer Thor. Un so oft se sich unnerwegs begegend sin, hawwe se zu gleicher Zeit an ihr graue Cilinderhiet gegriffe un hawwe gegrießt un mit großem Nachdruck, awwer doch sehr heflich gesacht: „Gute Morje, Herr Maier!" „Gute Morge, Herr Mayer!" Dann sie warn gar nicht verwandt mit enander.

Der Herr Maier mit dem i war odder, im Gegesatz zem Herr Mayer mit dem y, nicht nor e großer Naburfreund von de sämtliche Bromenade, sonnern er war ääch e großer Verehrer von de Blumme die drei gebliehrt hawwe, un er is oft vor enn steh gebliwwe un hat gesacht: „Was e Pracht! un wie schee, un wie nadierlich, beinah wie gemacht beim Blummehersch." Un er hat an enn erumgeroche un geschnuffelt, ehrscht mit dem linke Naseflichel, dann mit dem rechte Naseflichel un dann mit alle zwää bääde Naseflichel zusamme, un hat als dabei vor sich hiegemormelt: „Gott, was e Odeur vom e Duft! der reine Mouson."

Der Herr Mayer mit dem y hingege hat sich gar nix aus de liebliche Kinner der Flora gemacht un hat se keines Blicks gewerdigt, dann er hat uff den Standpunkt gestanne, daß se ihrn Beruf verfehlt hätte. „Was Stuß mit die Blumme!" hat er gesacht, „kann merr se doch nicht genieße, wedder in der Supp, noch als Beilag. Wer sei Geld eweck will werfe, schaff sich Blumme aa — mir kenne se gestohle wern."

Un es war drum ääch der Herr Mayer mit dem y net wenig verdutzt, wie er am e scheene Dag e Vorladung zem Assesser Bär kriegt hat, weil er in der Bromenad e Ros abgebroche hätt.

Un er is dessentwege ääch ganz echauffiert im Termin erschiene un hat gesacht: „Herr Assesser," hat er gesacht, „wie komme Se merr vor mit die Vorladung!" Da hat odder der Assesser Bär e grimmig Gesicht geschnitte un hat sei Stern in so viel Falte gelegt, daß se ausgeseh hat wie e verkrumpelter Nachtjoppel, un hat sehr streng gesacht: „Des wern Se gleich heern, Herr Mayer, Herr Jacob Mayer." Un dann hat er die Akte uffgeschlage un hat gesacht: „Scheme Se sich Herr Mayer, die Bromenad der freie Stadt Frankfort zu plindern!"

Da is odder der Herr Mayer mit dem y uffgesprunge un hat ganz erregt erwiddert: „Ich schem merr odder nicht, Herr Assesser Bär, nicht der schwarze unnerm Nagel schem ich merr. Ich habb's doch nicht netig, ich habb doch nicht geplindert der Bromenad der freie Stadt Frankfort."

„So!" hat jetzt odder der Assesser Bär getrische, „so, Sie wolle leigne?!"

„Ja, des will ich!" hat der Herr Mayer mit dem y gesacht, „ja, ich will leigne! Ich kann doch leigne, wann ich's nicht gebhaa habb — dafor kann mir kein Mensch nicht bestrafe."

Da hat odder der Assesser Bär enn feuerrote Kopp kriegt und hat geknerrscht: „Gut! so wer ich's Ihne beweise: Sind Sie verflossene Donnerschdag um 9 Uhr Vormiddags um die Bromenad gange, odder nücht?"

„Freilich bin ich drum gange, ich geh doch jeden Morjend drum erum un widder zerick, von wege der Verdauung un weil merr's der Herr Hofrat Stiwwel verordnet hat. Der Herr Hofrat Stiwwel is doch mei Hausarzt."

„Schon gut, schon gut!" hat der Assesser Bär gebrummt. „Den Schmuhs kenne merr, awwer er batt Ihne nix, dann Sie sin dabei gedappt un uffgeschriwwe warn, wie Se die Ros abgebroche hawwe."

„Gedappt un uffgeschriwwe!" hat da awwer ganz verwunnert der Herr Mayer gerufe un hat e Gesicht gemacht wie e Hammel der Zahweh hat. „Wie kann mer merr dappe, wann ich nicht zugege bin — Herr Assesser, wie kann mer das? Ich bin noch niemals nicht gedappt warn; sogar als Bub nicht, wie merr Aeppel gestrenzt hawwe."

„So, des werd ja immer scheener, also Aeppel hawwe Se ääch gestrenzt?"

„Erläwe Se, Herr Assesser, der Aeppel sin verjährt, des war doch vor verzig Jahr."

Da hat sich, odder der Assesser Bär in seiner ganze Werde uffgericht un hat sehr streng gesacht: „Behalte Se Ihre Rechtsbelehrung for sich, Herr Mayer, hier handelt es sich nicht um Aeppel, sondern um die Ros, die Sie abgebroche hawwe un wobei Sie in flagranti verwischt sin warn. Verstanne?"

„In Flagranti!" hat awwer da ganz perplex der Herr Mayer gerufe. „In Flagranti, vorhin soll's doch in der Bromenad gewese sei. Herr Assesser, Sie verwechsele merr, ich war doch noch niemals nicht in Flagranti gewese, noch niemals nicht!"

Da is awwer der Herr Assesser Bär uff äämal ganz griegehl vor Zorn im Gesicht warn un hat in ääm Gift gekrische: „Jetzt platzt merr der Geduldsbennel! Gläwe Se, ich weer for Ihne alläns da, daß Se die Sitzung mit Ihrer Verstocktheit uffhalte derfte? draus steht noch die ganz Stubb voll Leut, die gestraft sei wolle!" Un dabei is er, wie e witend Dhier nach dem Vorzimmer gesterzt un hat gerufe: „Der Gensdarm soll ereikomme!"

Un der Gensdarm, e korzer dicker Stoppel mit zwää klääne Mäusäugelcher, is ereigestolwert un hat sich kerzegrad vor dem Herr Assesser uffgestellt.

„Kenne Se den Mann widder, der die Ros in der Bromenad abgebroche hat?"

„Jawohl, Herr Assesser!"

„No, is es der?" hat der Assesser Bär gefragt un uff den Herrn Mayer mit dem y gedeut.

„So kann ich des net sage, da muß er ehrscht sein Hut uffsetze," hat der Gensdarm gemeent.

„Herr Mayer, setze Se Ihrn Hut uff."

Un der Herr Mayer hat sein Cilinder uff den Kopp gestülpt, ganz verwoge, un hat gesacht: „No," hat er gesacht, „kenne Se merr widder, odder kenne Se merr nicht mehr widder?" Un dabei hat er sich ganz siegesbewußt vor den Gensdarm gestellt.

Un der Gensdarm hat enn betracht von unne bis owe, un is zwäämal um enn erum gange un hat dann gesacht: „Ja, er is es, ich kenn enn an sein graue Cilinder."

Wie des odder der Gensdarm gesacht hat, is der Herr Mayer wie e Daschemesser zusammegeknickt, un is mit seim Hut uff den Kopp uff enn Stuhl gesunke un hat gestehnt: „Er kennt merr, un ich habb enn doch meiner Lebbdag noch nicht geseh!"

„Ich nemm's uff mein Dienſteid," hat der Gensdarm bemerkt, nachdem er ſich noch emal den Delinquent betracht hat.

„Abtrete!" hat der Aſſeſſer Bär kommandiert un hat ſich dann an den Herrn Mayer gewendt un hat geſacht: „Herr Mayer, Sie ſin iwwerſiehrt, vollſtennig iwwerſiehrt. Eigent= lich ſollt ich Ihne wege Ihrm hartneckiſche Leigne beſonnerſcht hart beſtrafe, weil Se awwer Frää un Kinner hawwe un die wahrſcheinlich von der Sach nix erfahrn ſolle, ſo will ich die Straf uff drei Gulde feſtſetze."

Un der Herr Mayer, der noch ganz verdattert dageſeſſe hat, is uffgeſtanne un hat geſacht: „Awwer Herr Aſſeſſer, wann ich Ihne verſicher — —"

„Da is nix zu verſichern," hat enn der Aſſeſſer Bär unnerbroche, „Sie ſin verknaßt, un wann Se die drei Gulde net bezahle, ſchick ich Ihne den Fiskal ins Haus."

Da hat dann der Herr Mayer in ſein Sack gegriffe un hat drei Gulde hiegelegt un hat geſacht: „E dheuer Ros, die ich noch net emal geſeh habb. Ich bezahl der drei Gulde odder nor unner Vorbehalt von meiner Unſchuld!" Un dann is er in äām Roches die Dhier enaus, un iwwern Pauls= platz uff den große Kornmarkt, um im neue Berjerverein ſeim gepreßte Herze Luft ze mache. Wie er odder die Drepp im neue Berjerverein enuffgeſtiche is, is von owe der Herr Maier mit dem i erunner komme. Un der Herr Maier mit dem i hat den Herr Mayer mit dem y gegrießt un hat ſein graue Cilinder gelift un hat geſacht: „Gute Morge, Herr Mayer! heut nicht in der Bromenad geweſe?"

„Nein!" hat der korz erwiddert, „der Bromenad is merr vergällt."

„Wieſo vergällt?" hat der annere Herr Maier gefragt, „wieſo vergällt? von weswege, warum vergällt? Es bliehe doch ewe die Roſe dort."

„Sin Se merr ſtill von dem Unkraut, wo des Stick drei Gulde koſt!" hat der Herr Mayer mit dem y gerufe un hat ſei Malheur verzehlt.

Un der annere Herr Maier hat enn aageheert, ganz ruhig, un wie er ferdig war, hat er geſacht: „Herr Mayer," hat er geſacht, „Sie därfe nicht Schadde leide dorch mich; das iſt eine Verwechslung, ich habb der Ros abgebroche, ich bin gedappt un uffgeſchriwwe warn. Sie miſſe freigeſproche wern; komme Se, merr gehn uffs Amt, eh's zugemacht werd."

Adolf Stoltze

Un sie sin direct uff's Amt gange un ääch gleich vorge=
lasse warn. Un der Herr Mayer mit dem y is ganz batzig
vorgetrete un hat sehr laut gesacht: „Da bin ich widder,
Herr Assesser, obber nicht allein, sondern mit meim Unschulds=
zeuge."

„Un Sie wolle?" hat der Assesser Bär gefragt.

„Gerechtigkeit!" hat obber da der Herr Mayer mit dem
y gerufe, „Gerechtigkeit, un mei drei Gulde widder. Sie hawwe
doch vorhin e Justizmord an merr begange. Hier steht der
Mann, der die Ros abgebroche hat, da steht err! Mei drei
Gulde eraus!"

Un der Herr Maier mit dem i hat bestätigend genickt
un hat gesacht: „Jawohl, Herr Assesser, ich habb's gebhaa
— strafe Se merr!"

Da hat obber der Assessor Bär die Ärm iwwer die Brust
gekreuzt un hat die zwää Maier mit vernichtende Blicke aage=
guckt un hat dann zu dem Herr Maier mit dem i äußerst
streng gesacht: „So, Sie hawwe ääch e Ros abgebroche, Sie
ääch? Fui Deiwel, scheme Se sich!"

„Wie heußt, ääch e Ros abgebroche!" hat awwer da
der Herr Maier mit dem i zwar ganz energisch, awwer doch
etwas kleinlaut erwiddert, „wie heußt, ääch e Ros abge=
broche! ich habb se doch allääns abgebroche, es hat merr
doch kää Mensch nicht geholfe."

„Still!" hat awwer da der Assesser Bär gekrische, „still!
wolle Sie vielleicht die Bolizei weiß mache, daß nor ääner
Rose' in der Bromenad strenzt? wolle Sie des?" Un bei
dene Worte is er uffgesprunge un hat in die Newestubb ge=
rufe: „Der Gensdarm soll ereikomme!" Un der Gensdarm
is ereigehumpelt komme, un der Assesser Bär hat gesacht:
„Meine Herrn, setze Se Ihr Hiet uff! — So, Gensdarm, jetzt
sage Se, wer die Ros abgebroche hat."

Un der Gensdarm hat ehrscht den Herr Mayer mit dem
y, un dann den Herr Maier mit dem i von unne bis owe
betracht un is mehrmals um jeden erumgange un hat dann
gesacht: „Herr Assesser, sie hawwe alle zwää e Ros abge=
broche, ich kenn se an ihre graue Cilinderhiet."

„Nadierlich hawwe se des!" hat der Assesser Bär gerufe,
„den ääne Maier nemme Se uff Ihrn Dienstrid un der annere
hat sich selwer aagezeigt un bezahlt dessentwege ääch drei
Gulde."

„Ja awwer," hat da der ääne Maier ganz verdattert un schüchtern gesacht: „ja awwer, es kimmt doch noch immer bruff aa, ob der Gensdarm den Maier mit emme y, odder mit emme i geschriwwe hat."

Un da hat der Gensdarm sei Nobizbuch erausgezoge un hat eneigegguckt un hat gesacht: „Ich haww enn mit emme „jott" geschriwwe." „Also noch ääner!" hat der Assesser Bär getrische, „also noch ääner! No, da werd die Bromenad bald ganz geplinnert sei. — Meine Herrn, an Ihrer Straf kann ich nix ennern; des awwer versprech ich Ihne, wann merr den Majer mit dem „jott" dappe, bezahlt er ääch drei Gulbe, dadruff kenne Se sich verlasse. Un des von rechtswege —

Punktum!"

Der Henner in der Wetterfahn.

E Wildschütz war vor viele Jahrn
Im Torn hie eigeschlosse,
Dieweil der hohe Rat erfahrn,
Daß er viel Beck geschosse.
Un Beck ze schieße, des war grad
Des Privileg vom hohe Rat.

Der Henker kam zum Delinquent
Un segt: „'s derf Se net krenke,
Es geht mit Ihne bald ze End,
Ich muß Sie morje henke.
Doch dhäl ich Ihne hierdorch mit:
Gewährt is Ihne noch e Bitt."

Da brummt der Wildschütz: „Wie fatal!
Schon morje? Macht kää Bosse!
Ich hätt dem Rat so gern emal
Was scheenes vorgeschosse."
„Des geht noch," segt der Henker druff,
„Ich henk Sie nach dem Schieße uff."

Adolf Stoltze

Jetzt mußt der Schütz vorm Eschmer Dhor
Sei Kunst sogleich beweise.
Der sah zer Wetterfahn empor,
Die uff dem Torn bhat kreise.
„Neu Dag hat mich ihr knarrn geäfft,
Drum werd jetzt neumal druffgeplefft."

Dann obber spannt er schnell den Hahn
Un schießt, un trifft — e Wunner!
Un neumal schnerrt erum die Fahn
Als fiel se derr erunner.
Dann obber saß e Neuner drei,
Wie vom Konditer fast so fei.

Druff rief der Wildschütz batzig sehr:
„Wer wagt's noch mich ze henke!
Wer die Courag hat, der komm her,
Doch soll er an mich denke;
Dem schieß ich dann zem Zeitvertreib
Uäch noch enn Zehner in den Leib!"

Da sprach erschreckt der hohe Rat:
„Der kennt ääm ää verkääse.
Weit besser is, mer leßt in Gnad
Den fremde Kerl derr lääse.
Zumal's kää dänzig Stadt verdrießt,
Wann ebbes vor ihr ääner schießt."

◦–◦–◦ Adolf Stolze ◦–◦–◦

Die Lerch.

Es war e kalter Winterdag
Da ging ich um die Dhorn,
Un fand im Schnee, dem Dod schon nah,
E Lerch, e halberfrorn.

Ich bickte mich un hob se uff,
Habb aagehaucht se dann,
Bis endlich se in meiner Hand
Ze rege sich begann.

Sie hat gelebt; ich trug se hääm
Un habb for se gesorgt,
Un da ich selbst kään Kewig hatt
Wo annerscht ään geborgt.

Der Kewig war dorchaus net schlecht
Den ich merr ausgewehlt.
Nor hawwe an de bääde Dhiern
Die Richel ganz gefehlt.

Die Lerch die hat in ihrm Logis
Sich wohlgefiehlt im Nu,
Ich obber band die bääde Dhiern
Mit Wollefäddem zu.

Des Begelche lief hie un her
Ward rund dabei un fett,
Un hat als an die Dreht geklobbt,
Gesunge obber net.

Un als des Lenzes milder Hauch
Die Knospe hat gesprengt,
Da habb den Kewig ich sofort
Vor's Fenster hiegehengt.

Adolf Stoltze

Der Himmel blau, die Erde grie,
Un ringsum Blietepracht.
Mei Lerch hat an be Dreht gepickt
Bis in die spete Nacht.

Der Amschel Lied uff hoher Tann
Hat jedes Herz ergetzt,
Am Gitter hat mei Begelche
Sei Schnawwelche gewetzt.

Der Spatz, der batzige Batron,
Der hat mit seiner Braut,
Weil er kää Nest kää leeres fand
Sich selwer ääns gebaut.

Geschäftig floge se ebei
Mit Bettzeug schwer bepackt,
Mei Lerch die hat verzweiflungsboll
An ihre Stäb gehackt.

Des Spatzepärche sah sich um,
Des Kirre fiel enn uff,
Und flog dann zu dem Kewig hir
Un setzt sich owe druff.

Neugierig hat's nach jeder Seit
Die Keppercher reckt,
Un dabei an der Kewigbhier
Den Notverschluß entdeckt.

Tripp, tripp, sin se ebeigehippt
Wie se die Woll erblickt,
Un hawwe zwitschernd draa gezoppt,
Gezerrt un ääch gepickt.

Und eilig dann jed Fäddemche,
Des se so abgekneppt,
Jed Zippelche un Fäserche
Ins Nestche fortgeschleppt.

Adolf Stoltze

Des ging so ohne Rast un Ruh,
Leicht flatternd, hie un her,
Kää Knäulche un kää Butzelche
War jemals enn zu schwer.

Wie mit dem letzte Fabbem flog
Der Spatz zem Rest enuff,
Da sprang, wie dorch enn Zauwerschlag
Des Kewigbhirche uff.

Erschrocke trat die Lerch eraus —
Die Fittich ausgebreit,
Stieg jauchzend se zem Himmelszelt:
Befreit! befreit, befreit!

Hoch owe noch im Aetherblau
Klangs trillernd dorch den Mai:
Ihr Spätzercher, habbt Dank! habbt Dank!
Ich singe — ich bin frei!

Julius Jakob Strauß

Herbst.

Des is die Zeit zum Ebbelkrenze;
Die beese Buwe ruhe nit,
Die liewe Mädercher scherwenze
Un nemme — was noch abfällt — mit.

Der Drehbobsch danzt. Des Laub werd drocke.
Die Mahd stäubt Mobbe aus dem Muff,
Un neue griene Kränz verlocke
Die Berjerschaft zum sieße Suff.

Die wildeste Kastanie springe
Aus dem gesprengte Drum un Draa.
Die Vögel höre uff ze singe
Un Menschekinner fange aa.

Die Oese fange aa zu rauche
Un gewwe aach sobald kaa Ruh.
Die hübsche Evastöchter brauche
Mantille, Röckcher, Hüt un Schuh.

Die Katz bezieht ihr Plätzi hinner
Dem Herd un nascht die braune Sooß —
O Herbst, du präludierst den Winner
Un spielst des Vorspiel ganz famos!

Julius Jakob Strauß

Hibb un dribb.

Der Heiner hockt beim Ebbelwei
Un fiehlt sich nit ganz munner.
Do kimmt der Aans der Dhier erei
Un redt von blaae Wunner.

„Kimm Heiner," sägt der Sensemann,
„Mer fahre jetzt in Himmel.
Ich spann die flottste Gäulcher an,
Zwaa Rappe un zwaa Schimmel.

Mer fahre," segt der deß Geripp
Uff hochdeutsch „kimm mer fahre
Vierspännig, weil mer hibb un dribb
Der Bach nit schuftig spare."

Der Heiner hört's un juckelt still
Am Stöffche unbeschriee.
„Was dhut mer," frägt er, „wann mer will,
Denn dort zu drinke kriee?"

„No Nektar," segt des Steuweoos.
„Sonst nix? kaan gude Droppe?"
Kreischt Heiner uff und steckt sei Noos
Vor Schrecke in de Schoppe.

Er streicht saan graue Zwickelbart
Un stärkt saan schwache Mage:
„'S is nix mit dere Himmelfahrt,
Des kann ich nit vertrage.

Laß norz dei schleecht Gebabbel sei
Un spar dei Rapp' un Schimmel.
E Himmel ohne Ebbelwei
Is — krieh de Kränk — kaa Himmel!"

Walter Törne

Das Glück.

Ich träumte oft von jenem Wesen
das alle Menschen „Das Glück" genannt. —
jüngst ist das Glück bei mir gewesen,
ich selber hab' es kaum erkannt.

In meinen Träumen ist es erschienen
mir stets als wundersam, herrliches Weib
mit großem Gefolge, bereit ihm zu dienen
mit Lust und Vergnügen zum Zeitvertreib.

Ich sah es in kostbarem, lichtem Gewande
mit Gold und Silber angetan,
wie eine Fee aus fernstem Lande
so sah ich das Glück in den Träumen mir nahn.

Und jüngst? — In stiller, einsamer Stunde
kam her zu mir eine stille Gestalt,
ein freundliches Lächeln auf ihrem Munde,
in ihren Augen die tiefste Gewalt.

Mich nahm die stille Gestalt gefangen
mich freute ihr Lächeln, ihr schlichtes Gewand,
ich frug sie mit einem heimlichen Bangen:
„Wer seid ihr, o sagt, und aus welchem Land?"

Da tönten von ihrem lächelnden Munde
die einfachen, süßesten Worte zurück:
„Ich bin es, von der du in seliger Stunde
geträumt, die du suchtest, ich bin es, das Glück!

Ich komme nicht in Prachtgewändern
mit Sang und Klang und berauschendem Duft,
ich komme nicht aus fernen Ländern,
stets bin ich nah', wenn ihr mich ruft.

Ich gehe an jedem der Menschen vorüber
und biete die glücklichsten Stunden ihm an,
ihr achtet nicht meiner, verspottet mich lieber
und sucht mich vergebens in eurem Wahn."

Sie nickte mir zu und war verschwunden;
ich aber saß und sann noch lang,
und was ich stets suchte, ich hab' es gefunden:
das Glück, das so selten ein Mensch noch errang.

Im Sturme.

Heiho! Wie bläst so munter der Sturm
auf seiner mächtigen Laute,
und scheu verkriecht sich der Erdenwurm
in's Nest, in's enggebaute.

Ich aber möchte auf felsigen Höhn
im Sturmeswogen und Brausen
bei all dem Toben und Wetterweh'n
in kühner Freiheit hausen.

Und wenn der Sturm mir die Locken verwirrt
und Hagel peitscht die Wangen
dann hab' ich oft schon unbeirrt
zu singen angefangen.

Das ist mir die liebste der Melodei'n,
die Sturmgewalten begleiten,
da kann ich ein fröhlicher Sänger sein
und trotzen den nagenden Zeiten!

Walter Törne

Ein Mädchen.

Einst wohnt' ich im Mansardenstübchen
und hatte ringsum das Dächermeer
mit seinen grauen, steilen Wogen
und seinen Schloten um mich her.

Das Stübchen war dem Himmel nahe,
zum Fenster schaute ich oft heraus
und sah ein blasses Mädchenantlitz
in gleicher Höh' im Nachbarhaus.

Das Mädchen nähte alle Tage
so emsig bei dem Fensterlein,
und manchmal schien ihr blasses Antlitz
verklärt vom goldnen Sonnenschein.

Und manchmal blickte sie in's Freie,
und in den dunklen Augen lag
dann stets ein wunderbares Sehnen —
und so verging nun Tag für Tag.

Doch kam ein Tag, ich blickte wieder
hinüber zu dem Nachbarhaus
und niemand nähte mehr am Fenster,
und niemand blickte mehr heraus.

Zwei Tage waren schon vergangen,
mir fehlte jener Sonnenschein,
der still das Angesicht verklärte
des Mädchens an dem Fensterlein.

Da sah ich drunten einen Wagen,
ganz schlicht, der schwarz gestrichen war,
da braucht' ich niemand drum zu fragen,
und ihr Verschwinden ward mir klar.

Langsam der Wagen fuhr, gemessen,
kein einz'ger Mensch ging hintendrein, —
das blasse Mädchen lag vergessen
mit all der Sehnsucht still darein.

Anna Treichel

Früh wach.
Stimmungsbild.

Ah — ein tiefer Atemzug, ein Dehnen und Strecken des ganzen noch halb vom Schlaf gefesselten Körpers — ah — ein Paar große blaue Augen öffneten sich — Lilly war erwacht! Wach! Es war also nur ein Traum gewesen, wie schade! Sie schüttelte den Kopf. S'ist doch etwas Wunderliches um solch ein Träumen! So lebensvoll hatte er vor ihr gestanden, so deutlich hatte sie seine Stimme gehört: „Gnädiges Fräulein sind hoffentlich noch nicht zum Contre engagiert? Darf ich mir erlauben —?" Noch lag ihr der Klang im Ohr, noch durchströmte sie dasselbe Freudengefühl, welches sich bei seinen Worten in ihr geregt hatte, — wunderlich — und das war nur ein Traum, der jetzt verflogen! Wie reizend hätten sie nun miteinander tanzen und plaudern können und vielleicht würde er ihr dabei auch etwas von dem verraten haben, was sie so gern gewußt hätte, — zu dumm, warum hatte sie das nicht noch geträumt!

Lilly lächelte. Nun, sie konnte sich ja hinzudenken, was ihr der Traum versagt hatte, auch das Sinnen und Träumen im Wachen war schön! Sie reckte und rekelte sich behaglich. Wieviel Uhr mochte es eigentlich sein? Sie spähte nach dem Fenster und horchte nach einem Zeichen. Es schien wirklich noch früh am Morgen zu sein, denn im Hause war es ganz still. Zwar schimmerte es schon licht und hell durch das weiße Rouleau, aber das wollte nicht viel besagen, machte sich die Sonne doch Mitte Mai schon sehr zeitig auf die Reise. Lilly selber hatte das Gefühl, als sei es noch recht früh, als sei sie viel, viel eher wach geworden als gewöhnlich.

Das „Früh wach" war nämlich sonst gar nicht Lillys Sache, sie war eine kleine faule Langschläferin, die bis in den Tag hineinschlummerte und erst um neun oder sogar halb zehn aus dem warmen, weichen Bettchen stieg. Die Mutter ließ ihr Einziges gewähren. Du lieber Himmel, die Jugend schläft

Anna Treichel

ja so gern, so süß und fest, schläft sich Kraft und klare Augen, warum da mit grausamer Hand wecken! Hernach kommt schon das Leben als Störenfried, und wenn man später den eigenen Haushalt hat, Gattin und Mutter ist und all das Sorgen und Denken und Ueberlegen, das nervenhetzende Hasten und Treiben anhebt, dann ist die schöne Ruhe doch dahin und das Muß des Alltags steht des Morgens am Lager und reißt einen empor. Die Mama wußte es aus Erfahrung: seinen festen, friedlichen, heiligen Jungmädchenschlaf, den hat man nur einmal und findet ihn niemals, niemals wieder.

Lilly setzte sich hoch im Bett. Richtig, die „Elektrische" ging schon, man hörte das ferne Surren und Schlurfen und dazwischen hie und da ein kurzes, kleines Anschellen, es klang sehr sanft und gemäßigt, brauchte es doch nur selten noch auf den leeren Straßen zu warnen. Fünf Uhr mußte es also schon sein, um vier Uhr fünfzig begann die Tram ihr Tagewerk, Lilly hatte es neulich mal zufällig gehört. Wie ein Märchen war es ihr erschienen, vier Uhr fünfzig, ja, fuhr denn da überhaupt jemand mit? Und ach, die armen Wagenführer, die mußten dann schon kurz nach vier Uhr aufstehen, schrecklich, wie hielten sie das aus! Und Lilly's geschäftige Phantasie bildete sich aus dieser Früh-Tram eine märchenhafte Persönlichkeit — ein altes, grämliches, verhutzeltes Weiblein war's, das schlurfte daher in großen grauen Pantoffeln, schlurfte und schlurfte, und weil ihm die Augen noch halbblind waren von Schlaf und Dunkel, hielt es eine Glocke in der Hand zum Läuten um freien Weg! Also fünf Uhr vorbei, doch wieviel später? Ja, da mußte sie sich gedulden, bis nebenan im Wohnzimmer der Regulator schlug. Doch da — als hätte er Lillys Wunsch geahnt — setzte er im selben Momente ein mit tiefem Bim-Bam — sechs Mal.

Sechs. O, so früh noch heute, dachte Lilly, und eine Empfindung quoll in ihr auf, als sei das ein Extra-Erlebnis, es kam ihr vor wie ein unerwartetes Geschenk.. Sechs Uhr erst und sie fühlte sich so frisch, so ausgeschlafen; war der freundliche Traum daran schuld? Zu Lillys Ehre sei's gesagt, die Absicht, zu einer Frühaufsteherin zu werden, hatte sie schon oft gehabt, sie schämte sich manches Mal, so ausgiebig zu schlafen. Morgenstunde hat Gold im Munde, hieß es, und freilich, was konnte man nicht alles schaffen und lernen in den langen, frischen Frühstunden.

Sie hätte z. B. sehr gern Italienisch gelernt. — Er sprach es auch —! Wenn sie sich nun jeden Morgen ernstlich eine, wenn auch nur eine Stunde dahintersetzte, so gab das summiert eine hübsche Spanne Zeit, in der man schon vorwärts kommen konnte. Sie hatte sich auch schon öfters wecken lassen, aber das war nicht schön; gerade immer, wenn man am besten schlief, packten sie einen an, das machte so verdrießlich und mürrisch, sie kannte das noch von der Schulzeit her zur Genüge. Gottlob, daß das vorüber war, nein, nur kein Zwang, jetzt „holte sie nach".

Ihre Freundin Irmgard, ja, das war eine passionierte Frühaufsteherin, und Lilly mußte sich viel von ihr necken und hänseln lassen. Einmal hatte sie sie auch herausgelockt zu einem Sonnenaufgang im Mai, und wer sich im Kalender auskennt, der weiß, was das zu bedeuten hat, — vier Uhr dreißig — brrr! Sie hatte sich's auch sehr schön vorgestellt nach Irmgards begeisterter Schilderung, denn Enthusiasmus steckt ja immer an. Aber hernach war es doch ganz anders; was hilft einem der schönste Sonnenaufgang, wenn man mit dem Gähnen kämpft und sich so übernächtig und zerschlagen fühlt. Den ganzen Tag noch war sie kaput gewesen und hatte in den Beinen so ein niederträchtiges ziehendes Wehgefühl gehabt.

Aber heute, da sie „von selber" aufgewacht war und sich so wohl, so wohl fühlte, dünkte es ihr plötzlich garnicht schwer, sofort aufzuspringen und den geschenkten jungen Tag zu genießen. Wie es wohl draußen aussah? Horch, Vogelgezwitscher, süße, kleine Stimmchen — hupps — da war sie schon heraus und in die roten Pantöffelchen geglitten, die sich in frischer Kühle glatt und fest ansogen an dem weißen Fuß. Lilly kicherte leise vor sich hin. Sechs Uhr, potz Blitz, wenn das die Irmgard wüßte! Ob sie sich hinsetzte und ihr gleich eine Postkarte schriebe? „Liebes Irmgardtier, Du, denke Dir, 6 Uhr und ich bin schon auf — etsch! Es ist entzückend. Deine Lilly." — So komponierte sie sich die Karte. Am liebsten hätte sie's getan, aber es hatte keinen rechten Zweck, es dauerte ja doch zu lange, bis sie an ihre Adresse gelangte. Lillys Hand zog die Gardinen zurück, so, daß sich in der Mitte nur ein schmaler Spalt auftat, und ließ dann das Rouleau emporschnellen. Ach, wie herrlich, welch ein schöner Maimorgen. Sonnengold, Himmelsblau, alles lachend und grün, fast schmeckte man durch die Scheiben die frische Luft — wie köstlich und rein die sein mußte! Lilly schaute auf ihr Nachtkleid. Warum wuchsen da aus der duftigen Stickerei nicht Flügel heraus, große, weiße Flügel, um hin-

Anna Treichel

einfliegen zu können in den jungen Tag, sich die Brust zu baden in dem klaren Luftmeer!? Ach ja, Flügel wünschte sie sich. Der Garten hinter ihrem Hause lag still und tauglänzend da, nur in den Zweigen war lautes, lustiges Leben. Sie blickte noch in die anderen Gärten, von welchen die Nachbarhäuser, deren Rückseiten man sah, umgeben waren, — die Zimmer nach hinten heraus, das waren sicher auch alles Schlafzimmer, aber die Jalousieen waren noch insgesamt geschlossen. Die dummen Leute, ja, ahnten sie denn nicht, wie schön es draußen war, wie leuchtend der Morgen lockte? Die armen dummen Leute. Lilly taten sie recht leid, sie wäre am liebsten hingesprungen und hätte an die Läden geklopft — die Fenster auf, die Türen auf — geschwinde!

Sie aber, sie, Lilly, wollte nicht so töricht sein, die besten Stunden zu verschlafen. Wie sie das überhaupt bisher gekonnt, das begriff sie plötzlich gar nicht, es war doch so leicht, so einfach, bim, es schlug sechs und man sprang auf! Man brauchte garnicht so viel Schlaf, acht Stunden sollten genügen und sie war Punkt zehn ins Nest geschlüpft und fühlte sich jetzt prächtig frisch, kein einziges Gähnen kam. Es sollte nun anders werden mit ihr, sie stand jetzt immer so früh auf, — na, gerade um sechs Uhr schließlich nicht, aber um sieben bestimmt, das war auch schon recht brav. Um neun Uhr — nie wieder, direkt verbrecherisch konnte man das nennen. Gleich wollte sie sich ankleiden und eine Morgenpromenade machen. Und wenn sie zurückkehrte, was dann? Dann — ah, richtig — wollte sie die Palmen waschen und tränken, sie hatten es nötig, die grünen Fächer sahen schon wieder ganz staubig aus. Wie würde Mama sich freuen und ihr fleißiges Töchterchen loben! Lilly ward es ganz weichmütig zu Sinn, fast kam ihr ein Tränchen vor Rührung über sich selbst.

Halt, — sie kicherte schon wieder, klatschte in die Hände und hüpfte herum, „das tu ich, das tu ich!" — nämlich hernach auf ihrem Spaziergang bei Irmgard vorsprechen, zu dieser ungewohnten Stunde, das war noch nie dagewesen, ja, das tat sie! Irmgard saß vielleicht schon auf dem Balkon und stickte. — „Guten Morgen, liebe Irmgard, alle guten Geister loben Gott den Herrn!" — na, dieses Gesicht, zum Händefalten! Solch Frühwachsein, das war doch entzückend, so vergnügt war sie lange nicht gewesen, und all diese großartigen Gedanken, auf die man kam! Wie sah man eigentlich aus, morgens sechs Uhr? Sie ging zurück ins Zimmer, am

Spiegel vorbei, — da stand ein schlanker weißer Sack, der hatte ein lachendes Jungrösleingesicht mit blauen Augen, die nur so blitzten, und einen langen wirren Blondzopf, — nicht übel — und plötzlich, — Lilly konnte nicht widerstehen, das blanke Glas lockte zu sehr! — fuhren die Arme in die Höhe und bildeten einen lebendigen Bogen über dem Haupte, der Oberkörper wiegte und schaukelte sich gar zierlich hin und her und das Jungrösleingesicht — schnitt ein greuliches Frätzchen nach dem andern!

Mit einem Male färbten sich Lillys Wangen dunkelrot und der Triumphbogen über ihrem Kopfe stürzte blitzschnell zusammen — wenn er sie so gesehen hätte. —

Ein paar Minuten stand sie regungslos. Bim — da schlug die Uhr halb sieben. Lillys Hand strich das Hemd entlang, bis zum Magen. Was war das? Da machte sich solch ein leeres Gefühl bemerklich, ein ganz feines Brennen — Hunger? Ja, wenn man schon eine halbe Stunde auf ist und so viel gedacht und erlebt hat, da spürt man Appetit! Qui dort dine! sagen die Franzosen, wer schläft, der ißt, und die Deutschen haben ein ähnliches Sprüchlein: Wer früh aufsteht, sein Gut verzehrt! und Lilly entdeckte soeben, daß beide ganz recht hatten.

„Ein Kakeschen gefällig?" sagte sie und huschte an ihren Schrank; aber o weh, nicht ein einziges Plätzchen zeigte sich in ihrem „Trog", leergebrannt war die Stätte.

Indem hörte sie nebenan leise eine Tür gehen, das war Lina, die in das Wohnzimmer kam, um aufzuräumen. Die mußte selbstredend sofort überrascht werden, würde die sich wundern!

Schon hatte Lilly die Portière zurückgeschlagen und die Verbindungstür geöffnet. „Morgen, Lina, gut geschlafen?"

„Huch!" Lina, die, mit dem Rücken gegen die Tür gewendet, auf dem Teppich kniete und die Flocken ablehrte, fuhr erschreckt zusammen, der Kopf flog herum, ein Paar ängstliche Augen starrten Lilly entgegen, nahmen aber beim Anblick ihres fidelen Gesichtes bald einen beruhigten Ausdruck an.

„Herrjeses, das Fräulein Lilly, ja, ich bin ganz starr, was ist denn passiert?"

„Passiert, passiert, muß denn gleich was passiert sein, wenn man mal um halb sieben auf ist, wie sich's für einen vernünftigen Menschen schickt! Ausgeschlafen hab' ich, da steht man doch auf! Ich werde mich jetzt jeden Tag um sechs, spätestens um sieben erheben!" predigte Lilly großartig.

„So, so — na, na!" erwiderte Lina ungläubig.

„Sie können sich darauf verlassen!" sagte Lilly salbungsvoll. „Und nun machen Sie nicht mehr solch Nachteulengesicht, Lina — Lina=Linaliiinachen," trällerte Lilly, „das ist ja Sünde, sehen Sie doch den herrlichen Morgen, es ist ja wonnig, so früh wach zu sein — spüren, empfinden Sie das denn gar nicht?"

„Nee, — und Fräulein Lilly werden sich auch bald begeben, mal kriegt ja jeder seinen Rappel, aber einmal ist keinmal. Doch unsereins muß alle Tage raus und gleich an die Arbeit und immer dasselbe, meine Mutter betete immer so'nen alten Vers: „Frauenarbeit geht behende und nimmt kein Ende, friß' aus und koch' wieder!" — da spürt man das nicht mehr so, nichts für ungut, Fräulein Lilly. Aber Fräulein Lilly, Sie sollten man wieder ins Bett, sonst setzt's 'nen Schnupfen, Fräulein sind das nicht gewöhnt!"

„Unsinn, es ist ja so warm, ordentlich heiß!"

Plötzlich griff die Hand wieder nach dem Magen. Da war auf's neue der Mahner, Hunger — und nun hatte er mit einem Male ein bestimmtes Gepräge, bei Linas Anblick hatte er sich individualisiert, — er verlangte nach — Sardellenbutter! Gestern zum Tee hatte es welche gegeben, etwas war aber noch übrig geblieben und von Lina weggestellt worden. Mm — Sardellenbutter, wie gut, so anregend und pikant. —

„Lina, wissen Sie was?" Lilly blinzelte sie halb schelmisch, halb bittend an. „Ich hab' Hunger." —

„Ach so, Hunger!" Lina lachte und alle ihre fast viereckigen, gelbbeschlagenen Zähne beteiligten sich daran — Hunger, das war ein Etwas, das die Sachlage wesentlich klärte und Fräulein Lilly sofort in vernünftigerem Lichte erscheinen ließ! Freilich, Hunger, das verstand man, das trieb die Leute auf und war ein gesundes natürliches Gefühl. Gottlob, krank war das Fräulein nicht, eigentlich hatte Lina schon ein bischen Angst gekriegt — so früh wach — aber Hunger —!

„Na, was soll's denn sein?" erklärte sich Lina bereit.

„Sardellenbutter!" Lilly schmatzte laut und verdrehte die Augen.

„Ich hole, ich hole — nun gehen Sie aber auch hübsch wieder ins Bettchen so lange."

"Wo denken Sie hin, ich will mich anziehen, spazieren gehen, Palmen waschen —"

"Du liebe Zeit, man nich alles auf einmal!" sagte Lina gutmütig. Sie verließ das Zimmer und Lilly kehrte in das ihrige zurück. Sie schauerte leicht zusammen, ihr war doch etwas kühl geworden, sie merkte es jetzt, es war doch vielleicht gescheiter, sie legte sich noch in die Federn, bis das Brötchen kam. Rasch schlüpfte sie ins Bett, um sich „auszuwärmen" vor dem definitiven Aufstehen. Ach, wie mollig und warm! Und da erschien Lina mit dem Brötchen, so appetitlich lag es auf dem goldgerandeten Tellerchen, gleich biß sie hinein.

"Ach, Lina, wenn Sie mir nun noch ein Täßchen Kakao machen wollten, das wäre fein. Auf dem Gas geht's ja fix, gelt Lina, das würde mich so schön durchwärmen!"

Lina war auch dazu bereit und entschwand. Ja, Essen und Trinken, das ist recht, das hält Leib und Seele zusammen; sie trank dann auch gleich ein Schlückchen mit, Kaffee gab's erst viertel nach sieben, wenn die Gnädige aufstand.

Lilly kuschelte sich in die Kissen und verzehrte ihren Imbiß. Also, wenn der Kakao getrunken war, stand sie auf und wanderte los, gegen halb acht war sie dann bei Irmgard und blieb sicher ein halbes Stündchen bei ihr. Von dort konnte sie noch schnell zu Duncker und Weil gehen und sich schwarzes Gürtelband kaufen, das Fräulein im Geschäft würde auch recht erstaunt sein, sie so zeitig zu sehen. Sie hörte sie schon ordentlich sagen: „So früh, gnädiges Fräulein?" Das tat ihr natürlich wieder sehr wohl und machte sie sich wichtig fühlen. „Freilich, Zeit ist Geld!" hörte sie sich antworten.

"Da ist der Kakao." Mit freundlichem „danke vielmals" nahm Lilly die Tasse in Empfang. „Ich soll noch einen schönen Gruß ausrichten von der gnädigen Frau!" meldete Lina. „Sie hat uns sprechen hören und geklingelt, was los ist." —

"Und was sagten Sie?"

"Na, daß Fräulein Lilly wach wären und Hunger hätten und aufstehen wollten!"

"Und was sagte Mama?"

"Das ist der Frühling, sagte sie."

"Der Frühling — der Frühling?" wiederholte Lilly sinnend. „Ach, bestellen Sie Mama tausend Grüße und ich komme gleich."

"Ja, ja." Lina ging und Lilly rührte eifrig in dem braunen Trank. Wie er dampfte, dieser feine, zarte Rauch, ganz possierlich. Komisch, daß ihr das alles heute so viele Freude bereitete! Machte das wirklich die Morgenstunde? Sie schien alles schärfer zu sehen, alles feiner zu fühlen, klarer zu erfassen, — ist das Licht des Frührots heller?

Und wie gut sie es hatte, so früh schon solch ein vortreffliches, wohlschmeckendes Frühstück! Mancher mußte sicher heraus ohne einen stärkenden Imbiß, nur mit einem Stück trockenen Brotes — oder selbst auch ohne dieses? Ach, sie wollte auch ganz gewiß ihrem Schicksal immer dankbar sein und zufrieden anerkennen, was sie Gutes besaß und voraus hatte vor andern.

Sie löffelte und schlürfte, das mundete, das tat gut, ein warmes, wohliges Gefühl durchdrang sie vom Scheitel bis zur Sohle. So, jetzt war die Tasse leer, Lilly stellte sie beiseite auf den Nachttisch. Nun noch ein Weilchen stille liegen, ganz still, so hübsch satt und warm, bis es sieben Uhr schlagen würde, nur wenige Minuten konnten daran fehlen. Dieses erlesene Augenblickchen wollte sie sich noch gönnen, — und dann fröhlich auf mit dem vollen Glockenschlage — ein neuer Tag, ein neues Leben!

Sie lag ganz ruhig, schloß die Augen und faltete die Hände auf der Decke — sinnend — träumend —

Briefe wollte sie hernach auch schreiben, an Tante Nora und an Mieze, das war sehr nötig, — und ach, vieles war ja noch nötig, ordentlich mal reinen Tisch mußte sie mit allem machen, — sie war ja so früh wach, der ganze schöne Tag breitete sich vor ihr aus, da ließ sich vieles anfangen und beenden.

Und vielleicht — wenn sie Glück hatte —! Ach, Unsinn! Doch ja, warum nicht, sie konnte ihm schon begegnen beim Spaziergang, es war so undenkbar nicht, gegen halb neun ging er nach dem Amtsgericht, sie wußte es. Getroffen hatte sie ihn zwar noch nicht auf der Straße, sie kannte ihn ja auch erst nur kurze Zeit, — aber heute, heute. — Ein süßes, traumhaftes Dämmern umspann sie. —

Das Glück, weshalb sollte es ihr nicht hold sein? Morgenstunde hat Gold im Munde und wer fein brav ist und früh aufsteht, der muß doch auch belohnt werden — — —

Richtig, da kam er ja, quer über den Opernplatz, ganz rot ist sie geworden, sie fühlte es selber. Und nun hat er sie erblickt, die dunklen Augen grüßen sie, überrascht, staunend und glücklich — und plötzlich hat sich der Platz in einen großen, prächtigen Ballsaal verwandelt, er steht vor ihr, ganz nahe und bietet ihr seinen Arm. —

„Darf ich bitten, der Contre beginnt?" Sie hängt sich an ihn, fühlt seine Wärme, seine beseligende Nähe — flimmernder Nebel hüllt ihr Denken ein. „Das ist der Frühling, der Frühling," raunt es um sie her, „der wirft den jungen Maiden morgens Blumen auf die Kissen, damit sie recht früh aufwachen und sich vorbereiten für den Liebsten!"

Sie schreiten beide dahin, leicht, schwebend, als gingen sie auf lauter blühenden Rosen, — schmetternd fällt die Musik ein. —

Bim bam, bim bam, — sieben laute Schläge — kleine, fleißige, frühwache Lilly, hörst Du es? Nun flink heraus!

Lilly rührt sich nicht. Ruhig liegt sie da, sanft und stetig atmend, ein Lächeln im rosig angehauchten Antlitz. —

Ganz leise, ganz unmerklich ist der Schlummer herbeigeschlichen und hat sich wieder herabgesenkt auf die junge Stirn, hinter der es heute schon so früh und viel rumort hat.

Im Tropenwald.

Der Urwald träumt im lichten Goldesschiller
Der Tropensonne, Frieden ganz und Duft,
Nur der Cikaden lange, feine Triller
Erklingen hell, als töne rings die Luft.

Allüberall ein weltenfernes Schweigen
Und immergrüne Wände, dicht bei dicht,
Und nirgends Blumen, die sich grüßend zeigen,
Kaum eines kleinen Vogels keck' Gesicht.

Bisweilen nur, da kommt ein süßes Wehen
Von einer Blüte, die man nicht gewahrt,
Und hie und da rauscht aus den luft'gen Höhen
Ein trock'nes Blatt, das sich der Tod erspart.

Anna Treichel

Und große Schmetterlinge jagen trunken,
Von Sonnenlicht und Leben heiß bewegt,
Und kleine, blitzende, wie Feuerfunken,
Von sel'gem Liebesspiele froh — erregt. —

In solchem tiefen, immergrünen Schweigen
Liegt auch mein Herz, Dir, Tropenwald, so gleich,
Den Menschen fremd und ihrem bunten Reigen,
In stiller Ruhe stets, für sich ein Reich.

Ein leises Ahnen nur von einer Blüte
Schleicht auch zu mir sich dann und wann gar gern.
Die wonnekündend und von selt'ner Güte,
Doch ungesehen atmet süß von fern.

Und manchmal, ja, da fällt gleich jenem Blatte,
Das raschelnd schreckt herab aus weitem Raum,
Mir ein Gedanke — an ein einst'ges „Hatte",
An einen welken, längst verklung'nen Traum.

Und wie die Falter fliegen in dem Leuchten,
So taumeln Wünsche her — ach alt, so alt —
Und gaukeln hold, die sonneaufgescheuchten,
Und schweben fort — und wieder träumt der Wald.

Adolf Völckers

Die gesteert Nachtruh.

Ich habb en Freund, der reist in Wei,
Un des soll grad nix Leichtes sei;
Des himmelviele Weibrowiern
Kann leicht en Mensche rujiniern —
Un des is sicher un gewiß,
Daß Nachtruh da sehr neebig is.
Doch die ward em einst sehr gesteert,
Wie ihr jetz von em selwer heert:

"'s war in 're Stadt am Rhein, ich hatt
Mei Sache abgewickelt glatt,
Drink im Hotel noch mei Flasch Bier
Un schlaf bald wie e Mormeldhier.

Ich lag vielleicht e Stund im Nest,
Da kloppt's an meiner Dhier ganz fest.
"Herein!" Als se sich effne dhat,
Roch's ganz entsetzlich nach Bomad,
Der Zimmerkellner guckt erei:
"Sie möchten doch so freundlich sein,
Und nicht so schnarchen! Hier der Herr
Auf Numro sechs beschwert sich sehr!" —
"Was? Schnarche? Ich?" — "So sagt der Herr
Auf Numro sechs." — "Soll schlafe, der!
Ich leg mich mal uff's anner Ohr,
Da kimmt's gewiß net widder vor."

Ich habb's dem Herr gar net verargt,
's is ja net schee, wann Aeäns so schnarcht;
Des werkt ja Nachts wie e Drombet.
Kaum hatt ich mich erumgedreht
Un schee mei Deck zerechtgestoppt,
Hat's **widder** an der Dhier gekloppt.

„Herrrrein!" Als se sich effne dhat
Koch's widder schrecklich nach Bomad,
Der Owwerkellner guckt erei:
„Der Herr mög' doch so freunblich sein
Nicht so zu schnarchen! Numro acht
Das Eh'paar hat sich sehr beklagt!"
Ich hätt em gern mein Schlappe fest
Geschmisse uff sei frisch weiß West;
Doch habb de Zorn ich unnerdrückt
Un stumm vor Zustimmung genickt.
Un gleich druff lag ich widder waarm
Un mollig in Gott Morpheus' Aarm.

Da kloppt's von links: „Mei kutster Herr,
Das geht Sie nu nich länger mehr!
's muß Ruhe gä'm, sonst ruf 'ch den Wirt,
Daß er sie schleinigst umgwardiert!" —
„Häste die Kränk", denk ich, „du Sachs!"
Un werf mich uff de Buckel stracks,
Dann die Lag soll, so fiel merr ei,
For's Schnarche 's Allerbeste sei.

Kaum war ich widder eigenickt,
Da kloppt's von rechts berr wie verrückt
Un brillt: „Ich bitt' um Ruh', mein Herr!" —
„Mei Kutester, nu geht's nich mehr!"
So kreischt's von links, „Sie missen raus!"
Bei mir warsch obber ääch jetz aus,
Un als no gar noch so'n Bomad=
Kopp in der Dhier sich zeige dhat,
Haww ich mit Stiwwelknecht un Schlappe
Un Leuchter un was sonst ze dappe
Uff Gang un Zimmer sechs un acht
En Dreifront=Worfaagriff gemacht
Un habb gekrische voller Wut:
„Wann Ihr mich immer wecke dhut,
Un alsfort an mei Dhiern dhut baafe,
Da kann ich selwer aach net schlafe!"

Die neumodisch Sigelsammlung.

„Hast De ääch so scheene Sigel?
Guck, en ganze Deiwel voll!"
Segt der Hannes zu dem Michel,
Unn der Michel segt: „Jawohl!
Ja, mer hawwe ääch so Dinger,
Grad is Aeäner aagebrabbt,
Hat mit seine Bratworschtfinger
Uff die Meewel se gebabbt!"

Die Meß-Alliance.
(E Märche vom Jurplatz.)

Es war emal e Schießmamsell,
Es war 'mal en Kommis,
Es war emal e Schießbud ääch,
Die stann am Jurplatz hie.

Es war emal e Sommernacht,
Es warn zwää sehr verliebt,
Es war emal en Mextersborsch,
Im „Schlage" sehr geiebt.

Es dhat emal en grelle Krisch,
Es fiel Aeäns uff die Knie,
Es war e Knallääg grien unn blau,
Unn des war dem Kommis!

Zwää Ungleiche.

Der Elefant dhut sich vorm Haus
Am Orjelspiel ergetze,
Da dhut e Mick, e winzig klää,
Sich in sein Rissel setze.

Darob is heechlichst uffgebracht
Der ungeschlachte Ries'
Unn brillt: „Eweg, Du klääner Wicht,
Daß ich net dot Dich nies'!"

„Ich rat Der, unnerschätz mich net",
Hat druff die Mick gesagt,
„Ward doch schon mancher Elefant
Aus ere Mick gemacht!"

Contra Darwin.

Im Käwwig owwe uff der Stang,
Da hocke derr zwää Affe,
Die mache sich mit ihre Fleeh
Unn Sonstigem ze schaffe.

Dorch sei Monokel glotzt enuff
E Gigerl, so e echter;
Die Affe sehn des, unn der ää
Schlägt uff e Mordsgelächter.

„Du, Joko, den guck emal aa!
Bist De da net ganz baff?
Wääß Gott, die heutig Menscheraff'
Is werklich unnerm Aff.

Ich sag, der Darwin hat net Recht,
Sei Theorie dhut wanke,
Dann, so'me Borsch sei Ahnherr sei,
Nää, davor dhät ich danke."

Helene Wachsmuth

Ein weiteres Kapitel zu dem Roman „Die Missionsbraut".

Ein Häuflein Touristen zog von der Schneekoppe herab, auf dem Kamm des Gebirges, der Lempelbaude zu. Voraus zwei junge, frohe Menschenkinder, ein Brautpaar; Professor Grundners Tochter Maria und sein Schüler und erklärter Liebling, der Privatdozent Dr. Weiß. Sie hüpften von Stein zu Stein den steilen Bergeshang hinab; sie schweiften vom Wege, sobald eine besondere Höhenpflanze sie lockte; selbst zugleich Blume und Schmetterling.

Ihnen folgte zunächst, von kräftigen Männern im Bergstuhl auf einer Bahre getragen, die rundliche Frau des Professors — ein wenig elegisch dreinschauend; wie korpulenten Leuten in ihrer ausgeprägten Neigung zum bequemen Leben wohl gar leicht eine kleine Verstimmung kommt, wenn sie die eigene Hilflosigkeit mit der Beweglichkeit anderer vergleichen.

Außerdem empfand die Dame selbst diese Art der Bergsteigung immerhin noch als eine Anstrengung, die sie gerne vermieden haben würde: „Aber, man kam ja nun einmal nicht auf gegen die anderen."

Jetzt holte der Professor sie ein; er hatte sich, wie die jungen Leute, vom Wege locken lassen. Die Träger setzten die Bahre gerade einmal ab, um zu verschnaufen. Er legte einen Arm um die Schultern seiner Frau, als er sich zu ihr herabbeugte; sah strahlenden Auges in die weite, duftige Ferne, herab in die Täler, auf die tiefer liegenden Gebirgszüge. Er atmete mit Wonne und sprach mit einer gewissen Feierlichkeit: „Du schöne Welt!" Es lag trotzdem ein Unterton seelischen Ergriffenseins in diesen Worten, der seine Gattin für einen Augenblick gespannt, fast beunruhigt zu ihm aufblicken ließ.

„Diese winzigen Gebilde der Menschenhand in der gewaltigen Natur," fuhr der Professor träumerisch fort. „Wie bunte Sandkörner liegen die Dächer der Baulichkeiten, liegen die Dorfschaften und Kirchlein da unten. Du winziges Menschengeschlechtlein! Du jämmerlich kleines Menschengeschlechtlein, was willst Du - eigentlich bedeuten?"

Es war ein Absturz aus den Höhen dieser Empfindung, als Frau Professor Grundner jetzt mißmutig klagte:

„Mir sind die Füße ganz abscheulich kalt geworden in diesem unbequemen Stuhl. Mir sind die Glieder ganz abgestorben, bis über's Knie fühle ich mich wie in Eis gebettet!" — „Oh!" — „Ueberhaupt — ein Genuß ist es wahrhaftig nicht, in dieser Art getragen werden. Geht's bergauf, muß man sich in sehr ermüdender Weise vornüber beugen, um das Gleichgewicht nicht zu verlieren, und die Aussicht? Wenn's einem nicht genügt, den Rücken des Trägers ausschließlich zu betrachten, kann man sich den Hals verrenken, — ganz steif bin ich geworden — richtig „verdreht". Warum muß man denn nur immer auf diese Berge klettern? Von unten gesehen, ist doch die Gebirgslandschaft auch schön."

Der Professor fuhr mit der Hand über die Stirn, als wolle er die Wolke fortwischen, die darüber hingezogen war. Dann erwiderte er aber munter: „Nun! jetzt geht es doch bergab. Laß' Dich nicht tragen, schreite wacker aus; tritt fest auf; da kommt das stockende Blut wieder in Bewegung."

„So? meinst Du? Aber bergab knicken mir die Knie immer ein; bergab mag ich schon gar nicht gehen; man kommt so in Schuß, man muß so viel schneller vorwärts, als man möchte. Warum habt Ihr mich nicht zu Hause gelassen!"

„Liebling! Herzblatt! weil uns die Welt noch einmal so schön erscheint, wenn sie sich in Deinen Augen spiegelt. Weil uns diese Schönheit berauscht, beseeligt, und weil doch die glücklichsten Stunden dieses Entzückens ihres schönsten Reizes entbehren würden, wenn Du sie nicht mit uns teiltest."

„Du lieber Mann!"

„Siehst Du, das klingt schon anders. Nur mußt Du nur noch hinzufügen: „Du schöne Welt!"

Die Frau lächelte, und der Jubel war ungekünstelt und echt, mit dem sie, des Gatten Arm zärtlich drückend, ausrief: „Du schöne Welt!"

„Papa!" jubelte die junge Dame jetzt, indem sie mit geröteten Wangen und fliegenden Locken zu den Eltern zurück=

lehrte. „Wir haben eben ein ganz grönländisch verkrüppeltes Birken-Gestrüpp unter dem Knieholz eingebettet gefunden. In so gestimmter Umgebung solltest Du uns doch endlich einmal erzählen, was es mit diesem Grönland auf sich hatte. Streite nicht, Du bester, alter, guter, lieber Vater; es hängt da über Grönland noch so ein geheimnisvoller Zauber in der Luft." Zu ihrem Bräutigam gewendet fuhr die junge Dame dann fort: „In einer schwachen Stunde hat Mama mir einmal verraten, daß es damit eine eigene Bewandtnis habe; aber zu weiteren Zugeständnissen habe ich sie trotz der eingehendsten Erpressungsversuche nicht zu bewegen vermocht!"

„Lieber Papa! Was hat es denn da nur noch außer der Polarforschung und den außerordentlich guten und tüchtigen Menschen in den Missionsstationen gegeben in Grönland? Sterbensgern wüßte ich das? Komm, lasse uns Rast machen unter den verkrüppelten Birken, die sich bei den Arven eingeschmuggelt haben — und dann erzähle!"

Wie ein Wolkenschatten über eine sonnige Landschaft zieht und löscht allen Glanz, so wandelten sich die Frohsinn und Lebenslust atmenden Züge des Mannes. Sein Blick schien nach innen gerichtet. Ein Ernst, der mit Trauer gepaart war, sprach aus seinen fest geschlossenen Lippen. Dann straffte sich seine männliche, blühende Gestalt in jeder Muskel, sein Haupt hob sich stolz und sieghaft — er wandte sich schweigend und schritt voraus.

Betroffen sahen die drei ihm nach.

„Mama, hab' ich sehr was Dummes angerichtet?" fragte das junge Mädchen besorgt. „Mein Gott! Du weinst? Was hab' ich nur getan?"

„Laß nur Kind! Das sind die Nerven. Ich bin heute zu früh aufgestanden, da bin ich mürbe. Tu mir nur jetzt den Schleier wieder um — danke — und ruft die Träger, damit wir schneller vorwärts kommen."

„Ach ja, — es ist ja heute Missionsfest in Wang — die Leute sind sehr interessiert, es nicht zu versäumen," pflichtete auch Dr. Weiß seiner Schwiegermutter bei und eilends brach man auf.

Es klang die Melodie eines Volksliedes zu ihnen, es ward gepfiffen, aber virtuos gepfiffen.

Frau Professor Grundner lächelte und sagte erleichtert: „Das ist nur gut!" — „Wenn Papa pfeift," fügte die Tochter hinzu, „denke ich oft, es blase wer die Flöte — wie gesanglich trägt er auch die Melodie. — Ich hab's schon so oft versucht, ich möcht' es lernen, aber es glückt mir nicht."

„Das glaub' ich Dir — das laß' auch nur. Mädchen pfeifen nicht."

„Oh! ha! wie ungerecht. Wie wenig zeitgemäß. Ich sollt's nur können; aber ich kann's nur nicht!"

Der Hochwald tat seine düsteren Hallen jetzt den Wandernden wieder auf und doppelt feierlich klangen die Glocken von Kirche-Wang herüber. Wie still und ernst, nicht einmal der Schritt der Männer störte die Ruhe, denn er versank in den weichen, schwankenden, mit Moos gepolsterten Boden.

„Es hott's ja Missionsfest heute," sagte der eine der Träger und sein Gefährte fügte zuversichtlich hinzu: „Jo! jo! Mer komm' noch zerecht!"

Ein durchdringender, kreischender Schrei in den Lüften ließ jetzt die Wandernden aufblicken. Da kämpften zwei Adler miteinander. Sie strebten sich zu überfliegen; von oben stoßend, den Gegner zu vernichten. Das war ein wildes Ringen! Noch ein furchtbarer, grauenerregender Schrei. Ein Schrei, der das Haar emporsteigen, das Blut gerinnen ließ — — und eins der mächtigen Tiere sank zur Erde, nur zwanzig Schritt vielleicht voraus, auf des Professors Weg.

Er eilte hin und beugte sich über das verendende Tier, Teilnahme und Mitleid im Herzen.

„Und dennoch," murmelte er — „wohl Dir!" Er fuhr mit der Hand über die Stirn und seufzte tief. „Wohl Dir!" wiederholte er dann. „Du brauchtest nicht zu erfahren, was das heißt — „weiterleben mit gebrochenen Flügeln — weiterleben — und wissen, daß Dein Flug Dich nie mehr der Sonne entgegentragen wird — nie mehr weilen solltest Du in den lichten Höhen. — Wohl Dir, daß Dein Bewußtsein erlosch."

Als die Glocken von Kirche-Wang jetzt zu einem zweiten Läuten einsetzten, klangen sie schon deutlicher und näher. Nicht lange nachdem sie schwiegen, trat unsere Gesellschaft aus dem Walde auf den Kirchhof von Wang hinaus. Sie verweilten, um die Andacht nicht zu stören und überschauten die Menge. In der Mitte der Versammlung sprach ein ernster, mildblickender Mann in schlichter Rede von den Aufgaben der Christenheit, auch den Heiden das Heil zu bringen. Die Landbevölkerung umgab ihn lauschend. Auf gesonderten Plätzen hatte eine Schar Diakonissen Platz genommen und die Pfarrherrn, die

Geistlichkeit der Umgegend mit Weib und Kind; die einen schauten abwägend und kritisch, die anderen still und nachsinnend; auch jene Augen verdrehende Frömmigkeit, die aus Ueberhebung und Dünkel zusammen geschweißt wird, war vertreten, doch befand sie sich sehr wesentlich in der Minderheit.

Der Redner des Tages, ein Missionar, bekannte in überzeugender Begeisterung, wie Gott jeden Schritt seines Weges geleitet habe. Er fühlte sich gedrungen über die Erfahrungen und Offenbarungen des eigenen Lebens zu sprechen, um allen, die seine Stimme erreichen könne, zuzurufen: „Sonder Zweifel und Sorge sollt Ihr Euch der Fürsorge und Führung Gottes vertrauen!" Was ihm doch selbst der reichste Segen, das schönste Glück dadurch geworden, daß ihm auferlegt ward, eine Prüfung über sich ergehen zu lassen, die ihm unerträglich erschienen war. „Laßt mich's Euch erzählen," fuhr er fort, „zur Stärkung Eures Glaubens."

„Es sind wohl fünfundzwanzig Jahre seither vergangen. Ich war gerade ein Jahr in Grönland als Missionar tätig gewesen, da traf unser Missionsschiff wieder ein. Nur einmal im Jahre hatten wir durch diese Verbindung Gelegenheit, Mitteilungen aus der Heimat zu empfangen, Mitteilungen dorthin gelangen zu lassen. Unsere Aeltesten fragten nun bei mir an, ob sie mir eine Missionarin nachsenden sollten; ob ich schon Umschau gehalten vordem, unter den Töchtern unserer Gemeindschaft, oder ob ich, wie der fromme Brauch es biete, Gott anheim gäbe — mir durch das Los die Missionsbraut zu bestimmen. Da mein Herz ganz frei war, entschied ich mich natürlich für das Los.

Als aber das Schiff fortsegelte — für ein volles Jahr mit die Möglichkeit genommen war, mich mit meiner Gemeinde daheim zu verständigen, da tauchten schmerzliche und peinliche Erinnerungen in mir auf, an eine Jungfrau, die mir so erschien, als ob sie die Hölle auf Erden bereiten würde, als mein Weib! Und ich flehte zu Gott — ein Jahr lang, ein ganzes Jahr voll Inbrunst und voll Verzweiflung täglich: „Nur diese eine nicht." — — Und diese eine kam. — — Ich war so verzweifelt, daß ich von ihr forderte, sie solle heimkehren.

Aber sie war durch das Los bestimmt. — Es war Gottes Wille so! — und sie weigerte sich, Gott zu trotzen; sie überzeugte auch mich, daß Gottes Wille über Menschen Wille! — Gott sei gelobt —! sie blieb. — Und ich darf es bezeugen, nie hat ein Weib einem Manne; nie ein Weib einer Gemeinde größeren Segen gebracht."

Unwillkürlich streckte der Missionar bei diesen Worten die Hand aus. Ein hoheitsvolles, blondes Weib, das ihm zur Seite gestanden hatte und mit stillem Lächeln zuhörte, legte ihre Hand jetzt in die seine und sah ihn an voll Liebe und Güte, klar und mild. Leise neigte sie das Haupt; um ein weniges nur, wie sich die volle Aehre neigt.

Professor Grundner stand vor diesem Bilde, wie vor einer Vision. Sein Töchterchen flüsterte in das Ohr ihres Verlobten: „Sollte es wohl Seelengeschwister geben? Ist Dir schon je eine ähnliche Erscheinung begegnet? Sieh doch nur! Das ist doch frappant derselbe Ausdruck in dem Antlitz dieser Juno Ludovisi, wie in dem leuchtenden Antlitz meines Vaters. Jetzt weiß ich auch, warum ihn seine Studenten den „Olympier" nennen."

Als die Feier vorüber war, als Grundner seine alten Jugendfreunde aus Grönland begrüßte, griff seine Tochter nach dem Arm ihres Verlobten und sagte erstaunt: „Ist es erhört? Mama! unsere Mama, die sonst nichts aus ihrer Reserve herausbringt, — küßt der Missionarin die Hände!?"

Hans Weilhammer

Spielende Kinder.

Gern ruht die Hand auf seid'nem Kinderhaare,
Ich küsse eure Händchen, eure kleinen,
    Will meinen
    In eurem Kreis
    Ich säß mit Engelein,
    Mit kleinen,
    Im Paradeis!
    Wie sie sich haschen,
    Wie sie sich fangen!
Der braunen Lisel sind die Zöpf' aufgegangen,
Auf den Backen glüh'n ihr die Rosen,
Den Buben guckt das Hemd aus den Hosen,
Auch sind die Näschen nicht immer reinlich,
— (Was dem Magister mitunter peinlich) —
Und doch wie rosig die lieben Gesichter!
    Kleines Gelichter!!
    Leuchtende Augen,
    Lachende Mäulchen,
    Du bist Fuhrmann!
    Ich bin Gäulchen!
Halten sich an den kleinen Händen,
All ihr Jubel will nicht enden,
Singen mit hellen Silberkehlen —
— Könnt' ich mich mitten unter sie stehlen! —

Lisel und Gretel.

Jung Walter liebte —
　Wen?
Die Lisel vom Nachbar,
　Und?
„Gieb den Mund!"
　„Küss' mich!"
„Ich lieb' dich!"
　Sprach er. —
　　Sie ??:
„Heirat' mich!"

Jung Lisel saß
　Wo?
Bei Walter im Gras.
„Siehst du die Heuschrecken springen?"
„Hörst du die Amseln singen??"
　Flüstert
　Er ihr in's Ohr . . .
　　Und dann?
　Sprach sie:
„Werd' mein Mann!!"

Da ist dem Walter die Geduld ausgegangen
Und er hat zu laufen angefangen — —
　　Die Gretel
　Hat ihn aufgefangen
　Mit weichen Armen . . .
　Das war ein ander Mädel!
　Keine so kalte!!

　　Und die Lisel??
　　Ward 'ne Jungfer,
　　　'ne alte!

Hans Weilhammer

Maifrühe.

Durch tauiges Gras, das die Schuhe mir netzt,
Schreit' ich hinein in den ruhenden Morgen;
Windworte,
Leis lispelnd,
Kühl kosend,
Wehn um der Sträucher Haupt,
Die im grünen Gelock
Singende Vögel tragen. —
Im Walddämmer steh' ich . . . .
Glitzersonne
Spielt auf grüner Wiese,
Wo Pferde gehen ins blanke Geschirr
Und schwiele Bauernhände
Duftendes Heu heimsen. —

Wie flackernde Sonnenflecke
Durch's zitternde Blattgrün,
So fallen ins weltoffne Herz mir
Goldne Gedanken
Vom ewigen Arbeits- und Menschenfrieden.

Sommernacht.

Es glutet die blumige, sprossende Erde,
An die ich mich klammre mit Fieberhänden;
Um mich die wollustatmende Luft,
Der schwüle Brodem der Sommertagsneige. —

Dort oben das Rätsel funkelnder Sterne,
Die Götterrunen
Im Aetherall. —

In meiner bangen Seele ringen
Der Lichtgott
Mit dem Finsteralben,
Mein Sonnensehnen
Mit der Erdenliebe . . . .

Hans Weilhammer

Die Menschenstimmen verstummen im Kreise;
Da hebt ein fernes Singen an,
Die milde Nacht geht schwebend leise
Ueber den stillen Plan . . . .

Ich trinke Frieden aus schweigenden Sternen,
Die droben gehen ewige Gleise,
Nach ihnen brennt mein dürstender Blick
Und über mich spannt die Silberschwingen,
Die Sehnsucht nach Schönheit, Licht und Glück!

Phöbus und Pluvius.

Götterlachen füllt die Erde
Einen Tag;
Nach so vielen grauen Stunden
Hat ein güldner Sonnenstrahl
Durch Gewölk den Weg gefunden
Nach dem Tal. —

Blüh'nde Lust wächst mir im Herzen,
Uebermut spannt mir die Sinne,
Sonne zündet tausend Kerzen
Am Altare heil'ger Minne.

Mochten graue Grameswochen rauben
Freie Sicht,
Solch ein Tag giebt uns zurück den Glauben
An das Licht!

Hans Weilhammer

Zweifel.

Die Stadt ruht unter mir ....
Auf stiller Bergeshalde
Im Grase liegend,
Den Wolken nahe,
Träum' ich
Von Ruhm und Glück;
Wird das Leben mich zermalmen,
Einen Träumer?! ....
Die Bäume prangen voll roter Aepfel,
Die Halme beben im Abendwinde,
Als ging' ein Flüstern neben mir
Gar linde ....
Gar linde ....

—   —   —   —   —   —

Wo ist der Himmel,
Der in der Ferne
Meiner Wünsche Horizont werde? ....
Ist's Ruhm? — Ist's Glück? —
Ist's Trotz? — Ist's Liebe? — —
Ich fasse nichts ....
Ins Leere greif' ich ....
Die Nägel grab' ich in die Ackererde,
Als läge drunter mein Glück begraben, —
Und meine Seele bangt nach Befreiung ...

Hans Weilhammer

Hochzeitslied.

Zum Sonnenfluge, Kind, die Schwingen spreite,
Nun hebt für uns ein neues Leben an!
Nun lerne flügge sein an meiner Seite,
Hinan zu klarem Höhenlicht, hinan!

Wo keine Schwere uns die Glieder müde,
Wo keine Wolke uns den Blick verhängt,
Nur Reinheit, Aetherklarheit uns umfriede,
Wenn auch die Sonne uns die Wimper sengt!

Und stehn wir erst vereint auf goldnen Firnen,
Vereint zum Bund durch unser Lebensja,
Kühlt Gottes Odem uns die heißen Stirnen,
Dann sind dem ewig Göttlichen wir nah!

Gustav Weinberg

Stimmen der Nacht.

Eine Stimme hab' ich gehört in der Nacht,
Eine Stimme von Weinen und Klagen —
Der Wind hat mir's zugetragen;
Begrab'nes Leid ist aufgewacht.

Der stöhnende Sturm den Laut verschlang,
Doch in des Herzens Tiefen,
Wo alte Schmerzen schliefen,
Da weckt' er auf einen Bruderklang.

Es steigt empor, es tönt mit Macht —
Zum Doppelklang verschlungen —
Vom weinenden Winde gesungen
Verhallt die Klage in der Nacht. —

Kirschen.

Kirschen, Kirschen nasch' ich gern,
Von den süßen, roten —
Bei mei'm Schätzel bin ich gern,
Aber 's ist verboten. — —

Steig' hinab ins stille Tal,
Liebe, liebe Sonnen!
Grüß' mein Lieb vieltausendmal.
Sag', ich kann nit kommen.

Sitzet sie am Fensterlein,
Sag', sie wart' vergebens;
Sag', sie sei mein Sternelein
In der Nacht des Lebens.

∽∽∽ **Gustav Weinberg** ∽∽∽

Rosen, Rosen pflück' ich gern,
Von den duft'gen, roten —
Einen Strauß schickt' ich dir gern,
Aber 's ist verboten. —

Weht den Duft hinab ins Tal,
Tragt's ihr zu, ihr Winde!
Kündet meiner Sehnsucht Qual
Ihr, dem holden Kinde.

Kündet ihr das Zauberwort,
Das die Herzen bindet!
Sagt, daß Liebe hier und dort
Sich zu Liebe findet. —

Maiennacht.

Der Rotdorn blüht, und der Fliederbusch
Haucht in die Nacht seine Düfte —
O du holdselige Maiennacht,
Ihr liebeatmenden Lüfte! —

Das duftet und klingt zum Fenster herein
Und will meinen Schlaf mir stehlen:
„Steh auf und lausche, du trüber Gesell,
Wir wollen vom Mai dir erzählen."

Ich hör' deine Stimme, du Maiennacht,
Ließ gern ja das Fenster offen —
Was soll mir dein Duften, was soll mir dein Blüh'n?
Vorbei ist's mit Lieben und Hoffen. —

Was soll dein Lied mir, du Nachtigall?
Ach, wenn noch ein Hoffen mir bliebe! —
Ach, all dein Blühen und Duften, du Mai,
Ich gäb's für ein bißchen Liebe!

◦–◦–◦ **Gustav Weinberg** ◦–◦–◦

An Anton Burger
(gest. 5. Juli 1905).

Zur Erinnerung an die Plauderstunde in seinem Atelier zu Cronberg
am Nachmittage des 31. Dezember 1896.

Wir sitzen um die Jahreswende
In deinem hellen Atelier,
Der Hausfrau still geschäft'ge Hände
Bereiten sorgsam den Kaffee.

Mokkas, Habanas Düfte füllen
Den heit'ren, kunstgetränkten Raum. —
Ich bin so glücklich, daß im Stillen
Ich frage: „Wach' ich, ist's ein Traum?"

Ja, träumend blick' ich voll Behagen
Zum Fenster, wo in wilder Hast
Sich weiße Flocken spielend jagen —
Weit von mir liegt des Lebens Last. —

Des Lebens Schmutz, die Jagd nach Golde,
Das ganze Elend uns'rer Zeit.
Hier steht nicht in der Mode Solde
Die Kunst, sie ist sich selbst geweiht!

Hier, wo des Taunus Waldesfrieden
Mit sanftem Hauche dich umschwebt,
Hier hast du still, weltabgeschieden,
Dir selbst und deiner Kunst gelebt.

So denk' ich und im trauten Kreise
Sprech' ich, was mir das Herz bewegt:
Daß ich dich, Künstler, glücklich preise,
Der treu sich blieb stets unentwegt.

Daß nicht des Lebens kurze Stunden,
Du hast verträumt am Tiberstrand,
Daß in der Heimat du gefunden
Den Stoff für deine Meisterhand.

Gustav Weinberg

Der Heimatberge traute Sitte
Grüßt von den Wänden uns herab,
Hier des Waldhüters kleine Hütte,
Dort Mütterlein an seinem Stab.

Des Taunusbauern list'ges Schmunzeln,
Die nied're Stirne faltenreich,
Der alten Bäurin hundert Runzeln —
Wie wahr und doch wie schön zugleich!

Und wie nun das Gespräch sich wendet,
Da hab' ich es erstaunt gehört,
Daß oft, wenn du ein Bild vollendet,
Du gern gleich wieder es zerstört.

Noch manches Andre sprachst beklommen
Du von den Schranken deiner Kunst;
Nicht tragisch hab' ich es genommen,
Dir lächelt ja der Götter Gunst.

Sie gaben dir die edlen Waffen,
Das Rüstzeug für die Künstlerbahn,
Im hohen Alter noch zu schaffen,
Mehr als der Jungen Bester kann.

Ich weiß, du willst es nicht gestehen —
Der klugen Hausfrau Lächeln sagt,
Daß ich dich richtig hab' gesehen,
Daß du zu Unrecht dich beklagt.

Heil dir, dem jugendlichen Alten,
Des kunstgeübte Meisterhand
Stets neu, in wechselnden Gestalten
Uns malt das liebe Heimatland.

Nie wird dein guter Ruhm erblassen,
Du hast des Taunus Waldespracht,
Des alten Frankfurt Winkelgassen
Uns heilig, lieb und wert gemacht!

Dora Weinrich

Der Messias.
Skizze.

Wie mit Purpur übergossen erglüht der Granit des felsigen Hochlandes in der vergehenden Sonne. Nur hie und da ist die leuchtende Pracht durch dunkle Einschnitte zerrissen — schmale, senkrecht abfallende Cannons, auf deren Grund rauschende Gewässer dahintoben, nimmermüde Ströme, die sich in jahrhundertelanger Arbeit ihre Bahn gebrochen.

Jetzt versinkt der Strahlenball hinter der starren Linie des Gebirges, aber sieghaft flammt die sterbende Röte noch einmal über den ganzen Himmel und verliert sich, höher, immer höher steigend, in unendlichen Räumen. Rasch, wie ein fallender Schleier, senkt sich die Dämmerung auf das erblaßte Land.

An eine junge Fichte gelehnt stand ein halberwachsenes Mädchen und blickte mit seligen Augen der Sonne nach.

Erst als der letzte Schimmer erloschen, wandte es sich heimwärts. Sicher und zierlich wie eine Bergziege stieg es über Trümmer und Geröll, und geschickt suchten sich die nackten Füße ihren Weg zwischen dem Gestein. Als der Abhang erreicht war, an dessen Fuß sich die kleine Ansiedelung befand, blieb Mona plötzlich stehen. Sie wollte noch nicht hinunter. Vor kurzem erst war die Glocke, die den Schluß der Arbeit bedeutete, erklungen; die Männer hatten ihre Geräte fortgelegt und drängten von dem Schienenbett hinweg zur Hütte der Grannie, wo das Nachtmahl für sie bereit stand. Mona wollte warten, bis die Hungrigen gesättigt waren und alle Lichter erloschen. Gern blieb sie so lange oben in ihren Bergen. Sie liebte diese finsteren Gesteinmassen, die so drohend übereinander getürmt lagen; das rauhe kärgliche Gestrüpp, das hier und dort aus Felsrissen quoll, die windgezausten Bäume, die sich mit zähen Wurzelarmen an Granitblöcke geklammert hielten.

Dora Weinrich

Sie kannte in der Umgegend jeden Schlupfwinkel und jede Höhle — fast noch genauer als die rotbraunen Navaho-Indianer, die einstigen Herren des Landes, die jetzt scheu, wie geschlagene Hunde, den weißen Eindringlingen aus dem Wege gingen, und möglichst im Verborgenen ihre dürftigen Zelte aufstellten. Mit Mona, dem stillen Mädchen, das fast so braun und so einsam war wie sie selber, verkehrten sie freundlich und wiesen ihm gerne Weg und Steg. Und wie viel des Wunderbaren gab es nicht in diesem Bergland zu schauen!

Wo der weiche Sandstein im Lauf der Jahrhunderte verwittert und zerbröckelt war, und nur der körnige Marmor, der harte Granit Stand gehalten, hatten sich an den Abhängen viele hohe und geräumige Höhlen gebildet. In diesen standen, dicht aneinander gedrängt, halbzerfallene Wohnstätten, die in uralten Zeiten einem verschwundenen Geschlecht zum Aufenthalt gedient hatten. Wie sie einst zu erreichen gewesen, auf welche Weise es den Erbauern gelungen, sich dort oben anzusiedeln, blieb ewig ein Geheimnis, denn die Bergwände, auf welche die Höhlen sich öffneten, fielen oft viele hundert Fuß senkrecht ab, und nur zu einzelnen waren enge Zugänge durch das dunkle Erdinnere entdeckt worden. Die wenigen waren auch Mona bekannt und manche Stunde verträumte das Kind zwischen den Ruinen der Höhlendörfer, diesen stummen Zeugen einer vergangenen Welt. Auch die Indianer, die schon seit vielen Generationen die Gegend besiedelt hatten, wußten nichts Genaueres über die Ureinwohner zu berichten. „Juasusi" d. h. „die Feinde" nannten sie dieselben. Der Teufel — so erzählten sie in ihrer wortkargen Art — sei aber schließlich gekommen, habe die Dächer der Häuser abgerissen, und die Bewohner fortgeschleppt; da hatten sie ihren Lohn.

Die knappe Mitteilung gab Mona viel zu denken. „Der Teufel?" forschte sie weiter, „wer ist denn der Teufel?"

Da erhielt sie widersprechende Auskunft. „Eine gehörnte Schlange," sagte der Eine. „Ein Vogel mit Eisenklauen" der Andere.

Schließlich, in einer sehr stillen Stunde, faßte sie sich ein Herz und frug die Grannie. Die wies sie erst unwirsch zurück — aber dann besann sie sich doch eines Besseren und sprach: „Der Teufel ist Gottes Feind."

Des Kindes Augen erweiterten sich.

„Und Gott?" —

„Gott ist die Güte," sagte die alte Frau hart, und ihr Antlitz erschien wie aus Stein gemeißelt.

„Wo ist er denn und wie sieht er aus?" —

„Ihn selbst kann man nicht sehen, aber er sandte uns den Messias in Menschengestalt." —

„Wird der Messias auch einmal hierherkommen?" —

„Ich weiß es nicht." —

„Was tut denn der Messias?" —

„Er stillt alles Weh." —

Nun hatte Mona viel zu grübeln — über den Messias und den Teufel und die Juasusi, die er, mitsamt den Dächern, fortgeschleppt, daß sie nun ihren Lohn hatten. Es mußte sich wohl wirklich so verhalten haben, denn von all den großen und kleinen Hütten standen nur noch die lehmüberkleideten Wände. Und das war schade. Die Decken waren sicher ebenso schön bemalt gewesen wie die Mauerreste. Das Mädchen wurde nie müde, sie zu betrachten. Da fand sich vielerlei buntfarbiges Getier: Vögel und Antilopen, Elchhirsche und Prairiehunde, auch Sonne und Regenbogen waren oftmals abgebildet, und die schönen Libellen, die heute noch von den Indianern als heilig verehrt wurden. — Zu dem schönsten aller Bilder, das eine ganze Hauswand einnahm, war es aber Mona bisher noch nicht gelungen, den Weg zu finden. Nur von der Talsohle aus hatte sie es mit ihren scharfen Augen erspäht. Es stellte eine Schlacht oder einen Tanz dar und zeigte viele schwarze und gelbe Gestalten. Schon oft hatte sie umsonst versucht, den Zugang zu der Höhle zu entdecken. Einmal glaubte sie ihr Ziel erreicht. Auf Händen und Knieen war sie in einer schmalen Felsspalte weiter, immer weiter gekrochen. Endlich wich das bröckelige Gestein auseinander — ein matter Lichtschein fiel — es wurde heller — sie stand in einer Höhle. Doch war es nicht die gesuchte. Mäßig an Umfang, erschien sie mehr wie eine Zelle. Doch enthielt sie nichts außer einer länglichen, an die eine Wand angemauerten Truhe. Mona trat näher und blickte hinein. Da lag etwas, das wohl einmal ein Mensch gewesen, aber jetzt war es schwarzbraun und vertrocknet — mit eingesunkenen Augen und schmalen Lippen. Ein mächtiger Schauer flog durch des Mädchens Körper. Das also war Einer jener Geheimnisvollen, die vor Jahrhunderten hier umhergewandert waren! Sie schlang die Hände fest ineinander und konnte die Augen nicht abwenden von der halbzerfallenen Gestalt, dem entstellten, reglosen Antlitz. Das war einmal ein Mensch gewesen — hatte gelacht — hatte geweint — —

Mona kam seit jenem Tage oft zu dem stummen Fremdling. Sie saß dann neben dem Grab, wie man wohl am Bett eines lieben Freundes sitzt, und ihre Gedanken wanderten zurück in eine Zeit, als dieser Tote jung und frisch gewesen — und vielleicht glücklich. Den Indianern verriet sie den Zugang nicht. Diese Höhle sollte ihr ganz allein gehören. Jedesmal, wenn sie kam, brachte sie sich einen Arm voll Laubes mit, davon richtete sie sich eine Lagerstätte zu. Hier ruhte sie oft, die Hand auf der Truhe des Nachbars und sah dem Mond entgegen, der groß und dunkelgelb hinter der Felswand emporstieg.

Auch heute ging sie wieder in ihr Versteck und kehrte erst in's Tal zurück, als die Lichter in den Hütten erloschen waren — bis auf eins. Das ihrer Grannie. Mona öffnete die Brettertüre und trat in den niederen, aus Baumstämmen gefügten Raum. Da fand sie die alte Frau über ihrer groben Näharbeit eingeschlafen. Ihr Kopf war gegen die Wand zurückgesunken — grau hing ihr das Haar in die Stirn. Doch das rötliche Licht der Lampe übergoß ihr Antlitz mit einem sanften, verjüngenden Schein, und die vielen Falten und Fältchen, die sonst um die Augen gebreitet lagen, — die scharfen Kummerlinien an den Mundwinkeln, sie waren alle wie fortgezaubert. Mona stand betroffen still. Grannie nannte sie sie — Großmutter — aber eben kam sie ihr jung vor, fast mädchenhaft, trotz der grauen Haare. Vielleicht war sie gar nicht ihre Großmutter. Sie hatte schon oft darüber nachgedacht, und einmal vor Jahren, als die Bahnarbeiter noch unten in der sandigen Ebene waren, hatte sie die Alte gefragt: „Grannie, wie bin ich denn zu allererst zu Dir gekommen?"

Da hatte die Alte erwidert: „Ich habe Dich gefunden." „Wo hast Du mich gefunden?" frug das Kind. Die Frau war eine Weile still geblieben und endlich hatte sie gesagt: „Am Meer, unter einem Magnolienbaum." Mona konnte sich nicht erinnern, weder das Meer noch einen Magnolienbaum jemals gesehen zu haben, doch getraute sie sich nicht mehr zu fragen. Aber oft und oft, besonders in letzter Zeit, dachte sie über das Gehörte nach, und manchmal ergriff sie ein stürmisches Verlangen, die Stätte, von der sie kam, wiederzusehen. Warum? — sie wußte es selbst nicht. Und es

Dora Weinrich

kümmerte sie auch nicht. So viel des Unbegreifbaren beschwerte ihr jetzt oft die Seele. Etwas Neuerwachtes in ihrem Innern trieb sie manchmal tagelang ruhelos umher; es klagte in ihr — sie wußte nicht worüber; es sehnte sich nach etwas — sie wußte nicht nach was. Dann streckte sie ihre Kinderarme in der heißen Sommerluft aus, um das Unbekannte an sich zu reißen und ihre jungen Lippen öffneten sich dürstend.

Aber die Grannie merkte nichts von alledem. Sie kochte das Essen für die Arbeiterschar, sie wusch und flickte, und ließ allabendlich die Lampe brennen, bis das Mädchen von den Bergen heruntergekommen war.

Eines Abends jedoch wollte die Ansiedelung nicht zur Ruhe kommen. Die feine Sichel des Mondes schwebte höher und höher, und noch blinkten unten zahlreiche Lichter — noch gingen dunkle Gestalten hin und her und durch das Schweigen der Nacht tönten viele Stimmen.

Vorsichtig schlich Mona endlich näher. Als sie unten angekommen, war es plötzlich still geworden. Aber die Leute standen alle in feierlichem Kreise versammelt, und in ihrer Mitte befand sich ein hochgewachsener, fremder Mann. Sein Körper war von einer braunen Kutte bedeckt, die an den Hüften durch einen Strick zusammengehalten war. In krankhafter Blässe leuchtete sein Gesicht. Ein spärlicher schwarzer Bart bedeckte ihm Kinn und Wangen, und nachtschwarz waren auch die Augen, die wie mit zauberischer Gewalt die Zuhörer gefesselt hielten. Mona kam näher und näher, bis sie dicht hinter dem Kreise stand. Doch Niemand bemerkte sie, denn ein Jeglicher hörte auf die Worte des Mönchs. Und er sprach: „Liebe Kindlein! Ich bin zu Euch gekommen, um Euch das Brot des Lebens zu bringen. Ich fürchte, bei Eurem schweren Tagewerk vergesset Ihr des Besten. Eure Arbeit zieht Euch zur Erde nieder — sie verzehrt Eure Kräfte — des Abends sinkt Ihr müde auf das Lager, und der nächste Morgen findet Euch wieder über Eure Spaten gebeugt. Aber nicht so! liebe Kindlein. Richtet die Augen aufwärts, daß Ihr des Lichtes gewahr werdet. Lasset das Köstlichste in Euch erwachen und reden und Ihr werdet Großes vernehmen. Oeffnet Eure Ohren und horchet auf die Offenbarungsworte, die rings um Euch erklingen: jeder Grashalm predigt das Wunder des Daseins — jedes Sternbild singt Euch ein Ewigkeitslied. Machet Eure Seelen weit auf — laßt sie durchflutet werden von dem

Strom der göttlichen Liebe, die in dem Kleinsten das Größte sieht, die Alles mit der gleichen Inbrunst umfaßt — die Euch frei, und groß und glücklich macht...."

Mona war es, als schwinde der Boden unter ihren Füßen, als öffne sich der Himmel über ihr — gleich Ketten fiel es von ihr ab — sie berauschte sich an der Rede des Mönchs, die wie ein goldenes Meer über ihr zusammenschlug, und in ihrem Herzen war ein Jubeln und ein Schluchzen:

„Der Messias ist gekommen — der Messias, der allen Kummer heilt!" Als der Mönch geendet hatte und die Leute in stummer Scheu auseinandertraten, floh Mona in den Schatten des Abhangs zurück. Da blieb sie, bis ein Jeder seine Hütte aufgesucht hatte, und es ganz still geworden war. Dann trat sie vor und atmete tief und sah zum Sternen= himmel hinauf und lauschte den Ewigkeitsliedern....

Wie im Traum schritt sie dahin, den gewohnten Pfad zu den Bergen empor. Plötzlich erlahmten ihre Füße, ein wilder, wonniger Schrecken durchzuckte sie und wie ein Feuer= strom fuhr es nach ihrem Herzen. Da stand er, der Gottge= sandte! Scharf hob sich seine Silhouette von dem fahlen Hintergrunde ab. Er hielt den Kopf erhoben, als grüßten seine Augen ein fernes, unsichtbares Land.

Das Mädchen atmete haftig — fast klang es wie ein Weinen. Da wandte er sich ihr zu und ehe er's hindern konnte, war sie vor ihm niedergestürzt. „Laß mich knien vor Dir —" stammelte sie; und als er sie erschrocken aufzurichten suchte, griff sie nach seinen Händen und preßte in stürmischer Zärtlichkeit ihre Lippen darauf. „Laß mich Deine heiligen Hände küssen...."

Ein seltsames, fast stolzes Lächeln flog über seine Züge.

„Mädchen," bat er sanft, „steh' auf." Sie hörte ihn gar nicht. Sie ließ ihn nicht los. Er fühlte das Beben ihres heißen Mundes, das stoßweise Atmen, das ihren ganzen Körper erschütterte. „Du — Du," flüsterte sie, „mein Messias — Du bist zu mir gekommen!" Da hob er sie rasch in die Höhe. Zitternd stand sie vor ihm mit zurückgebogenem Kopf. Ihre Augen brannten, und ihr Gesicht erschien weiß im Sternenlicht. Bittend hob sie die Hände. „Mache mich gut — Du — so gut wie Du bist — so —" die Worte fehlten ihr. Sie schienen arm und bedeutungslos gegenüber der Macht ihrer Gefühle.

Dora Weinrich

Da kam es über den Mann wie eine wohltuende Flut von Liebe und Wärme, und seine darbende Seele wurde froh. Mächtig trieb es ihn, sich zu dem Kinde niederzubeugen und es an sein Herz zu nehmen. Aber er trat zurück und verschränkte wie zum Schutz die Arme über der Brust. „Du willst gut werden?" fragte er, und seine Stimme klang ihm selbst fremd und gepreßt. „Ja," sagte sie flehend und wieder wollte sie im Bewußtsein ihrer Niedrigkeit in die Kniee sinken; aber er hielt sie auf. Er setzte sich auf einen Fels und sie lehnte an ihm, zitternd vom Kopf bis zu den Füßen. Er blickte hinunter in's dunkle Tal, doch ihre Augen hingen unentwegt an seinem Gesicht.

„Was soll ich tun?" frug sie kaum hörbar, und da er nicht antwortete, fuhr sie klagend fort: „Ich weiß es ja nicht. Es ist alles dunkel in mir. Ich kann nichts erkennen, weil kein Licht da ist." — „Du sollst Gott lieben." — „Ich fürchte mich vor ihm — ich sehe ihn nicht — ich sehe nur Dich." — „Hat er noch nie zu Dir gesprochen?" — Sie schauderte und lehnte sich fester an ihn. „Nein," antwortete sie tonlos. „Nicht mit Worten — Mädchen — so wie ich rede oder wie Du redest — — Gott redet durch die Steine zu uns, durch die Tautropfen und durch die Vogellieder — — und durch manches Menschen Mund. . . ." „Durch den Deinen?" drängte sie. — „Den meinen?" — „Ja, ja — durch Dich — o das ist ein guter Gott." Die Tränen schossen ihr über das Gesicht. „Kind — verstehst Du mich auch?" — „Ja — o ja, ich verstehe Dich — er spricht durch die Tautropfen und die Vogellieder und durch Dich. Es ist alles dasselbe. Wenn mir ist, als müßte ich Flügel bekommen, als könnte ich nicht mehr auf der Erde bleiben — wenn etwas in mir zu groß wird, dann — dann ist es Gott. Und er hat Dich hergesandt zu mir — Du — Du bist wie der Tau und der Sternenhimmel, und Du machst mich größer als ich bin und wie neu — —"

Er riß sie, überwältigt von ihrer Inbrunst, an sich. Da brach sie an seiner Brust in haltloses Weinen aus. Und während die heiße Sommernacht auf lautlosen Sohlen vorüberglitt, erblühte in dem kahlen Bergland ein Haag duftender Rosen um den darbenden Mann, um das sehnende Kind.

Als der erste Morgenschauer die Gräser erzittern ließ und ein kühler Hauch Mona's Gesicht streifte, öffnete sie die Augen. Sie war allein.

Dora Weinrich

Ueber den Himmel breitete sich ein sanftes Leuchten, das immer heller und herrlicher wurde — Strahlenbündel schossen empor — der Schleier der Nacht war zerrissen — das Licht hatte gesiegt.

Mona strich sich mit beiden Händen das Haar aus der Stirn und blickte mit erstaunten Augen um sich: Der Abhang dort drüben — das Tal — jene Kiefer, deren Stamm goldig erglänzte — der starre Höhenzug — — sah sie denn all dies heute zum erstenmal? Wie verändert erschien ihr Jegliches! Sie blickte an sich nieder — sie betrachtete ihre Hände — das Gras zu ihren Füßen — wie seltsam, wie fremd! Wieder strich sie sich über die Stirn und ein glückliches Lächeln flog um ihren Kindermund. — — Siehe, es war alles neu geworden.

Sie dachte gar nicht daran, wieder zu den Menschen hinunter zu gehen. Die Vergangenheit war ausgelöscht — fortgespült durch ein Meer seligen Vergessens. Sie dachte auch an keine Zukunft — ob er wiederkommen würde — er war dagewesen, ihr Messias — er hatte sie erlöst — sie brauchte nichts weiter.

Unten in der Ansiedelung wunderte man sich über das Verschwinden des Mönches. Er hatte so seltsame Worte gesprochen — sie hätten gern mehr davon gehört. Seine Rede wollte manchem von ihnen nicht aus dem Sinne und der Eine oder der Andere hielt dann und wann in der Arbeit inne und hob den Kopf, um nach den Höhen zu blicken.

Aber schließlich vergaßen sie es und blieben wie ehedem von früh bis spät über ihre Spaten gebeugt. — Die Abwesenheit des Kindes fiel nur der Grannie auf. Anfangs tröstete sie sich damit, Mona sei wohl vor dem Fremden erschrocken und halte sich deshalb versteckt. Aber als Tag um Tag verging, ohne daß sie zurückkehrte, fiel ein lähmender Schrecken in das Herz der alten Frau. Sie flehte die Männer an, nach der Vermißten zu forschen, und diese legten willig ihre Geräte nieder und machten sich auf den Weg. Unermüdlich durchstreiften sie die Höhen und Klüfte, drangen in die Indianerzelte ein und suchten die Ufer der Gewässer ab — doch alles umsonst: das Mädchen blieb verschollen.

Nach Jahren, als die Leute der Ansiedelung längst weitergezogen waren und täglich viele Eisenbahnzüge die Stille des Gebirges unterbrachen, besuchte einmal ein Fremder das Tal mit den rätselhaften Höhlendörfern. Der gelangte eines Tages, auf Händen und Füßen durch einen Felsspalt kriechend, in eine kleine, zellenartige Höhle. Doch verwundert hemmte er seinen Schritt: da lag in einer gemauerten Truhe eine mumienartige Gestalt, und daneben, auf einem Lager dürren Laubes, der schmächtige Körper eines halberwachsenen Mädchens, von der sengenden Hitze ausgedörrt und vertrocknet.

Und der Fremde stand schaudernd still und seine Gedanken flogen zurück zu der Zeit, da diese Tote jung und frisch gewesen — und vielleicht glücklich.

Johanna Weiskirch

Die alte Weise.

Ich kenn' eine alte Weise,
Ein kleines, zärtliches Lied,
Das mir verstohlen und leise
Des Nachts durch die Träume zieht.

Vergaß, wer das Lied gesungen,
Das ich in der Seele trag',
Doch wenn's mir zur Nacht erklungen,
Geh' ich wie im Traum durch den Tag.

Schattenblumen.

Auch im Schatten wachsen Blumen,
Blumen, ganz besondrer Art:
Arm an Duft und matt von Farbe,
Blumen, schüchtern, keusch und zart.

Blumen, deren ganzes Leben
Eine wehe Sprache spricht:
Rief Natur uns, daß wir sterben
An der Sehnsucht nach dem Licht?

Johanna Weiskirch

Komm, laß uns wieder wandern ...

Komm, laß uns wieder wandern, so wie einst,
Den Pfad im Wald, den wir so oft geschritten
Zur Jugendmaienzeit, den Schatten nach,
Die von den Bäumen uns zu Füßen glitten.

Da steht die Buche noch, die ihr Gezweig
Verschwieg'ner Liebe willig biegt zur Laube,
Drin uns ein Himmelreich von Seligkeit
Geschaffen unsrer Liebe Frühlingsglaube.

Es ging ein Rauschen durch den Waldesdom,
Ein Leuchten, wie von weißen Opferkerzen
Lag auf den Bäumen, als das hohe Lied
Der jungen Liebe klang in unsren Herzen.

Komm, laß uns einmal wandern noch den Pfad,
Streut auch der Herbst die Blätter uns zu Füßen,
Braust auch sein Sturm, so wird uns doch das Glück
Der Jugendmaienzeit noch einmal grüßen!

Geborgen.

Nun tost ihr Stürme, nun dräue, du Riff,
Verankert im Hafen ruht sicher mein Schiff.
Nun reißt an der Kette, ihr Fluten, euch wund,
Ihr zieht es doch nimmer hinab zum Grund.

Ihr brüllenden Wogen, du heulender Wind,
Euch lauscht ein glückseliges Menschenkind,
Das endlich geborgen vor eurer Wut
Umfangen vom Arme der Liebe ruht.

Johanna Weiskirch

Nur einmal noch.

Nur einmal noch möchte ich meinen Mund
Auf deinen treulosen pressen.
Dann möchte ich noch zu derselben Stund'
Zum Sterben mich betten im Waldesgrund,
Daß du mich betrogst, zu vergessen.

Da schlief ich, von allem Jammer befreit,
Und über mir rauschten die Bäume;
Du aber, du kämst wie in alter Zeit
Zu mir, und die seligste Seligkeit
Ging jauchzend durch meine Träume.

Sie haben dich alle vergessen.

Sie haben dich Alle vergessen,
Sagt keiner ein Wort mehr von dir.
Und die, der einst galt deine Treue,
Sprach von einem Andern zu mir.

Zu deinem verlassenen Grabe,
Umwuchert von Disteln und Ried,
Eil' ich nun und schmück' es mit Blumen
Und raune hinunter ein Lied.

Ein Lied, und das soll es dir sagen,
Wie sehr ich geliebt dich hab'.
Du gabst einer Andern die Treue, —
Ich nahm mir zu eigen dein Grab.

Carl Friedrich Wiegand

Dreiklang.

Grundton meines Lebens war
Wetterstimmung manches Jahr:
Schwarzen Grames finst'rer Baß
Dröhnte ohne Unterlaß.

Da schlug reines Glockenerz
Festtagsläuten mir ins Herz,
Und im klaren Terzengang
Schmettert jetzt ein Zwiegesang.

Später jubelt, auf mein Wort —
Mit der Quinte ein Akkord!
Wer ist dann mit hellem Schrei,
Herzensliebchen, wohl dabei . . . . ?

Nacht in der Heide.

Wandernde Vögel — im dunklen Geleite
Finsterer Wolken, fern und nah —
Leise wiegt im Winde der Heide
Sich die träumende Erika . . .

Tausende Lichter in purpurnen Fernen
Locken in trostlose Nächte hinein.
Funken aus einsam wandelnden Sternen
Spiegeln im Wasser den goldenen Schein.

Tod und Verderben im flüsternden Rohre —
Durch das dämmrige Einerlei
Klingt im Nachtwind über dem Meere
Ein erstickender Hilfeschrei . . .

Unheilkündend über mir thronen
Finstre Gefahren im Schatten des Teichs,
Nur in den Wassern blinken die Kronen
Eines versunkenen Königreichs . . .

Carl Friedrich Wiegand

Turf.

Die Flagge fällt! Und über den Rasen,
Als hätten Trompeter Attacke geblasen,
Dumpfdonnernd des Hufschlags polternde Wucht,
En plein carriere die wiehernde Flucht — —

Auf den Hälsen der Renner, wie bucklige Affen,
Zehn Jockey's, die kaum ihren Atem erraffen.
Blitzhufige Hengste im feurigen Sprung,
Wildfiebernd beim pfeifenden Gertenschwung.

Dazwischen ein Trupp Kavallerieoffiziere,
Husarenmusik im grünen Reviere. —
Ein Rappe bricht aus! Im Einlauf als Held,
Ein Graf, voran dem farbigen Feld!

Helljauchzender Zuruf bei Frauen und Knaben —
Ein Schrei! Wer stürzte an Hürde und Graben? —
Ein Farben- und Pferde- und Menschenknäul,
Mit zornigen Hufen ein schlagender Gaul!

Heißzitternd auf den Tribünen droben
Sich tausend blitzende Gläser erhoben. —
Komtesse erbleicht und fragt nur kurz:
„Es scheint, bei Gott, ein bedenklicher Sturz!"

Schon wieder im Sattel! Wie bei der Parade
Durchstürmt das Ziel die Galoppkavalkade — —
Nur Einer liegt auf dem Rasen still.
Ob er sich nicht erheben will? —

Verblaßt in der Jugend ein strahlendes Leben?
Er kann sich kaum auf die Beine erheben,
Schaut hilflos nur auf dem Anger sich um
Und schüttelt das Haupt so ernst und stumm.

Und über den Hufschlag zerstampfter Bahnen
Da eilen sechs rettende Königsulanen.
Der Eine trägt in Flirt und Alarm
Gar einen Sonnenschirm unter dem Arm.

Schon kommt man mit dem Unglückswagen,
Zerbrochene Jugend nach Hause zu tragen. —
Was sprach vor seinem Todesschlaf
Zu seinen Freunden der junge Graf? —

„Bleibt man zu Hause, liebe Kinder,
Mich bringt ihr nich so schnell zum Schinder —
Ich such' und finde nich' im Gras
Mein Augenglas, mein Au —! genglas"...

Mein Lied.

Wie es meine Augen sah'n,
Will ich's weitersenden.
Wie es kam auf seiner Bahn,
Geb' ich's aus den Händen.

Folgend seinem eignen Stern,
Wenn's von mir geschieden:
Gold'nen Sinn lass' ich ihm gern,
Eignen Schönheitsfrieden.

Wiesenblüten flüstern mir
Silbern durch die Seele,
Schmettert durch das Bergrevier
Lockend seine Kehle.

Uebermut im Herzensgrund
Spielt in gold'nen Kreisen,
Neig' ich leise Ohr und Mund
Blütenspruch und Weisen.

Blinkend klingt's im Morgen hell,
Schillert eig'ne Schöne:
Heil'gen Ursprungs Wunderquell
Rieselt durch die Töne.

Frühlingsblüten in der Hand,
Kehr' ich heim ein Andrer,
Geh' ich durch das Menschenland
Als ein Schönheitswandrer....

Heimat.

Wollen nach Jahren ich und du
Wieder die Heimat sehen,
Komm', wir heben dem Dörfchen zu
Müde Füße zum Gehen.

Schauen, ob mein Häuschen blieb,
Ob die Quellen fließen,
Wo der Hirt die Herden trieb
In die Heimatwiesen.

Heimathäuschen steht noch dort,
Mit dem bunten Gefache,
Heimatrauch zieht d'rüber fort
Ueber'm Ziegelbache.

Fünkchen aus dem Schornstein sprüht,
Komm' ich dich besuchen.
Knisterglut im Ofen glüht
Für den Osterkuchen.

Tränen rinnen frei und schwer,
Geh' ich durch die Gassen;
Heimatlüfte um mich her
Schluchzend mich umfassen.

Sonne sinkt so rot und heiß
In mein Weinen, Lachen —
Mütterchen, du kommst, ich weiß,
Alles gutzumachen.

Schaut' so lange nach euch aus,
Heimatliche Linden!
Werd' ich doch mein Vaterhaus
Endlich einmal finden . . .

Erinnerung.

Rollt auch das Rad durch ferne Räume,
Vergangenes ist stets bei mir.
Auf alle meine Zukunftsträume
Wirft diese Zeit noch ihre Zier.

Und denk' ich ihrer, weicht von hinnen
Das Marktgeschrei, das mich umgellt.
Ich fühle goldne Bäche rinnen
In eine heil'ge Gotteswelt.

Ich möchte meine Hände falten:
Zerreißt mein Herz mir nicht im Harm,
Ich möchte alle Ströme halten
Mit dieser Brust, mit diesem Arm

Was wollt ihr, heiße Tränentropfen? —
Ihr kamt mir oft schon unbewußt,
Wenn zarte Kinderfinger klopfen
An dunkle Glocken in der Brust.

Ich weiß, daß spät nach harten Plagen
Erfülltes Sehnen jubeln mag,
Dann kommt in allen Erdentagen
Beim Frührot mir ein Feiertag . . .

Carl Friedrich Wiegand

Sprüche.

I.

Als Angedenken dieser Stunde
Sei dir dies Wort, bar eitler Hülle;
Der besten Geister schönste Kunde
Gefällt sich nicht in Prunk und Fülle!
Ein jedes Wort aus deinem Munde
Es sei dein Wahlspruch und dein Wille.

II.

Wer Frohsinn weiß mit bitt'rem Ernst zu binden;
Wer Mitleidsliebe weiß im Schmerz zu künden:
Der schürft das Gold aus seinen rohen Banden,
Der liebt den Menschen auch in seinen Sünden,
Der wird das Leben lebenswerter finden
Und hat die wahre Heiterkeit verstanden.

Rudolf Winterwerb

Im Berner Oberland.

I. Jungfrau.

Jungfrau! — Schöne blonde Dame! —
Dein germanisch keuscher Name
Ist gepriesen fern und nah.
Vielgerühmt in allen Landen
Stehst du dennoch unverstanden
In erhab'ner Größe da!

Mit der Brille auf der Nase,
Mit dem Fern= und Opernglase
Hat noch Keiner dich geseh'n! —
All' die Fratzen, all' die Laffen,
Die von ferne nach dir gaffen,
Werden niemals dich versteh'n! —

Wer dein Herze will erschließen,
Deine Liebe will genießen,
Muß ein strammer Bursche sein! —
Manchen fröhlichen Gesellen
Schlossen deine silberhellen
Arme liebefreudig ein.

Und es hat in jungen Jahren
Manch' ein armer Bursch' erfahren
Deiner Liebe Ueberfluß! —
Manchem lebensfrohem Jungen,
Der dein stolzes Herz bezwungen,
Schenktest du den Todeskuß.

Rudolf Winterwerb

„Jungfrau" nennen sie dich zierlich,
Und du machst auch ganz manierlich
Ein recht jüngferlich Gesicht,
Tust, als ob an deiner Ehre
Nicht der kleinste Makel wäre;
Aber — — — Jungfer bist du nicht!

II. Mönch.

Herr Mönch! — Erlaubnis! — Was fällt euch denn ein?
Was soll dies üble Benehmen? —
Am hellen Tage benebelt zu sein! —
Herr Mönch! — Ihr solltet euch schämen! —

Ganz urgemütlich liegt er da
Mit seiner weißen Kaputze
Und treibt das tollste Allotria
Im gräulichen Gletscherschmutze.

Es ziemt sich doch nicht für den geistlichen Mann,
Nach keinem Menschen zu fragen! —
Was soll denn die Jungfrau nebenan
Zu solchem Benehmen sagen?

Nehmt Euch in Acht! — Der bösen Welt
Wird's nicht verborgen bleiben! —
Ihr seid doch viel zu hoch gestellt,
Um solchen Unfug zu treiben! —

III. Eiger.

Eiger, Eiger! — Großer Schweiger!
Alles lacht im Sonnenschein;
Warum blickst du gar so finster,
Gar so weltverdrossen drein?

Glaube mir, in vielen Stunden
Hab ich drüber nachgedacht,
Und ich hab herausgefunden,
Was dir solche Sorge macht.

Rudolf Winterwerb

Mönch und Jungfrau dicht beisammen! —
Ich versteh', daß einem Mann,
Einem ernsten, sittenstrengen
So was Sorge machen kann.

Freilich sagt man, ihre Herzen
Seien hart und kalt, wie Stein,
Und die Jungfrau scheint sehr sittsam,
Und der Mönch recht fromm zu sein.

Doch wir wissen aus Erfahrung,
Was die strenge Sitte frommt,
Wenn die Stunde der Versuchung
Sacht herangeschlichen kommt.

Manche Jungfrau konnte strammer
Männerkraft nicht widersteh'n,
Mancher Mönch brach sein Gelübde,
Der ein schönes Weib gesehn.

Darum, lieber, guter Eiger,
Halte weiter treulich Wacht,
Daß der Mönch in alten Tagen
Keine dummen Streiche macht.

Die Sennhütte.

Als ich dich, du kleine Hütte,
Jüngst im Sonnenscheine sah,
Ach, wie klein und schwarz und schmutzig,
Wie erbärmlich schienst du da.

Heute, wo im Regenschauer
Du mich aufgenommen hast,
Da erscheinst du warmer Winkel
Wie ein herrlicher Palast!

Lotte.

Du mußtest wohl sehr lieblich sein,
Du deutsches Amtmannstöchterlein,
Mit deinen blonden Haaren;
Es war jedoch im Deutschen Reich
Manch Amtmannstöchterlein dir gleich
In seinen Jugendjahren.

Und sahen sie dein lieb Gesicht,
Dann sind die Herrn vom Reichsgericht
Gewiß entzückt gewesen;
Wo aber wäre der Jurist,
Dem nicht ein Mädel lieber ist,
Als Corpus-juris-Lesen?

Doch daß in der Juristen Schar,
Die dich verehrte, — — — Goethe war,
Das danke deinem Gotte!
Längst starb das alte Reichsgericht,
Du aber lebst und moderst nicht;
Du bist und bleibst — — — die Lotte!

Friede.

Ich hörte im gotischen Dome
Bei brausendem Orgelklang
Am Tage der Auferstehung
Den jubelnden Meßgesang.

Ich hörte den greisen Rabbiner,
Er trug dem lauschenden Chor
In dämmriger Synagoge
Die Weisheit des Talmud vor.

Ich hörte den Türkenpriester
Auf zierlichem Minaret,
Der rief nach allen vier Winden
Die Gläubigen zum Gebet.

Ich hörte zu Allah beten,
Jehovah und Jesus Christ,
Ich hörte die Menschen streiten,
Wer Herrscher des Himmels ist.

Doch überall strahlte die Sonne
Hoch broben am Himmelszelt,
Ergießend Wärme und Wonne
Gleichmäßig in alle Welt.

Und überall blickten die Besten
Empor und fühlten dabei:
Es wünscht der Herrscher des Himmels,
Daß Friede auf Erden sei!

Rudolf Winterwerb

Verregneter Sonntag.

Die ganze Woche Sonnenschein
Und Hitze zum erschlaffen,
Als müßte man am Werktag nicht
In dumpfer Werkstatt schaffen!

Warum muß nun gerade heut
Der Regen strömend fließen?
Man möchte doch am Sonntag gern
Den Sonnenschein genießen!

Das alte Lied vom Sonnenschein!
Gar oft ist es erklungen,
Und Mancher, der es angestimmt,
Dem ist das Herz gesprungen!

Dem Einen scheint die Sonne stets,
Kaum kann er sie ertragen,
Der Andre kennt den Sonnenschein
Fast nur vom Hörensagen.

Des Scheenste uff der Welt.*)

Als klääner Knorze haww' ich die
Behaaptung uffgestellt,
Der Zoologische Gaarde wär'
Des Scheenste uff der Welt! —

Die Aeffcher un die Kakabus
Un aach der Elefant — — —
Korzum des Dhierreich ungebhäält
Mein volle Beifall fand.

Als Jingling haww' ich mich gedreht.
Da dacht' ich ungefähr,
Daß unser Palmegaarde doch
Des Allerscheenste wär!

---

*) Erschien in der „Frankfurter Krebbel-Zeitung" 1896.

Rudolf Winterwerb

Die Blimmercher un Blättercher
Die stimmte mich ganz weich.
Ich hab' for gar nix mehr geschwärmt,
Als wie for's Planzereich!

Un heut, wo ich erwachse bin,
Werd mer uff äämool klar:
Des Aller — allerscheenste is
Uff Erde e Bazar! —

Es geht nix immer's Menschereich —
Des is mer jetz gewiß —,
Wenn's net allää e Menschereich
Von reiche Mensche is.

Schiedunner giebt's net im Bazar,
Der mächt se alle gleich. —
Die reiche Mensche werde arm,
Die arme obber reich!

Was is der bes for e Pläsier,
Wann so e armer Mann
Der reiche Milljonersfrää
E Trinkgeld gewwe kann!

Was hot der uff der annern Seit
Der Milljonehr en Graus,
Wann er mit Hunnertmarkschein kimmt -
Un kriegt nix druff eraus!

Kään Klassehaß und Rassehaß
Un Massehaß is da!
Un die „soziale Frage" is
Der scheenste Leesung nah!

Korzum es is e Berjersfreud
Un Käänner will da ruhn! —
Denn Jeder segt: „Es dhut so wohl,
De Annern wohlzebhun!" —

Un wen ich frag, der segt geschwind:
„Berbeppel, es is wahr!
Des Aller — allerscheenste is
Uff Erde e Bazar!"

Rudolf Winterwerb

Wie sich die Zeide ännern!*)

Wer heutzedag in Frankfort lebt,
Der is net zu beneide! —
Des war einst annerscht! — Ach, Herrjeh —
Wie ännern sich die Zeide!

Einst ware Hannel un Verkehr
Un Kunst weit fortgeschritte!
Justiz, Moral un Millebär — — —
Mer war'n dermit zefribbe!

Un jetz! — Der Hannel! — No es werd
Aeäch jetz noch viel gehannelt;
Allää der Hannel hat sich net
Zum Beste umgewannelt.

Wo is der Dalles? Wo die Meß? —
Wo sinn die gold'ne Zeide,
Da 's noch e forchtbar Arweit war,
Sei Kupons abzeschneide?

So was giebt's heutzedag net mehr! —
Es is ääch gar kei Wunner! —
Die Steuern gehe in die Höh',
Die Zinse geh'n erunner!

Un der Verkehr! — Du liewer Gott,
Wo is dann der gebliwwe? —
Aeän äänz'ge Bahnhof hamm' mer jetz,
Un frieher warn's er siwwe.

Die Kunst! — Des scheene Schauspielhaus,
Wer werd die Pracht net kenne? — — —
Ach, so en Tempel wagt mer heut,
En Schweinestall zu nenne!

Un die Justiz! — Wo hat mer einst
Von Eibrich je gesproche? —
Jetz werd sogar vom Magistrat
Mit Vorlieb — eigebroche!

―――――
*) Erschien in der „Frankfurter Krebbel-Zeitung" 1896.

Rudolf Winterwerb

Un die Moral! — Herrjeh! — Herrjeh!
Zum Schutz der scheene Mädcher
Verdheilt e ganze Heilsarmee
Am Bahnhof ihr Traktädcher!

Zur Hewung unf'rer Sittlichkeit
Is e Verein erbeetig! —
So weit is Frankfort heutzedag! —
Wo war des frieher neetig? —

Des Millebär! — Die weiße Bisch,
Un wie se alle heiße — — —
Wo sinn se hin? — Die junge Leut,
Die geh'n jetz zu de Preuße! —

Ja! — Wann se noch Muß-Preuße wär'n,
Dann wollt ich gar nix schwätze! —
Nää! — Preuße wer'n se zur Pläsier! —
Die Krott, die soll se petze! —

Sogar die liewe Mädercher
Die sinn net zu bewahre!
Sie nemme Einunbachtziger
Un dreizehner Husare! —

Die Religion! — Uff dem Gebiet
Is ääch net viel zu hoffe! —
Am Sonndag sinn die Läde zu,
Des Wertshaus awwer offe! —

Korz! — in en wahre Sindepuhl
Sinn mer eneigerade! — — —
Woborch? — Die Zeide ännern sich!
Des is der große Schade! —

Mer mecht' sich den Chlinnerhut
Mit schwarzem Flor umrännern,
Weil's äämol net ze ännern is,
Daß sich die Zeide ännern!

Biographisches und Bibliographisches.

Johann Jacobus (Fries), * zu Frankfurt a. M. 19. 8. 1826, † ebda. 1. 8. 1901.
Veröffentlichte:
Humoristische Memoiren eines alten Frankfurters, 1892; 3. Auflage. 1897.
Humoristische Balladen und Erzählungen, 1897; 2. Aufl. 1899.
Altfrankfurter humoristisch-historische Sittenbilder, 1899.
Der Humor des Menschenlebens, 1901.
(sämtlich im Verlage der Kesselringschen Hofbuchhandlung, Frankfurt a. M.-Leipzig.)

Wilhelm Jordan, * 8. 2. 1819 zu Insterburg, † 25. 6. 1904 zu Frankfurt a. M. Dr. phil. Ministerialrat.
Werke:
Demiurgos, 1854. (Brockhaus, Leipzig.)
Shakspere, Gedichte und Dramen, 1861.
Sophokles, 1862.
(Verlag: Georg Reimer, Berlin.)
Strophen und Stäbe, Ged., 1871.
Durch's Ohr, Lustsp., 1876 (6. Aufl.).
Andachten, Ged., 1879.
Erfüllung des Christentums, 1879.
Nibelungen, I., 1892 (14. Aufl.).
Nibelungen, II., 1892 (10. Aufl.).
Tausch enttäuscht, Lustsp., 1886 (2. Aufl.).
Feli Dora, Erzähl., 1890.
Deutsche Liebe, 1891 (3. Aufl.).
Letzte Lieder, Ged., 1892.
In Talar und Harnisch, 1899 (2. Aufl.).
Homer, Ilias u. Odyssee, 1889 (3. Aufl.).
Die Edda, 1890 (2. Aufl.).
(W. Jordan's Selbstverlag, Frankfurt a. M.)
Die Sebalds, Roman, 1896 (3. Aufl.).
(Deutsche Verlags-Anstalt, Stuttgart.)
Zwei Wiegen, Roman, 1895 (2. Aufl.).
(G. Grote, Berlin.)

Johann Jakob Krebs, * zu Frankfurt a. M. 29. 11. 1829, † ebda. 28. 3. 1902. Oberkonsistorialrat, Sen. min. Pfarrer Dr.
Dornblüten, Gedichte, 1903.
(Mahlau und Waldschmidt, Frankfurt a. M.)

Johann Jakob Mohr, * 15. 7. 1824 zu Frankfurt a. M. als erster Sohn einer alten Handwerkerfamilie, die sich, wie es in damaligen Zeiten in den alten Reichsstädten öfters der Fall war, eine höhere Bildung und eine sehr geachtete Stellung in der Vaterstadt erworben. Auf den Universitäten Bonn, Heidelberg und Tübingen studierte er Theologie, kehrte dann nach seiner Vaterstadt zurück, um dort mehrere Jahre als Hülfsprediger und Hülfslehrer zu wirken. Trotzdem er begründete Aussichten hatte auf die baldige Erlangung einer der besten dortigen Pfarrstellen, entschloß er sich doch auf diese Verzicht zu leisten und sich gänzlich dem Lehrberufe zu widmen. Anfang der sechziger Jahre wurde er zum Oberlehrer an der Katharinenschule ernannt, welche Stelle er bis zu seiner 1886 erfolgten Pensionierung inne hatte. Schwere körperliche Leiden und tiefer seelischer Kummer ließen ihn nicht lange des wohlverdienten Ruhestandes nach einem schaffensreichen Leben erfreuen; er starb am 5. Februar des Jahres 1890. Schriftstellerisch tätig war J. J. Mohr fast während seines ganzen Lebens. Schon während der Studienzeit entstanden Gedichte und Epigramme. Es folgten später Novellen und dramatische Arbeiten, und hauptsächlich schuf er viele Aphorismen; einige entstanden noch auf seinem Sterbelager.

Nach seinem Tode wurde eine Gesamt-Ausgabe in 3 Bänden veranstaltet. (Verlag Friedrich Altmann, Leipzig, 1900.)

Ludwig Ferdinand Neuburger, * 27. 9. 1836 zu Düsseldorf, † 25. 10. 1895 zu Frankfurt a. M.

Sein erstes Drama „Eponina", das von Diderots Novelle angeregt, „Die Marquise von Pommeraie", „Laroche", „Der kleine Kadi", die in Frankfurt sämtlich zur Aufführung gelangten, bilden die literarische Hinterlassenschaft des aus bestem Schaffen Gerissenen. Nach den Gymnasial- und Universitätsstudien bekleidete er längere Zeit eine Erzieherstelle in Wien in einem vornehmen Hause und war dann in Frankfurt an einer höheren Lehranstalt tätig.

Gesammelte Werke, 2 Bde. (E. Pierson's Verlag, Dresden.)

Paul Quilling, * zu Frankfurt a. M. am 17. 2. 1846, † 17. 4. 1904 ebda.

Humoristisches Allerlei aus Sachsenhausen, 1883; 5. Aufl. 1894.
Schrulle un Flause, 1885; 4. Aufl. 1893.
Lustiges Sammelsurium aus Frankfurt, Sachsenhausen und Drumherum; 2. Aufl. 1892.
Verloren und gefunden, Erzählung, 1890.
Ausgesöhnt, Lustspiel, 1893.
Kunterbunt, 1895.
Schnick-Schnack, 1898.

(sämtlich: Verlag von F. B. Auffarth, Frankfurt a. M.)

Johann Jakob Siebert, * 18. 6. 1832 zu Rotterdam, † 2. 3. 1902 in Frankfurt a. M., Justizrat.

Gedichte (als Manuskript gedruckt), 1903.

Friedrich Stolze, ein richtiges Frankfurter Kind, stammte nicht aus einer Altfrankfurter Familie. Sein Vater, Friedrich Christian Stolze, war in Hörla im Waldeck'schen geboren, und verheiratete sich mit einer Frankfurterin, Anna Maria geb. Rottmann. Der Ehe entstammten fünf Kinder; Friedrich war das jüngste; er war am 21. 11. 1816 geboren. Der junge Friedrich erhielt eine vorzügliche Erziehung; nach damaligen Begriffen sogar eine Erziehung, die weit über seinen Stand hinausging. Zu seinen Lehrern gehörte u. a. auch Dr. Textor, der Neffe Goethe's. Friedrich war ein begabter, aber ein wilder Junge, sein poetisches Talent regte sich sehr frühe, namentlich unter dem Einfluß seiner etwas schwärmerisch angelegten Schwester. Gegen Ende des Jahres 1849 verheiratete sich Stolze mit einer Frankfurterin, Marie geb. Messenzehl. Von 1852 an gab er in zwangloser Folge die „Krebbel-Zeitung" heraus, die in Frankfurter Mundart die Tagesereignisse besprach, sowie die Zustände Frankfurts und seiner Nachbarstaaten humoristisch-kritisch beleuchtete. Die „Krebbel-Zeitung" hatte einen großen Erfolg, ihr Erscheinen war jedes Mal ein Ereignis. Im Jahre 1860 begründete Stolze in Gemeinschaft mit dem Maler Schalck die „Frankfurter Latern", ein humoristisch-satirisches Wochenblatt, das in hochdeutscher Sprache, wie in Frankfurter Mundart, in poetischer wie in prosaischer Form die lokalen Ereignisse wie die Zeitbegebenheiten kritisch erörterte. Am Ostersamstag 1891 unter dem Klang der Glocken, die das Fest einläuteten, entschlummerte er sanft für immer.
(Auszugsweise dem von Otto Hörth verfaßten Lebensabriß entnommen, Vermischte Schriften, Bd. 5.)

Gesammelte Werke, 5 Bde.
(Verlag von Heinrich Keller, Frankfurt a. M.)

Heinrich Weismann, Direktor der Elisabethenschule zu Frankfurt a. M., * 23. 8. 1808 zu Frankfurt a. M., † 19. 1. 1890, ebda.
Gedichte, 1891. (Moritz Diesterweg, Frankfurt a. M.)

Hans Amorbach, Pseudonym für Willy Gristow, wissenschaftlicher Lehrer, * 30. 1. 1868 zu Voigdehagen bei Stralsund. Studierte Theologie und Philologie, war Hauslehrer in mehreren abligen Familien, lebte in Berlin als Privatlehrer und Litterat, kam Sommer 1904 aus Rheinhessen nach Frankfurt.

Die Lieder und Aphorismen sind einer ungedruckten Sammlung „Gescheine", Lieder aus dem Ingelheimer Grund und andere mit einem Anhang Aphorismen, entnommen.

Friedrich Wilhelm Battenberg, * 16. 5. 1847 zu Frankfurt a. M., studierte Paedagogik, Philologie und Theologie zu Leipzig und Berlin, nahm als kriegsfreiwilliger Musketier im 82. Inf.-Regiment am Feldzug 1870/71 teil, studierte dann in Göttingen Theologie unter Ritschl, war Lehrer an der deutschen Schule in Neapel, dann am Gymnasium zu Frankfurt a. M. und an der Realschule und dem Proggmnasium zu Alzey. 1882 wurde er Pfarrer in Orlishausen (Thüringen), 1884 an der Peterskirche zu Frankfurt a. M. Er schrieb: „Erinnerungen aus großer Zeit", 1895; und „Die alte und die neue Peterskirche", 1895. (Kesselring'sche Hofbuchhandlung.) Er ist Herausgeber des „Evang. Gemeindebl." (später „Die Gemeinde").

Max Bayrhammer, * 26. 5. 1868 in Schloß Baumgarten bei Passau. In seiner schauspielerischen Laufbahn war B. in München, St. Petersburg, Weimar, Breslau und Wien tätig, um nach einer Gastspielreise mit Agnes Sorma, die ihn durch ganz Europa führte, seit vier Jahren in Frankfurt am Schauspielhaus zu wirken. Er hat als Schriftsteller für viele Tageszeitungen geschrieben und außerdem einen Band Theaterhumoresken herausgegeben: „Erlebnisse eines Wandermimen".

(Gebr. Knauer, Frankfurt a. M. 1902.)

Robert Bobmer, Pseudonym für Maler Max Harrach, * 20. 2. 1872 zu München, seit 1895 in Frankfurt a. M.

Marie Böhler. „Ich wurde am 22. 6. 1881 zu Frankfurt a. M. als Tochter des Fabrikbesitzers J. C. Böhler geboren und besuchte später die höhere Töchterschule. Lieber wäre ich 10 Jahre später zur Welt gekommen, weil mein ganzes Wesen in den gemäßigten Reformbestrebungen der Neuzeit wurzelt und es mir dann sicher möglich gewesen wäre, einen anderen Bildungsgang durchzumachen. Ich war ein temperamentvolles, witziges Menschenkind. Nach meinem 12. Jahre fing ich an, sehr ernst und träumerisch zu werden und las stets mehr als ich durfte. Von Gedichten wurden einige in Zeitungen und Zeitschriften aufgenommen. Nach mehreren Semestern Musikstudium wandte ich mich ganz der Schriftstellerei zu. Im Frühjahr 1904 erschien bei Gebr. Knauer, Frankfurt a. M., meine Gedichtsammlung „Genesung". Zur Zeit beschäftige ich mich hauptsächlich mit der Ausarbeitung einer Novellensammlung „Mitleid", die später in Buchform erscheinen soll."

Margot Brach. „Ich bin am 8. 2. 1885, auf einem kleinen Landgute meiner Eltern, zu Homburg v. d. H. geboren. Mit meinem fünften Jahre siedelten wir nach Frankfurt a. M. über, wo ich mit kleineren Unterbrechungen bis jetzt verblieb und die Humboldtschule absolvierte. Veröffentlicht ward bis jetzt noch nichts von mir, ich habe weder eine Gedichtsammlung, noch ein Buch herausgegeben."

Emil Claar wurde am 7. Oktober 1842 zu Lemberg als Sohn des Hof- und Gerichtsadvokaten Dr. jur. Moritz Claar geboren. Nachdem er das Gymnasium durchlaufen, widmete er sich dem Studium auf der Universität, mit dem Vorhaben, Mediziner zu werden. Doch, ein kaum siebzehnjähriger Jüngling, verließ er seine Vaterstadt und betrat unter der Direktion Heinrich Laube's als Darsteller kleinerer Rollen die Bühne des Burgtheaters zu Wien. Nachdem er in kleineren, österreichischen Städten die Leiden und Freuden der Schmiere und damit die ernste Schule des Lebens genügend durchkostet hatte, nahm er ein Engagement an das Berliner „Königliche Schauspielhaus" an und folgte später einem Rufe an das Stadttheater nach Leipzig, wo er sechs Jahre verblieb und hauptsächlich das Fach der humoristischen Charakterrollen im klassischen Drama und im Konversationsstück pflegte. Als Heinrich Laube die Direktion des Leipziger Stadttheaters übernommen hatte, zog er Emil Claar, der damals erst im 25. Lebensjahre stand, als seinen dramaturgischen Mitarbeiter und beratenden Freund in seine Nähe; manche wertvolle Anregung wurde gegeben und empfangen, und der junge Künstler fand die gewünschte Gelegenheit, auch Regietätigkeit zu entwickeln. Nach Laube's Scheiden von Leipzig ging Claar 1870 als Regisseur nach Weimar an das Hoftheater, wo er zwei Jahre wirkte. Alsdann führte ihn ein Ruf als Oberregisseur an das deutsche Landestheater zu Prag, und er übernahm dann als selbstständiger Direktor, das Residenztheater in Berlin. Unterstützt durch seine Gattin, die reich begabte Künstlerin Hermine Claar-Delia, wußte der junge Direktor manches Rauhe zu ebnen, wie solches täglich dem Bühnenleiter auf seinem Pfade begegnet. Im Jahre 1879 wurde Emil Claar zum Intendanten der Frankfurter vereinigten Stadttheater gewählt, welche Stellung er heute noch als Leiter des Schauspielhauses bekleidet.

Als Schriftsteller war Emil Claar nach den verschiedensten Richtungen tätig und veröffentlichte unter anderem:
Gedichte I/II, 1868. (Oscar Leiner, Leipzig.)
Shelley, Trauerspiel, 1874. (L. Rosner, Wien.)
Simson und Delila, Lustspiel, 1875. (Blochs Theaterverlag, Berlin.)
Königsleid, Trauerspiel, 1895. (Heinrich Minden in Dresden.)
Neue Gedichte, 1894.
Weltliche Legenden, 1899.
(J. G. Cotta'sche Buchhandlung Nachf., Stuttgart.)

Paul Nikolaus Cossmann, * am 6. 4. 1869 in Baden-Baden als Sohn des Violoncellisten Bernhard Cossmann, damals Professor am Konservatorium in Moskau. Kam Herbst 1878 nach Frankfurt, als sein Vater an das neubegründete Dr. Hoch'sche Konservatorium berufen wurde, besuchte dort die Schule bis Herbst 1887, studierte Philosophie und Naturwissenschaften 1887 bis 1890 in Berlin, 1890 bis 1893 in München.

Veröffentlichte: Eine Aphorismen-Sammlung, von der 1902 die zweite Auflage (Berlin, Verlag Schuster und Löffler) erschien, späterhin eine Biographie Hans Pfitzners (1904, München, Georg Müllers Verlag). Seit Begründung der „Süddeutschen Monatshefte" führt er die Redaktion des wissenschaftlichen Teiles dieser Zeitschrift.

Clem. Cramer, * 1874 zu Frankfurt a. M.

Richard Dohse. „Am 25. 5. 1875 wurde ich zu Lübz i. M. geboren. Seit Herbst 1901 Oberlehrer an der Sachsenhäuser Realschule zu Frankfurt a. M. Ich bin dem Geschick dankbar, daß es mir neben meinem Beruf ein stilles häusliches Glück beschert hat, dessen Sonnenstrahlen es mir möglich machen, hier und da meine Mußestunden mit die Poesie zu vergolden. Da ich als Norddeutscher meine Heimat über alles liebe und bis zum Abschluß meiner Schulzeit fast ausschließlich und auch später gelegentlich plattdeutsch gesprochen habe, so ist es selbstverständlich, daß auf literarischem Gebiete mein eigentliches Arbeitsfeld das Bestreben ist, mein gut Teil dazu beizutragen, daß die urwüchsige Sprache Reuters, Brinckmanns und Groths noch lange, lange Zeit in Lebendigkeit und Frische erhalten bleibe. Diesem Bestreben sind meine beiden Hauptschriften gewidmet: „Mecklenburgisches Dichterbuch" (Wilh. Süsserotts Verlag,

Berlin, 1903) und das vor kurzem erschienene Gedichtbuch „Von Hart tau Harten" (Max Hansens Verlag, Glückstadt, 1905). — Hochdeutsch ist mein Erstlingswerk geschrieben „Aus stillen Stunden", Gedichte (E. Pierson's Verlag, Dresden, 1901)."

E. Döring, lebt seit 1863 beständig in Frankfurt a. M.
Veröffentlichte:
Hellas Mythologie und Geschichte von Griechenland, 1876.
Lehrbuch der Geschichte der alten Welt, 1881.
König Philipp, Trauerspiel, 1881 (unter Pseudonym Chr. Schlosser).
(Verlag von Moritz Diesterweg, Frankfurt a. M.)
Gregor, Schauspiel.
Idealisten, Schauspiel.
(Selbstverlag.)
Frankfurt in der Franzosenzeit, Schauspiel, 1905.
(Verlag von Voigt u. Gleiber, Frankfurt a. M.)

Oscar Eberhardt. „Ich bin am 13. 10. 1867 zu Frankfurt a. M. geboren. Erschienen sind bis jetzt von mir:
1901, Gedichte in Frankfurter Mundart.
1903, Gedichte in Frankfurter Mundart. Neue Folge.
(Verlag der Kesselring'schen Hofbuchhandlung Frankfurt a. M.)
Ein dritter Band befindet sich soeben in Vorbereitung."

Hermann Faber, Pseudonym für Dr. jur. Hermann Goldschmidt, * zu Frankfurt a. M. am 18. 7. 1860.
Werke:
Ein Weg zum Frieden, Roman, 1890.
Hans der Träumer, Lustspiel, 1895.
(Heinrich Minden, Dresden.)
Der freie Wille, Schauspiel, 1891.
Die goldene Lüge, Drama, 1892.
(Reclam's Universalbibliothek, Leipzig.)
Das ewige Leben, Schauspiel, 1897.
Ein glückliches Paar, Lustspiel, 1899.
Frau Lili, Schauspiel, 1901.
(S. Fischer, Verlag, Berlin.)

Ludwig Finckh. „Biographisches? Am 21. März 1876 geboren in Reutlingen (Württemberg) trieb ich mich lange unnütz auf der Welt herum, besonders als ich Jura studierte. Glücklicherweise sattelte ich spät, aber noch rechtzeitig um, wurde Arzt und Doktor, worauf ich aber keinen Wert lege, auf den Doktor, und zwischendrin machte ich Verse und andere Allotria. Herausgekommen ist dabei noch nichts als 1900 ein Gedichtbuch „Fraue du, du Süße" (E. Pierson, Dresden). Meine Zukunft wird sich zwischen dem Arzt und Schriftsteller teilen müssen oder auch nicht. Jedenfalls werde ich noch weiter Allotria treiben."
Inzwischen erschienen soeben:
Biskra, ein Oasenbuch.
Der Rosendoktor, Roman.
Rosen, ein Gedichtbuch.
(Deutsche Verlagsanstalt, Stuttgart, 1905.)

Lolo Fischer, * in Frankfurt a. M.

Helene Fontheim, * zu Frankfurt a. M. den 2. 10. 1878.
Gedichte, 1905. (Selbstverlag.)

Alfred Friedmann, Dr. phil., * zu Frankfurt a. M. am 26. 10. 1845.
Wir nennen von seinen Werken folgende:
Sabilia, Epos, 1873. (L. Rosner, Wien.)
Feuerprobe der Liebe, 1876. (3. Aufl.) (Wallishauser'sche Buchhandlung, Wien.)
Leichtsinnige Lieder, 1878. Geb. (J. F. Richter, Hamburg.)
Don Juan's letztes Abenteuer, 1880. (Carl Reißner, Dresden.)
Aus Höhen und Tiefen, 1888. 2. Aufl.
Zwei Ehen, Roman, 1887. 3. Aufl.
Heckenrosen, Novellen, 1892.
Fundgruben, Novellen, 1895.
(Rosenbaum u. Hart, Berlin.)
Die Danaiden, Roman, 1893.
Neue Novellen, 1893.
(J. Bensheimer, Mannheim.)
Schönheit, Novellen, 1897.
Die letzte Hand, 1903.
(Hugo Steinitz, Berlin.)
Die Zuverlässigen, Roman, 1897.
(Carl Duncker, Berlin.)
Die vier Liebhaber der Marquise, Novellen, 1905.
Vorurteil, Novellen, 1905.
(Verlag Paul Unterborn, Berlin.)
Außerdem noch verschiedene andere Novellen in Reclams Universalbibliothek.

Ludwig Fulda, Dr. phil., * zu Frankfurt a. M. am 15. 7. 1862.
Werke:
Sinngedichte, 1888; 3. Aufl. 1904.
Gedichte, 1890.
Neue Gedichte, 1900.
Das verlorene Paradies, 1890; 2. Aufl. 1898.
Der Talisman, dramat. Märchen, 1892; 18. Aufl. 1905.
Lebensfragmente, Novellen, 1894; 2. Aufl. 1896.
Jugendfreunde, Lustspiel, 1897. (3. Aufl.)
Herostrat, Trauerspiel, 1898; 4. Aufl. 1899.
Schlaraffenland, dramat. Märchen, 1899. (3. Aufl.)
Die Zwillingsschwester, Lustspiel, 1904. (4. Aufl.)
Kaltwasser, Lustspiel, 1902. (2. Aufl.)
Vorspiel zur Einweihung des neuen Schauspielhauses zu Frankfurt a. M., 1902.
Novella d'Andrea, Schauspiel, 1903. (3. Aufl.)
Maskerade, Schauspiel, 1904.
Uebertragungen:
Molière, Meisterwerke, 1892; 4. Aufl. 1904.
Rostand, Cyrano von Bergerac, 1898; 5. Aufl. 1902.
(Sämtlich: J. G. Cotta'sche Buchh. Nachf., Stuttgart.)

Henriette Fürth. „Autobibaktin. Man hat mich in das Schema Sozialpolitik eingeordnet, da ich auf diesem Gebiet eine Reihe von Arbeiten veröffentlicht habe und Mitarbeiterin verschiedener Zeitschriften bin. Meine literarische Neigung und Arbeit umfaßt daneben noch Sozialethik und Pädagogik, Lyrik und Belletristik. Auch bin ich rednerisch tätig. Schlecht damit zu vereinen, aber dennoch vorhanden ist eine übergroße Sensibilität und ein gewisser Hang zur Schwärmerei. Heute 43 Jahre alt, bin ich seit nahezu 25 Jahren verheiratet und habe 8 Kinder."

Ludwig Gallmeyer. „Biographische Notizen kann ich Ihnen eigentlich nur wenige geben — ein Lehrerleben bewegt sich immer in engem äußerem Rahmen. Geboren bin ich in Oberrad am 7. 10 1865. Im Seminar zu Usingen für den Lehrerberuf vorbereitet, erhielt ich meine erste Anstellung in meiner Heimatgemeinde. Es sollte mir leider nicht lange vergönnt sein, meinem Berufe zu leben; denn nach etwa sechsjähriger Dienstzeit zeigten sich die ersten Symptome einer partiellen Muskellähmung, die langsam, aber stetig fortschritt und mich im 33. Lebensjahre zwang, um meine Pensionierung nachzusuchen. Seit dem Winter 1898 habe ich Bett und Zimmer nicht mehr verlassen, da die Beine vollständig den Dienst versagten. Von der Außenwelt körperlich abgeschlossen, wollte ich wenigstens geistig mit ihr im Zusammenhang bleiben und bestrebte mich, die intellektuellen und idealen Strömungen der Gegenwart tiefer zu verstehen und zu erfassen. Eine Welt hatte ich verloren, eine andere baute ich in mir auf. Schon immer für Kunst und Litteratur lebhaft interessiert, beschäftigte ich mich namentlich mit dem Studium der neueren Litteratur, fand darin reichen Genuß und tröstende Erquickung und schließlich auch den Mut zu eigner schriftstellerischer Betätigung. Meine Erstlingsarbeit „Ums Weiberecht", Roman aus Frankfurts Vergangenheit, fand gelegentlich des Preisausschreibens der „Kleinen Presse" um einen Frankfurter Roman freundliche Beachtung bei dem Preisrichterkollegium und wurde der Redaktion zum Abdruck empfohlen. Er erschien im „Stadtanzeiger" der genannten Tageszeitung. Zu Weihnachten 1904 erschien mein Gedichtband „Sommerernte" (Paul Unterborn, Verlag für deutsches Schrifttum, Berlin), der, ich muß das in aller Bescheidenheit mit Dank anerkennen, bei Kritik und Publikum eine warme Aufnahme fand. Im gleichen Verlage kam auch im Herbst 1905 mein Novellenband „Abseits" (Auf dem Mühlberg. — Letzter Liebesgruß. — Als ich wiederkam.) heraus."

Eugen Gantter, Dr. phil., * zu Stuttgart am 11. 1. 1848. Lebt seit vielen Jahren in Frankfurt.

Werke:
Am häuslichen Herd, Geb., 1893.
Stenographenlieder, Geb., 1900.

Rudolf Geck, * in Elberfeld im Jahre 1868. Ist seit 1899 Redakteur an der „Frankfurter Zeitung".
Gedichte, 1896. (Raw's Verlagsbuchhandlung, Nürnberg.)

Moritz Goldschmidt, * zu Homburg v. d. Höhe am 26. 9. 1865.
Brennesseln, Epigrammatisches Unkraut, 1890.
Gegengift, Neue Epigramme, 1891.
Bunte Reihe, ein Geschichtenbuch, 1893.
Man kann nie wissen, Lustspiel, 1894.
(Gebrüder Knauer, Frankfurt a. M.)
Landregen, Novellen, 1896. (A. Vaternahm, Frankfurt a. M.)
Neue Sinngedichte, 1895.
Sonnenuntergang, Novellen, 1900.
Jungbrunnen, Erzählung in Versen, 1903.
Vom heiligen Martin, Geschichtenbuch, 1904.
Mit dem Pfeil, dem Bogen, Sinngedichte, 1904.
(Kesselring'sche Hofbuchhandlung, Frankfurt a. M.)
Der Blinde und der Lahme, Plauderei, 1905.
Juan Villegas, Erzählung in Versen, 1905.
Francesca von Rimini, Erzählung in Versen, 1905.
(Selbstverlag.)

Franz Graf. „Also in's Frankfurter Dichterbuch soll ich und ob ich Ihnen litterarische Beiträge dazu geben will? Aber natürlich, auf jeden Fall und mit Wonne! Sie können deren haben so viel Sie wollen! Auch wären Ihnen nähere Angaben biographischer und bibliographischer Art, sowie kurze Selbstcharakteristiken erwünscht? Auch das sollen Sie haben! Man ist ja schließlich kein Unmensch und für die eigene Unsterblichkeit ist keine Mühe zu groß! Also: Am 2. 11. 1840 kam ich in Aachen zur Welt und zwar in der heute noch üblichen Weise. Im Jahre 1848 verzogen meine Eltern nach Alzey, allwo ich die „Real- und höhere Bildungsschule", so hieß die Anstalt nämlich damals, besuchte. Nachher gings für drei Jahre auf das Polytechnikum nach Darmstadt, folgten dann zwei harte Lehrjahre in einer Maschinenfabrik und weitere drei Jahre Studium der Ingenieurwissenschaften auf den Polytechniken von München und Karlsruhe. Von 1864 bis 1871 stand ich dann als bauführender Ingenieur in Diensten der Hessischen Ludwigsbahn und von da an bis zum Jahre 1880 als Ingenieur beim Tiefbauamt in Diensten der Stadt Frankfurt. Dann ging ich, denn „Balzers Mut stand freilich anderweit, ihm mißfiel die rauhe Handarbeit", unter die Maler, allwo ich mich heute, nach 25 Jahren noch wohl fühle. Mit der Druckerschwärze kam ich zum erstenmale und zwar in sehr angenehme Berührung bei Gelegenheit des Schillerfestes im Jahre 1859 und als kurz darauf die Fliegenden Blätter einzelne meiner Sachen aufnahmen und sogar honorierten, da konnte ich nach berühmtem Muster in mein Tagebuch schreiben: „Heute ein angenehmes Gefühl gehabt!" Nachdem ich eine Zeit lang allerhand Lokalblättchen mit meinen Beiträgen unsicher gemacht, wurde ich allgemach ständiger Mitarbeiter verschiedener großer Blätter und meine Feuilletons ernster und heiterer Art, meine Fest- und sonstigen Berichte fanden überall willige Abnehmer und freundliche Leser. Diese sowie einige Hundert Gelegenheitsgedichte, Festlieder und dergleichen sind nun in alle Winde zerstreut und wohl schon längst vergessen. Im Buchhandel sind im Laufe der Jahre erschienen:
Hundert Kneiplieder für Techniker; 2. Aufl. Frankfurt a. M.
(Heinrich Keller.) 1882.

Das Weib, die Liebe und dergleichen. Klänge aus der Lieder-
leier des alten Gottlieb Biedermaier. (E. Piersons Verlag, Dresden.) 1901. Illustriert von J. G. Mohr; 2. Aufl. 1905.
Kunterbunt. (E. Piersons Verlag, Dresden.) 2. Aufl. 1902.
Roth-Weiß-Blau. Eine schnurrige Malergeschichte. (E. Piersons
Verlag, Dresden.) 1902.
So da hätten Sie nun auch die gewünschten biographischen und
bibliographischen Notizen. Daß dieselben etwas kurz geraten sind,
daran ist nur meine angeborene Bescheidenheit schuld, denn man
mag sich schließlich nicht selber loben. Ueber die äußeren Erfolge
meines Schaffens kann ich Ihnen, im Vertrauen gesagt, nicht viel
berichten. Orden habe ich bis dato noch nicht bekommen, ja ich
bin, so unglaublich das in Preußen auch klingen mag, noch nicht
einmal „Professor" geworden! Doch gebe ich mich der angenehmen
Hoffnung hin, daß bei der hundertsten Wiederkehr meines Geburts-
tages das alles reichlich von der dankbaren Nachwelt nachgeholt werde."

Johanna Gwinner. „Ich bin 1853 in Frankfurt geboren, habe
früh mit Erfolg gesungen und gemalt, und erst seitdem mich Krankheit ans Bett gefesselt, mich auch im Dichten versucht."

Lill E. Hafgren. „Ich wurde geboren im Mai des Jahres 1881 in
Stockholm. Meine Eltern, die sich beide der Gesangskunst gewidmet
hatten, nahmen mich und meine 3 Jahre jüngere Schwester von
frühester Jugend auf überallhin auf ihre ausgedehnten Konzert-
reisen im In- und Auslande mit, wir erhielten somit schon sehr
früh die mannigfaltigsten Eindrücke und Anregungen; Musik war
unser tägliches Brot. Im Herbst des Jahres 1892 siedelte sich
die Familie in Frankfurt a. M. an; alsbald begann ein eifriges
und zielbewußtes musikalisches Studium. Mit dem Jahre 1903
waren die musikalischen Schuljahre beendet. Meinen Wohnort in
Frankfurt a. M. nehmend, war ich seither produktiv und reproduk-
tiv in der Tonkunst tätig, habe ich doch, nie den Kontakt mit
meinem Heimatlande (Schweden), dessen nationale Kunst und idea-
listische Veranlagung tief in mir eingewurzelt sind, verloren. Ich
erkenne trotzdem den großen, vertiefenden Einfluß an, den deutsche
Kunst und Literatur und deutsches Wesen auf meine künstlerische und
intellektuelle Entwicklung ausgeübt haben. Ich bin von tiefer Dankbarkeit und Liebe zu dieser meiner zweiten Heimat erfüllt."

Veröffentlichte: Festspiel zur Eröffnungsfeier im Bürgersaale
des neuen Rathauses mit Benutzung der Lersner'schen Chronika und
Schriften von Murner, Dürer und Hans Sachs komponiert, 1905.
(Gebrüder Knauer, Frankfurt a. M.)

Ludwig Hanau, Dr. med., prakt. Arzt, * 19. 2. 1866 zu Friedberg (Hessen), besuchte bis Ostern 1882 das Gymnasium zu Gießen,
dann die Universitäten Gießen, München und Berlin und bestand
1890 das ärztliche Staatsexamen. Seit 1891 Arzt in Bockenheim.

Anna Hill, * in Frankfurt a. M. Gab heraus:
Diana, Lustspiel. (Reclams-Universalbibliothek, Leipzig.)
Frankfurt in Feindesland, 1899. Erlkönig, 1900.
(Mahlau und Waldschmidt, Frankfurt a. M.)
Kompromittiert, 1889. Ich suche eine Stelle, 1891. Ist Mitleid
Sünde? 1902.

Carl Hill. „Ich wurde am 14. 8. 1879 zu Frankfurt a. M. geboren, woselbst ich mit Unterbrechungen ständig bisher lebte. Im Jahre 1904 gab ich bei Mahlau u. Waldschmidt erstmals kleinere Dichtungen im Brettl-Genre unter dem Titel „Krethi und Plethi" heraus, 1905 erschien ein größerer Beitrag von mir in Ganske's „Neuer deutscher Dichtung" in Berlin. Verschiedene kleinere Dichtungen von mir sind komponiert. Meine Mutter, Frau Anna Hill, ist als Schriftstellerin bekannt, mein Großvater war der bekannte Wagnersängner Carl Hill, Wagners erster Alberich und Klingsor.

Otto Hörth, * zu Achern in Baden am 24. 11. 1842. Absolvierte das Gymnasium in Offenburg und das Lyceum in Freiburg und studierte in Freiburg Theologie und Philosophie, dann Litteratur und neuere Sprachen. Zur Journalistik sich wendend, wurde er Mitarbeiter und Redakteur kleinerer Blätter in seiner Heimat; im Winter 1870/71 ging er nach München, von wo er für größere Blätter, darunter auch die „Frankfurter Zeitung", Feuilletons und Kunstberichte schrieb. Seit 1. März 1872 gehört er der Redaktion der „Frankfurter Zeitung" an. Außer politischen Artikeln schrieb er zahlreiche Feuilletons, Reiseberichte, literarische Kritiken, lyrische, politische und Dialekt-Gedichte. Er war jahrelang Mitarbeiter der „Frankfurter Latern" Friedrich Stoltze's, dessen litterarischen Nachlaß er auch ordnete und herausgab.

Julia-Virginia, Pseudonym für Julia Virginia Scheuermann, * 1. 4. 1878 zu Frankfurt a. M.
Veröffentlichte:
Primitien, 1905. (Verlag Continent, Berlin; vergriffen!)
Sturm und Stern, 1905. (Schuster u. Loeffler, Berlin.)

Harry Kahn. „Das Datum, an dem ich das Licht dieser Welt erblicken zu dürfen für würdig befunden wurde, ist — wie das Geburtsjahr Napoleons und Heines — zweifelhaft. Entgegen den Notizen des Standesamtes zu Mainz a. Rh., das mich schon einen Tag früher besitzen wollte, wird mein Geburtstag am 12. August gefeiert. Und zwar nach den authentischen Aussagen meiner lieben Mutter, die aus einem nachweisbar seit dem 16. Jahrhundert in Frankfurt ansässigen Geschlecht stammt. Meine 1883 begonnene Anwesenheit gereichte meiner hessischen Vaterstadt nur bis 1889 zur Ehre; von da ab brachte ich den größten Teil meines bitterbösen Bubenlebens bis Ostern 1899 im Palmengarten, auf der Hundswiese und innerhalb der Klassenräume von Philanthropin und Goethegymnasium zu. Zu diesem Zeitpunkt wurde ich auf Beschluß einer hochwohllöblichen Familienfeme zu 3 Jahren Galeere bei Hauptbuch und Kopierpresse verurteilt, aus der ich mich ohne Mithilfe von Komplizen ins Land der Syntaxen und Logarithmentafeln zurückrettete. Denn ich wollte unbedingt ein „freier deutscher Dichter" werden. Womit ich nach drei in München, Berlin und Straßburg teilweise auch mit Hören von Collegien, im übrigen aber ganz anregenden Studienjahren noch anhaltend beschäftigt bin, nur unterbrochen durch Oeffnen von redaktionellen Retoursendungen und Kämpfen gegen eine gesinnungstüchtige Familienopposition. Sonst geht mirs aber gut, zumal ich seit einiger Zeit wortwörtlich wie der liebe Gott in Frankreich lebe."

Johanna Klein, * am 7. 2. 1857 zu Neuwied a. Rh. Mitarbeiterin mehrerer Frauenzeitungen; z. B. „Fürs Haus", „Häusliche Ratgeber", „Frankfurter Frauenzeitung". Veröffentliche außer hauswirtschaftlichen und pädagogischen Aufsätzen kleine Novellen, Erzählungen, Skizzen. Lebt in Frankfurt.

Emil Kloß, Gerichtssekretär. „Ich wurde am 25. 4. 1878 in Limburg a. Lahn geboren; bin seit Juli 1886 in Frankfurt a. M. Bücher habe ich noch keine herausgegeben."

Ferdinand Kolb. Am 19. 11. 1880 zu Frankfurt a. M. geboren, widmete sich nach vollendeter Schulzeit der Kaufmannschaft und studierte später unter Adolf Dippel die Gesangskunst. Lebt jetzt als Konzert- und Oratoriensänger in Frankfurt a. M. Kolb arbeitet zur Zeit an mehreren kleinen Skizzen und Novellen, die demnächst im Druck erscheinen werden.

Georg Lang, Rektor a. D., * am 1. 2. 1836 zu Friedberg.
Werke:
Sonnenblicke aus dem Lenz des Lebens, Geb. (Verlag von
  E. G. May Söhne, Frankfurt a. M.)
Hausschwalben, Geb., 1881. (Nicol, Wiesbaden.)
Deutschland ist mein Vaterland, Geb., 1889; 2. Aufl.
O Alpenluft, 1891.
  (C. Jügel's Verlag, Frankfurt a. M.)
Was die Steine reden, Geb., 1899. (Mahlau u. Waldschmidt,
  Frankfurt a. M.)
Mit Ränzel und Wanderstab, 1900. (J. F. Lehmann, München.)
Tand für Künstlerhand, 1901. (H. Keller, Frankfurt a. M.)
Sucht ihr Freunde? 1903
Gesammelte Kinderlieder, 1905.
  (Kesselring'sche Hofbuchhandlung, Frankfurt a. M.)
Unser Kleeblatt, 1904. (Levy u. Müller, Stuttgart.)

Friedrich Linden, Pseudonym für Eugen Hoerle, * am 19. 4. 1861 zu Frankfurt a. M.
Veröffentlichte:
Winternacht und Sommerstunden, 1894. (E. Piersons Verlag, Dresden.)

Ernst Emil Lohr, * am 15. 12. 1867 zu Köln a. Rh, studierte auf den Universitäten Straßburg, Bonn, Gießen, München und Berlin Geschichte, Staatswissenschaften, Jura und Philosophie und wurde auf Grund einer Arbeit über die schleswig-holsteinische Frage zum Dr. phil. promoviert. Von 1898—1903 als verantwortlicher Leiter der auswärtigen Politik und politischer Vertreter bei den Reichsämtern, Ministerien, an der Zeitung „Die Post" in Berlin tätig, trat er im Herbst 1903 als Redakteur zum „Frankfurter General-Anzeiger" über.

Fritz Mathern, * 1873 zu Homburg v. d. Höhe; seit 1889 in Frankfurt a. M. Seit 1895 Redakteur am „General-Anzeiger".
Veröffentlichte: Novellen und Skizzen in Zeitungen und Zeitschriften.

E. Menzel, * in Marburg a. d. L. „Schon als Kind hegte ich litterarische Neigungen, die mehr und mehr Macht über mich gewannen, je älter ich wurde. Als junges Mädchen veröffentlichte ich dann 1872 ein Bändchen Gedichte „Lieder der Zeit", denen bald andere, meist in den Blättern meiner Vaterstadt erschienene Dichtungen folgten. Historische Studien führten mich darauf der Prosa zu. Ich schrieb eine Novelle „Ein Maskenball König Jerômes", die 1876 in den „Hausblättern", dem Beiblatt des „Frankfurter Anzeigers" erschien. Weitere Novellen schlossen sich an, doch konnte ich nur in meinen Mußestunden schreiben, weil ich damals auch noch als Lehrerin tätig war. Im Jahre 1878 verheiratete ich mich, seit dieser Zeit ist Frankfurt meine zweite Heimat geworden. Nach mehrjährigen Forschungen, namentlich im hiesigen Stadtarchiv, veröffentlichte ich 1882 zum 100jährigen Jubiläum des alten Schauspielhauses die „Geschichte der Schauspielkunst in Frankfurt a. M." Von diesem Zeitpunkt an bis heute habe ich manche dichterische und wissenschaftliche Arbeit herausgegeben, deren Stoffe dem Leben und Weben in der alten Kaiserstadt entnommen sind. Mit Goethe habe ich mich besonders viel beschäftigt. Im Jahre 1883 gelangte das einaktige Lustspiel „Lessing und die Neuberin" zuerst zur Darstellung, ihm folgte 1893 das Volksstück „Der Räuber", das gleichfalls in Frankfurt seine Uraufführung erlebte. In Bälde wird auch meine letzte dramatische Arbeit, das Schauspiel „Das Urteil Salomos", in Frankfurt zuerst über die Bretter gehen."

Veröffentlichte:

Geschichte der Schauspielkunst in Frankfurt a. M., 1882 (K. Th. Völcker, Frankfurt a. M.)

Der Frankfurter Goethe, 1900.

Frankfurter Novellen, 1897.

Das Puppenspiel vom Erzzauberer Doktor Johann Faust, 1901.

Alte Hausmittel, Charakterbild in einem Aufzug, 1901. (2. Aufl.)

Das alte Frankfurter Schauspielhaus und seine Vorgeschichte, 1902.)

Litterar. Anstalt (Rütten u. Loening), Frankfurt a. M.

Die Maikönigin, Roman, 1888. (Carl Jügel's Verlag, Frankfurt a. M.)

Der Räuber, Volksstück in 4 Aufzügen, 1894. (Reitz u. Koehler, Frankfurt a. M.)

Feldnelken, hessische Dorfgeschichten, 1885. (Vergriffen!) (J. D. Sauerländer, Frankfurt a. M.)

Stoppellehnchen, Marburger Novelle, 1891. (Vergriffen!)

Wickers Henner am Scheideweg, Marburger Roman, 1894. (Vergriffen!)

(Oscar Ehrhardts Universitäts-Buchhandlung, Marburg a. d. L.)

Feldspath, hessische Dorfgeschichten, 1890. (J. G. Cotta'schen Buchhandlung, Nachfolger, Stuttgart.)

Fränkische Erbe, Roman, 1905; 2. Tausend. (Carl Fr. Schulz, Verlag, Frankfurt a. M.)

Leonie Meyerhof-Hildeck, * in Hildesheim, lebt seit längeren Jahren in Frankfurt a. M.

Werke:
> Der goldene Käfig und andere Novellen, 1892. (E. Piersons Verlag, Dresden.)
> Die Mittagssonne, Roman, 1895.
> Die Feuersäule, Roman, 1895.
> Libellen, Novellen, 1898.
> Wollen und Werben, 1897.
> Das Zaubergewand, Novellen, 1897.
> / (Heinrich Minden, Dresden.)
> Bis an's Ende, Roman, 1899. (Vita, Berlin.)
> Herbstbeichte, Roman, 1900. (Schuster u. Loeffler, Berlin.)
> Töchter der Zeit, Roman, 1902.
> Das Ewig-Lebendige, Roman, 1904.
>> (J. G. Cotta'sche Buchhandlung, Nachfolger, Stuttgart.)

Karl Michler. „Wurde am 8. 12. 1868 zu Mustin bei Ratzeburg geboren. Seit 1894 bin ich Beamter des „Deutschen Phönix" in Frankfurt a. M. Neben meinem praktischen Berufe war ich dichterisch in früher Jugend tätig, während in späteren Jahren der Kampf ums Dasein, die heilige Berufspflicht poetische Neigungen fast ganz erstickten; nur ab und zu sprühen noch Funken empor. Es erschienen von mir: „Aus Jugendtagen", 1888; (Greiner u. Pfeiffer, Stuttgart.) „Dichtungen", 3. Aufl., 1897; „Blätter moderner Lyrik", 1900; (E. Piersons Verlag, Dresden.) „Der Geächtete", histor. Schauspiel aus Goethes Vergangenheit, sowie ein einaktiges Lustspiel „Schmetterlinge", sind Manustripte geblieben. Im nächsten Jahre wird voraussichtlich ein neues lyrisches Werk, betitelt „Im Banne der Schönheit", erscheinen. Gefördert wurde mein Dichter-Talent von Friedrich von Bodenstedt, auch ließen mir Fürstlichkeiten Anerkennung zu Teil werden."

Frieda Nachmann, * 5. 9. 1874 in Mainz, in Frankfurt a. M. seit 1895. Gedichte, Feuilletons ꝛc. in Zeitschriften und Tagesblättern.

Emil Neuburger. „Ich wurde den 17. 3. 1826 in Düsseldorf geboren. Ich besuchte das Düsseldorfer, Frankfurter und Elberfelder Gymnasium und bezog dann zum Studium der neueren Sprachen und der Litteratur die Universitäten Bonn und Tübingen. Begeisternd und lehrreich wurde mir der Aufenthalt in Frankfurt zur Zeit des Vorparlamentes und des Parlamentes. Allmählich widmete ich in größerem Maße meine Tätigkeit der Erziehungs-Anstalt, die meine Eltern hier gegründet, und trat so in eine Stellung, die mir Zeit zu weiteren Studien und schriftstellerischen Arbeiten ließ."

Werke:
> Gesammelte Gedichte, 1879. (Metzler'sche Verlagsbuchhandlung, Stuttgart.)

Aus der alten Reichsstadt Frankfurt, 1889.
Edle Menschen und Thaten, 1890.
Goethes Jugendfreund Klinger, 1899.
Nachklänge, 1900.
(Mahlau u. Waldschmidt, Frankfurt a. M.)

Arthur Pfungst, Dr. phil., * am 9. 3. 1864 zu Frankfurt a. M.
Veröffentlichte:
Lose Blätter, Gedichte, 1884; 2. Aufl. 1887.
Laskaris, Epos, 4. Aufl., 1900.
Neue Gedichte, 1894; 3. Aufl. 1903.
(Ferd. Dümmler, Berlin.)

Rudolf Presber, Dr. phil., * am 4. 7. 1868 zu Frankfurt a. M.
Werke:
Leben und leben lassen, Gedichte, 1892. (Reitz u. Köhler, Frankfurt a. M.)
Der Poveretto und andere Novellen, 1894. (E. Piersons Verlag, Dresden.)
Das Fellahmädchen und andere Novellen, 1895; 2. Aufl. 1903.
(Egon Fleischel u. Co., Berlin.)
Poins, Meine Verse, 1897. (Gebr. Knauer, Frankfurt a. M.)
Herbstzauber, 1903. (Th. Mayhofer Nachf., Berlin.)
Der Schuß, Schauspiel, 1894.
Der Vicomte, Komödie, 1896.
Aus dem Lande der Liebe, Ged., 1901; 5. Aufl. 1903.
Media in vita, Ged., 1902; 2. Aufl. 1903.
Dreiklang, Ged., 1904. 2. Aufl. 1905.
(J. G. Cotta'sche Buchhandlung, Nachfolger, Stuttgart.)
Die Diva und andere Satiren, 1902. (Verlag der Lustigen Blätter, Berlin.)
Von Leutchen, die ich lieb gewann, ein Skizzenbuch, 1905.
(Concordia, Deutsche Verlagsanstalt, Hermann Ehbock, Berlin.)
Der Untermensch.
Das Eichhorn, Satiren.
(Reclams Universalbibliothek, Leipzig.)

Hanns Wolfgang Rath (Pseudonym), lebt seit 16 Jahren in Frankfurt a. M. Schrieb für Zeitschriften Artikel über Kunst. In Buchform ist noch nichts veröffentlicht.

Georg Ludwig Reutlinger, * am 29. 3. 1872 zu Frankfurt a. M., Oberlehrer in Limburg a. Lahn.
Dichtungen: Märchen und Gedichte; Schlußakt, ein Drama (Manuskript).

„Verehrter Redakteur, Sie bringen
Mit Ernst drauf, daß ich Aermster soll
Kurz einige Notizen bringen
Aus meines Lebens Dur und Moll.
Nicht ruhig ist's dahingeflossen;
Hab oft gefehlt und viel gelitten,
Hab dennoch zäh und unverdrossen
Mein Sonnenplätzchen mir erstritten.

> Am Röberberg, recht weltverloren,
> Im großen Garten stand das Haus,
> Drin eine gute Mutter mich geboren. —
> Mein Kindheitsglück, wie lang ist's aus!
> Sie starb zu früh. Umhergetrieben
> Auf wildbewegten Lebenswogen
> Hab hassen ich gelernt und lieben —
> Um Mutterherzens Hort betrogen.
> Doch ferne sei es mir zu hadern,
> Daß so mir's und nicht anders geht —
> Ruht auch mein Glücksschloß nicht auf Quadern,
> Doch zukunftsfroh ein Fähnlein weht.
> Jetzt schleppe ich, der Schule Lasten
> Und Freuden als bescheid'ner Mehrer
> Des Wissens braver Gymnasiasten
> Und wohlbestallter Oberlehrer."

Emil Ries, * 1847, Lehrer zu Frankfurt a. M. Gedichte zerstreut in verschiedenen Zeitschriften, besonders in den „Neuen Poetischen Blättern", der „Deutschen Dichterhalle" und der „Deutschen Dichtung"; in letzterer pseudonym.

Franz Rittweger, einer Alt-Frankfurter Familie entstammt, geboren 21. 3. 1828, gab sich früh dem Studium der Geschichte und Litteratur hin, machte 1848 als Freischärler in dem von der Tann'schen Korps den Feldzug in Schleswig-Holstein bis nach Jütland mit, widmete sich nach seiner Zurückkunft der Schriftstellerei und Journalistik, ging 1850 nach England und 1851 nach den Vereinigten Staaten von Nordamerika, wo er bis zum Jahre 1854 teils als Hinterwäldler in dem Alleghani-Gebirge lebte, teils in den Bureaux von Friedrich Kapp und des Advokaten Stemmler in New-York beschäftigt war, dort auch mit seinem Feldgenossen Conrad Crez, dem späteren Milizgeneral im Sezessionskriege, den „Deutsch-Amerikaner" herausgab. Von dort nach Frankfurt zurückgekehrt gab er sich ganz der journalistischen Laufbahn hin, führte das ursprünglich von Otto Müller und Theodor Creizenach begründete „Frankfurter Museum", das nachmals unter der Titelveränderung „Neues Frankfurter Museum" ein anderes Gewand bekam, nach dem Rücktritt Dr. Creizenachs fort. Von 1864 bis 1866 war er in der Redaktion der „Frankfurter Postzeitung" tätig, die bekanntlich in letzterem Jahre einging; redigierte dann die „Neuen hessischen Volksblätter" in Darmstadt; trat 1868 in die Redaktion des „Nürnberger Correspondenten" und übernahm 1869 die Redaktion des „Frankfurter Anzeiger" und der „Familienblätter"; gleichzeitig begründete er die „Frankfurter Hausblätter". Nach deren Eingang 1880 wandte er sich namentlich der Lokalgeschichte und der Kunstgeschichte zu. Von seinen selbständig erschienenen Arbeiten mögen angeführt sein:

König Erich, Trauerspiel in fünf Aufzügen, Frankfurt a. M., 1859. (Hermannsche Verlagshandlung, Frankfurt a. M.)

Custine in Frankfurt und die Wiedereinnahme der Stadt durch die Deutschen 1792, Frankfurt a. M., 1867. (H. Keller, Frankfurt a. M.)

Der französisch-deutsche Krieg 1870/71, sein Entstehen und sein
Verlauf mit Beifügung aller darauf bezüglichen Aktenstücke,
Frankfurt a. M., 1871. (Krebs-Schmidt, Frankfurt a. M.)
Das Urbild des Bürgerkapitäns, Lokalschwank in einem Aufzug,
Frankfurt a. M., 1896.
Das Pamphlet, Frankfurter Volksschauspiel aus primatischer Zeit
in einem Vorspiel und fünf Aufzügen, Frankfurt a. M., 1896.
(W. Rommel, Frankfurt a. M.)
Frankfurt a. M. im Jahre 1848. Ein Beitrag zur Städte-
geschichte, Frankfurt a. M., 1898. (C. Jügels Verlag.)

Paul Rolf, Pseudonym für A. Schmitz.

Theo Schäfer, * am 27. 1. 1872 zu Frankfurt a. M., Schriftsteller,
Musiklehrer und Komponist; feuilletonistischer Mitarbeiter des
„Frankfurter General-Anzeigers", des „Litterarischen Echos", der
Leßmann'schen „Allgemeinen Musikzeitung" usw. Arbeitet seit
6 Jahren an einer umfangreichen „Lebensgeschichte". Ein Schauspiel:
„Leidenschaft", kam in Bern zur Aufführung.
Veröffentlichte:
Sehnen und Sterben, Gedichte, 1898.
Leben und Träumen, Gedichte, 1899.
(Steiger u. Cie., Bern.)
Lebenskämpfe, Novellen und Skizzen, 1904. (Modernes Verlags-
bureau C. Wigand, Berlin.)

Carl Ludwig Hans Freiherr Schenk zu Schweinsberg-
Wäldershausen, Oberstkammerherr und Rittergutsbesitzer. Ist geboren am 2. November 1835 zu Darmstadt,
besuchte das Gymnasium zu Darmstadt, studierte darauf Jura
in Tübingen, Göttingen und Jena, ergab sich dann dem Studium
der Landwirtschaft, übte dieselbe praktisch auf seinem Rittergute
Wäldershausen in Oberhessen aus, wurde Oberstkammerherr der
Großherzoge Ludwig IV. und Ernst Ludwig von Hessen und war in
seinen Mußestunden schriftstellerisch tätig. Er verfaßte patriotische
Gedichte und Prologe, gesprochen im Hoftheater in Darmstadt, ein
Jagdbrevier. (Verlag von Schmidt u. Günther, Leipzig.)
Lyrisches Taschenbuch, 1877.
Der Orgelbauer von Weingarten (Text zu einer tragischen Oper).
(L. Brill, Darmstadt.)
Neues Balladenbuch. (Als Manuskript gedruckt.)

Jakob Schiff, * 16. 3. 1852 zu Frankfurt a. M.
Veröffentlichte:
Simson und Delila, Drama, 1877. (Carl Grüninger, Stuttgart.)
Gedichte, 1900. (Deutsche Verlags-Anstalt, Stuttgart.)

Willy Schmidt, * am 11. 4. 1849 zu Frankfurt a. M.
Veröffentlichte:
Gedichte in Frankfurter Mundart, 1904. (A. Blazek jun., Frank-
furt a. M.)

Obi Schoenbrod, Lehrerin in Frankfurt a. M.

Sofia Schulz-Euler, * zu Frankfurt a. M., Tochter des bekannten Historikers und Rechtsgelehrten Justizrat Dr. jur. Ludwig Heinrich Euler. Sie wurde als Schriftstellerin zuerst bekannt durch eine Reihe von Aufsätzen und eine große Anzahl poetischer Rätsel und Sinnsprüche, die in ersten Frankfurter Blättern zum Abdruck gelangten.

Veröffentlichte:
Die schöne Gritt, Novellen, 1903. (E. Piersons Verlag, Dresden.)
Buntes, Rätselsammlung, 1899.
Cum tempore, Frankfurter Familien- und Zeitgeschichten, 1901.
Leben, ein Band Gedichte, 1904.
Am Pfaffengarten, Roman, 1905, 2. Tausend.
(Carl Fr. Schulz, Verlag, Frankfurt a. M.)

Anna Spier. „In der kleinen pfälzischen Stadt Frankenthal bin ich geboren. Wogende, mit rotem Mohn besäte Kornfelder, ein romanischer Bogen als Rest eines alten Klosters, feingliederige Porzellanfiguren in stillen Stuben, waren die Ereignisse meiner Kindheit. Früh, seit 24 Jahren in Frankfurt, forderte das Leben meine Arbeitskraft heraus, spannte sie unerbittlich ein, und das Geschriebene, Gedichtete blieb in den Schubladen. Was ich zuerst in der „Berliner Gegenwart", in der „Newyorker Staatszeitung", in der „Kunst unserer Zeit" veröffentlichte, mußte ich wie auf der Flucht schreiben. Zu dem, was ich schrieb, drängten mich persönliche Beziehungen, für mir Liebgewordenes wollte ich werben. Ein Erstes war ein Essay über den zu früh verstorbenen Freund Karl Stieler, ein zweiter Essay galt dem königlichen Augenarzt, Herzog Karl in Bayern, ein dritter dem Freunde, dem viel zu wenig gekannten Politiker, Kunstkritiker, Philosoph und Dichter Ludwig Pfau. Er war es, der meine Kunstliebe auf den Weg der Kunstbetrachtung führte. Im Verlauf der jüngsten zehn Jahre schrieb ich neben Arbeiten über die Münchener und Karlsruher Ausstellung Monographien über Franz Stuck in den Westermannschen Monatsheften, über Hermann Kaulbach, Emil Schindler, Anton Burger, Karl Marr, Hans Thoma, Franz von Lenbach. Diese Arbeiten erschienen alle in der „Kunst unserer Zeit" bei Franz Hanfstaengl in München. In derselben Zeitschrift erschien im Juli dieses Jahres eine zweite Arbeit über Franz von Lenbach, die zu einer großen Biographie, mit deren Vorarbeiten ich beschäftigt bin, erweitert werden soll. Alle litterarische Tätigkeit steigert in mir die Ueberzeugung, daß wir unsere geistigen Kräfte immer mehr in den Dienst der Kunst der Künste: in den Dienst der Lebenskunst stellen sollten."

Martha Stern, * 1863 in Mainz, seit 1870 in Frankfurt, seit 1882 verheiratet. Novellen, Skizzen und Gedichte in Zeitungen und Zeitschriften, gefördert von Wilh. Jordan. Verschiedenes wurde komponiert.

Adolf Stoltze, Sohn Friedrich Stoltze's, wurde am 10. 6. 1842 zu Mainz geboren. Da seine Mutter kurze Zeit nach seiner Geburt starb, erzog ihn seine Großmutter, Frau Anna Maria Stoltze, geb. Rottmann. Bereits im Jahre 1861 erschien aus seiner Feder ein Festspiel „Germanias Trost", und ein Jahr später las er sein erstes Drama „König Hiarn" öffentlich vor. In den Jahren 1865 bis 1887 gab Stoltze zahlreiche humoristische Flugblätter, vorwiegend lokalen Inhalts, darunter das „regelmäßig unregelmäßig" erschienene Witzblatt „Schnaken" heraus. Erst 1884 eroberten sich seine dramatischen Arbeiten die Bühne. Es gelangten zur Aufführung: Eine gute Partie — Das Orakel des Telephon — Zum Schützenfest — Alt-Frankfurt — Schönklärchen — Neu-Frankfurt — Durch den Kaufmännischen Verein — Lokalisierung von Morlanders, Theatralischer Unsinn — Die gemeinschaftliche Hochzeitsreise — Excelsior — Verspekuliert — Flick u. Flock — Fatale Geschichten — Vom gleichen Stamme — Bearbeitung von Grabbes Napoleon — Moderne Oper (Parodie) — Schuld der Schuldlosen — König Löwe — Der Rentier. Diese teils mundartlichen, teils hochdeutschen Bühnenwerke erlebten bis heute allein auf den Frankfurter Bühnen über 500 Aufführungen. Außerdem schrieb Stoltze eine große Anzahl Gelegenheitsdichtungen aller Art, zahlreiche Humoresken und Gedichte in hochdeutscher und Frankfurter Mundart. Seine gesammelten Werke in Frankfurter Mundart umfassen bis heute 6 Bände und sind teilweise in 6. Auflage im Verlag von Heinrich Stoltze, Frankfurt a. M. erschienen. Die hochdeutschen Werke erscheinen z. B. in demselben Verlage lieferungsweise. Adolf Stoltze verbrachte den größten Teil seines Lebens in Frankfurt, wo er noch heute schriftstellerisch tätig ist.

Julius Jakob Strauß, * in Frankfurt a. M.
Veröffentlichte:
Gedichte, 1897. (P. Friesenhahn, Verlag, Leipzig.)

Walter Törne (Pseudonym), Chemiker, * am 12. 3. 1880 zu Reichenberg, seit 1902 in Frankfurt.
Veröffentlichte:
Ueber dem Alltag, Geb., 1905. (Modernes Verlagsbureau, Curt Wigand, Leipzig-Berlin.)

Anna Treichel (Pseudonym für Anna Hagen-Treichel), * 31. 10. 1874 zu Berlin. Lebt seit einigen Jahren in Frankfurt.
Veröffentlichte:
Hugin und Munin, Nov. 1901. (Verlag von Richard Taendler, Berlin.)

Adolf Völders, Architekt, * am 30. 11. 1859 zu Bockenheim-Frankfurt a. M.
Veröffentlichte:
Brocke unn Krimmele, 1903. (Verlag von August Kullmann, Bockenheim.)

Helene Wachsmuth, * am 21. 9. 1844 zu Halenbeck. Lebt seit mehreren Jahren in Frankfurt a. M.
Veröffentlichte:
Die Missionsbraut, Roman, 1891. (Verlag von Otto Janke, Berlin.)

Hans Weilhammmer. „In Augsburg, wo ich am 28. 5. 1867 als lebender Junge zur Welt kam, rutschte ich mir die Hosen blank auf den Bänken der Volks- und Lateinschule; als Gymnasiast dichtete und komponierte ich bereits lustig darauf los und sang meine Weisen nach Minnesängerart selbst zur Guitarre. Den Sinn zur Naturschönheit und Romantik weckten früh in mir einsame Wanderungen durch Feld und Flur. Das Abitur in der Tasche, zog der cand. med. zur alma mater nach München, wo er akademische Freiheit und . . . . . Bier in vollen Zügen genoß. Die Mußestunden zwischen Hör- und Secirsaal füllten sportliche und schöngeistige Bestrebungen; auf Konzerten und Kneipen des akademischen Gesangvereines übte sich der junge civis academicus als Redner, Sänger und Mimiker. Es war mir Bedürfnis, die Berufsstunden durch künstlerische und sportliche Tätigkeit zu unterbrechen, und saß ich nicht zu meiner Lehrer Füßen, so durchstöberte ich in der Bibliothek die Schätze frühdeutscher Litteratur oder steuerte mein Segelboot auf dem Starnberger See. In diese Zeit goldener Burschenherrlichkeit fallen meine ersten schriftstellerischen Versuche: ich erschrieb mir ein Stipendium durch eine gelahrte Abhandlung über den „Minnegesang", schrieb Feuilletons allgemeinen und fachwissenschaftlichen Inhaltes für Tagesblätter, zäumte wohl auch gern mein Dichterroß; launige, kecke Sachen lagen mir am besten. Nach einjähriger Assistenzzeit am Münchener Krankenhause wurde ich, promoviert und absolviert, auf die leidende Menschheit losgelassen: erst gings mit alter Wanderlust in ärztliche Vertretungen quer durchs deutsche Vaterland; bald an die See, bald ins Gebirge, bald wieder aufs flache Land oder in die Stadt. Oft, wenn ich vom Krankenbesuche durch stille Tale kehrte, legte ich mich an lauschigen Stellen ins Moos und schloß die Augen . . . . und da sang es in mir . . . . 1891 ließ ich mich in der Nähe Darmstadts als Arzt nieder, bildete mich nebenher in Frankfurt zum Konzertsänger aus und siedelte 1900 ganz dorthin über. Hier rollten mir zwischen Aerzten, Schriftstellern und Singen, schneller, als mir lieb — die letzten fünf Jahre; hier wagte sich im Verlage von Gebr. Knauer ein Bändchen meiner Lyrik unter dem Titel „Erstlinge" an's Licht; hier schreibe ich für in- und ausländische Zeitungen meine Feuilletons; hier fand ich mein eheliches Weib. Meinen Versen aber gebe ich auf den Weg das

Titelblatt:

Lieder eines fahrenden Gesellen,
Der, auch wenn er hätt' wöllen,
Nichts Anderes hätt' können werden,
Auf dieser buntscheckigen Erden,
Als was er eben worden ist:
Ein guter Kerl, — ein schlechter Christ,
Ein Versereimer,
Ein Glückversäumer,
Ein Lebenverträumer —
   Habeat sibi!"

Gustav Weinberg, Dr. phil., * 1856. Lebt seit längerer Zeit in Frankfurt.
Veröffentlichte:
Lieber eines Narren, 1896. (Kesselring'sche Hofbuchhandlung, Frankfurt-Leipzig.)

Dora Weinrich, * am 19. 2. 1873 zu Wien, lebt seit einigen Jahren in Frankfurt.
Veröffentlichte:
Märchen, 1903. (Verlag von Herm. Seemann Nachflg., Berlin.)
Briefe aus dem Jenseits, 1905. (E. Piersons Verlag, Dresden.)

Johanna Weiskirch, * in Selters (Westerwald). Lebt seit über 20 Jahren in Frankfurt.
Veröffentlichte:
Gedichte. (Lyrik-Verlag, Berlin.)

Carl Friedrich Wieganb, * am 29. 1. 1877 zu Fulba, erzogen zu Frankfurt a. M., widmete sich dem Lehrerberufe, übernahm die Erziehung der Prinzen Philipp und Wolfgang von Hessen, lebt jetzt nur noch seinen Studien und poetischen Arbeiten.
Veröffentlichte:
Aus Kampf und Leben, Verse, 1904. (Verlag von Gebr. Knauer, Frankfurt a. M.)

Dr. Rudolf Winterwerb, * am 5. 5. 1863 in Frankfurt a. M., besuchte das dortige Gymnasium, studierte in Heidelberg und Berlin, ist seit März 1889 Rechtsanwalt und seit 1. Januar 1899 Direktor der Frankfurter Bank.

Inhaltsverzeichnis.

(* bebeutet Originalbeitrag.)

	Seite
Motto	3
Einleitende Verse	5
Vorwort	7
Johann Jacobus (Fries.)	
Des gestrenzte Gensi, Erzählung	9
(Aus „Humoristische Balladen und Erzählungen in altfrankfurter Mundart".)	
Wilhelm Jordan.	
Sei mitleidsvoll	16
Mittsommerabenblied	17
An König Wilhelm	19
(Aus „Strophen und Stäbe".)	
Aus „Erfüllung des Christentums"	20
Champagnerlied	21
(Aus „Feli Dora".)	
Bescheide dich	25
(Aus „Letzte Lieder".)	
Jakob Krebs.	
Der Apfelbaum	28
Gondellied	29
Die Pflanze	30
(Aus „Dornblüten".)	
Johann Jakob Mohr.	
Drei Madonnenbilder, Skizze	31
Meinem Sohne	38
Aphorismen	40
(Aus „Gesammelte Werke".)	

Ludwig Ferdinand Neubürger.

Seite

Drei Szenen aus dem Trauerspiel „Laroche" . 42
Erinnerungen an Schopenhauer 48
(Aus „Gesammelte Werke".)

Paul Quilling.

Wie mer zu Ebbes komme kann 53
Wie einer sei Fraa uze wollt 55
(Aus „Schrulle und Flause".)
E Wett 57
(Aus „Lustiges Sammelsurium".)
Offenbacher Musik 58
(Aus „Kunterbunt".)
E dumm Schinnoos 58
Heimweh nach den Sachsenhäuser Alpen 59
(Aus „Schnick-Schnack".)

Johann Jakob Siebert.

Es giebt wohl einen rätselhaften Stein . . 60
Die schönste Hoffnung stieß ich von mir fort . 60
Die du den Brand ins Herz mir warfst . . . 61
Es ist nicht nötig, daß ich glücklich bin . . . 61
(Aus „Gedichte".)

Friedrich Stoltze.

Der Stoppezieher 62
(Aus „Novellen und Erzählungen in Frankfurter Mundart".)
Zu Schillers hundertjährigem Geburtstag . . 67
(Aus „Gedichte in Frankfurter Mundart I".)
Nacht und Sonnenaufgang 69
Weihnachtslied 71
(Aus „Hochdeutsche Gedichte".)
Frankfurt 72
(Aus „Gedichte in Frankfurter Mundart II".)

Heinrich Weismann.

Liebesfriede 74
Himmel und Erde 74
Das Ewig-Eine 75
(Aus „Gedichte".)

Hans Amorbach.
  *Juniwandern 77
  *Einsamkeit 77
  *Burg Königstein 78
  *Was der Wein fingt 78
  *Vierhändig 80
  *Jahrhundertwende 80
  *Aphorismen 80

Friedrich Wilhelm Battenberg.
  Frankfort hoch! 82
  Der Weihnachtsbaum 83

Max Bayrhammer.
  *Die Greifin im Frühlingsgarten . . . 85
  *Schulkameraden 86
  *Der Variété-Mimiker 87

Robert Bodmer.
  *Aus „Der Maëstro", Lustspiel 91

Marie Böhler.
  *Im Vorfrühling, Skizze 96

Margot Brach.
  *Zigeunerblut 100
  *Dem Frühling entgegen 100

Emil Claar.
  *Aprilfrost 101
  *Freiheit 101
  *Trau keinem Auge 101
  *An Jung-Else 102
  Mäuse-Legende 103
  Und ich warte Dein 107
  Rundfrage 107
  Sehnsucht nach Glück 108
  Ein armes Weib 108
  (Aus „Weltliche Legenden".)

Paul Nicolaus Coßmann.
  Aphorismen 109

	Seite
Paul Nicolaus Cossmann.	
Parabel	110
(Aus „Aphorismen".)	
Clem. Cramer.	
*Trost	111
*Strom	111
*Ein Märchen	112
Richard Dohse.	
*Ernste Freude — reine Freude, Betrachtung	114
Es will Abend werden	116
Nach langer Tage heißem Sonnenbrande	117
Linde grüßt uns der Lenzwind	117
(Aus „Aus stillen Stunden".)	
Frühling an der Bergstraße	118
Die alte Buche	119
(Aus „Mecklenburgisches Dichterbuch".)	
E. Döring.	
*Aus „Pelagia", Schauspiel	121
Oscar Eberhardt.	
Gemietlich	127
Berichtigt	127
Doppelsinnig	128
Schlecht verteidigt	129
(Aus „Gedichte in Frankfurter Mundart".)	
Kann stimme!	130
Liewenswerdig	131
Gut pariert	132
Korz gefaßt	133
(Aus „Gedichte in Frankfurter Mundart, Neue Folge".)	
Hermann Faber.	
Zwei Sonette	134
Ludwig Finckh.	
Die Silberschmiede, Skizze	136
(Aus „Bistra, ein Oasenbuch".)	
Liebe	138
(Aus „Fraue Du, Du Süße".)	

Ludwig Finckh.
  Schenkung 138
  Einer Frau 139
  Rosenlied 139
  Bettler 140
    (Aus „Rosen", ein Gedichtbuch.)
Lola Fischer.
  *Weihnachten 141
  *Lichte Stunden 142
Helene Fontheim.
  *Mondlicht, flimm're 143
  *Lieb Sonnenlicht 144
Alfred Friedmann.
  *Rätsel-Lösung 145
  *Tote Hoffnung 145
  *Herbst 146
  Auf Flügeln des Gesanges, Novellette . . 146
  Die Künstler-Braut, Novellette 149
Ludwig Fulda.
  Aus „Sinngedichte" 154
  Sprüche 156
  Klaviernot 156
  Dichterschicksal 157
  Heimat 158
  Schwieriger Fall 159
  Schulreminiscenz 160
  Parabeln 161
    (Aus „Gedichte".)
  Sprüche 162
    (Aus „Neue Gedichte".)
Henriette Fürth.
  *Ruhe 163
  *Im Wald 164
Ludwig Gallmeyer.
  *Frühlingsabend 165
  Auch ich 165

	Seite
Ludwig Gallmeyer.	
Sternschnuppe	166
Erinnerung	168
Geglückt	168
Grabschrift	170
(Aus „Sommerernte".)	
*Aphorismen	170
Eugen Gantter.	
*Geburtstag	171
*Mein Freund Adolf, Plauderei	172
Rudolf Geck.	
*Der verwilderte Garten	177
Im Schnellzug	177
(Aus „Gedichte".)	
*Schwüle Nacht	178
Herbst	179
Wolken	180
Alter Brief	180
Und ob	181
Mütterchen ist eingenickt	182
(Aus „Gedichte".)	
Moritz Goldschmidt.	
*Die Wahrheit	183
*Sinngedichte	185
Im Venusberg, zwei Geschichten	187
(Aus „Vom heiligen Martin".)	
Franz Graf.	
Das Gespenst	193
Das Bequemste	194
Leichtsinn	194
Die Fehde	195
(Aus „Kunterbunt".)	
Der Kampf der Geschlechter	196
(Aus „Das Weib, die Liebe und dergleichen".)	
*Allerlei Sprüchlein	196
Johanna Gwinner.	
Arnold Böcklins Grab	197

Johanna Gwinner.
*Mit Dir 198
*Polihymnia 198
Lill E. Hafgren.
*Erntelied 199
*Nachtstück 200
*Zarathustra 201
L. Hanau.
*Sehnsucht 202
*Tage des Glückes 202
*Vorahnung 202
*Trennung im Herbst 203
Anna Hill.
Meim Biebche sei erste Weihnachte, Skizze . . . 204
Carl Hill.
„Ansichtskarten" 210
*Die Forelle 211
*Der deutsche Vogel 212
Otto Hörth.
*Die Rache des Jubilars, Humoreske . 213
Julia=Virginia.
Bin eine wilde, blonde Blume . 223
    (Aus „Primitien".)
Meine Wangen, die waren zwei Rosen rot . . 223
Fatum 223
Pan 225
Eva 227
Wildeinsamkeit 227
Ikarus 228
    (Aus „Sturm und Stern".)
Harry Kahn.
*Sommer 229
*Sommerhoffnung 230
*Gebet im Sturm 230
Johanna Klein.
*Die neue Nähmaschine, Erzählung . 231

Emil Klotz. Seite
    *Der Weg 235
    *M... B... zum Geburtstag 236
    *Gaben 237
    *Allein . , ... 238

Ferdinand Kolb.
    *Oft seh' ich dich! 241
    *Sturm 241
    *Herbst 242
    *Liebesglück 242

Georg Lang.
    *Die Windsbraut 243
    *Schlechte Musikanten 244
    Weißenburg 245
        (Aus „Deutschland ist mein Vaterland".)
    Sonnenaufgang im Westen . , ... 247
    Die Waldesschenke 248
        (Aus „O Alpenluft".)
    Schwalben, glückliche Reise! . . . 249
        (Aus „Sucht Ihr Freunde?")
    Der Zeisig 250
        (Aus „Gesammelte Kinderlieder".)
    Aus „Land für Künstlerhand" 251
    Goethes Vaterstadt spricht . . . 253
        (Aus „Was die Steine reden".)

Friedrich Linden.
    Lautenspiel 254
    Schwanengesang 254
        (Aus „Winternacht und Sommerstunden".)

Ernst Emil Lohr.
    *Abend auf dem Rhein 255
    *„Wie könnt ich dein vergessen?" 256
    *Abschied 257

Fritz Mathern.
    In den Schollen, Skizze 258
    Wenn der Hirsch schreit, Skizze 262

E. Mentzel.
- *Der erste Blütenbaum 268
- *Maienabend 268
- *Sieg 269
- *Vorübergeschwebt, Novellette 270

Leonie Meyerhof-Hildeck.
- *Feuerlilie 281
- *Im Volkston 282
- *Nachtwandelnd geht mein Herz 282
- *Meine Mutter 283
- *Frauenhaar, Novellette 284

Karl Michler.
- *Mohnblume 288
- *Der stillste Ort 288
- *Parklied 289
- In der Dachkammer 289
- Luftrausch 290
- Zuweilen 290
  (Aus „Blätter moderner Lyrik".)

Frieda Nachmann.
- *Johannes 291
- *Schnee im Süden 292
- *Fruchtloses Blühen 293

Emil Neubürger.
- Motto 294
- Vier Lieder 294
- Lebensbild 296
- Sonett 296
- Was bleibt zu tun? 297
  (Aus „Gesammelte Gedichte".)
- Auf der Goetheruhe, Skizze 298
  (Aus „Aus der alten Reichsstadt Frankfurt".)

Arthur Pfungst.
- Rechtfertigung 304
- In Westminster Abbey 305

Seite

Arthur Pfungst.
Der Ruf der Menschheit 306
Mein Lied 307
Nachtgedanken 308
In der Bücherei 308
Ein Inder spricht 309
(Aus „Neue Gedichte".)

Rudolf Presber.
Sorrent 310
Die kleine Lampe 311
Schon hat die Sonne liebe Launen 312
Brennende Liebe 313
Das verspätete Lachen 314
(Aus „Aus dem Lande der Liebe".)
Weihnachtsfriede 316
Aus jungen Tagen weht ein Duft 317
Myrrha 318
Drei Poeten 318
Familientrauer 320
(Aus „Media in vita".)
Trianon 322
Traum im Wachen 323
(Aus „Dreiklang".)

Hanns Wolfgang Rath.
*Abendgang 324
*Unserer Jugend 324
*Wiederkehr 325
*Wandel zur Nacht 326
*Meine Stunde 327
*Weltenlauf 327

Georg Rentlinger.
*Aus dem Drama „Schlußakt" 328
*Die auf Höhen wandeln 334
Drum sind sie so armselig klein geworden . . 335
*Herbststurm 335
*Worte der Einsamkeit 336

Emil Ries.
   *Erdenweihe 338
   *Trauer 339
   *Heilige Nähe 340
   *Letzt' Vermächtnis 340

Franz Rittweger.
   *Der Meistersänger in Frankfurt, Komödienspiel . . 341

Paul Rolf.
   *Ein Stündlein nur! 356
   *Stimmen der Liebe 357
   *Mein Schifflein, reise 358

Theo Schäfer.
   Die Krone 359
   Du und die Sphinx 360
     (Aus „Sehnen und Sterben".)
   Pan 360
   Abendlauschen 361
     (Aus „Leben und Träumen".)
   *Sehnsuchtslied 361
   Mondaufgang 362
   An mein Weib 363
   *Nachtlied 364
   *Erkenntnis 365

Karl Schenck zu Schweinsberg.
   Deutsches Waldlied 366
     (Aus „Deutsches Jagd-Brevier".)
   Seekönigs Tod 367
     (Aus „Lyrisches Taschenbuch".)
   Galvans Lied 369
     (Aus „Der Orgelbauer von Weingarten".)
   Klagelied eines Hünen 370
     (Aus „Neues Balladenbuch".)

Jakob Schiff.
   Wie sieht das Glück aus? 371
   Einem Auswanderer 372
     (Aus „Gedichte".)
   Das Lied des Troubadours 373

Willy Schmidt.   Seite
   *Mei Frankfort 375
   *Die Geldheirat 375
   Die Frää will's wisse 377
   Nor kään Neid! 377
     (Aus „Gedichte in Frankfurter Mundart".)
   *Beim Bäckermeister 377
   *Die Röntgenstrahlen 378
   Nach Helgoland 379
     (Aus „Gedichte in Frankfurter Mundart".)

Odi Schoenbrod.
   *Winternacht 380
   *Nachhall 380
   *An die Schönheit 381
   *Frage 381
   *Frühlingsgebet 382
   *Ich möchte leben! 383

Sofia Schulz-Euler.
   *Aus dem Lebensbuch, Skizze 384
   Verschwiegenes Glück 389
   Beim Scheiden 389
   Die junge Nähterin 390
     (Aus „Leben".)
   *Glück 390
   *Abend in Königstein 391
   *Die Hände 393
   *Mene Tekel 393

A. Spier.
   *Die blonden Zöpfe, Skizze 395
   *Vom Baum 398

Martha Stern.
   *Liebesbotschaft 399
   *Genesen 400

Adolf Stolze.
   Die Roß 401
      (Aus „Gesammelte Werke Bd. 1".)
   Der Neuner in der Wetterfahn 406
      (Aus „Gesammelte Werke Bd. 3".)
   Die Lerch 408
      (Aus „Gesammelte Werke Bd. 6".)

Julius Jakob Strauß.
   Herbst 411
   Hibb un dribb 412

Walter Törne.
   Das Glück 413
   Im Sturme 414
   Ein Mädchen 415
      (Aus „Über dem Alltag".)

Anna Treichel.
   Früh wach, Novellette 416
   *Im Tropenwald 424

Adolf Völckers.
   *Die gesteert Nachtruh 426
   Die neumodisch Sigelsammlung 428
   Die Meß-Allianz 428
   Zwää Ungleiche 429
   Contra Darwin 429
      (Aus „Brocke unn Krimmele".)

Helene Wachsmuth.
   *Ein weiteres Kapitel zu dem Roman „Die Missionsbraut" 430

Hans Weilhammer.
   Spielende Kinder 436
   Lisel und Gretel 437
   Maifrühe 438
      (Aus „Erstlinge".)
   *Sommernacht 438

Hans Weilhammer.
  *Phöbus und Pluvius 439
  *Zweifel 440
  *Hochzeitslied 441

Gustav Weinberg.
  Stimmen der Nacht 442
  Kirschen . . . . , 442
    (Aus „Lieder eines Narren".)
  *Maiennacht 443
  An Anton Burger 444

Dora Weinrich.
  *Der Messias, Skizze . . 446

Johanna Weiskirch.
  *Die alte Weise 455
  Schattenblumen 455
  *Komm, laß uns wieder wandern . . 456
  Geborgen 456
  Nur einmal noch 457
  Sie haben dich alle vergessen 457
    (Aus „Gedichte".)

Carl Friedrich Wiegand.
  *Dreiklang 458
  *Nacht in der Heide 458
  *Turf 459
  Mein Lied 460
  Heimat 461
  Erinnerung 462
    (Aus „Aus Kampf und Leben".)
  *Sprüche 463

Rudolf Winterwerb.
  *Im Berner Oberland: I Jungfrau . . . 464
              II. Mönch 465
              III. Eiger 465
  *Die Sennhütte 466

Rudolf Winterwerb.

 *Lotte 467
 *Friede 468
 *Verregneter Sonntag 469
 Des Scheenste uff der Welt 469
 Wie sich die Zeide ännern! 471

Biographisches und Bibliographisches 473
Inhaltsverzeichnis 496

Es sei nachträglich bemerkt, daß nur das Mittelbild der Titelzeichnung aus der Hand des Herrn Professor Wilhelm Steinhausen hervorgegangen ist.